지능적 전자정부의 이론과 실제

사라지는 정부

– 제4차 산업혁명시대의 정부모습과 기능 –

한세억

박영사

머리말

어느 날 갑자기 정부가 사라졌다. 정부가 안 보인다. 정부가 실종된 것인가? 아니다. 비록의 외양(형태)은 보이지 않지만 정부 기능과 작용은 언제, 어디서나 존재한다. 어찌된 일인가? 결코 놀랄 일이 아니다. 바람직한 전자정부가 구현된 상태의 정부 모습이다. 가령 아이가 태어나면 정부가 알아서 아동수당을 지급하고, 65세가 되면 자동으로 연금을 지급하는 등 시민이 아무것도 하지 않아도 정부가 찾아서 제공한다.

올바르게 전자화된 정부 모습은 '보이지 않지만 실재하는 정부'이다. 어디선가 국민 누군가에 무슨 일이 생기면 틀림없이 나타나 문제를 해결해주는 정부가 지능적 전자정부다. 시민이 행정시스템을 의식적으로 사용하지 않아도 일상에 자연스럽게 녹아들어야 가능하다. 이렇게 볼 때 현재 전자정부는 바람직한 모습이 아닌 게 분명하다. 물론 전자정부는 현재진행형이기에 모습은 점진적으로 진화할 것이다. 아니 마땅히 진화해야 한다. 국민이 편리하고 안락하게 느끼는 방향으로 변화해야 한다.

여름은 해외여행 성수기다. 공항출국장은 여행객으로 인산인해를 이룬다. 그러나 출입국심사를 기다리는 관광객들의 긴 줄과 달리 다른 한쪽에는 여권만 보여주면 바로 수속을 마치는 사람들이 있다. 이들은 자동출입국심사 등록자이다. 자동출입국심사는 출국 전 공항에서 여권 등록, 지문 인식과 얼굴 촬영으로 출입국 수속을 손쉽게 하는 시스템으로 한국의 대표적인 전자정부서비스 가운데 하나이다.

물론 전자정부서비스는 공항이 아닌 다른 곳에서도 얼마든지 있다. 동주민센터에 가지 않아도 언제 어디서나 인터넷으로 주민등록등본 등 민원서류를 발급받을 수 있다. 세금 납부도 인터넷에서 가능한 홈택스(home tax) 시스템과 온라인 민원서류 발급 시스템 등도 전자정부다. 전자정부법에 따르면 전자정부란 정보통신기술을 활용하여 행정기관 및 공공기관의 업무를 전자화해서 행정기관 간의 연계 업무 및 대국민 행정업무를 효율적으로 수행하는 정부다. 즉 정보통신기술로 행정업무의 효율성과 생산성을 높여 최소의 비용으로 최고의 서비스를 생산하는 정부다.

전자정부를 구현하는 핵심 기술인 정보통신기술이나 물리적 수단은 도구에 불과하다. 정보기술을 활용한다고, 정보통신 기반을 구축했다고, 전자정부가 저절로 이루어지는 게 아니다. 예컨대 제4차 산업혁명시대의 핵심기술로 부상하는 블록체인은 그 자체가 중요한 게 아니라 사람을 도와주는 도구로서 의미를 지닌다. 기반구조 구축, 법제화, 교육과 의료 같은 큰 그림이 없다면 블록체인도 아무 의미가 없다.

전자정부를 모르더라도 언제, 어디서, 누구든 느낄 수 있어야 한다. 아직까지 전자정부에 관한 국내 교과서나 인식은 본질에서 벗어나 있다. 전자정부의 당위성, 구축과 전개 과정, 내용 등 공급자 중심의 기술과 지식으로 가득하다. 왜, 누구를 위해, 무엇을 위해, 어떻게 할지에 관한 수요자 입장이 간과되어 있다.

당초 전자정부의 취지대로라면 정부는 갈수록 작아지고 작아져서 눈에 보이지 않는 상태로 존재해야 한다. 반면에 정부기능과 서비스는 갈수록 다양해지고 정교해져서 어디서든 느낄 수 있어야 한다. 하지만 현실은 어떠한가? 전자정부를 추진하는 과정에서 정부는 갈수록 커졌다. 정부기능은 여전히 무디고 더디고 불편하다. 물론 부분적으로 혁신적인 사례가 있기는 하지만 아직은 무늬만 전자정부인 셈이다.

국내외 정부 실상을 살펴보면 어딜 가든 정부청사는 관공서답지 않게 번쩍번쩍하다. 일부 지방자치단체 청사는 호화롭다. 행정기관의 사무실 모습을 떠올리면 파티션으로 나뉜 책상, 빽빽하게 쌓인 서류뭉치들이 으레 뒤따른다. 이러한 이미지를 싹 바꿔야 제대로 된 전자정부다.

올바른 전자정부에서 떠오르는 이미지는 무엇일까? 종이 없는(paperless) 사무실, 건물 없는(buildingless) 정부, 경계 없는(borderless) 정부, 가상정부(virtual government) 또는 가상조직(virtual organization) 등을 들 수 있다. 아직까지 이러한 모습을 구현한 정부는 없다. 그러나 전자정부의 강소국이자 혁신적 실험국가인 에스토니아는 바람직한 정부 모습을 드러내고 있다. 물리적인 국경에 관계없이 정부 역시 사용자가 취사선택 가능한 하나의 플랫폼이자 서비스가 되고 있다.

앞으로 각국의 정부는 지능적 전자정부 구축 과정에서 서로 경쟁하는 모습을 보여줄 것으로 전망된다. 이미 에스토니아에서 보이지 않은 정부(becoming invisible)를 구축하는 중이다. 현재의 행정서비스에 따라 연금을 받으려면 개인이 찾아가서 신청해야 한다. 그런데 이 단계에 이르면 개인이 별도로 신청하지 않아도 행정시스템이 자동으로 연금지급대상에 등록하고 서비스를 제공한다.

전자정부의 벤치마킹 대상이던 은행은 어떻게 달라졌는가? 이미 스마트창구는 종이 없는 영업점 환경 구축으로 업무의 효율성과 고객의 편의성을 높이고 있다. 가령 서류로 하는 업무나 종이를 필요로 하는 고객은 종이로 업무를 보지만 통장·카드 개설, 신용대출 신청 등 대부분의 은행 업무는 전자서식으로 처리되고 있다.

기존 창구에서는 입출금통장과 체크카드를 만들 때 고객은 스물여덟 차례 서명해야 했다. 하지만 디지털창구에서는 다섯 차례만 하면 된다. 또한 디지털기기를 바탕으로 한 무인점포를 확대하면서 영업점포가 빠르게 줄어들고 있다. 모바일뱅킹 서비스 등 비대면 거래가 확대되면서 국내 은행의 영업점은 3년 동안 450개가 사라졌다. 또한 경영효율화 차원에서 디지털 키오스크(Digital Kiosk) 기반의 무인점포를 늘리면서 영업점 통폐합에 가속도가 붙었다. 디지털금융에 익숙한 고객은 창구 방문 없이 무인점포를 이용해 단순 업무를 처리한다. 무인화점포 등 디지털 키오스크는 확산 추세이다. 무인점포를 모델로 한 디지털비디오 텔러점포(VTM) 도입과 함께 제4차 산업혁명에 대응하여 로보어드바이저(Robo-advisor)같이 빅 데이터 분석을 기초로 인공지능이 알아서 맞춤형으로 자산관리를 하는 첨단 금융서비스의 역할이 확대되고 있다.

제4차 산업혁명의 바람은 정부나 공공영역이라도 예외가 아니다. 전자정부를 통해 작지만 효율적인 정부를 구현하겠다는 구호는 공염불이 된 지 오래다. 자칫 크고 무능한 정부가 전자정부를 무색하게 만드는 것은 아닌지 우려된다. 초연결, 초융합, 초지능의 새로운 바람과 함께 정부의 건물, 종이, 경계가 하루빨리 사라져야 한다. 동시에 정부에 온존하던 부패, 비리, 무책임, 무능, 비효율 등도 사라져야 한다. 그래야 전자정부가 도모하려던 삶의 질 높이기와 국가경쟁력 제고는 이상이 아닌 현실이 될 것이다.

끝으로, 본서를 발간해주신 박영사 안종만 대표, 박세기 부장, 편집부원들에게 깊이 감사드린다.

2019년 3월

한 세 억

차 례

Chapter 03 지능적 전자정부의 근간: 행정지식시스템

Chapter 04 지능적 전자정부의 조직설계

Chapter 05 지방 전자정부의 성과분석

Chapter 06 전자정부의 성찰과 진전

Chapter 07 사이버역기능 방지를 위한 전자정부 정책

Chapter 08 해외의 전자정부 동향과 시사점

Chapter 09 제4차 산업혁명시대와 정부

Chapter 10 지능적 전자정부의 가치와 이념

CHAPTER 01

전자정부의 생성과 진화, 가능성

"국가가 사람을 위해 만들어졌지
사람이 국가를 위해 만들어지지 않았다."
-알베르트 아인슈타인-

문제의식과 초점

전자정부를 왜 구축할까? 정부의 꿈, 작지만 효율적인 정부를 실현하기 위함이다. 전자정부 구현은 행정 자체의 변화와 함께 정보사회를 설계하고 실현하기 위한 미래지향적 정부활동으로서 정보정책의 성패를 좌우하는 핵심 요건이다. 이에 따라 국가전산망정책분만 아니라 초고속국가정보통신망정책, 정보화촉진기본계획에서 핵심적인 정책 이슈로 제기되면서 중요한 위치를 차지하였다. 이처럼 의미와 중요성이 강조되는 전자정부의 현실은 어떠한가? 전자정부를 향한 도정에 부정적인 은유(metaphor)가 범람한다. 이는 전자정부의 현주소를 그대로 반영한다. 정부의 노력에 비해 성과는 미흡하다. 아직까지 이론적 논의 수준에서 크게 벗어나지 못한 실정이다. 더욱 구체적이고 실천적인 행위가 요구된다.

제1장에서는 전자정부 구현 과정에서 제기된 논의를 재음미하고 실천적 함의를 모색하기로 한다. 지금까지 전자정부에 관한 논의는 미래학자들의 논의를 중심으로 추상적인 성격이 강했다. 오늘날 그 성과가 구체적으로 나타나고 있지만 부분적이나마 전자정부에 관한 논의가 담론 수준에 머물렀으며 실천적 맥락을 갖는 데 어려움이 따랐다. 이 같은 견지에서 전자정부에 관한 논의를 비판적으로 검토하고 실천적인 방안을 제시하고자 한다.

제1절

왜, 전자정부인가?

1 전자정부의 형성 배경

왜 전자정부일까? 작지만 효율적인 정부의 꿈을 실현하기 위함이다. 정보사회 진전 과정에서 국가, 조직, 개인은 환경 변화에 적응하기 위한 노력을 가속화하였다. 동서양을 가리지 않고, 선후진국 구분 없이, 조직의 대소를 막론한다. 제4차 산업혁명의 진전 과정에서 두드러진 현상은 정부조직과 기능의 탈바꿈이라고 할 수 있다. 궁극적으로 국민비호감 정부 모습이 사라지고 보이지 않지만 신뢰 깃든 존재감이 커지는 지능적 정부가 아닐까?

그동안 정보화 추진 과정에서 국가를 막론하고 정부조직은 국가사회의 정보화를 지원하고 촉진하는 역할과 함께 정부 스스로 변화와 개선을 추진해야 하는 이중적 업무를 안고 있다. 이 가운데 국가사회의 변화를 촉진, 유도하기 위한 새로운 역할이 정부에 기대되면서 변신 노력이 구체화되고 있다. 여기에서 전자정부를 향한 소망은 정책적으로는 정보시대에 부합하는 이상적인 정부형태로서 그려지며, 학문적으로는 행정개혁을 통한 정부 재창조(Reinventing Government)의 이론적 기반 마련이라는 맥락에서 강조되었다. 달리 말해 정보기술에 의해 조직구조를 재설계하고 재창조하려는 일련의 움직임으로 이해된다. 이러한 인식이 확대되면서 정부를 비롯하여 학계에서는 미래의 정부 모습(image)으로 '전자정부' '디지털정부' '네트워크정부' '스마트정부' 등 현란한 용어가 현실세계로 투영되었다.

정보화가 국가 명운을 좌우하고 향방을 가늠하는 중요한 수단이 되고 있다. 특히 행정 부문에서 정보가 권력 또는 영향력 행사의 근원으로 인식되고 부처 간 권력 관계에 영향을 미치면서 정책영역, 정부조직 구조와 행정 절차를 근본적으로 변화시켜 왔다.

아울러 행정과 시민 사이의 관계도 달라지고 있다. 지금까지 정부와 시민 관계는 일방향이고 비대칭적이었다. 정부는 일방적이며 독점적 공급자였으며, 시민은 불편을 감내하면서까지 서비스를 공급받아야 하는 피동적 존재였다. 그러나 기존의 관계가 전환되고 있다. 정부는 고객만족을 추구하며 품질이 보장된 공공서비스를 산출, 제공해야 하는 입장이 되고, 시민은 정보주권을 지닌 능동적 수요자로 바뀌고 있다(Hirschman, 1970).[1] 그런데 행정의 공공서비스에 대한 수요자로서 만족도는 높지 않으며, 오히려 불만이 가중되고 있다.

행정이 최대의 서비스산업임에도 공공행정의 대국민봉사에서 복잡성, 경직성, 비접근성, 불편리, 지체, 불친절, 비효율 등이 주요 불만 원인으로 지적된다. 이 때문에 공공서비스는 민간부문의 서비스에 비해 탁월성의 모델로 고려되지 못하였다(Mechling, 1993:1). 공공서비스의 핵심적 문제는 복잡성에 의해 야기되므로 이러한 문제는 결코 새삼스러운 것이 아니다. 그런데 심각한 것은 이 같은 문제가 공공 영역에 그치지 않고 민간부문의 경쟁력을 침식하는 걸림돌이 되며, 국가경쟁력을 저하시키는 요인으로 작용한다는 점이다.[2]

그동안 정부에서는 국가경쟁력을 강화하고 국민생활의 편의 증진이라는 목표 아래 정보화정책을 추진하였다. 최근에는 정보기술의 혁신과 발달에 의해 제4차 산업혁명을 촉진하는 정책으로 확대 심화되고 있다. 이 같은 정보화 추진 과정에서 횡적 연계성이 강한 정보통신에 기반을 둔 범정부적 프로젝트가 확대되고, 다수 부처와 기관이 관련된 공동행위의 정책과 사업이 증가하면서 수평적으로 조직 간 협력이 강조되고 있다. 뿐만 아니라 정책과정 측면에서 정책참여 기관 간 정보교류와 상호작용이 요구되고 있다. 이에 따라 정책결정의 합리성 확보, 정책집행의 효율성 제고, 정책평가의 객관성 유지를 위해서 정보기술을 어떻게 활용할지에 초점이 모아지고 있다.

1 정부부문에 시장기제 기능이 작용하면서 행정은 통제(control) 기능에 의한 권위(authority) 행사에서 조력(help) 기능에 의한 서비스를 지향하며, 시민도 과거에 정부 의존적인 의뢰인(client)에서 독립적인 소비자(consumer)로 바뀌고 있다. 이에 따라 시민과 행정의 관계에도 퇴출(exit), 요구(voice), 지속(loyalty) 개념이 도입, 확대되고 있다.

2 스위스 로잔에 있는 국제경영개발원(IMD)의 국가경쟁력 평가보고서에 따르면 한국의 국가경쟁력은 1995년 24위, 1996년 27위, 1997년에는 31위를 기록했다. 이후 2012년 22위. 2014년 26위, 2016년 29위, 2018년 27위였다. 이 가운데 정부부문은 지속적으로 개선되었지만 2014년과 2016년 26위, 2018년 29위로서 국가경쟁력을 약화시킨 요인으로 지적된다.

전자정부 구현은 행정 자체의 변화와 함께 정보사회를 설계하고 실현하기 위한 정보정책의 성패를 좌우하는 핵심(core) 요건으로서 의미가 부여된다. 이에 따라 국가전산망정책뿐만 아니라 초고속국가정보통신망정책, 정보화촉진기본계획에서 핵심 정책으로 다루어지면서 중요한 위치를 차지하고 있다.[3]

이처럼 의미와 중요성이 강조되는 전자정부의 현실은 "행정정보 공동 활용 미비, 개인정보보호 인식 결여, 정보통신 전문 인재 부족, 정책결정담당자의 정보마인드 미흡, 표준화 미비, 정보화환경 미비, 국가전산자원 낭비와 비효율, 부처별 정보격차 심화, 전자정부 관련 제도 미비" 등 전자정부를 향한 과정에서 부정적인 은유가 넘쳐난다. 이는 전자정부의 현주소를 그대로 반영한다. 그동안 한국에서 급속한 성장률을 보여준 정보화의 원동력은 행정전산화에서 비롯될 정도로 행정 부문은 국가정보화의 단초를 이루었다(한국전산원, 1997:778). 그렇지만 현실적으로 정부 노력에 비해 그 성과는 미흡하다. 아직까지 이론적 논의의 수준에서 크게 벗어나지 못한 실정이다. 수요자 관점에서 더욱 구체적이고 실천적인 행위가 요구되는 시점이다.

2 전자정부의 이론적 고찰

전자정부는 그 자체가 목적이라기보다는 정보화 추진 과정의 산물로 이해할 수 있다. 단적으로 말하면 전자정부는 행정정보화의 요체로서 정보네트워크를 근간으로 국가정보화를 실질적으로 가능하게 하는 필요조건이다. 나아가 정보사회 공동체를 유지, 발전시키기 위한 선결과제이다.

정보사회의 진전에 따라 정부 역할과 기능에 대한 논의가 활발하게 전개되고 있다. 정보통신기술의 혁신과 정부부문에서 적응적 흡수가 이루어지면서 새로운 정책구조와 행정체제의 형성이 예상된다. 먼저 외국의 미래학자를 중심으로 전개된 논의를 살펴본다.

3 초고속국가망은 정부를 비롯한 공공부문의 정보화가 근간을 이루면서 실질적으로 전자정부의 모습을 구체화시켜 왔다. 뿐만 아니라 정보화촉진기본계획에서는 '효율적인 전자정부 구현'이 10대 중점과제로 채택되었다.

앨빈 토플러(Alvin Toffler)는 대중민주주의, 즉 관료주의가 행정을 담당하고 선거로 당선된 정치가가 통제를 담당하는 실패한 형태의 민주주의가 다양한 정치적 요구를 수용할 수 있는 무수한 소규모 집단들이 활발하게 활동하는 모자이크 민주주의(mosaic democracy)로 전환될 것으로 예측하였다. 뿐만 아니라 정보기술의 확산과 공개로 모든 이익집단과 정부, 정치인이 동일한 기준에서 경쟁할 여건이 갖추어지면서 모자이크 민주주의를 지탱하는 수단이 될 것으로 보았다. 이와 관련하여 관료체제는 소규모 작업팀, 임시조직, 민관합동 등에 의해 대체되고 계층제가 완화될 것으로 보았다(앨빈 토플러 지음, 1990).

존 나이스비트(John Naisbitt)는 정보통신혁명에 의해 그동안 민주주의 모델로 지속되어 온 대의민주주의제도의 적실성이 감소하고, 직접민주주의가 새롭게 등장할 것으로 예상했다. 이 같은 주장은 정보통신의 영향에 따라서 각자 현장에 있는 것과 다름없는 정보와 지식을 토대로 자신을 대신하여 판단을 내려줄 사람이 필요하지 않다는 인식에서 비롯된 것이다. 그는 모든 국민이 자신의 삶에 직접적인 영향을 미치는 결정에 대한 투표권을 행사할 수 있는 시스템으로서 자유시장 민주주의를 제시하였다. 이는 대표를 배제하고 직접적으로 현안을 해결해 나아가는 과정을 의미한다. 이처럼 정보사회에서는 정보기술혁신에 의해 정치체제에서 다수의 집단과 개인이 참여할 수 있는 가능성이 높아지고 있다(Naisbitt, 1984).

피터 드러커(Peter Drucker)는 탈자본주의사회에 적합한 조직형태를 지식조직으로 규정하였다. 그리고 지식조직의 특징과 조직원리를 제시하였다. ①탈자본주의사회를 이끌어가는 원리는 권력이 아니라 책임이어야 한다. ②조직기능은 지식을 작업에 연결시키는 것이므로 조직은 끊임없이 변화에 대응할 수 있고, 혁신을 도모할 수 있도록 설계되어야 한다. ③탈자본주의사회의 조직은 분권화되어야 한다. ④정보가 조직의 구조적 유기적 요소로 도입됨으로써 중간관리계층이 축소될 수 있다. ⑤탈자본주의사회에서 핵심적인 과업에만 전념한다는 것이다(피터 드러커 지음, 1993).

또한 정보시대의 성숙과 함께 현실로 다가오는 전자정부의 모습으로 촘촘하게 연결된 네트워크정부(Internetworked Government)가 제시되고 있다. 이는 〈표 1-1〉에서 보듯이 통합된 정보네트워크에 의해 전자적 서비스 전달이 구현되는 고객 위주의 정부를 지향하고 있음을 알 수 있다(Tapscott, 1995:166).

〈표 1-1〉 **네트워크정부**

산업시대의 정부	네트워크화된 정부
관료적 통제	고객서비스와 공동체 가능성
고립된 행정기능	통합된 자원서비스
문서작업 및 파일관리	전자적 서비스 전달
시간소모적 절차와 과정	신속, 간결한 반응
명료한 통제와 허가	암묵적 통제와 허가
분절된 정보기술	통합된 네트워크

– 자료: Don Tapscott(1995).

〈표 1-2〉 **정보시대에 부합하는 정부 역할**

모 형	정부의 새로운 역할수행 방법
정보사회이론모형	– 창의적 활동 – 준사적(準私的) 방식
모자이크민주주의론	– 민영화 및 민간위탁 – 정보관리 – 정보와 미디어 배분 – 정보민주주의 구현
지식사회정부론	– 행정의 전산화, 정보화, 지식화 – 외주화(outsourcing)와 지속적 학습
고객지향 정부론 및 전자정부론	– 국민의 요구 및 수요 중시 – 민·관 정보네트워크 구축 – 행정정보화, 지역정보화, 정보화 R&D 등

– 자료: 김광웅(1995).

이상과 같은 논의로 제시될 정부 역할의 수행과 방법은 매우 다양한데 개괄적으로 정리하면 〈표 1-2〉에서 보듯이 각각의 이론모형에 따라 설명될 수 있다(김광웅, 1995: 12-21).

그러나 앞서 살펴본 외국의 논의를 단순히 우리 현실에 적용할 때 몇 가지 무리가 따른다. 첫째, 미래학자의 논의는 미국정치를 중심으로 한 행정적 시사점 제시에 불과하다. 논의 수준도 미래지향적이며 추상적인 한계에서 벗어나기 어렵다. 둘째, 행정

제도와 현상에 관한 논의가 미흡하며 원론적 수준을 벗어나지 못하고 있다. 이러한 논의가 함축하는 시사점은 크지만 실천적 유용성은 면밀하게 검토되어야 한다.

국내에서도 미래의 행정 모습에 대한 논의가 활발하게 이루어지고 있다.[4] 지금까지 논의된 행정정보화, 전자정부 등과 관련하여 정보사회에서 정부 위상과 역할 구조에 대한 논의도 전개되었다. 즉 정보사회가 지식과 정보에 기반을 둔 사회로서 정보기술 혁신이 사회활동의 중추를 이룬다는 점에서 정부도 혁신적이지 않으면 그 역할을 효과적으로 수행할 수 없다는 공감대가 유지되고 있다. 그러므로 정부에서도 '정보생산-축적-전달-처리-이용' 등 행정과 정책 과정이 고도화되도록 정보·지식집약형의 조직 원리와 구조의 구축을 통해 새롭게 기능해야 한다는 것이다.

논자에 따라 미래의 정부 모습이 모형마다 다양하게 제시되지만 각 모형에서 함축하는 정보사회에서 기대되는 정부 역할의 초점은 '창의적이며 고객지향적이고 환경변화에 민감하게 대응하는 것'으로 집약할 수 있다. 이러한 역할을 성공적으로 수행한다면 정보시대의 정부모습으로서 투명하고 지능적이며 경쟁력 있는 정부가 구현될 수 있을 것이다(한세억, 1996:70-76). 이처럼 지금까지 전자정부에 관한 논의의 고찰을 통해 정부 역할의 근저에는 정보관리와 활용이 중요한 비중을 차지하고 있음을 알 수 있다.

3 전자정부의 개념과 성격, 범위

공공부문에서 전개되는 정보통신의 확산과 적용 과정에서 전자정부(Electronics Government) 구현은 중요한 정책적·학문적 이슈가 된다. 아직까지 그 개념과 형상화가 모호하거나 단편적인 형태이지만 시간이 흐르면서 구체화되고 있다. 그동안 전자정부의 정체성(identity)를 확인하고자 이루어진 몇 가지 개념을 살펴보면, "공통의 정보통신기

4 전자정부에 관한 연구와 논의는 한국정보화진흥원, 정보통신정책연구원, 한국행정연구원을 비롯한 공공기관과 행정학, 정책학, 사회학자를 중심으로 전개되어 왔다. 이와 관련된 연구로 다음과 같은 보고서를 참조할 수 있다. 국가기간전산망저널 제3권3호(한국전산원:1996.9), 정보통신정책 제9권8호(통신개발연구원:1997), 연구보고(한국행정연구원:1996.4), 행정논총 제34권제2호(서울대행정대학원: 1996.12).

반을 매개로 국민과 정부 간 의사소통이 보다 용이하고 신속하며, 네트워크로 연결된 각종 행정서비스가 언제, 어디서나, 가장 적절한 방법으로 제공될 수 있는 정부"로 정의된다(한국전산원, 1996:630). 그리고 "정보기술(네트워크와 디지털정보)을 전략적으로 활용하여 효율적이면서 주민 위주로 업무를 수행하는 정부"로 규정되기도 한다(김동욱, 1996:271).

실무적으로 전자정부라는 용어와 의미는 미국의 국가성과평가위원회(National Performance Review; NPR)의 보고서인 〈Reengineering through Information Technology〉에서 나타난 전자은행(Electronic Banking)이 행정에 응용, 적용된 것이다. 국가정보기반에 대한 국가성과평가위원회의 권고사항을 집행하기 위해 설치된 행정정보기술 작업반(GITS)에서는 전자정부를 "현대화된 전자정부를 국민들에게 제공하기 위해 전자정부는 국민들이 정보와 서비스를 즉각적이고 효율적으로 이용할 수 있도록 함과 동시에 사생활을 보호해야 한다."고 정의하고 있다(한국전산원, 1994:8). 이러한 이론적·실무적 정의가 공통적으로 함축하는 의미는 '정보기술을 행정영역에의 적응적 흡수'로 압축된다.

전자정부는 고객 지향 정부의 구현이라는 관점에서 행정 부문에 존재하는 정보화의 요소를 적극 발굴하여 정보통신기술을 적극 활용함으로써 행정의 생산성을 제고할 뿐만 아니라 대시민서비스의 질적 수준을 제고하자는 것이다. 즉 행정활동의 전산화를 극대화함으로써 종래 공무원의 수작업과 문서에 의한 처리에 비해 빠르고 공정하고 안정적인 서비스를 제공할 수 있다는 신념에 기초한다(오연천, 1997:47). 전자정부의 기술적 의미는 행정업무가 정보기술에 의하여 수행되는 정부를 지칭한다. 달리 말하면 정보기술에 의해 행정 과정과 절차가 전자화되는 것을 의미한다. 이는 정보기술과 행정조직과의 관련성이 밀접하게 나타나고 있으며, 행정 목적이나 가치를 실현하기 위한 수단적 의미로 정보기술이 활용되고 있음을 함축하는 것이다.[5] 결국 고객인 국민과 상호작용하고 봉사하기 위해서 정보기술을 사용하는 정부를 만든다는 점에서

5 행정에서 정보기술이 갖는 수단적 의미와 효용에 대해서는 다음의 보고서를 참조할 수 있다. -한국전산원, 정보기술을 활용한 정부서비스 혁신방안, 1995.12/ 한국전산원, 정보기술을 통한 리엔지니어링, 1995.10/ 한국전산원, 정보기술을 이용한 정부서비스, 1996.12.

〈그림 1-1〉 **관료제 정부와 전자정부의 비교**

관료제 정부	전자정부
▷ 폐쇄적 독점행정	▶ 개방적 경제행정
▷ 변화에 둔감	▶ 변화에 탄력적 대응
▷ 의사결정의 지연	▶ 신속한 의사결정
▷ 형식주의	▶ 권한위임
▷ 할거주의	▶ 통합시스템
▷ 관리중심	▶ 고객우선주의
▷ 지나친 문서·회의체제	▶ 문서 및 회의 감축
▷ 간접비용의 증가	▶ 비용절감

– 자료: 총무처, 행정정보화촉진시행계획(1996~2000), 1997.2.

앞에서 살펴본 정의들은 공통점을 지닌다.

여기에서는 산업사회의 정부 형태를 대체하는 이념형으로 새롭게 제시되는 전자정부를 "정보기술의 활용에 의해 모든 행정 과정이 전자적으로 처리하는 것으로서, 시간적·공간적 제약을 극복하여 지역에 무관하게 실시간으로 업무를 처리하는 지능적 정부"로 이해하고자 한다. 이 같은 맥락에서 전자정부는 〈그림 1-1〉에서 보듯이 산업시대에 구가했던 관료제 정부와 근본적으로 다른 양상을 보여준다. 그중에서도 개방성, 유연성, 신속성, 통합성이 구별되는 특징이다. 이러한 전자정부의 특성에서 정부가 정보기술을 활용하여 정부조직을 재구조화하겠다는 의지가 엿보인다. 이러한 의지는 기존의 행정조직과 구조로는 변화하는 21세기 지능사회에서 존재하기 어렵다는 인식의 발로이다.

전자정부는 정보화정책의 근간으로서 정책의 실효성을 좌우하고, 정보주권자인 국민에 대한 서비스 구현의 성패를 결정한다는 점에서 존재 의의를 찾을 수 있다. 이러한 점에서 전자정부란 정보통신기기를 활용하여 모든 행정과정을 혁신함으로써 정부의 업무처리가 효율적이고 생산적으로 개선되고, 정부의 고객인 국민과 기업에게 질 높은 행정서비스를 제공하는 정부를 의미한다. 이것은 근본적으로 정부의 업무프로세스가 정보기술(IT)에 의해 효율적으로 개선되고, 정부 내외의 네트워크가 인터넷과 연결될 때 가능하다. 즉 인터넷을 기반으로 행정업무, 정보, 행정서비스, 커뮤니티를 통합하는 것이다.

〈그림 1-2〉 **전자정부의 대상과 범위**

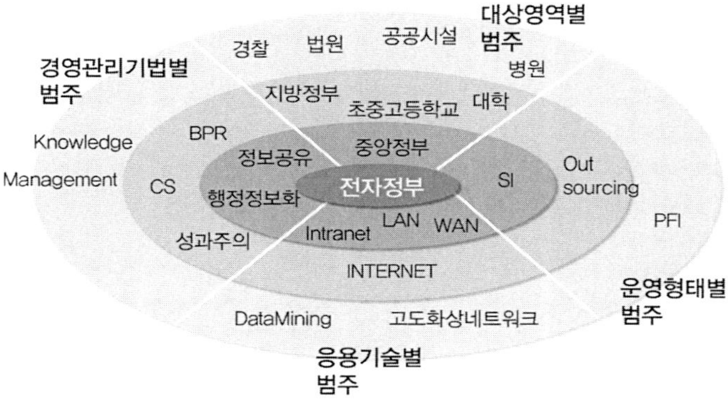

전자정부의 대상과 범위는 매우 광범위하다. 〈그림 1-2〉에서 보듯이 경영관리, 대상영역, 응용기술, 운영형태별로 구분할 수 있다. 또한 구체적인 모습은 서비스 제공에서 온라인 방식의 활용에서 찾을 수 있다. 그러나 전자적 또는 온라인 방식을 사용하는 측면의 이면에는 경제적·지리적인 이유에 따라 차별받지 않도록 보편적 서비스(universal service) 제공이 중요한 정책적 이슈로 남아 있다. 정보통신기술을 활용하여 누구나 무료 또는 저렴한 가격으로 경제적, 정치적, 사회적 활동에 참여할 기회가 보장되어야 한다. 이는 정보사회의 민주주의 이념형으로서 전자적 민주주의(electronic democracy) 실현을 의미한다. 이러한 관점에서 전자정부의 목표로서 적정한 비용으로 서비스를 이용할 수 있는 보편적 서비스 제공과 관련된 각종 정책으로 인식, 이해되고 있다.

제2절 전자정부, 어떻게 추진되었나?

1 전자정부의 제도적 실상: 경험과 현상

행정정보화의 목표는 "작고 생산성 높은 전자정부 구현"에 있다. 여기서 행정정보화는 "행정업무, 사업 및 조직을 개혁하기 위한 중요한 수단이며, 국민의 입장에서 효율적이고 효과적인 행정 실현을 목적으로 한다. 이를 위해 행정 부문에서 정보시스템의 활용을 행정조직활동의 필수 요건으로 정착시켜 행정 내부 의사소통의 원활화, 정보공유에 따른 정책결정의 신속화를 도모한다. 이처럼 행정운영의 질적 향상과 대국민 정보제공의 고도화, 행정절차의 효율화 등 행정서비스 향상을 위해 안전성과 보안 확보 등에 유의하면서 서류에 의한 정보처리에서 네트워크를 활용한 전자화된 정보처리로 이행하여 전자정부를 실현하는 것"으로 정의할 수 있다(한국전산원, 1996b:8). 이러한 과정에서 전자정부는 행정정보화의 실체를 이루면서, 국가정보화 구현의 선결요건이 된다. 그러나 실제 현상에서는 당초 목표와 달리 전자정부 구현이 제대로 이루어지지 못하고 있는 듯하다.

국가기간전산망사업은 작고 효율적인 정부와 서비스 위주의 행정이라는 목표 아래 10여 년 동안 우여곡절을 거치면서 범국가적으로 추진되었다. 그동안 두 차례에 걸친 국가기간전산망사업 추진과정에서 전자정부의 기본 틀이 마련될 수 있었다. 지금까지 추진되어 온 전자정부의 구현을 위한 제도적 노력과 실상을 네 가지 측면에서 살펴볼 수 있다. 먼저 전자정부의 활동을 구성하는 제도적 맥락이자 핵심 요소로서 〈표 1-3〉과 같이 정보공개, 개인정보보호, 정보공동활용에 대해 살펴보고 정보정책의 측면을 고찰하기로 한다.

〈표 1-3〉 전자정부의 핵심 요소

구 분	정보공개법	개인정보보호법	정보공동활용규정
제정	법률 제5242호('96.12.31)	법률 제4734호('94.1.7)	대통령령
시행	1997.1.1	1995.1.7	1997.1
입법 목적	– 국민의 알권리 보장 – 정보이용의 효율화	– 사생활의 비밀보호 – 자적 권익의 침해 방지	– 행정정보의 공동활용 촉진 – 민원사무 등 행정업무 능률적 수행
대상 정보	모든 행정정보	개인신상 전산정보	전자적 방식의 행정정보
대상 기관	공공기관	공공기관(입법/사법부 제외)	공공기관
청구권자	국민, 외국인	본인(또는 대리인)	제공요청기관

첫째, 전자정부의 근간이 되는 정보공동활용이 제도화되지 못한 상태로 이해된다. 즉 개별 부처 수준에서 이루어진 공동활용작업이 전체적 입장에서 조정, 통합되지 못하고 있다. 전자정부의 전제가 되는 정보공동활용의 경우 법적 측면에서 1986년 5월에 제정된 「전산망보급확장과 이용촉진에 관한 법률」에서 "국가기간전산망 또는 국가기간전산망과 타전산망과의 연동 및 공동정보 이용체제 구축과 촉진"이 명시되었다.[6] 물론 제한적이나마 공공기관의 개인정보보호에 관한 법률과 사무관리규정 및 관보규정에도 명시되어 있었다.[7]

또한 프로그램 측면에서도 행정정보공동활용체제 구축은 제1차 사업과 마찬가지로 제2차 사업 및 수정된 제2차 행정전산망사업(1992~1996) 그리고 초고속정보통신사업 등 정보화촉진사업에서 핵심 정책과제로 설정되었다(총무처, 1994). 이처럼 정보공동활용은 한국의 전산망정책을 비롯하여 정보화사업에 이르기까지 개별 부처 또는 범부처 수준에서 법·제도적 토대에서 강조되어 왔다.[8] 그러나 정보공동활용의 중요성과 노력

6 「전산망보급확장과 이용촉진에 관한 법률」 제17조(정보의 공동활용체제의 구축 등).

7 「공공기관의 개인정보보호에 관한 법률」 제11조/사무관리규정 제33조(문서의 열람 및 복사) 및 관보규정 제2조, 제14조 및 17조.

8 제1차 행정전산망사업의 기본목표는 1978~1986년간의 제1차, 제2차 행정전산화사업기본계획 추진에 따라 조성된 행정전산망 기반을 토대로 전국적 단일행정권화를 실현하기 위하여 ①주요 행정정보의 공동활용체제 구축을 통한 정책결정의 합리성을 제고하고, ②전국적 종합전산통신망 구축을 통한 신속·정확한 대민행정서비스를 제공하며, ③인건비, 사무비 등 행정경비의 절감을 통한 작고 능률적인 정부를 구현하며, ④국내 정보산업 시장의 수요창출을 통한 산업육성에 기여하는

에 비할 때 그 실상은 열악한 것으로 판단된다.[9]

둘째, 정보공개제도는 넓은 의미에서 국가가 보유, 관리하고 있는 정보를 수요자인 국민의 요청에 의해 청구인에게 열람이나 복사 등의 형태로 제공하거나 행정기관이 자발적 또는 법령 등의 규정(의무적으로)에 따라 보유 정보를 배포 또는 공고 등의 형태로 제공하는 제도를 말한다.[10] 특히 지난 1996년12월31일 법률 제정으로 인해 정보공개는 제도상으로 여건을 갖추었다.[11] 이 법이 제정되기까지 정보공개에 관한 내부기반 구축이라는 취지에서 국무총리훈령으로 「행정정보공개운영지침」을 제정(1996.3), 시행 중이며 그 결과 1994.6~1996.12 기간 동안 총 50,818건이 신청되어 이 중 96%인 48,757건이 공개되었다. 이러한 현상은 외부에서 볼 때 앞서가는 것으로 비쳐진다(아사히신문, 1997년8월29일).

셋째, 개인정보보호제도 역시 전자정부의 핵심요소가 된다. 그동안 행정전산망사업 추진 등 정보화촉진사업들이 긍정적 성과를 얻었지만 잘못된 정보 입력, 전산정보 유출 등으로 인한 사생활 침해 가능성이 높아졌다. 이러한 부작용을 현행법으로 대응하기 어렵고 기존 법률이 사후적 규제에 그치고 있어 효율적인 방안이 없었다. 이에 따라 1994년1월7일 「공공기관의 개인정보보호에 관한 법률」이 제정, 공포되었으며 1995년 1월8일부터 시행되었다.

넷째, 정보화사업과 관련하여 1995년부터 공공부문의 정보기반구조인 초고속국가정보통신망구축정책이 집행되었다. 초고속국가정보통신망은 그동안 국가기간전산망사업의 추진 과정에서 노출된 문제점을 수용하는 방향으로 추진되었다.[12] 이를 통해서

것이다. 제2차 행정전산망사업의 추진목표와 전략도 제1차 사업과 유사하다. 다만 제2차 사업에서는 제1차 사업의 추진으로 조성된 행정전산화 기반을 토대로 행정정보의 전국적 활용체제 구축, 대민서비스 개선과 행정능률 제고 등 전산화 효과가 크고 국제화, 개방화에 대응하는 국가 주요 정책업무의 전산개발 중점지원 및 행정전산망의 전국적 확산에 따른 개인정보보호, 전산자료의 안전관리, 표준화 등 관련 제도의 정비 등에 역점을 두고 있는 것이 차이점이다.

9 행정전산망사업은 개별 부처별로 전산망이 구축되어 있지만 부처 간 전산망 연계가 요구되는 업무, 즉 정보의 공동활용이 필요한 대상 업무 가운데 여권발급전산망 성공 등 몇몇 사례를 제외하고는 찾기 어렵다는 점이다.

10 전자를 청구공개라고 하고, 후자는 정보제공이라 할 수 있다. 한국의 「공공기관의 정보공개에 관한 법률」에서의 개념은 전자인 청구공개를 전제로 한 제도라 할 수 있다.

11 「정보공개법」 제정은 1992년 대통령선거 당시 3당 대통령 후보의 공약으로 제시되었는데 제정문제를 둘러싸고 4년여의 산고 끝에 법률 제5242호로 제정, 공포되었으며 1998년1월1일 시행을 위한 시행령이 1997년10월21일에 공포되었다.

12 초고속국가정보통신망은 공공정보 공동활용 등 이용활성화를 위하여 망의 지능화를 통한 다양한 서비스망의 상호 유기적

〈표 1-4〉 공공응용서비스 개발

구분	1단계 (1995~1997)	2단계 (1998~2000)	3단계 (2003~2010)
추진 내용	- 공공정보의 공동활용과 정보유통기반의 구축 - 멀티미디어정보서비스의 시범적 개발 - 일회방문 민원처리서비스 체제 확립 - 멀티미디어정보센터 구축	- 통합플랫폼을 이용한 공공부문 정보유통체제 구축 - 자동민원처리시스템구축 확산 - 멀티미디어정보센터 기능 확대	- 공공정보의 멀티미디어화를 통한 서비스 고도화 - 해외 데이터베이스의 자유로운 이용체제 완성

- 자료: 초고속정보통신망구축기획단(1995).

공공부문의 서비스 개발, 일상적 업무지원, 쉽게 접근할 수 있는 형태의 정부공동기록매체를 만드는 데 사용되는 정보기술 요소가 제공되었다. 특히 전산망 간의 정보공동활용체제의 구축은 초고속국가정보통신망정책의 중요한 과제였다. 초고속정보통신국가망의 구체적인 목표는 공공부문의 정보화를 촉진하여 각종 업무처리 절차를 간소화하는 등 행정업무의 효율성을 제고하고, 공공부문이 보유하는 각종 행정정보 공동활용과 공개를 촉진하여 정부가 제공하는 민원서비스를 획기적으로 개선하는 데 있다. 뿐만 아니라 공공이익을 증진시키는 데 유익한 서비스를 더욱 효율적이고 빠르게 자동화하여 전달할 수 있도록 공공응용서비스 개발, 이용을 촉진하기 위해 공공응용서비스 개발사업이 〈표 1-4〉와 같이 추진되었다.

정보통신기술의 급속한 발달에 따라 음성, 화상, 영상처리를 할 수 있는 정보처리기술이 실용화되고 확산되면서 고속의 정보통신서비스가 공공부문에서 필요하게 되었다. 공공부문 정보화의 진전에 따라 공공기관에 의한 네트워킹이 확대되면서 기존의 국가기간전산망사업에 따라 이루어진 전반적인 공공부문의 네트워킹방식이 한계를 보이면서 공공부문 네트워크에 대한 정비의 필요성도 제기되었다. 물론 정부기관 고속망 구축의 맥락에서 정부부처에 LAN(근거리 통신망)을 설치함에 따라 LAN과 연동되는 구조로 통신망 개편이 요구된다. 더구나 정보화에 대한 사용자의 인식 수준도

연결로 통신망서비스가 이루어질 수 있도록 국가기간전산망 및 공공기관의 전산망을 대상으로 3단계 구축계획에 따라 수용할 계획에 있다.

높아지고, 원스톱/논스톱 서비스(One-Stop/Non-Stop Service)를 제공하기 위한 정보시스템으로의 진전이 가속화되면서 공공부문의 정보화계획에 관한 정책 역량이 집중되고 실질적인 정보화 계획이 구체화되고 있다. 가령 정보화촉진기본계획의 10대 중점과제 중 '효율적인 전자정부 구현'을 위해 정부기관 간 공동활용 촉진, 복합민원 일회처리 서비스, 전자주민카드의 통합 실시, 전자교환, 전자교환 및 전자결재 등이 구체적으로 추진되었다.

2 전자정부의 추진 경위

한국에서 정보화가 급속하게 진행 중이다. 각 부문별로 정보화가 진전되면서 국가사회 전체적으로 정보사회로 이행하고 있다. 지금까지 정보화 추진 과정에서 전자정부 구축을 위한 노력은 〈표 1-5〉로 정리할 수 있다. 이처럼 전자정부 구현 과정에서 다양한 이슈가 제기되고 논란이 이루어지만 그동안의 전개 과정에서 나타난 점은 개별 부처 또는 이슈별로 분산적 추진 양상을 보여주었으며, 고객지향보다는 내부지향적인 측면이 강하게 나타났음을 알 수 있다.[13]

한국의 행정정보화를 살펴보면 추상적인 부분이 많고, 기술적인 부분이 지나치게 강조되고 있다. 그런데 행정정보화는 정보기술 내용과 함께 행정조직과 업무처리절차와 관행 등의 혁신과 법·제도적 재설계의 노력이 큰 비중을 차지한다. 제도적 측면에서 개선이 이루어지지 않은 상태에서 기술적인 부문에 치중하여 정보화를 추진하면 완전한 정보화를 기대하기 어렵다. 특히 행정정보화의 핵심인 정보공개, 정보공동활용, 정보보호는 행정정보화의 실체적 내용을 구성하면서, 전자정부를 효과적으로 추

13 한국에서 전자정부란 정보중심의 작고 효율적인 정부를 지칭하는 말로서 1996년 〈정보화촉진기본계획〉에서 공식적으로 사용되었다. 그런데 지금까지 전자정부 구현을 위한 초기의 노력은 개별 부처 중심의 '행정생산성 향상'과 '효율성 제고'에 초점이 맞추어져 왔다. 즉 행정업무에서 정보기술 활용에 역점을 두었다. 단순한 정보기술 도입에 그치지 않고 정부업무, 절차, 기능과 조직의 근본적인 재구성 및 재설계가 선행되어 대국민서비스로 연결되어야 한다. 대부분의 대국민서비스가 복합민원서비스로서 부처 간 네트워크가 선행되어야 한다고 할 때 아직까지는 개별 부처의 행정정보화환경조성과 기반구축이 강조되면서 상대적으로 고객지향적인 대민서비스 측면이 미흡한 것으로 생각된다.

진하기 위한 절차적·수단적 의미를 지닌다.

〈표 1-5〉 전자정부의 추진 경위

일 자	추 진 내 용
1975	– 총무처 행정전산화 기본계획 발표 및 행정전산화추진위원회 설치
1978	– 제1차 행정전산화 5개년 기본계획 수립
1982	– 제2차 행정전산화 5개년 기본계획 수립
1984	– 국가기간전산망 기본계획 확정
1986.5	– 전산망보급확장과 이용촉진에 관한 법률 제정
1993.6	– 행정종합정보시스템(NATIS) 구축, 서비스 개시
1994.1	– 개인정보보호법 제정(시행: '95.1.8)
1994.5	– 제2차 행정전산망기본계획(수정) 및 지방행정종합정보망 구축 운영 – 행정정보유통센터 지정(총무처 정부전산정보관리소)
1995.8	–「정보화촉진기본법」 제정
1995.9	– "정보통신에 의한 열린 정부 실현방안" 구상(국가경쟁력기획단, 재경원 등)
1995.12	– 여권발급민원전산망구축(ONE-STOP민원행정서비스)
1996.1	–「정보화촉진기본법」 시행
1996.5	– 사무관리규정 개정(전자문서 근거조항 마련)
1996.7	– 정부부처 간 국정보고 유통시스템
1996.9	– 열린정부서비스시스템(NATIS의 보완, 확대) 시범운영
1996.11	– 행정정보체계표준 전자문서시스템 규격 제정 (문서교환을 위한 통신교환방식, 데이터구조 채택 등)
1996.12	– 정보화촉진기본계획 및 행정정보화촉진시행계획(1996~2000) 수립 – 정보공개법 제정
1997.2	– 행정정보화촉진시행계획(1996~2000)
1997.5	– 정부고속망구축설명회(총무처: 정부전산정보관리소)
1997.6	– 행정전산화추진규정→행정정보공동활용을 위한 규정안(대통령령) – 민원사무처리에 관한 법률: 민원1회 방문처리제 도입 * 상기 법령은 1997.5.15일자로 관보에 입법예고(총무처장관)

일 자	추 진 내 용
1998	– 행정자치부 출범 –「행정정보 공동이용에 관한 규정」 제정 – 전자정부구현방안 보고(대통령) – 전자결재 및 전자문서유통 활성화 기본계획 수립
1999	–「전자서명법」 제정 –「전자거래기본법」 제정 –「행정기관 간 전자문서유통 표준」 고시
2000	– 행정기관 간 전자문서유통 개시 – 시군구 행정정보시스템 구축
2001	– 전자정부특별위원회 출범 –「전자정부법」 제정 – 전자정부 11대 중점추진과제 선정 및 전자정부지원사업 추진
2002	– 정부민원포털(G4C) 구축 – 대한민국 전자정부 단일창구 개통
2003	– 전자정부전문위원회 설치 – 브로드밴드 IT 코리아 건설 계획 발표 – 참여정부 전자정부 31대 로드맵 과제 발표
2004	– 광대역통합망(BcN) 구축 추진(2004~2010)
2005	– 행정정보공유추진위원회 설치 및 정부통합전산센터(대전) 구축 – EA 법제화 및 초고속정보통신망 구축 완료
2008	– 국가정보화 기본계획 확정 – u–기반 공공서비스 촉진사업 추진(2008~현재)
2009	– 유비쿼터스 기반 공공서비스 활성화 계획 –「국가정보화기본법」 시행 – 전자정부 표준프레임워크 최초 공개 – 국가정보화전략위원회 출범 – 클라우드 컴퓨팅 활성화 종합계획 발표 – 국가정보통신서비스(GNS) 개시 –「Giga 인터넷 기반구축사업 추진정보화촉진기본법」 시행
2010	– 국가정보화 10대 과제 확정 추진 – 농어촌 광대역통합망 구축사업 추진 – UN 전자정부평가 1위 수상(최초) – 모바일 전자정부 기본계획 수립
2011	– 스마트전자정부 추진계획(2011~2015) 수립 – 2011「개인정보보호법」 제정

일 자	추 진 내 용
2012	– UN 전자정부평가 2회 연속 1위 수상
2013	– 정부3.0 기본계획 수립 – 2013「공공데이터의 제공 및 이용 활성화에 관한 법률」 제정
2014	– 정부3.0 추진위원회 출범 – 정부3.0 발전계획 수립 – UN 전자정부평가 3회 연속 1위 수상
2015	–「클라우드 컴퓨팅법」 제정 – 제1차 클라우드 컴퓨팅 발전 기본계획(2016~2018) 수립 – 전자정부 수출 5억 달러 달성
2016	– 전자정부 2020 기본계획(2016~2020) 수립 – 정부24 시범서비스 제공
2018	–지능형 정부 추진계획(제4차 산업혁명 대응 전자정부협의회)

한국의 전자정부는 구현 과정에서 어느 수준에 있는가? 정보통신기술의 활용, 사용자의 인식, 자료처리의 역할과 기능, 정보시스템의 기능 등의 측면에서 볼 때 부문마다 상이하지만 전반적으로 통제단계를 맞이하는 것으로 생각된다(Nolan, 1979:115-126).[14] 그렇지만 전체적으로는 통합단계에도 못 미치며 상대적으로 저조한 수준에 있는 것으로 인식되었다(최종원 외, 1995:44-45).

오늘날 각국이 전개하는 전자정부 노력 가운데 미국을 비롯한 선진 국가의 진행과정에서 나타나는 두드러진 특징은 행정부문에 민간경영기법을 도입하자는 기업형 정부와 정보통신기술을 행정부문에 적극 수용하여 업무처리방식의 재구성과 효율화를 도모는 것으로 집약된다. 여기서 전자정부는 고객지향 정부의 실현이라는 관점에서 행정부문에 존재하는 정보화 요소를 발굴하여 정보통신기술을 활용함으로써 행정생산성을 제고할 뿐만 아니라 대국민서비스의 질적 수준 향상에 역점을 둔다.

사실 전자정부가 의도하는 방향으로 구현될 경우, 기대되는 직접적·간접적 효과는 지대하다. 구체적으로 살펴보면, 첫째 행정서비스의 일회방문(one-stop) 실시를 통해 국민편익을 증진시키고, 거래비용과 시간을 감소시켜줄 것이다. 가령 정부보유 주민

14 놀란(Nolan)은 정보시스템의 발전단계를 ①사용자의 인식, ②IT기술의 이용, ③DP의 역할과 기능, ④정보시스템의 기능 등을 도입(1단계), 보급(2단계), 통제(3단계), 통합(4단계), 데이터관리(5단계), 성숙(6단계)로 분류한다.

등록정보를 정부기관 간 확인으로 대체하면 기회비용 관점에서 추정되는 편익은 1993년을 기준으로 약 756억 원에 달할 것으로 추정되었다(한국전산원, 1993). 둘째, 정부부처와 각급 행정기관 등의 문서처리를 전자화하여 인력과 예산절감이 기대되었다. 실제로 전산망을 통해 문서기안과 결재를 하는 경우 연간 300억 원 이상의 예산이 절감되었다(전자신문, 1996). 셋째, 행정의 투명성 향상이다. 행정업무에 정보기술을 활용하면 수작업에 의존하는 경우보다 실수 또는 부정의 소지가 줄어들 것이다. 뿐만 아니라 네트워크로 연결된 원활한 정보유통을 통해 정책에 대한 국민관심을 높이고 주민참여를 제고하여 투명한 행정 실현에 기여하였다. 넷째, 행정정보가 언제, 어디서나, 원하는 사람에게 입수 가능하여 생활이나 기업 활동의 부가가치 창출에 기여하였다. 이에 따라 국민 전체가 공유하는 고부가가치의 지적 자산 형성이 기대된다. 아울러 정보유통의 향상으로 정보유용성이 높아지고 있다.

이 같은 효과는 저절로 나타나는 것이 아니다. 더욱 많은 노력과 시간이 필요하다. 더구나 진행 과정에서 의도하지 않는 부작용이 야기될 수 있음을 간과해서는 안 된다. 이런 점에서 전자정부를 향한 정부 자체의 탈바꿈 노력이 한층 절실하게 요구된다. 이는 앞서 제시한 방안을 통해 의미가 부여되지만 다음과 같은 점이 강조되어야 한다.

첫째, 전자정부를 위한 국가적 노력은 단순히 전자정부를 넘어 정보공동체사회 또는 정보화 국가의 토대 마련에 의미를 두어야 한다.

둘째, 전자정부가 '작지만 효율적'이라는 의미를 지니려면 단순히 정보화 투자만 이루어지는 것이 아니라 기존의 불필요한 제도, 부적절한 구조, 번잡한 절차에 대한 과감한 혁신이 병행되어야 한다. 그래야만 구호에 머물렀던 국가경쟁력 강화에 기여할 수 있을 것이다.

셋째, 정부 역할은 정보화 환경의 변화에 신속하게 대응하여 동적 안정성을 확보해야 한다. 정부 역할은 정보제공자 또는 안내자로서 고객활동을 지원하는 지능적 역할이 강화되어야 한다. 이를 위해 기업활동을 규제, 감시하는 역할에서 벗어나야 한다. 즉 국민이나 기업 활동과 관련하여 적절한 정보와 서비스에 주안점을 두어야 한다.

넷째, 정부는 지속적인 개선을 추구하는 조직으로서 과거의 단순한 되풀이가 아니라 미래를 새롭게 창조하는 지속적 학습과정 맥락에서 유연한 조직으로 탈바꿈되어야 한다(Marquardt & Reynolds, 1994:12). 즉 다양한 지식과 정보를 창조, 습득, 이전하고 새로운 지식과 영감을 행동으로 잘 반영하는 기술을 갖춘 조직의 이미지를 보여주어야 한다(Garvin, 1993:80).

끝으로, 전자정부 추진 과정에서 발생되는 역기능에 대해 이해당사자의 참여 활성화, 비판과 반대의견을 충분히 수렴해야 한다.

3 전자정부 구현 과정상의 문제점 진단과 원인 분석

한국에서 행정정보화 과정은 1960년대 전산기 도입기를 거쳐, 1970년대에는 행정전산화를 통해 기반조성기를 이루었으며, 1980년대 중반부터 1990년대 중반까지 행전전산망사업이 추진되면서 정보화기반을 확충하였다. 이러한 노력이 가속화되면서 1990년대에 정보화발전기를 맞이하였다(총무처, 1997:3). 특히 1995년8월에 「정보화촉진기본법」이 제정되고, 1996년에는 정보화촉진기본계획 및 시행계획이 마련되면서 본격적인 정보화집행단계에 접어들었다. 정보화촉진기본계획에서는 정보사회를 위한 10대 과제가 설정되었는데 이 가운데 "작지만 효율적인 전자정부의 구현"이 우선적 과제로 책정되었다.

1) 전자정부 구현 과정의 문제점 진단

전자정부를 지향하는 한국의 실상은 어떠한가? 이를 크게 세 가지 측면에서 살펴볼 수 있다.

첫째, 제도적 측면에서 전자정부의 생산성과 효율성을 증대하기 위해서는 필요한 정보공동활용이 원활하지 못하다. 현실적으로 초기의 정보공동활용은 여권발급전산망 정책 등 극소수를 제외하고는 제대로 이루어지지 않았다. 그리고 정보공개 관련 제도 미비, 국민여론수렴 과정의 시간적·공간적 제약, 정보활용의 안전관리 및 기준, 행정정보자원의 표준화 미비 등이 지적된다.

둘째, 인간적 측면에서 전자정부의 주체인 공무원의 정보 능력은 부처 간 전산교육을 통해 파악할 수 있다. 정부는 공무원의 정보화업무 효율성을 증진시키기 위해 전산교육을 실시하고 있다. 그런데 정보통신부와 건설교통부를 제외하고는 전문과정 교육이수자가 극소수에 불과하다(정보화추진위원회, 1997:62). 이 외에도 단순교육 치중, 정보화 추진 주체 및 조직의 미약 현상은 관리직일수록 두드러진다. 이처럼 관리직 공무원의 정보능력 미흡은 전자정부 구현에 커다란 장애요인이 되었다.

셋째, 환경적 측면에서 볼 때 우선 중앙 행정부처의 정보화 수준을 객관적 자료를 통해서 살펴보면 매우 취약한 실정에 있다. 1990년대 후반 당시 주요 행정부처의 정보화 수준에 영향을 미치는 요인 중 PC보급률과 공무원의 전산교육 정도를 살펴볼 때 PC보급률이 가장 높은 부서는 정보통신부이며 노동부, 외무부 등의 순서이다. 부처 간 정보화 격차가 나타난다는 점이다. 행정정보화를 효율적으로 추진하기 위해서는 부처 간 균형 있는 행정정보환경이 필요하다. 더구나 전자정부의 효율성을 제고하려면 부처 간 정보공유, 네트워크 통합 등이 중요한 쟁점사항이 되었다. 이 외에도 정보보호 및 정보보안 등이 문제점으로 지적되었다.

2) 전자정부 구현 과정상의 문제점에 대한 원인 분석

전자정부에 관한 대부분의 논의와 시각을 통해 한국의 전자정부현상에 적지 않은 문제점이 노정되었다. 그리고 문제점과 폐해에 대한 개선의 필요성과 시급성에 공감하고 있다는 점에 대해서 더이상의 설명을 필요로 하지 않는다. 그러면 이 같은 문제점은 어디에서 연유하는 것일까? 전자정부 구현 과정에서 노출된 문제점은 특정 부문의 한 가지 원인에 의해 야기된 것이 아니다. 〈그림 1-3〉에서 보듯이 여러 가지 요인과 요소에 의한 복합적 산물이다. 즉 제도적, 인간적, 환경적 측면에서 개별적 요인들의 작용에 따라 싹텄다.

〈그림 1-3〉 **전자정부 구현 과정상의 문제점과 원인 간 관계**

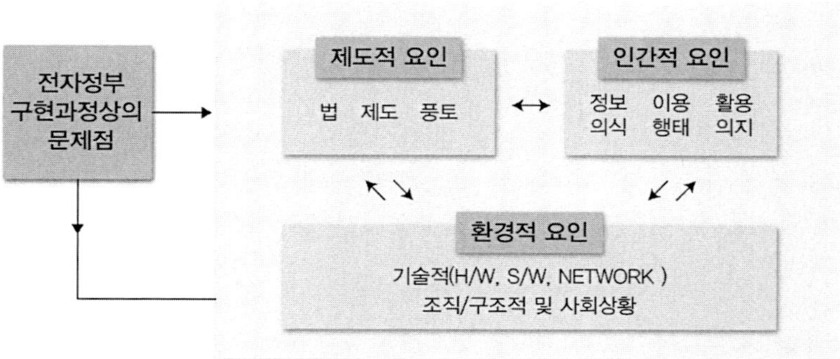

여기서 주목되는 것은 각각의 원인이 단선적인 관계가 아니라 일종의 순환고리를 통해 다차원적 연관관계를 맺고 있는 점이다. 제도적인 문제가 환경적인 문제와 관련되고 인간적 문제에 영향을 준다는 것이며, 이러한 연관관계가 순환양상으로 나타난다는 점이다. 이러한 맥락에서 볼 때 전자정부 구현 과정에서 제기되거나 개선되어야 할 문제점이 해결이 안 될 경우 다른 문제점을 야기하거나 심화시키는 원인으로 작용할 수 있다. 그러므로 문제 해결은 단편적·부분적 접근보다는 다차원적이며 종합적인 접근이 실효성을 지닌다.

제3절 전자정부, 어디로 가야 하나?

전자정부는 정보정책의 단순한 부산물이 아니다. 정보정책의 핵심을 구성하는 독자적 영역으로서 전략적으로 계획되고 의도된 노력의 산물로 이해되어야 한다. 향후 전자정부는 정보정책을 담는 그릇으로서 정보사회의 기반구조를 형성할 것이다. 이에 따라 전자정부를 구현하기 위해서는 그 중요성에 대한 인식 전환과 함께 기존의 문제점 개선이 요구된다. 이하에서는 정보정책의 근간이며, 국가경쟁력 강화인자로 작용하게 될 전자정부 구현을 위한 정책방안을 모색하고자 한다.

1 전자정부의 정책적 의미

정부의 정보수집-가공-처리-유지-서비스(배포)-보존 등 일련의 정보활동은 행정과 정책과정의 주종을 이룬다. 최근에는 정보기술의 적용확대에 따른 정보활동의 생애주기 관리는 행정의 효율성과 생산성을 제고하고, 국민에게 향상된 서비스 제공을 가능하게 한다는 점에서 전자정부 구현을 위한 선결요건이 될 수 있다. 뿐만 아니라 정보활동이 갖는 정책적 의미는 〈그림 1-4〉와 같이 정보공개, 정보공동 활용, 정보보호, 정보관리, 정보처리의 측면으로 치환할 수 있다. 즉 각각의 측면은 정보정책의 중핵을 이루면서 상호 긴밀한 관련을 맺고 있다. 이 가운데 정보공개, 정보보호, 정보공동 활용은 정보정책의 핵심내용이 되면서 전자정부의 중요한 맥락을 구성한다.

열린 정보사회를 지향하는 데에 무엇보다도 행정에 요구되는 것은 '열린 정부'이다. 정보공개는 열린 정부의 맥락에서 이해될 수 있다. 개방화 시대에서 투명한 행정의 구현과, 국민의 알 권리 충족, 국민의 생활편익 증진 등은 정부정보를 일반 국민에게

〈그림 1-4〉 전자정부의 정보활동과 정책적 의미

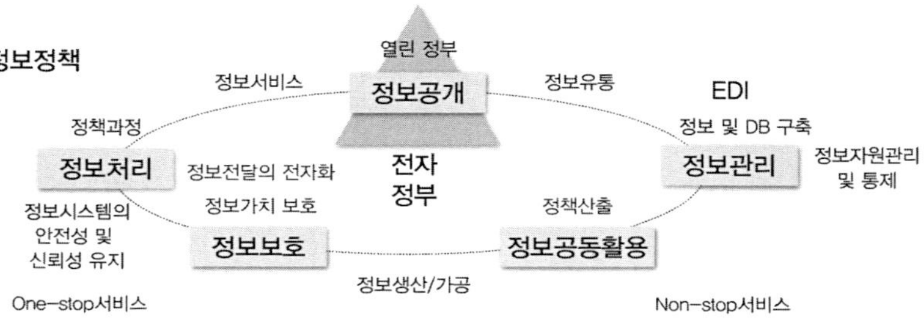

공개함으로써 비로소 가능하다. 여기에서 국민에 대한 서비스 차원에서 그 범위와 정도를 확대하는 것이 중요하다. 한층 더 적극적인 차원에서 가치 있는 정보제공으로 이어져야 한다. 이처럼 가치 있는 정부정보를 공개, 제공하는 열린 정부의 토대가 전자정부에 의해 마련될 수 있다는 점에서 의미를 지닌다.[15]

정보공동 활용의 경우 독립적으로 구축된 전산망을 상호 연계, 운영하여 분산된 개별 데이터베이스 공유 또는 공동활용을 의미한다. 최근에는 정보공동 활용의 범주가 점차 확대되면서 그 개념도 진화되고 있다.[16] 즉 정보공동활용은 기존 정보시스템상의 데이터 자원에 대한 통제로부터 정보자원 관리를 지나 정보자원의 전략적 활용과 확산이라는 맥락에서 강조된다.

정보보호 측면에서 정보시스템을 구성하는 하드웨어, 소프트웨어, 네트워크의 신뢰성과 안정성의 유지, 확보가 중요한 과제로 제기되고 있다. 이 가운데 컴퓨터범죄 및 시스템불확실성에 대응하는 제도적 장치 마련이 안정적인 전자정부를 구축, 유지하기 위해서 요구된다. 그리고 정보관리 측면에서 정부기관 간 유사한 데이터베이스 구축을 사전에 방지하여 중복투자에 따른 비효율성을 제거하고 개별정보의 상호연계 및 종합화를 통해 정보의 부가가치를 높일 수 있다.

정보처리의 측면에서 볼 때 정책성과 산출은 정책정보의 생산, 가공 등 일련의 정

15 정부에서는 정보사회로의 진전에 대응하여 행정적 차원에서 정보통신망을 활용하여 행정정보를 일반국민에 제공해 왔다. 이미 총무처, 공업진흥청 등 24개 기관에서 49종의 정보를 PC통신망을 통해 일반국민에 제공하였으며 이는 열린 정부계획에 따라 점차 확대되었다. -국가경쟁력강화기획단, 「대국민 정보제공 및 대화창구 활성화계획」, 1995.9.14.

16 정보공동 활용을 위해서는 시스템구축 같은 기술적 지향과 함께 제도적, 문화적 요인에 따른 여건 조성이 성패의 관건이면서, 기술적 측면에서 제도적 범주로 확대되고 다시 인적 요소가 가미되었다.

보처리과정으로 이해할 수 있다. 여기에 정보공동활용이 응용된다면 최적의 정책을 산출하는 기반이 될 수 있다. 또한 부처별 소관업무에 따라 배타적으로 처리하던 업무수행 방식을 탈피하여 부처 간 신속하고 정확한 정보유통으로 행정서비스의 질적 향상과 정책 환경의 대응성을 제고할 수 있다는 점에서 중요하다.

2 전자정부 구현을 위한 기본방향과 단계

전자정부는 정보정책의 근간으로서 정책의 실효성을 좌우하고, 정보주권자인 국민에 대한 서비스 구현의 성패를 결정한다는 점에서 그 존재 의의를 찾을 수 있다. 이러한 점에서 전자정부의 기본방향과 단계가 설정되어야 한다.

1) 기본방향

전자정부를 촉진하기 위한 기본방향을 몇 가지 제시할 수 있다.

첫째, 전자정부 구현을 위해서는 공공기관별로 산재한 각종 형태의 조직을 유기적으로 결합하여 상승적 효과를 창출하는 형태가 되어야 한다. 이는 추진체제가 네트워크화와 융합화의 추세에 부응하는 방향으로 이루어져야 함을 의미한다. 또한 전자정부를 위한 노력이 반복적으로 이루어지고 장기적으로 지속되어야 한다. 이를 위해 다음과 같이 몇 가지 사항이 요구된다(Noria & Eccles ed., 1994:460-461). ①기술, 자원 등 공유의식, ②과정과 기술의 충분한 유사성, ③관련부처 간 협조와 도움을 주고받는 경험, ④장기적인 관계, ⑤규모, 권력, 전략적 위치에서 조직 간 동질성, ⑥공동체로서 운명의식 등이 필요하다.

둘째, 전자정부 구현 노력 개선과 개혁을 지향해야 한다. 전자정부는 새로운 기술의 도입과 함께 기존 기술이나 시스템에서 행정기관 간 협조 강화 또는 공무원의 인식 전환만으로 성과를 기대할 수 없다. 가령 행정전산망의 상호연동과 통합적인 정보자원관리(IRM) 체계의 구축을 통해 가능하다고 할 때 지속적인 기술혁신과 제도 및 관행의 개선 그리고 종합적 행정개혁의 맥락에서 이루어져야 한다.

셋째, 환경변화에 대해 안정적인 전자정부의 기제(mechanism)가 구비되어야 한다. 전자정부를 위한 법·행정·제도의 미흡은 자칫 전자정부를 비롯한 정보화의 효율성 저하를 야기할 수 있다. 가령 새로운 정보시스템의 개발, 도입 확산, 정보처리에 의한 정보 산출물의 법적 효력 인정 등 전자정부의 가치와 안정성이 확보되기 위한 제도화 방안이 마련되어야 한다.

넷째, 단기적이며 근시안적 관점에서 사업을 평가하려는 정치적 입장과 공무원 인식의 한계는 극복되어야 한다. 그리고 정권 변화에 따라 사업이 결정되는 등 정치적 요인의 변화로 인한 불안감과 불확실성이 해소되는 분위기를 마련해야 한다(통신개발연구원, 1995:187-189). 지금까지 행정정보화를 위해 수많은 계획이 만들어지고 추진되었지만 안정적인 분위기에서 일관되게 지속적으로 추진된 경우는 드물었다. 정권이 바뀌고 사람이 바뀌면서 계획을 수정하거나 중단하는 경우가 많았다. 그러나 장차 전자정부 프로젝트를 비롯한 모든 국가전략의 정보화 사업은 정치적 영향과 정권적 차원을 벗어나야 한다.

다섯째, 전자정부는 국가사회 정보화의 효율성 제고라는 맥락에서 정부부처 내 및 정부부처 간은 물론 정부와 공공기관 간, 중앙정부와 지방정부 간 그리고 정부와 민간부문 및 학계·산업분야로 확산되어야 한다(한국전산원, 1994:29-32).

2) 전자정부의 추진단계

전자정부는 일시적으로 한 순간에 이루어지거나 자동적으로 추진되는 것이 아니다. 행정에서 구현되는 정보기술의 발전단계를 ①정보기술 도입단계, ②단위업무 간 연결단계, ③공동이용시스템구축을 통한 통합적 운용단계, ④네트워크단계, ⑤세계적 네트워크단계 등 크게 다섯 단계로 구분할 수 있다(Snellen, 1990). 여기에서 전자정부의 개념은 3단계부터 적용된다고 할 수 있다. 전자정부 구현은 참여자 및 기관 간 집단적 학습과정으로서 여러 단계와 절차를 필요로 한다.

전자정부는 이미 앞에서 제시된 기본방향 아래 〈그림 1-5〉와 같이 몇 단계를 통해 추진되어야 한다.[17]

17 여기서 제시된 단계 구분은 기존의 정보시스템구축정책 중 성공적인 사례로 평가되는 여권발급전산망구축시스템에 대한 경험적 지식을 토대로 설정한 것이다.

첫째, 실태분석 및 환경진단이다. 전자정부의 추진 여건과 상황에 대한 조사와 분석이 선행되어야 한다. 이 같은 수요조사와 분석 결과를 바탕으로 전자정부계획 수립과 실행을 위한 우선순위가 선정되어야 한다.

둘째, 전자정부 환경의 구축이다. 전자정부를 위해서는 우선적으로 정보공유 환경이 구축되어야 한다. 조직내부 및 관련기관 간 정보네트워크도 구축되어야 한다. 즉 인트라넷(intranet)이 확충되고, 이와 병행하여 조직간 네트워크(interorganizational network)가 구축되어야 한다.

셋째, 정보통합환경의 구성이다. 정보통합환경은 크게 네 가지로 이루어진다. ①자료(data)와 서식을 송수신할 수 있는 정보통신기기의 설치 및 이기종 간 연결기술을 확보하는 기관 간 하드웨어의 통합, ②정보처리를 위한 개발프로그램, 개발방법론 및 형태 등에 관한 소프트웨어의 통합, ③네트워크운영시스템, 전송로 등 원활한 데이터 흐름의 보장을 위한 네트워크의 통합, ④교육, 인력, 조직 등을 포함하는 조직기반(Orgaware)의 통합이 동시에 이루어져야 한다.

넷째, 개방적이고 투명한 정보공개이다. 정보공유의 환경조성을 위해서 공공기관 간은 물론 국민생활과 경제활동에 도움을 주는 정보에 대해 적극적인 공개를 의무화해야 한다.

다섯째, 전자정부의 안정적 관리 및 운영체제 확립이다. 기술적, 관리적, 제도적 및 규범적 측면에서 정보공개, 정보보호, 정보공동 활용이 효율적으로 유지되도록 정착시켜야 한다.

이상과 같이 전자정부의 추진을 위한 각각의 단계는 일종의 순환과정이면서 문제해결과정으로서 지속적인 환류(feedback)가 요구된다. 다만 각 단계의 선순환(善循環) 과정을 통해 동태적 역량이 확보되어야 한다.

〈그림 1-5〉 전자정부의 추진단계

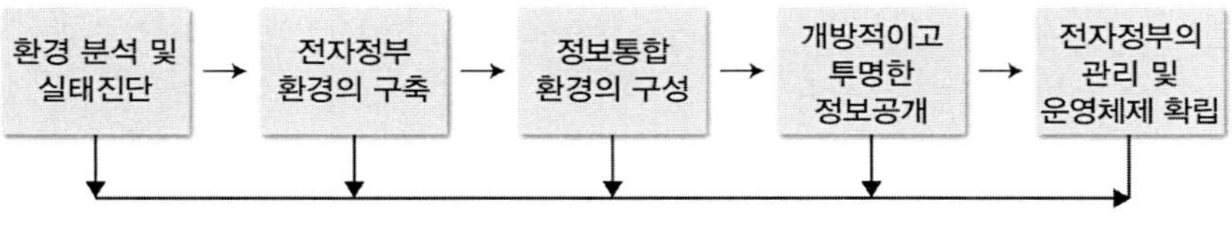

3 전자정부 구현을 위한 정책방안

작지만 효율적이며 국민의 삶을 향상시키고, 국가경쟁력 제고에 기여하는 전자정부의 구현을 위해서는 조직·인력·관리 등 고려해야 할 사항이 많다. 전자정부의 체계는 정보와 자료의 다양화 요구 증대, 부처 간 정보공유의 필요성 고조에 대응하여 유동적인 정보흐름을 통한 수평적 통합이 요구된다. 이하에서는 앞에서 지적된 문제점을 해결하고, 나아가 국가전략 차원에서 전자정부 촉진을 위한 정책방안을 총론적으로 모색하기로 한다.

1) 전자정부 구현을 위한 자원 확보 및 효율적 활용

전자정부의 효율적인 추진에 필요한 정보통신 기반시설, 기기 등 집행수단의 확충이 필요하다. 이러한 자원은 예산이 충분히 뒷받침되어야 확보될 수 있다. 가령 전자정부의 핵심요소인 정보공동활용의 경우 지금까지 법률이나 사업에 명시되었음에도 그 실현수단이 효율적으로 갖추어지지 않은 상징적 정책(symbolic policy) 차원에 머물러 실효성이 미미하였던 것으로 판단된다(정정길, 1989:464-465).[18] 앞으로는 재원의 효율적 운영이라는 전제 아래 각 부처의 전산부문에 투자를 확대해야 한다. 그러나 전자정부 구현과 운영에 소요되는 자원의 효율적 활용을 전제로 하되 기존 자원과 시설을 최대한 활용하면서 업그레이드에 초점을 두어야 한다.

2) 부처 간 정보공동이용 기제의 확립

전자정부 프로젝트는 단일 기관에 의해 이루어지는 것이 아니라 이해가 서로 다른 다수기관이 참여하는 정책이라는 점에서 참여기관 간 상호보완적 관계를 바탕으로 조정과 통합이 요구된다. 이에 따라 전자정부의 효과적 실행을 위해 관련 부처 실무자 간 효과적 작동장치가 필요하다. 이를테면 전자정부의 촉진 과정에서 공동활용 관련

18 상징적 정책은 정책을 집행에 옮겨 정책목표를 달성하기보다는 특정 목표를 보유하고 있다는 사실에 의미를 두는 정책이다. 즉 정책목표를 상징적으로 결정하거나, 정책목표와 더불어 정책수단까지도 상징적인 의미를 지니고 있어서 정책집행이 필요 없거나 또는 현재 집행의지가 있는 것이 아니라 장래에 집행하는 것이 바람직하기 때문에 이를 집행할 수 있는 방향으로 노력하려는 의지를 표명하는 정책이다.

기관 간 문제가 되는 요소를 파악하고 각각의 문제에 모든 참여기관이 상호 합의하는 것이 우선적으로 요구된다. 즉 사업초기와 계획단계부터 이해관련자가 모두 참여하여 참여자 간 합의를 형성해야 한다. 여기에서 예산배정 및 설계/개발업무가 이루어지도록 해야 한다. 이를 위해 조직 차원에서 실질적으로 힘 또는 조정능력 있는 기구가 활용될 수 있다. 아울러 물리적 측면에서도 정보시스템 및 행정정보유통기반구조 등 정부인트라넷 구축환경을 조성하고, 미국의 GSA, 영국의 CCTA, 캐나다의 PWGSC와 GTIS 같은 정보공동이용센터를 통해 행정기관 간 기술·정보·자료의 공유 및 표준화를 확립하여 부처 간 상호 연계체제를 확보, 유지해야 한다.

3) 정보화정책 및 사업추진의 전제 설정

전자정부 구현과 관련하여 선결되어야 하는 정책과 사업의 명확화·구체화가 필요하다. 이러한 과정에서 정보화 관련 정책과 사업은 관련기관 간 정보와 자료의 공동활용을 전제로 해야 한다. 가령 주민등록 관련 업무와 연관된 업무만도 240여 종이 된다. 그런데 이들 업무가 제각각 개발된다면 이에 따른 낭비와 비효율은 심각할 것이다. 중요한 문제는 구축된 데이터베이스(DB)가 제대로 공동활용되지 않는다는 점이다. 실제로 주민등록DB의 경우 자체도 원할하게 운영되지 않는 상황에서 이용부문의 요구가 증대하는 점이다. 그러므로 기존은 물론 신규통신망이나 DB는 정보공동활용을 염두에 두고 설계, 구축되어야 한다.

4) 전자정부의 집행기구 및 체제 정비

전자정부의 행정수요와 정보서비스의 고도화 요구에 부응하기 위해서는 관련부처 및 기관 간 긴밀한 협조 또는 공동의사결정이 불가피하다. 가령 범정부적으로 '전자정부종합지원센터' 같은 기구가 필요하다.[19] 이 센터에서는 범정부적 정책정보 요구와 정책수립을 종합적·체계적으로 지원하기 위하여 기술적 기능과 함께 법·제도적 장치를 마련할 권한과 책임을 갖추어야 한다. 또한 정보통신기술을 집행체계에 적극적으

19 이 센터는 당시 정보연계센터(한국전산원)의 기능과 범주보다 확대된 것으로 정부전산정보센터(총무처)의 기능도 포괄하는 범정부적 기구의 형태로 상정되었다. 이후 2005년 정부통합전산센터(정보통신부)로 확대, 개편되었으며 2017년 국가정보자원관리원(행정안전부)으로 개편되었다.

로 활용하되 의사결정 지연, 형식주의, 책임회피, 할거주의, 고객 경시 등 산업사회의 관료제적 병리를 해결하고 투명하고 단선적인 정책구조와 조직이 형성되도록 업무과정과 과업디자인, 경영시스템 등 전반적인 조직 내외의 변수를 통합된 형태로 재설계하는 조직개혁이 이루어져야 한다(송희준, 1995:3-11).

5) 전자정부시스템의 합리적 설계, 운영

전자정부가 기능하는 데 필요한 구성요소로는 DB시스템과 의사결정지원시스템 등을 들 수 있다. DB시스템의 경우 각 부처와 관련기관으로부터 통계DB와 요약DB로 전송받아 취합, 가공, 변환하여 소재정보DB와 정책DB를 구성해야 한다. 의사결정지원시스템의 경우 정책결정과 집행과정에서 합리적 의사결정이 이루어지도록 정책DB의 구성 및 활용이 이루어지는 방향으로 기능하도록 해야 한다. 가령 민원업무공동이용의 경우 다기관 관련 민원사항을 처리할 네트워크 시스템 설계가 중요하다. 특히 정보시스템의 가동 초기에 새로운 처리방식이 기존 업무처리방식과 상충되지 않도록 점진적 도입 방식이 요청된다. 또한 원활한 정보공유시스템을 유지·운영하기 위해 기술적·관리적으로 정보시스템이나 네트워크 안전성, 신뢰성이 확보되어야 한다. 아울러 전저정부시스템이 제4차 산업혁명시대의 핵심기술인 감성 인공지능, 비정형 데이터 분석, 반응형 사물인터넷, 블록체인 플랫폼, 인공지능 자동보안, 5G기반 기술 등으로 재정비되어야 한다.

6) 행정제도와 운영방식의 개선

전자정부가 확립되려면 전자거래, 지적소유권을 비롯한 제도적 장치가 보장되어야 한다. 그리고 종이문서 위주의 현행 사무관리규정 등을 전자문서를 포함하여 새로운 정보행정체계에 맞도록 미국의 「문서작업감축법(The Paperwork Elimination Act)」 같은 새로운 법을 제정할 필요가 있다. 가령 정부부처 간은 물론 민관 사이의 자료 이용도 유료화하여 정보공개기관에 편익이 주어져야 한다. 또한 정보정책처럼 여러 부처 관련 정책의 경우 협의체조직 형태를 유지하여 정책결정단계부터 이해관계자가 참여·합의하며, 예산편성도 프로젝트별 편성 등 탄력적 방식을 모색해야 한다(최종원, 1995:94-108). 실례로 예산방식의 경우 현재의 부처별 예산편성 방식은 개선의 여지가

〈표 1-6〉 **전자정부 구현을 위한 장·단기적 촉진방안**

구 분	단기방안	장기방안
개인적 차원	– 정보정책개발의 전문성, 창의성 확보 – 공무원의 정보공유 의식 및 정보능력 제고 • 정보활용 전문지식 및 기술교육 • 전자정부의 역기능 예방을 위한 홍보 및 교육	– 정보관료의 자질 배양 • 데이터베이스 및 데이터관리자 양성 • CIO제도 및 운영위원회 도입 – 인적 정책정보공동체 형성 –개인 및 조직적 창조성 제고
조직적 차원	– 정보교류 및 공유체제의 확보 • 부처 내/부처 간/정부–민간 – 정보활용분야에 대한 정확한 분석, 평가	– 정책구조 및 행정조직개혁 • 정보기술의 적응적 활용 – 기능중심의 유연한 조직재구성
국가적 차원	– 부문별 조화로운 통합성 유지 • 행정/공공/민간부문 – 정보활용 관련법규 간 유기적 연관성 확보 – 정보자원관리(IRM) 정책의 우선순위 부여 – 정보화정책 및 사업추진의 전제 설정	– 전자정부의 입법적 수요에 대응 • 법·제도적 환경정비 – 전자정부의 철학과 이념의 확립 – 정책기능의 분화 및 고도화 – 정부–민간 간 역할분담
환경적 차원	– 정보기술적 변화에의 적응적 흡수 • 하드웨어/소프트웨어/네트워크의 확충 • DB구축 방식의 개선	– 제4차 산업혁명의 중추기술(IoT, Cloud, Bigdata, Mobile, AI)의 채택 및 활용 – 개방적 정보네트워크의 확립 – 공동체적 연대의식과 동질의식에 기초한 공공문화 및 사회풍토 확립

많다. 즉 특정 부처 위주의 예산편성 방식에서 벗어나 프로젝트 위주로 전환이 요구된다. 비록 현행 예산회계법상 수용하기 곤란한 제약이 따르지만 근본적인 개선을 위한다면 상황 변화에 맞추어 기존 제도에 신축성을 부여하는 것이 바람직하다. 이와 병행하여 정보와 문서에 대한 보안처리규정, 개인정보 보호를 위한 기술적 방법 등의 개발이 정보처리 단위별로 뒷받침되어야 한다. 아울러 빅 데이터, 인공지능 등 신기술의 올바른 활용을 위해 행정제도와 운영방식을 지속적으로 개선해 나아가야 한다.

7) 정보통신 전문 인력의 확보 및 교육훈련

전자정부의 구축, 운영과 직간접적으로 관련된 일선기관의 집행담당 공무원에게 정보기술교육, 정보공유마인드 향상 교육을 실시해야 한다. 뿐만 아니라 정책결정담당 공무원에 대한 정보공유의식 및 지원을 위한 정보화 교육도 강화해야 한다. 그리고 일반직, 전산직, 정보통신직 공무원 사이의 교류와 순환을 통해 업무상 단절을 예방해야 한다. 더 나아가 전자정부의 효율적 운영과 행정정보시스템의 관리를 위해 최고정보관리자(CIO, Chief Information Officer) 제도와 운영위원회(Steering Committee) 도입이 필요하다(문신용, 1997:169-172).

지금까지 제시된 전자정부 구현을 위한 정책방안은 정치, 행정, 사회, 기술적 환경 등의 상황적 변수와 정책의 내부적 특성인 행정구조, 정책참여자, 정책체계 등의 변수에 의해 결정된다. 또한 전자정부를 하나의 유기적 체제로 보는 점에서 전자정부를 촉진하기 위한 전략을 두 가지 측면에서 모색할 수 있다. 하나는 효율성 제고 방안을 실행하는 주체에 관한 기준으로서 개인적, 조직적, 국가적 차원으로 구분될 수 있다. 다른 하나는 전자정부 촉진 방안을 실행하는 시간적 고려로서 장기적, 단기적 전략으로 분류할 수 있다. 이러한 맥락에서 전자정부의 추진을 위해서는 앞에서 제기된 문제점에 대한 실효성 차원에서 〈표 1-6〉과 같이 종합적으로 정리할 수 있다. 다만 이상에서 제시된 각각의 방안은 개별적으로 분리되어서는 안 되며, 상호 밀접한 유기적인 관계에 있으므로 종합적이며 체계적인 접근이 필요하다. 그래야만 불필요한 정부 모습이 사라지고 선한 영향력으로 존재감이 드러나는 지향점이 현실로 다가올 것이다.

CHAPTER

02

정보 · 지식과 행정

“지식이 정돈돼 있지 않은 상태에서
많이 알수록 혼란만 커진다.”
-허버트 스펜서-

문제의식과 초점

정부를 추동하는 원료 또는 에너지는 무엇일까? 원래 지식·정보가 아닐까. 행정은 정보·지식집약 활동이다. 행정환경의 급속한 변화에 대응하여 새로운 행정관리방식이 요구된다. 이 장은 정보·지식사회 심화에 따라 드러난 기존 행정조직 관리방식의 한계가 대안적 행정관리방식을 교훈한다는 문제인식의 바탕에서 지식관리의 이해 및 실천방안 탐색에 목적을 둔다. 이를 위해 행정조직관리의 변천과 변화가능성을 이론적으로 고찰하였다. 그리고 세련된 행정조직관리방식으로서 지식관리의 개념과 성격을 살펴보았다. 또한 지식관리론의 실천과 응용 차원에서 행정조직과 민간기업의 지식관리 시스템 운영사례를 분석하였다. 분석 결과, 지식관리는 지식사회의 바람직한 정부형태로 제시된 지식정부의 근간으로서 필요충분한 조건임을 확인할 수 있었다. 즉 지식관리는 전문적 지식활용으로 창의적 업무처리 능력을 향상시키는 행정관리방식으로서 그 효과는 조직 자체는 물론 조직구성원의 가치와 능력을 향상시켜 줄 것으로 기대된다. 지식관리는 한계에도 불구하고 조직·제도·인간·기술지식과 지식흐름의 관리를 통해 행정관리의 개선은 물론 행정문제 해결과 가치창출에 기여할 것으로 예상된다. 이를 바탕으로 시민에게 반응적이며 책임 있는 지능적 행정으로 거듭날 수 있으리라 판단된다.

제1절 행정은 정보 · 지식집약 서비스

1 행정의 핵심요소로서 정보 · 지식

행정은 정부기능의 관리활동이다. 정부기능은 사회문제 해결과 국가발전 유도 그리고 대국민 서비스 창출을 위한 역할로서 사회상황과 국가지향과 행정수요에 대응하여 변화되어 왔다. 일류국가를 실현하기 위한 정부재창조 노력이 전개되는 과정에서 행정은 디지털정부(digital government)[1]를 지향하는 듯하다. 시민도 양질의 행정서비스를 제공하는 '똑똑한 정부'를 고대한다. 이에 정부혁신이 불가피한 시대적 과제라고 할 때 그 핵심은 행정관리 개혁으로 모아진다. 즉 21세기에도 행정이 지도력을 유지하기 위한 문제해결과 가치창출능력이 요구된다. 여기서 지적능력은 행정능력 중에 가장 중요하며, 지식사회의 국가운명을 결정하는 핵심요인으로 인식된다(정정길, 2000: 19-25).

더욱이 가치형성자이면서 미래창조자로서 역할을 요구받는 행정은 행동하는 철학으로 이해된다. 가치판단활동으로서 철학은 모든 인간의 권리이자 관료의 의무로 강조되기에(Hodgkinson, 1978), 불확실한 변화의 시대에서 행정이 선택해야 할 가치를 자연스레 추정할 수 있다. 즉 사회문제를 확인하고, 사회의 기대와 가치가 인도하는 대로 문제해결에 기여하며, 바람직한 상태의 구현을 위한 가치 지향적 활동이다. 하지만 현실은 어떠한가? 그동안 행정조직은 고시제도 등을 통해 어느 집단보다 유능한 인재을 흡수했는데도 IMF환란을 비롯한 일련의 정책실패 때문에 무능한 집단으로 지

1 디지털정부는 산업시대의 정부에 대응하는 형태로 제시되면서, 전자정부를 포괄하는 의미로 이해된다(진념, 2000; 류상영 외, 2000).

탄받기에 이르렀다.[2] 물론 자체적으로도 반성의 소리가 적지 않다(김정길, 1998; 변양호, 1998; 최동석, 1998). 게다가 잦은 순환배치로 조직구성원의 경험적 지식이 활용되지 못한 채 비슷한 업무가 중복 수행되는 불합리 현상이 드러나는 등 지식정부를 향한 노력이 자칫 공염불에 그치지 않을지 염려스럽다.

심지어 민간부문은 물론 다른 국가에 견주어볼 때 상대적으로 후진성을 띠고 있다. 이러한 사실은 "형식적 인수인계, 부실한 자료관리로 이어진다. 장관이 바뀌면 정책도 바뀐다. 기준 따로 운영 따로, 교육훈련은 단지 승진요건일 뿐, 공직사회는 인재의 무덤"이라는 자조 섞인 표현에서 엿볼 수 있다(김정길, 1998). 뿐만 아니라 지식기반경쟁력은 세계 23위로 드러나면서 그 심각성을 더해준다(중앙일보, 1999년1월27일). 이에 지식사회에 부응하는 정부 모습으로서 지식정부가 역설되는데,[3] 지식화 맥락에서 운위되는 정부는 지식흐름이 역동적인 행정으로 이해된다. 이로 인해 단순히 행정환경 변화에 순응하기 위한 제도 수정이 아니라 '개혁'에 가까운 노력이 요구됨을 의미한다.

정보는 조직화 또는 구조화된, 그리고 의미를 부여받은 데이터로서(Glazer, 1991:1-19), 정보시스템상의 현재 또는 과거 상태를 말한다. 반면에 지식은 예측가능성 및 인과관계를 설정하며, 나아가 무엇을 할지에 대한 진단적 의사결정을 가능하게 하기에 정보 이상의 의미를 갖는다. 이처럼 지식을 정보보다 가치사슬의 상위에 올려놓으면서 최고정보관리자(CIO)의 역할이 최고지식관리자(CKO)의 자리로 넘어가고 있다(행정자치부, 2000: Barclay, 1999),[4] 이 같은 변화가 전 세계적으로 진행되면서 지식을 어떻게 발굴·창조·관리하여 새로운 부가가치를 창출하고 경쟁력을 확보해 나아갈지에 초점이

2 그동안 국가경쟁발전을 주도해왔던 경제관료는 IMF환란 때문에 무지, 무능, 무소신으로 비판받았다. 그 까닭은 관료가 교과서대로 움직이지 못했으며, 그 근본적 이유는 지식이 짧았기 때문으로 지적된다(변양호, 1998:194)

3 당시 김대중 대통령은 신년사(2000.1.3)에서 지식이 경쟁력의 원천임을 강조하였다. "새천년은 지식혁명의 시대입니다. 지식과 정보가 국가경쟁력의 원천이 되고 있습니다." "지식혁명의 시대는 지식혁명을 통해서 창의적·능동적으로 대응하지 못하면 역사의 주변부로 밀려나고 말 것입니다." "21세기는 세계화, 디지털화, 지식기반의 시대입니다. 부존자원보다 지식과 정보에 의한 경쟁력이 중요한 시대입니다. ~이러한 변화에 적응하면 일류국가가 되고, 못하면 삼류국가로 전락할 것입니다." "21세기는 지식정보의 시대입니다. 정부는 국민 여러분과 더불어 총력을 다해 노력함으로써 세계 10대 지식정보강국을 반드시 이룩해 나아가겠습니다." "지식기반사회 없이 우리에게 밝은 미래는 없습니다."

4 1999년6월 미국에서 새로운 직책으로 등장한 연방정부 최고지식경영자(CKO, Chief Knowledge Officer)가 바로 그것이다. 세린 르미즈(Shereen G. Remez)가 맡은 이 직책과 역할은 연방정부 각 부처가 추진하는 지식경영의 조율과 성과의 공유 촉진이었다.

맞추어지면서 관리패러다임도 지식관리중심으로 전환되고 있다.

더욱 구체적으로 지식관리의 대두는 무형자산에 대한 새로운 인식, 창조적 지식의 중요성 부각, 정보기술 발달에서 연유한 것으로 볼 수 있다(강금만, 1999). 첫째, 무형자산에 대한 인식 변화이다. 이를테면 조직경쟁력의 경우, 유형자산 및 금전적 가치보다 브랜드가치 및 특허권 등 무형자산에서 기인한다는 인식이 확산되면서 무형의 지적자산 규명 및 가치 파악을 위한 노력이 심화되고 있다. 둘째, 조직구성원 보유지식의 중요성이다. 조직 간 경쟁환경이 치열해지면서 최고관리자들은 조직이 지속적으로 성장·발전하고, 경쟁우위의 원천으로 조직구성원의 보유지식을 중시하고 있다.[5] 셋째, 정보기술 발달로 조직 내외부에 인트라넷이나 인터넷 등 가상공간이 확대되면서 개인과 조직이 네트워킹을 이용해 필요한 정보와 지식을 획득할 수 있게 되었다. 아울러 신속한 정보처리·체계적 분류·축적·공유 등이 가능한 정보시스템을 구축하면서 지식경영 및 행정의 토대가 마련될 수 있었다.

지식관리는 행정활동의 핵심 자원으로서 지식을 효과적으로 관리하고, 전략적으로 활용하려는 행정관리 개선노력의 일환으로 이해할 수 있다. 행정환경이 물품생산 위주의 산업사회에서 지적재산이 중요한 지식사회로 전환하면서 행정관리를 지식이라는 관점에서 총체적으로 재조명하려는 시각이다. 여기서 지식은 Stock, Process, Capability의 속성을 갖는다. 즉 지식은 저장·축적·전달·공유되기에 Stock의 특성을 지니며, 역동적으로 변화하는 과정적 성격을 드러낸다. 그리고 문제규정과 해결, 가치창출 능력을 지니기에 서비스의 지속적 개선, 개발 및 혁신적 역할을 수행한다(Drucker, 1993). 이에 행정도 지적 자원을 바탕으로 사회문제를 정확히 예측, 신속하게 대응하면서 사회발전을 선도할 필요가 있기에 지식관리는 시민요구에 부합되는 행정서비스의 창출에 기여할 것으로 기대된다(Lloyd, 1996: 576-580). 즉 지식관리는 행정업무과정에 직접 활용될 수 있는 실천적 지식을 조직 차원에서 축적·공유함으로써 조직생산성과 고객서비스를 극대화하려는 최신의 혁신기법으로 이해된다(행정자치부, 2000). 그렇기에 행정조직의 종합정보처리과정을 기반으로 유용한 지식을 적시에 획득, 축적, 창출, 유통시키는 조직적 활동으로 정의될 수 있다(박연호, 2000: 237-238).

5 가령 3M의 경우, 모든 조직 구성원이 창조적인 지식근로자 역할을 수행하였다. 그 결과 단순히 창조적 아이디어 창출만이 아니라 특허 및 제품화에 초점을 맞춰 업무를 수행하였기에 매년 100개 이상의 신제품이 개발되고 있다.

〈표 2-1〉 행정지식서비스의 유형

구 분	유형의 재화베이스	서비스베이스
문제해결형	• 인·허가 • 정책프로그램(촉진 및 지원) • 법·제도의 구축, 운영	• 국방·치안서비스 • 행정정보서비스 • 보호(의료보호서비스 등)
가치창출형	• 사회보장 및 복지급부활동(생활보호/노인) • 재난·재해방지 • 사회간접자본(인프라 구축과 제공)	• 민원서비스(여권발급), 금융범죄 예방, • 일기예보, 공시 등 • 정책정보공유와 제공

지식정부에서 행정능력과 가치는 공무원 수, 조직이나 예산규모에서 파생되는 것이 아니라 시민과 기업의 욕구를 충족시킬 새로운 방법을 끊임없이 발견하는 과정에서 창출될 것이다. 이미 기업의 경우 재화와 서비스 사이의 구분이 무의미해지고 있다. 왜냐하면 성공적인 기업에 의해 제공되는 가치들은 서비스를 수반하기 때문이다. 이러한 서비스는 문제해결과정에서 이루어지는 연구, 엔지니어링, 설계서비스라든가 문제인식에 필요한 판매, 마케팅, 자문서비스 그리고 문제해결과 인식을 연결시키는 전략과 관리 등에 의해 산출된다(Reich, 1991). 반면 행정지식서비스의 경우 〈표 2-1〉 같이 구분할 수 있다. 문제해결유형은 행정서비스를 통해 고객인 시민과 기업의 문제가 해결되는 것이며, 가치창출유형은 행정서비스 활용을 통해 부가가치 및 새로운 것이 제공된다. 또한 유형의 재화에 기초한 행정서비스는 물리적 급부나 기반의 구축 등이 주요 내용을 이루며, 무형의 행정서비스는 지식·정보·서비스를 기초로 개방된 플랫폼에서 지식(정보)공동 활용시스템 등을 통해 제공된다.[6] 이처럼 행정서비스의 제공에서 지식이 본질이 되기에 지식관리의 필요성이 한층 강조된다.

이 장에서는 지식사회 심화에 따라 드러난 기존 행정관리방식의 한계가 대안적 행정관리방식을 교훈한다는 문제인식을 바탕으로 지식관리의 이해와 실천방안 탐색에 목적을 둔다.[7] 이를 위해, 첫째 행정관리의 변천과 변화가능성을 이론적으로 고찰한

6 여기서 단일의 행정서비스에 의해 문제해결과 가치창출의 효과를 낳을 수 있다. 행정지식과 서비스의 유형은 지식관리의 본질을 이루기에 더욱 심층적 연구 작업이 이어져야 할 것이다.

7 여기서는 지식행정의 관리방식에 대한 고찰을 통해 행정관리의 최근 연구경향을 정돈하려 한다. 따라서 탐색 및 기술적 연구에 속하면서 규범적 제안에 의미를 둔다.

다, 둘째 세련된 행정관리방식으로서 지식관리의 개념과 성격을 살펴본다. 셋째, 지식관리론의 실천과 응용 차원에서 행정능력 제고방안을 모색하면서 그 한계를 적시하고자 한다.

2 행정관리의 개념과 범주

행정기능의 수행과정에서 인적·물적 자원, 기술 그리고 계획이 요구된다. 이에 행정관리란 국가목적 실현을 위한 인적·물적 자원의 효율적 활용으로 이해될 수 있다(White, 1955;3). 물론 여기서 관리(management)는 행정에 고유한 것이 아니며, 기업을 비롯하여 다양한 조직에서 발견된다. 행정의 개념을 기술적 견지에서 국가목적의 달성을 위한 인간 및 물자의 관리로 이해할 때 사기업 경영과 동일시되었다. 이처럼 관리개념은 기업조직은 물론 군대조직 그리고 비영리공공부문 조직에서 중요시되었다.[8] 그래서 행정과 관리는 구분되거나(Fayol, 1930),[9] 동일하게 인식되기도 한다(White, 1955; Dimock, 1937). 뿐만 아니라 행정관리에 대한 접근방법은 각양각색이기에 그 개념을 명확히 규정하기가 어렵다. 하지만 정책결정과 계획수립 및 집행을 감독하고, 성공적 집행 여부를 감독·통제하며, 조직활동을 원활히 하기 위한 조정기능 수행으로 이해된다. 달리 공익을 위한 정책입안과 조직형성 그리고 계획의 집행·조정·통제로서 최대의 능률성과 효과성의 확보방안으로 정의될 수 있다(안해균, 1989:413).

좁은 의미에서 행정관리는 행정조직 내 움직임을 관리하는 것이며, 보다 넓게 행정목표의 달성을 위한 전반적 활동으로서 시민과 기업을 포함한 행정환경의 능동적 관리로 이해할 수 있다. 이런 맥락에서 행정관리는 〈그림 2-1〉에서 보듯이 문서, 정보, 물자, 인간, 제도, 조직영역 등 다양한 범주를 내포한다.[10] 각각의 요소는 행정활동의

8 행정의 개념을 기술적 견지에서 국가목적의 달성을 위한 인간 및 물자의 관리로 이해할 때 사기업 경영과 동일시되었다. 이처럼 관리개념은 기업조직은 물론 군대조직 그리고 비영리공공부문 조직에서 중요시되었다.

9 행정과 관리를 구분하는 입장 가운데 행정을 관리의 일부분으로 인식하는 관리우위론(Sinclair, Urwick, Fayol)과 관리를 행정에 종속시켜야 한다는 행정우위론(Sheldon, Schulze)으로 나뉜다(오세덕·여윤환, 2000:28).

10 행정관리의 구성이나 체계에 대해서는 일치된 견해가 없이 ①기능론, ②과정론, ③요소별 관리론 등 세 가지 관점으로 구

〈그림 2-1〉 행정관리의 범주와 요소

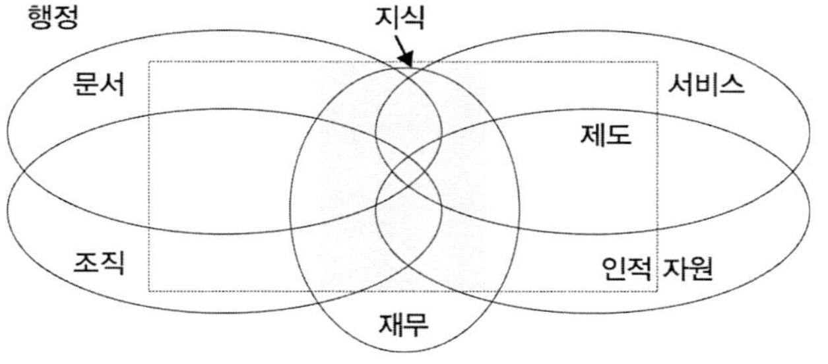

성과를 최대화하기 위한 수단으로 계획, 통제, 조직화된다. 여기서 지식은 개인과 조직 차원에서 암묵적 또는 형식적으로 존재하면서 행정관리의 필수 요소로 작용하였다[11]. 그렇지만 행정관리현상에서 지식은 소홀히 여겨졌다. 즉 행정관리의 능률과 효율화가 추구되었지만, 정작 행정영역에서 문서, 인사, 재무, 조직, 서비스 등 기능수행과 그 연관과정에서 지식 간 유기적 연계가 확보, 유지되지 못하였다. 이로 인해 통합성이 결여된 파편화된 행정관리의 양상을 드러냈다.

3 행정관리의 변천: 지식관리의 연원

행정과학이자 기술로서 행정관리는 사회적 환경변화와 기능적 필요에 대응하여 진화과정을 겪어왔다. 이러한 사실은 특정의 사회적 상황과 요청에 부응하여 학문이 발전한다는 가정과 관련된다. 즉 사회체계의 진화는 기능적 필요에 부합된 지식유형을 수반하며, 사회진화에 부응하여 연구 성격이 결정되었다(Coleman, 1986: 1309-1335). 행정관리이론의 경우도 예외 없이 사회변화와 상황에 따라 그 성격을 달리해 왔다. 이는 행정관리이론의 생성, 발전이 시대적 배경과 상관된다는 의미로서 시대적 패러다임의

분되는데(민진, 2000), 이 책에서는 요소별 관리의 관점에서 접근하고자 한다.

11 예컨대 문서, 서비스, 인사, 재무, 제도, 조직부문에서 조직구성원의 경험과 업무과정에 내재된 지식의 조정, 결합 등을 들 수 있다.

〈그림 2-2〉 **행정관리이론의 변천**

고전적 행정관리	인간적 행정관리	현대적 관리론	지식사회의 관리론
과학적관리/관료제/행정관리	생물학적유기체로서 조직/인간중심적	이론적 분기/접근의 다양성(신관리주의)	지식관리
Gulick and Urwick(1937)/ Mooney(1939)/ Taylor(1947)/ Weber(1947)/ Fayol(1949)	Mayor(1933)/ Barnard(1938)/ Gaus(1947)/ Selznic(1949)/ Parsons(1951)/ Simon(1957)	Aucoin(1990)/ kettl(1990)/ Hood(1991)/ Barzelay(1992)/ Pollit(1993)/ Pirre(1994)/ Osborne and Gaebler(1995) Maor(1999)	Henry(1974)/ Goerl(1975)/ Drucker(1993)/ Nonaka and Takeuchi(1996)/ Malhotra(1997)

변화양상이 행정관리현상에 투영되어 왔음을 뜻한다.

지금까지 행정관리이론의 변천을 〈그림 2-2〉에서 보듯이 고전적, 인간적, 현대적 관리론으로 구분하여 정리할 수 있다.[12] 전통적이며 고전적 행정관리이론에서는 절약과 능률 위주의 행정관리가 중추를 이루었으며, POSDCoRB 같은 원칙과 기법이 강조되었다. 이에 대한 반작용 또는 대안적 관점에서 인간중심적·신고전적 관리론이 전개되었다. 이후 다양한 관점과 시각에서 현대적 관리론이 분기하는 듯하다. 그 가운데 후기산업사회로의 전환과정에서 지식관리론이 부상하고 있다. 이렇듯 행정관리이론은 상황에 부합되어 이론적 지세의 변화를 드러냈지만, 경험적 행정현상에서 드러난 행정관리의 변화 양상과 모습은 행정관리이론의 지향과 반드시 일치하지 않는다. 즉 이론적 변화의 탄력성에 비할 때 경험적 행정관리세계는 경직된 양상을 보여준다.

최근 민간기업의 관리방식을 정부부문에 도입하려는 주장이 거세다.[13] 이 가운데 시장중심적 경영방식을 행정에 도입해야 한다는 신공공관리론에 관심이 모아지고 있

12 여기에서 구분은 행정관리의 태반이 행정조직이라는 점에서 목표달성을 위한 기능 및 과정으로 이해하였으며, 이 같은 조직이론의 관점을 행정관리 연구경향의 준거로 삼았다.

13 1980년대 이후 신자유주의 확산과 함께 미국(레이건 행정부), 영국(대처 행정부) 등 선진국을 중심으로 도입되었으며, 신공공관리론(New Public Management), 시장지향적 행정(Market-based Public Administration), 기업가정부(Entrepreneurial Government) 등으로 표현된다.

〈표 2-2〉 **지식관리와 경영에 관한 선행연구**

구분	연 구 자	내 용
지식 관리	Caldwell(1967,1975)/ Schooler(1971)/Friedland(1971)/ Carroll(1972)/Henry(1974)/ Goerl(1975)	- 과학적 행정/정보처리능력을 갖춘 행정 - 기술과학적 초문화관리행정 - 지식행정/전문화 정부 - 학습지향적 정부
지식 경영	Davis and Botkin (1994)/Wigg(1997)/ Nonaka and Konno(1998)/ Daven Port(1998)/Ruggles(1998)/ Liebowitz(1998)	- 지식기업(스마트한 상품과 서비스 창출) - 새로운 상품, 서비스, 시스템의 형상화 - 지식프로세스 개선을 통한 지식자산 관리와 극대화 - 기업성장력과 성공 확보

다. 이를테면 시장효율성과 경쟁 위주의 신고전주의 경제학에 기초를 둔 신공공관리론은 정부부문의 성과와 실적을 중시하고, 관리자의 개인적 책임을 강조하며, 내부개혁 및 내부시장 창출을 역설한다(Peters, 1996). 이러한 논의는 기존 행정관리론과 근본적 차이를 드러낸다. 즉 안정성, 규칙, 법에 대한 반응성을 강조한 전통적 행정관리론과 달리 변화, 분권화, 고객반응, 성과 등에 초점을 맞추면서 탈관료화와 탈정치화를 추구한다(Barzely, 1993; Maor, 1999).

아울러 지식이 중요한 조직자산으로 인식되면서 선진 기업을 중심으로 등장한 지식경영이 국내기업 사이에서도 급속히 확산되고 마침내 행정부문에도 그 움직임이 드러났다.[14] 그러면 지식관리를 어떻게 이해할 것인가? 지식관리에 대한 연구는 〈표 2-2〉에서 보듯이 행정학과 경영학의 한 분야로 다루어져 왔다. 행정학에서는 이미 1960년대 후반으로 거슬러 가며, 1970년대 초·중반부터 연구대상과 초점이 되었지만, 실천적 노력으로 연결되지 못했다. 이는 아마도 지식관리를 뒷받침하는 정보기술의 미성숙에서 기인한 것으로 판단된다.

14 민간부문에 비해 활발하지 못하지만 중앙정부(행정자치부, 기획예산처, 철도청 등)와 지방자치단체(서울특별시), 그리고 공공부문(KOTRA)에서 지식행정의 일환으로 지식관리시스템 구축과 제도적 방안이 마련되었다.

〈표 2-3〉 행정관리론의 비교

구 분	기존 행정	공공관리론	지식관리
연구대상	사회적 가치·관료제와 민주주의 간 갈등 논의	기획·조직·통제·평가 등을 강조	지식과정, 조직구조 및 업무흐름
행정이념	사회적 형평·감응성	절약과 능률성	창조성과 전문성
공·사행정간관계	공·사 준별론	공·사 일원론	절충론
관련학문	정치학·사회학	과학적 관리법과 동일한 철학적 기초	학제적(심리학, 경영학, 정치학 등)

– 자료: Overman(1984) 재구성.

행정학에서 지식관리의 연원을 세 가지 측면에서 살펴볼 수 있다.

첫째, 신공공관리론의 분깃으로 이해할 수 있다. 기업가적 정부를 지향하면서 기업관리기법의 하나인 지식경영기법이 행정관리에 원용된 것으로 보인다. 여기서 지식관리는 행정능력 제고를 지향하는데, 가령 기술적 관점에서 행정문서와 행정정보의 재활용으로 접근되고 문화적 관점에서 학습조직의 진화수단으로 다룰 수 있다. 하지만 지식관리는 〈표 2-3〉에서 보듯이 기존의 행정관리론 및 공공관리론과 연구대상, 행정이념, 공·사행정 간 관계에서 구분된다.

둘째, 정보사회의 정부이념형인 전자정부가 지식사회로의 이행과정에서 지식정부로 탈바꿈하면서 나타난 행정관리방식의 변화로 이해할 수 있다. 정보의 발전형태로서 지식이 생성되는 이른바 지식화 과정에서 등장한 지식정부의 행정관리 방식으로 볼 수 있다.

셋째, 지식행정의 이념적 기반을 신행정학에서 연유된 것으로 유추할 수 있다. 신행정학에서 지식의 실용성이 강조되었으며, 심지어 행정을 문제해결을 위한 지식의 적용으로 규정한 것은 지식관리와 활용의 중요성을 내포한다. 특히 정책연구와 정책분석을 중시하고 공공문제 해결을 위해 대안적 수단의 설계에 관심을 기울였다는 사실에서(Frederickson, 1980:10-11) 지식의 중요성이 함축된 것으로 자연스레 추정할 수 있다. 왜냐하면 국가수준의 지식이 정책 및 전략에 응축되어 표출되기 때문이다. 아직까지 공공부문에서 지식관리론이 체계적으로 정립되지 못했지만, 행정과 잇대어 작용하기에 이론 및 실천적 측면에서 교훈하는 바 크다.

제2절

지식관리의 근거와 현상

1 분석틀: 연구흐름과 시각

행정관리는 〈그림 2-1〉에서 보았듯이 행정활동에 필요한 수단과 관련지식을 체계적으로 활용하는 것이다. 즉 행정목표 달성을 위한 유무형의 경험적·가치론적 지식의 응용이다. 행정에서 지식활용은 사용자가 자신의 준거틀을 갖고 해석하기에 해석적이고, 사회구조 내에서 해석과정이 진행된다는 점에서 사회적으로 제약되며, 그 과정이 지식생산·조직화·저장·검색 등 전체 지식체계와 관련되므로 체계적이다. 그리고 당사자 간 상징체계 또는 의사전달행위를 통해 교환된다는 점에서 상호 교환적 과정이다(Dunn, Holzner and Zaltman, 1985). 실제로 행정기관이 보유한 지식이나 지식화할 수 있는 정보와 데이터의 양은 실로 방대하며, 산하 및 공공기관의 보유지식을 합하면 최대의 지식집단이다(기획예산위원회, 1998).[15] 이로 미루어 정부는 최대의 지식기반조직이면서 지식생산조직임을 짐작할 수 있다. 그렇기에 행정관리의 요소로서 지식에 대한 관리는 사회문제 해결과 가치창출 기능을 수행하는 행정의 핵심 기능으로서 충분한 의미를 갖는다.

그동안 행정은 국가사회 발전의 주역으로 사회생활 전 영역에 걸쳐 커다란 영향력을 행사하였다. 하지만 무능과 무지의 영역으로 비판받기에 이르렀는데[16] 그 까닭은

15 입법, 사법, 행정 중앙기관 55개를 포함하여 총 864개 기관에서 파일이나 데이터베이스 형태로 보유한 자료는 총 3,776개로 나타났다.

16 이를테면 민관합동기구인 정부정책평가위원회는 1999년 상반기의 경우 ①한·일어업협상, ②국민연금확대, ③두뇌한국21사업, ④씨랜드화재처리, ⑤공직자준수사항, ⑥검·경수사권갈등 등을 정책실패로 규정하였다.

〈그림 2-3〉 본 장의 분석틀

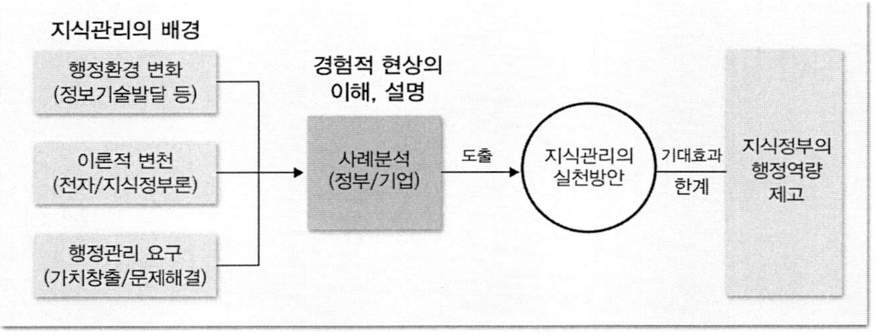

전문성 부족에 기인하며(정정길, 2000:159), 부적절한 정보와 지식관리 결여에 따른 지식 빈곤으로 국가차원의 문제파악 및 문제해결 능력의 미비에서 연유한 것으로 지적할 수 있다(윤순봉, 1999). 게다가 지식기반사회의 전제가 지식축적과 공유에 있음에도 한국의 현실은 지식축적과 지식공유 모두 미흡한 것으로 드러났다(대한매일신문, 2000년2월25일). 물론 동일한 실수가 반복되거나 업무중복 그리고 좋은 아이디어가 공유되지 못한 실정이다. 바로 이런 점에서 지식관리의 필요성이 제기된다. 왜냐하면 지식관리의 뒷받침 없이 행정관리가 이루어진다면 문제해결이나 가치창출에 기여할 수 없을 뿐만 아니라 지식결여 때문에 자칫 행정관리효용이 떨어질 수 있기 때문이다. 그러므로 행정관리 개선의 촉진 및 합리적 상태로 전환하기 위해 지식관리, 활용이 요구된다.

이러한 문제제기와 함께 전개된 이 장의 흐름과 시각은 〈그림 2-3〉에서 보는 바와 같다. 최근 시장화, 개방화, 지식·정보화에 따른 행정환경 변화와 행정관리이론의 등장으로 행정기능 향상과 조직혁신의 가속화가 요구되고 있다. 새로운 행정패러다임이 현실로 투영되면서 행정관리현상이 달라지고 있다. 이에 정부와 기업부문의 실천적 지식관리 노력을 이해, 설명하고자 한다. 아울러 이론적 논의와 사례분석에서의 시사점을 바탕으로 실천방안을 도출하여 지식정부의 행정관리 역량 제고와 가능성을 모색하고자 한다.

2 지식관리의 배경: 지식패러다임

4세기 전 "지식이 곧 힘이다"라고 역설된 이후 지식 축적과 교환의 중요성이 강조되면서 '지식이 경쟁력의 핵심'으로 인식되었고(Drucker, 1993), 이제는 '부의 원천'으로 강조되고 있다(Thurow, 1999). 이미 국내에서도 정보화의 심화과정 속에서 지식경영, 지식인프라, 지식강국 등 지식신드롬이 부상하면서 지식관리가 새롭게 모색되고 있다(기획예산처, 1999; 행정자치부, 2000).

정보기술의 급속한 발달로 산업사회패러다임이 정보사회패러다임으로 이행하면서 정보화(informatization)가 행정과제로 규정되었으며, 정보사회에 대한 준비와 논의가 주류를 이루었다.[17] 이제 다시금 지식사회패러다임으로 바뀌고 있다. 자본, 노동력, 토지 등 산업사회의 핵심 요소가 지식으로 대체되는 듯하다. 그래서 시간이 흐르면서 정보사회가 진전될수록 정보화에 대한 담론은 진부한 느낌을 준다. 그렇다고 정보가 중요하지 않다는 것은 아니며, 정보의 상위개념으로서 지식이 정보를 대체하기 시작했다는 의미로서 이미 21세기를 지식사회로 규정하려는 주장이 확산되고 있다(Drucker, 1993).

눈에 보이지 않고 만질 수도 없지만 힘을 지니고 있는 지식은 데이터, 정보의 단계를 거쳐 창출된다.[18] 〈그림 2-4〉에서 보듯이 현실세계에서 생성, 제공된 수많은 데이터가 분석과정과 의미파악을 통해 정보로 산출된다. 정보는 일정한 규칙이나 약속 및 파일링 등을 통해 체계화되어 데이터베이스 형태로 구축, 활용되면서 가치평가가 이루어진다. 여기서 가치 있다고 판단된 경우에는 지식의 단계로, 그렇지 못한 경우 정보쓰레기로 버려진다. 전략적 가치분석과 인지적 처리경로를 거쳐 지식으로 생성된다. 이처럼 지식화 과정을 효율적으로 관리, 활용함으로써 부가가치 창출 및 경쟁력의 확보에 기여하는 활동이 지식관리이다.

17 정보화는 "정보를 생산, 유통 또는 활용하여 사회 각 분야의 활동을 가능하게 하거나 효율화를 도모하는 것"으로 정의되는데(「정보화촉진기본법」 제2조), 세계적으로 1960년대 말에 등장하였고, 한국에는 1980년대 후반에 본격적으로 소개되었으며, 1990년대 중반 이후 경쟁력강화를 위한 수단이자 최우선 국정과제로 채택되었다.

18 Cleveland(1985), Barabba and Zaltman(1990)를 비롯하여 대부분의 학자들은 지식의 발전단계를 Data(숫자, 단어)→Information(문장)→Intelligence(규칙)→Knowledge(하위수준의 조합)→Wisdom으로 구분, 계층화하고 있다.

〈그림 2-4〉 **지식, 정보, 데이터의 개념도**

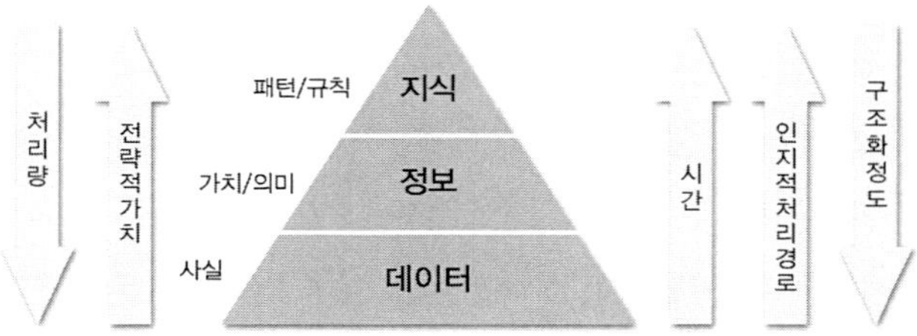

지식은 표현되지 않은 자신만의 경험으로서 암묵지와 객관적으로 공감할 수 있는 형태로서 형식지로 구분된다(Nonaka, 1995).[19] 각각의 지식은 신념이라는 표현을 통해 단순히 안다는 사실에 그치지 않고 가치관, 인생관, 조직의 목표의식과 연관된다. 여기서 신념이라는 추상적 용어가 사용된 까닭은 지식 요소에 정보란 정적인 요소와 함께 구체적 행동으로 이행할 수 있는 믿음이 가미되어야 하기 때문이다. 뿐만 아니라 검증된 진리로서 상황에 따른 인간의 인지적 활동이 축적되어 생성된다. 즉 정보나 데이터가 사용자의 인식, 해석, 분석, 이해 등 인지적 활동을 거치면서 경험이나 상황과 결합함으로써 더욱 부가가치적이고 라이프사이클이 긴 지식이 창출된다. 이를테면 조직 내 암묵적 지식과 명시적 지식이 사회화(socialization), 외재화(externalization), 결합화(combination), 내재화(internalization) 등의 변환과정을 거치면서 개인지식에서부터 팀 및 조직지식으로 발전한다(Nonaka, 1995).[20] 그런데 물리학, 화학, 수학 분야의 자연과학 지식이 주로 학교나 연구소에서 생성되어 책을 통해 전파되어 온 것과 달리 행정지식(administration knowledge)은 행정상황에서 다양한 문제의 해결과정에서 축적된 경험을 바탕으로 생성된다. 하지만 행정조직에서 행정지식이 체계적으로 정리되거

19 암묵적 지식이란 어떤 유형이나 규칙으로 표현하기 어려운 주관적이며 내재적 지식을 말하며 개인이나 조직의 경험, 이미지 혹은 숙련된 기능, 조직문화 등의 형태로 존재한다. 반면 명시적 지식은 누구나 이해하며 또는 전달할 수 있는 객관적 지식이며 문서, 규정, 매뉴얼, 공식, 컴퓨터프로그램 등의 형태로 표현된다(Nonaka, 1995).

20 여기서 사회화는 품질관리 분임토의처럼 각자의 암묵적 지식을 그룹이라는 공동체(groupware)를 통해 결합시키고 공유하는 과정이다. 외재화는 전문가시스템의 구축에서와 같이 개인이나 조직의 암묵적 지식을 관리와 공유가능한 명시적 지식으로 변환시키는 과정이다. 결합화는 다국적 컨설팅회사의 글로벌 지식공유시스템에서 볼 수 있듯이 회사 내 분산된 명시적 지식들을 통합시키는 과정이며, 내재화는 교육받은 내용을 실제 문제에 적용하여 체화된 암묵적 지식으로 변환시키는 과정이다(Nonaka, 1995).

나 저장, 공유, 검증되지 못한 채 각 구성원의 개인파일이나 두뇌 속에 남는 경우가 흔하다.

행정지식은 기존 데이터나 정보에 비해 높은 전략적 가치를 내포하지만, 비구조적이고 사람에게서 오랜 시간을 거쳐 창출되기에 다른 유형의 자산과 달리 효과적으로 관리하고 공유하는 데 많은 시간과 자원이 요구된다. 이러한 특성을 지닌 지식의 창출과 활용과정을 조직 차원에서 관리하여 조직경쟁력을 제고하려는 것이 지식관리다. 그러므로 행정조직의 지식관리는 지식을 공무원이나 조직 차원에서 적극적으로 창출하고, 이를 효율적으로 조직 내 다른 구성원과 공유하며, 조직 내 지식창고에 체계적으로 저장하여 지식기반행정을 가능하게 하는 일련의 과정으로 정의할 수 있다. 여기서 요구되는 지식은 학문적 지식의 범위를 넘어 현장에서 활용될 수 있는 실천적 지식(working knowledge)으로 현장지식으로 일컬어지는데(Davenport, 1998), 그 개념은 자신의 일을 개선, 개발, 혁신해서 끊임없이 부가가치를 창출할 수 있는 능력으로 정의되기도 한다(Drucker, 1993). 이렇듯 실천적 지식이 강조되면서 지식의 범위도 확장되고 있다.

3 전자정부의 진화: 지식정부

정보사회의 정부형태로 그려진 전자정부가 불확정적 개념 상태에 머무르고 있지만 그동안 새로운 행정패러다임으로 자리잡아 왔다. 이른바 효율적인 행정서비스를 제공하려는 데서 출발한 전자정부는 정부업무의 디지털화, 네트워크화 등 기술적 측면이 중시되었다. 여기서 전자정부의 틀로서 기존 문서를 사용하지 않고, 정보통신망에 의한 행정처리가 강조된다(방석현, 1998). 더욱 구체적으로 정보통신기술을 도입, 응용하는 정부로서 고객지향성, 효율성, 행정개혁, 국가경쟁력이 개념요소로 인식된다(정충식, 1997; 황주성 외, 1997).

이런 맥락에서 전자정부란 행정업무에 정보기술을 적극 활용하여 정부가 보유한 공공정보를 행정전산망을 통해 대국민 서비스로 제공하는 것으로 파악된다는 점에 대

〈그림 2-5〉 전자정부의 진전과 지식정부

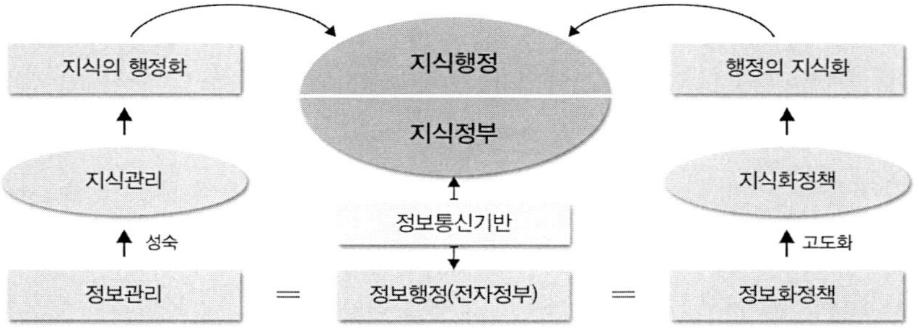

해 어느 정도 공감대가 이루어진 상태이다(김동욱, 1996; 한국전산원, 1996; 문신용, 1997; 김경섭·한세억, 1997; 황성돈 외, 1997; 행정자치부, 1998). 그러나 전자정부는 현재 발전과정이며[21] 정보기술의 발달단계, 국가별로 상이한 모습으로 드러내기에 적지 않은 변화 가능성을 내포한다.

더구나 전자정부 추진과정에서 드러난 문제점과 한계 그리고 지식화 가능성으로 인해 대안적 이념형의 정부형태로서 지식정부가 제시되었다(Drucker, 1993; OECD, 1997; World Bank, 1998). 지식정부란 지식·정보·문화와 정신적 요소를 국가 발전의 원동력으로 인식하고, 이 과정을 통하여 습득된 지식을 활용함으로써 국가 구성원 모두의 경쟁력 확보하고 새로운 국부 창출을 지원하는 정부를 의미한다.[22] 지식정부는 〈그림 2-5〉에서 보듯이 전자정부의 바탕에서 그 모습을 상정할 수 있다. 즉 전자정부의 성숙과 고도화에 따른 발전적 진화선상에서 지식정부가 그려지는 것으로 이해할 수 있다.

전자정부의 이면(裏面)으로서 정보행정은 정보관리와 정보화정책을 주요 내용으로 구성한다. 특히 전자정부는 행정정보관리체계 혁신에 출발하였다. 즉 정보행정의 경우 관리된 정보시스템으로 정보관리활동에 중점을 두었다. 지식정부의 경우 내면으로서 지식행정은 지식활용도의 제고에 초점을 두면서 지식관리와 지식화 정책을 주요

21 전자정부의 발전단계와 관련하여 방석현(1998)은 능률형 전자정부에서 서비스형 전자정부로 그리고 궁극적으로 민주형 전자정부로 지향한다고 탐색하였다.

22 매일경제신문은 1997년10월31일 제1차 '비전코리아 국민대회'를 통하여 '두뇌강국'이란는 새로운 비전을 선포하면서 지식정부의 비전과 의미를 제시하였다.

〈그림 2-6〉 국가지능화의 비전 및 과제

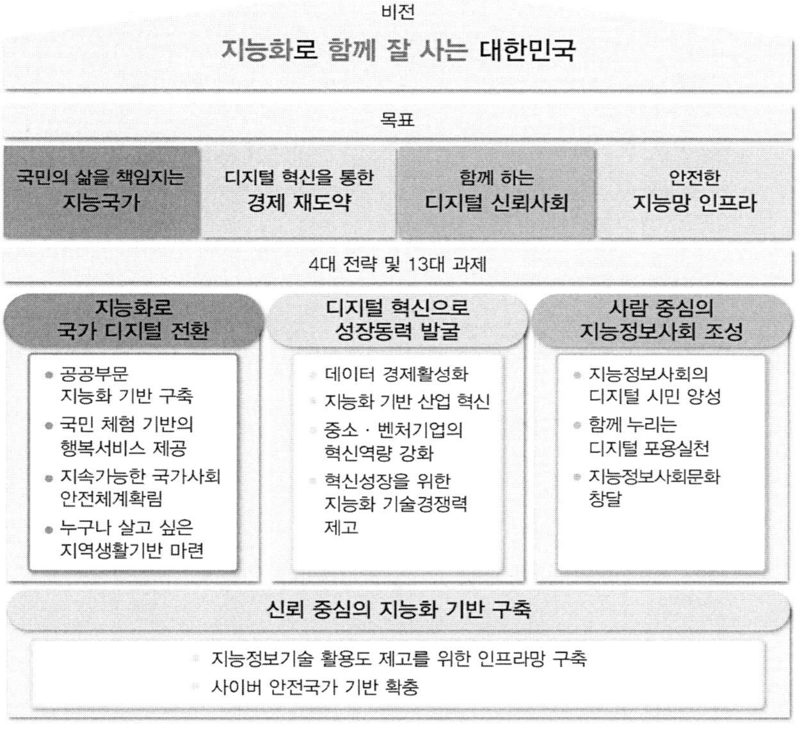

내용으로 한다. 그렇지만 지식정부도 전자정부와 마찬가지로 정보통신기반을 전제로 하면서 민간기업 수준의 생산성과 서비스를 실현하려는 정부형태라는 점에서 전자정부와 궤를 같이한다.

한편, 정부는 2018년12월28일 제10회 정보통신전략위원회에서 〈제6차 국가정보화 기본계획〉을 심의·확정했다. 이 계획에서 지능화로 함께 잘 사는 대한민국 건설을 비전으로 제시하였다. 그리고 국민 삶을 책임지는 지능국가, 디지털혁신을 통한 경제 재도약, 함께하는 디지털 신뢰사회, 안전한 지능망 인프라를 목표로 설정하면서 4대 전략 13개 과제를 도출하였다. 아울러 정부는 국가정보화사업의 정책방향을 컴퓨터, 인터넷 기반의 전산화·정보화에서 인공지능·빅 데이터·클라우드(Cloud)에 기반한 지능화로 전환하는 기본방향을 제시했다. 그동안 전체 공공분야 정보시스템 관련 예산

약 3조2200억 원에서 인공지능 관련 사업비중은 고작 0.8%에 불과했고, 빅 데이터(9.3%), 사물인터넷(0.3%), 클라우드(13.1%) 등도 미미한 수준이었다. 이에 정부는 지능정보기술을 활용하는 정보화사업 비중을 2022년에 35% 이상으로 확대하기로 했다.

기존 정보화사업 가운데 기능·분야별로 유사한 사업은 통합해 플랫폼 형태로 운영하고, 노후화된 정보시스템은 최신 기술을 활용하는 방식으로 교체해 나아간다. 이를 통해 정부는 인공지능이 국민이 원하는 공공서비스를 알아서 미리 찾아주고, 빅 데이터를 분석해 의료·복지·고용 등의 대국민 서비스를 개인 맞춤형으로 제공하는 지능형 정부를 구현한다는 계획이다. 민간에서는 기업의 빅 데이터 이용률을 2022년에 20%까지 높이고, 소프트웨어 전문·융합인재 2만 명을 육성하는 등 지능화 기반을 닦아 자율주행차, 드론, 핀테크 등 미래형 산업을 육성한다. 이와 함께 지능화 사회의 필수 인프라인 5세대(5G) 이동통신 무선 네트워크를 2019년에 조기 상용화하고, 10기가 유선 네트워크도 2022년에 50% 수준까지 확충해 나아갈 계획이다. 정부는 지능정보사회 추진에서 발생할 수 있는 디지털 불평등 해소를 위해 우체국과 도서관을 이용한 취약계층 정보역량 교육을 강화하고, 지능정보사회 윤리규범을 마련해 인터넷과 정보과의존 예방 등 건전한 온라인 이용환경도 조성할 방침이다.

제3절
지식관리의 실천과 한계

1 지식관리의 경험적 현상

지식관리는 미래의 일이 아니라 현재 진행형이다. 지식관리가 국민, 기업, 국가의 경쟁력을 강화시키는 요소로 인식되면서 국내외적으로 실천적 노력이 확산되고 있다. 이 가운데 국내에서는 기획예산처가 중앙부처로는 가장 먼저 지식관리시스템을 도입하였으며, 재정경제부·산업자원부·공정거래위원회 등에서 지식관리를 추진하였다. 특히 행정자치부는 지식관리시스템구축을 위한 기본계획을 전 부처에 통보했으며, 자체 시범사업을 거쳐 2001년에 정부표준의 지식관리시스템을 구축해 중앙부처에 보급하고, 2002년 지방자치단체에 확산시켰다(매일경제신문, 2000년5월12일)

1) 행정부문의 사례: 기획예산처 지식관리시스템

공공부문 혁신의 일환으로 지식관리기법이 확산되고 있다. 즉 지식·기술·정보를 체계적으로 축적·활용하여 공공서비스 품질을 제고하고, 고부가가치 창조를 위해 이미 1999년 10월부터 도입되었다(기획예산처, 1999). 이러한 과정에서 기획예산처가 '지식관리시스템'을 구축, 운영 중이다.[23] 이 시스템은 퇴직, 순환배치에 따른 경험지식 상실, 부서 간 지식공유 부족으로 유사업무의 중복수행 등 기존 행정체제의 지식관리상 한계에 대한 문제인식에서 출발하였다. 그리고 지식정보사회에 효율적으로 대처하고, 개인의 지식을 체계적으로 관리하여 지식시너지효과를 통한 조직역량의 극대화에

23 지식관리시스템의 운영초기 단계이기에 아직까지 운영성과에 대한 성패 여부를 판단하기 어렵다. 실제로 기획예산처(정보화담당관실)에 따르면 2000년3월14일 개통 이후 현재까지 운영실적은 미흡하다는 사실을 담당자로부터 확인할 수 있다.

목적을 두었다. 이에 최고관리층의 관심과 지지를 바탕으로[24] 지식관리시스템구축방침 결정(1999.6) 이후 6개월(1999.9~2000.2)의 개발(LG-EDS와 공동) 과정과 자료입력 및 시험가동(2000.2.21~3.13)을 거쳐서 2000년3월14일 개통되었다.

이 지식관리시스템은 몇 가지 특징이 있다. 첫째, 전 직원이 공유할 수 있는 지식저장소(지식DB)이다. 언제, 어디서나 문서, 지식 등 등록된 자료에 접속하여 손쉽게 활용할 수 있다. 보안을 위해 사용자 아이디(ID)와 비밀번호를 입력해야 하며, 30분 동안 사용 중지하면 시스템 접속이 자동으로 해지된다. 둘째, 지식관리시스템의 구성은 업무수행 과정에서 생산되는 모든 문서를 저장하고, 직급별·부서별로 접근 권한을 차별화된 문서관리와 전 직원이 공유해야 할 업무지식을 저장된 공유지식으로 구성되는 주 분류와 5개의 보조분류[25]로 이루어졌다. 셋째, 강력한 검색 기능이다. 지식의 수요자가 원하는 자료를 손쉽게 찾아서 이용할 수 있도록 강력한 검색기능이 구비된다. 여기에는 기본검색과 상세검색, 본문검색으로 구분된다.[26] 넷째, 지식마일리지제도를 통해 등록된 자료에 대한 평가결과를 지식마일리지로 누적 관리하도록 하며, 지식마일리지를 토대로 개인과 부서별로 인센티브를 부여하기로 하였다[27]. 다섯째, 부가적 기능으로 '사이버교육장'으로 활용하고 있다.[28] 즉 지식관리시스템이 사이버교육장으로 활용되면서 음성, 이미지, 동영상으로 제작된 교육교재, 강연자료 등의 공유가 가능해졌다. 또한 기획예산처는 지식의 공동자산화, 협업을 통한 공유문화 정착, 개인

24 기획예산처의 최종찬 차관은 "디지털 지식기반경제시대는 조직에 유용한 정보를 많이 갖고 있는 사람이 인정받는 사회"라며 "사이버공간은 지식공유·활용에 열심인 직원들이 금방 눈에 띄는 이점이 있다"고 역설하면서 지식관리의 필요성을 역설하였다.

25 정책제안, 표준의 장, 토론의 장, 도움의 장, 나눔의 장으로 구분된다.

26 기본검색은 제목, 등록자, 참고사항에 포함된 단어를 검색하며, 상세검색은 제목, 작성일자와 부서 등 세부정보의 범위를 좁혀서 검색하고, 본문검색은 본문내용에 포함된 특정단어를 입력하여 전체 자료를 검색하는 것이다.

27 기획예산처는 지난 2000년6월28일 '공유지식'등 KMS의 6개 지식캐비닛(지식저장소)에 등록한 개인별 점수와 등록자료에 대한 다른 직원들의 평가점수로 구성된 '지식관리시스템(KMS)' 마일리지를 평가, 포상(10명)을 실시하였다.

28 이 시스템을 이용한 원격교육으로 '사이버교실'을 운영 중이다. 교육용 동영상자료를 지식관리시스템에 게시하면, 직원은 PC를 통해 동영상자료에 접속하여 프로그램을 시청하게 된다. 이를 위해 기획예산처(정보화담당관실)는 사이버교육장비(스캐너, 디지타이저, 캡처보드, 비디오서버용 PC)를 도입하여 기존에 실시된 '신지식인 교육', 장·차관 외부강연 및 업무보고비디오 등을 동영상 파일로 제작하여 지식관리시스템에 게시, 운영하였다. 앞으로 직원능력개발을 위해 다양한 교육프로그램을 수집·활용함으로써 누구든지(anybody), 장소에 관계없이(anyplace), 언제든(anytime) 교육을 받을 수 있는 '사이버교육'이 실시될 계획이다.

의 업무수행능력 제고 및 체계적인 문서관리를 통해 '종이 없는 사무실(paperless office) 환경의 조기 구현이 기대되었다.[29]

2) 민간분야의 사례: S사의 지식관리시스템[30]

S사의 지식관리시스템인 '아리샘'은 최고경영층의 강력한 의지가 뒷받침되어 1997년 4월부터 전사적으로 사용 중이다. 언제나 마르지 않는 큰 샘이라는 의미의 이 시스템은 사업경쟁력과 생산성 향상을 위해 개인과 조직이 보유한 지식을 시스템화하여 언제, 어디서나 업무수행 때 지식재활용이 용이하도록 하는 데 목적이 있다.

인트라넷을 기반으로 개발, 운용된 아리샘의 지식베이스는 ①그룹과 기업내부망의 MIS DB, ②외부망 접속에서 얻을 수 있는 외부DB, ③지식DB로 구분된다. 여기에 전략정보/마케팅/프로젝트/인력-교육/기술-솔루션 등 5개 분야의 22개 지식DB가 업무중심으로 분류, 저장되어 있다. S사는 자유방임형으로 운영해 왔던 지식관리시스템을 1998년부터 지식창출에 대한 보상체계를 갖추어 그 활용을 촉진하고 있다. 그 결과 아리샘의 평균 조회 수는 월 38,000여 건, 평균등록 수는 월 1,200여 건으로 드러났다. 이 가운데 노하우를 쉽게 공유할 수 있는 'Technical Tips'가 가장 많은 등록 수를 보였고, 고유의 방법론인 'Innovator'와 'Technical Tips'를 가장 많이 조회한 것으로 나타났다. 이러한 지식관리시스템 구축을 기반으로 S사는 1999년 창업 이래 최대인 23% 매출 성장과 업계 최초로 매출액 1조 원을 초과하면서 최고의 솔루션과 서비스 창출을 지향하고 있다.

29 당시 기획예산처 공무원에 따르면 "예전 같으면 장·차관 결재를 받기 위해 국장 또는 과장들이 방 앞에서 줄지어 기다리던 모습을 이제는 찾아볼 수 없게 됐다"는 사실을 확인할 수 있다.

30 SI업체의 홈페이지(http://www.kwave.co.kr), S사 사내홍보자료, 전문잡지(Enterprise Computing, 1999.6)를 참조하여 재구성하였다.

2 지식관리의 효용과 시사점

행정이 해결해야 할 문제는 정확한 공식이 없으며, 신뢰할 만한 법칙도 존재하지 않는다. 게다가 보증할 만한 해결책도 없는 미지의 영역이다. 그렇기에 의외의 문제 상황이 발생했을 경우 처방책과 그 영향을 예단하거나 미리 정해진 방식으로 대응하지 않아야 한다. 이처럼 의도된 방향과 결과를 얻기 어렵다는 것은 문제해결기반으로서 행정관리체제의 불완전성을 드러낸다.

행정조직 내 의사전달 과정에서 유통되는 것은 자료, 정보, 지식이다. 이 가운데 지식은 행정서비스의 근간이기에 조직 전체의 시각에서 체계적이며 의식적 관리가 요구된다. 앞의 사례에서 보듯이 지식관리는 조직, 사람, 기술 등 구성요소 간 교호작용에 의해 이루어지기 때문에 지식관리기술의 발달만으로 지식관리체계가 갖추어지는 것이 아니다. 더구나 지식은 스스로 실천으로 증명되듯이 행동에 효과적인 정보, 결과에 초첨을 맞추는 정보로서 결국은 개인과 조직 그리고 국가에 인지되는 외면적인 것이며, 지식 자체의 진보로 표출된다. 그렇기에 행정에서 지식관리는 의사결정을 위해 개발된 복잡한 정보시스템의 설계, 집행, 이용보다 많은 의미를 함축한다(Gates, 1975:589).

일반적으로 행정활동 과정에서 발생하는 지식·정보의 경우 문서, 양식, 그림 등 다양한 형태로 산재되어 있다. 이처럼 대부분의 지식·정보가 체계화되지 못한 까닭에 공무원의 근무시간 중 많은 부분이 각종 의사결정을 위한 정보수집과 전달에 소비되는 것으로 드러났다.[31] 또한 행정활동은 문서중심으로 이루어져 왔는데,[32] 행정문서의 경우 국가주권과 통치관계의 근거, 의사결정 지원과 행정업무처리의 도구로서 기능하며, 행정과정의 산물이자 행정에 투입되는 정보로서 가치를 지닌다(Delmas, 1975: 56-57). 그렇기에 지식관리를 위해 행정조직 내부에 산재된 각종 업무관련 문서를 비롯하여 다양한 형태의 지식·정보의 효율적 관리와 활용방안이 요구된다.

31 이 같은 사실은 행정정보 공동활용 미흡에서 비롯되며, 근본 원인은 부처 간 이해 대립, 예산과 인력 부족, 기술과 제도적 장치의 미흡 등으로 지적된다(서일경제연구소·정보통신부, 1996).

32 전통적으로 행정정보 활용은 문서형태의 정보수집 및 경향분석의 수법으로 다루어졌다. 현행 법령 등 행정처리절차와 방법에 관한 제반 제도는 서면 중심의 보고를 요구하였다. 이에 1997년 당시 중앙행정기관의 문서생산량은 약 9백만 건, 문서접수량은 약 1천5백만 건에 달해 문서업무 개선이 정부혁신의 핵심과제로 부상하였다(행정자치부, 1999).

〈표 2-4〉 **지식관리의 기대효과**

구 분	기존 행정관리	지식행정관리
조직성원능력	조직구성원의 기량과 경험이 일과성으로 소모	개인의 전문적 자질 향상
지식공유	조직 내 정보 및 지식의 분절, 파편화	공유를 통한 지식가치 향상 및 확대 재생산
지식소유	지식의 개인 사유화	지식의 조직공동 재산화
지식활용	정보, 지식의 중복활용	조직의 업무능력 향상
조직성격	계층제적 조직	학습조직기반 구축

갈수록 복잡해지는 행정환경에서 행정이 당면한 문제의 해결책을 얻기 위해서는 상상력, 분석, 실험, 비판 등의 기초에서 신속하고 정확한 의사결정을 필요로 한다(Landau and Stout, 1979). 이에 행정능력은 행정 내외부에 산재한 지식과 정보를 체계적으로 축적, 공유하여 조직 내 구성원이 기존의 주관적, 관습적, 직관적 의사결정 방식에서 탈피하여 객관적이고 과학적인 의사결정구조의 시스템화를 통해 제반 의사결정 오류의 극소화와 행정능률성과 생산성 향상을 기대할 수 있다. 이 같은 관점에서 지식관리는 정책관련 전문지식(업무데이터, 각종 문서 및 보고서)의 체계적 데이터베이스로 정책성과 및 산출비용을 최소화하고, 전문지식의 공유로 업무중복과 의사결정 위험을 최소화하는 것이다.

다른 한편 지식관리는 전문적 지식활용으로 창의적 업무처리 능력을 향상시키는 행정관리방식으로서 그 효과는 조직 자체는 물론 조직구성원의 가치와 능력을 향상시킬 것으로 기대된다. 〈표 2-4〉에서 보듯이 조직성원의 전문적 자질을 향상시키며, 지식공유를 통해 지식가치의 확대재생산에 기여할 것이다. 그리고 지식의 조직공동 재산화 촉진, 조직업무능력 향상과 학습조직의 기반 구축이 가능할 것으로 예상된다. 이로써 지식관리가 행정경쟁력 강화에 기여할 것으로 생각된다. 다만 행정조직과 민간기업 간 상이한 조직 환경과 특성에서 기인하는 것으로 행정정보시스템상에서 지적된 조직상 상호의존성, 절차상 지연, 하드웨어와 소프트웨어의 평가기준 미흡 등(Bretschneider, 1990;157-172)의 문제점이 행정조직의 지식관리시스템 구현과정에서 재현되지 않도록 대응노력이 요구된다.

3 지식관리의 Praxis: 행정능력 제고

지식행정의 구현 활동에서 지식관리는 지식창조와 함께 중요한 요소이다. 왜냐하면 지식관리는 정보기술의 효율적 활용의 바탕에서 행정지식능력 강화를 위해 요구되기 때문이다. 기업의 경우 지식경영을 통해 지식기업의 조건을 이미 충족시키고 있다.[33] 이러한 움직임에 자극을 받아 기획재정부를 비롯해서 행정과 공공조직에서 다양한 형태의 행정지식을 구분하여 지식창고에 넣고 관리하려는 노력이 시도되고 있다.

1) 지식행정의 지식관리체계와 접근

행정지식관리는 지식행정의 구성요소(bit)로서 행정기능 수행에 필요한 지식자산을 식별·획득·검색·평가하는 통합적 도구이다. 여기서 지식자산은 데이터베이스, 문서, 절차뿐만 아니라 획득되지 못하고 묻혀 있는 전문지식과 공무원 두뇌에 저장된 경험도 포함된다. 즉 개별 정부부처의 지식자원을 개발·공유하고, 재사용 가능한 지식자원으로 축적하며, 지식검색과 등록을 지원하는 체계이다. 그렇기에 〈그림 2-7〉에서 보듯이 조직·제도·인간·기술·지식흐름 등 다양한 구성요소가 연결되어야 지식행정의 관리역량 극대화라는 전략적 효과를 기대할 수 있다.

33 지식경영 전문연구기관인 텔레오스(Teleos)는 지식기업의 조건으로 ①지식문화 정착, ②최고경영자의 지식경영지원, ③지식기반 제품과 서비스개발 능력, ④지식자산 가치 극대화, ⑤지식공유 여건 조성, ⑥지속적 학습문화 정착, ⑦고객지식활용 극대화, ⑧지식경영을 통한 가치극대화 등을 제시하였다(www.teleos.com).

〈그림 2-7〉 지식관리의 접근과 프레임

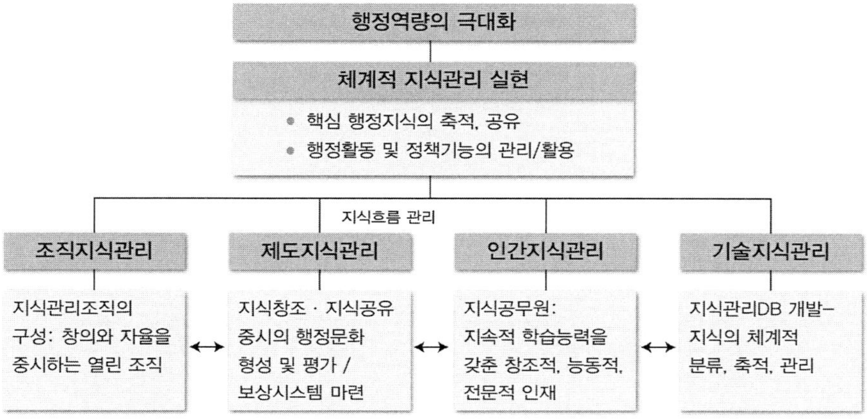

2) 지식정부의 행정관리능력 제고 방안

지식사회의 행정관리는 문제해결과 가치창출능력에 의해 평가될 수 있다. 즉 당면한 사회경제적 문제와 시민이 요구하거나 기대하는 가치를 창출하는 과정에서 행정지식을 어떻게 활용하느냐에 달려 있기에 지식관리가 행정능력의 핵심요소로 작용할 수 있다. 그러므로 행정관리의 개선은 물론 그 역량을 제고하기 위해 〈표 2-5〉에서 보듯이 조직구조와 운영, 의사소통, 제도 구성, 권한 근거, 조직구성원의 인간관·가치관, 운영기술, 프로세스를 포함한 행정관리 프레임의 전환을 통해 행정문제 해결과 가치창출에 능동적으로 대응해야 한다.[34]

34 지식관리구현을 위한 실천방안은 Leavitt(1964)의 조직, 인간, 기술, 전략(제도)적 변수에 과정(process) 변수를 추가하여 도출하였다. 여기서 각각의 실천방안은 상호 긴밀하게 연계한 바탕에서 지식관리의 상승효과를 기대할 수 있다.

〈표 2-5〉 행정관리의 전환과 방향

구 분	산업사회의 관리	지식사회의 관리
조직 구조	계층적 조직	휴먼네트워크조직
의사소통	명령의 연쇄	네트워크화와 네트워킹
조직 운영	명령과 통제	초점과 조정
제도 구성	획일성/경직성	다양성/유연성
권한 근거	지위에 의거한 권한	지식에 의거한 권한
인간관	지식소유	지식활용
가치관	불신과 복종	신뢰와 성실
운영기술	기술중심적	인간중심적
의사소통양식	수직적 커뮤니케이션	수평적 커뮤니케이션
프로세스 과정	순차적 활동	동시적 활동

– 자료: Savage(1992), 수정과 재구성.

(1) 조직지식의 관리

지식은 조직 내에서 다양한 형태로 광범하게 분산되어 있다. 조직지식은 전문성과 공무원의 경험에 근거하면서 물리적, 문화적, 사회적 맥락에서 생성된다(Choo, 1998: 105). 이처럼 맥락의 다양성과 지식환경의 불확실성에 대처하기 위해 '예측에 의한 행동'에서 '학습에 의한 행동'으로의 전환이 요구된다. 여기서 학습이란 주변에서 지속적으로 발생하는 정보를 신속히 환류시켜 상황적 인과관계에 관한 개념적 지식의 습득 행위를 의미한다(Hodgetts, Luthans, Lee, 1994:5-18). 달리 창의성과 수평적 사고의 바탕에서 다양한 정보의 상호연계로 지식을 획득하는 능동적 행위이다. 이러한 인식 아래 지식가치 창출과 극대화에 목표를 두고 사례분석에서 보았듯이 조직 내 최고관리층을 비롯한 조직리더의 관심과 지지의 바탕에서 조직구조와 절차의 재설계가 요구된다.

첫째, 정책결정자(관리층)와 집행자(일선현장) 간 온라인으로 연결, 통합하여 의사소통과 의사결정의 신속성을 확보해야 한다.

둘째, 유사하거나 긴밀하게 연관된 업무 간 통폐합을 통해 불필요한 연결점(인터페이스)과 의사결정점을 감소시켜야 한다.

셋째, 단위업무는 단편적 정보처리에서 벗어나 가치연쇄와 정보결합을 통한 부가가치 창출로 나타나도록 조직경량화와 탄력화가 실현되도록 한다. 즉 계층제 조직에서 명령은 상층부로 갈수록 정보전달이 제대로 되지 않는다. 하향식 전달은 문서화된 규칙과 명령을 통해 이루어지고, 상향보고는 회의 및 경과보고를 통해 이루어진다. 심지어 위계조직에서는 좋은 소식이나 확실하게 잘못되어 더는 숨길 수 없는 정보만 위로 전달된다.

이 같은 의사소통시스템은 자칫 조직을 과거의 유물로 만들 수 있기에 휴먼네트워킹에 의해 하부에서 내린 결정이 상부에서 동일한 정보를 갖고 내렸을 결정처럼 조직 내 전략에 관한 의사소통이 원활해야 한다.

(2) 제도지식의 관리

제도는 지식의 결정체이다. 즉 정보와 지식의 종류는 상당부분 제도화 과정의 결과이며, 제도에 지식이 집약되어 있음을 의미한다(North, 1990). 그래서 다양한 지식과 기술의 존재와 작용을 알기 위해 제도적 맥락이 검토된다. 예컨대 정책, 법, 기준 등 행정제도에는 행정이 바람직한 것으로 여기는 규범, 가치 등이 내포되며, 제도 형성과 운영과정에서 행정조직이나 공무원의 지식이 스며든다. 이에 따라 바람직한 지식활동을 조장·촉진하는 제도의 틀을 형성하고 운영하기 위해 제도적 지식의 관리가 요구된다.

그리고 사례분석에서 보았듯이 지식관리의 가치와 안정성이 확보, 유지되도록 조직 내 규범과 확산적 노력이 요구된다. 이를 위해 첫째, 제도구성과 운영에 현상지식이 왜곡 없이 정확하고 시의성 있게 반영되도록 한다. 제도와 지식 간 상호작용적이고 반응성이 유지되도록 한다. 예컨대 의료정책 수립에 의학전문지식이 무시될 수 없으며, 경제정책 운영에 경제지식과 현상이 배제될 수 없기 때문이다(Lasswell, 1971:2). 둘째, 제도적 지식의 관리를 위해 제도기반으로서 행정이념의 전환이 요구된다. 그동안 행정관리에서 강조된 능률 위주의 행정은 창조중심의 행정으로 전환해야 한다. 왜냐하면 능률주의 행정은 과거지향의 문제해결방식으로서 미래지향적 행정활동에 부적합하고, 적절한 이론과 제도를 제공하지 못하기 때문이다(Landau, 1969:346-357). 즉 능률 위주의 행정은 정태적이고 안정적인 과업환경을 전제로 하기에 동태적이고 불확실성과 복잡성이 농후한 행정환경에 부적합하다. 셋째, 제도적 지식관리는 학습을 통한 선택활동으로 이해할 수 있다. 이에 제도구축과 운영에 관한 지식관리를 통해 행정 및 정책활동의 실험성이 유지되도록 한다.

행정활동이 실험적이려면 조직구성이 분권화되어야 한다. 즉 모든 단위업무를 조직성원 각자의 능력과 경험에 따라 배분하여 자신의 책임과 권한으로 업무를 처리하도록 해야 한다. 각 부문이 자발적으로 독자적 아이디어를 검토함으로써 다양한 실험이 가능하도록 창의성이 유지되도록 한다(Landau and Stout, 1979). 이처럼 제도지식의 관리를 통해 개별적으로 똑똑한 공무원의 우둔한 짓을 막을 수 있다.

(3) 인간지식의 관리

행정활동은 행정조직의 기초 단위가 되는 공무원의 의사와 판단작용의 산물이다. 통상 행정조직은 고시제도를 통해 유능한 인재를 선발한다. 하지만 인재들이 일단 공직에 발을 들여놓으면 민간기업처럼 치열한 내부경쟁이 없기에 능력개발이 소홀해진다. 이처럼 관료는 초기에 유능하다가도 출세함에 따라 무능해지며, 무능해질 때까지 승진을 거듭한다고 인식된다(Peter and Hull, 1969:8). 그렇기에 행정관리능력 개선을 위해 인적자원 관리가 요구되며 민간기업의 사례분석에서 알 수 있듯이 지식활용이 개인수준을 넘어 조직역량으로 이어지도록 해야 한다. 이를 위해

첫째, 직무상황에 부합되는 역할과 자질이 고려된 인사관리가 이루어져야 한다. 여기에 힘이 아닌 각자의 전문성에 따른 직무배분을 통해 직무만족이 제고되도록 한다. 즉 조직사명과 목표-핵심자질-인력수요 평가-자원계획-산출-환류의 흐름이 제도화되어야 한다(OPM, 1998).

둘째, 인적 자원의 네트워킹화가 필요하다. 공무원 스스로가 톱니바퀴의 톱니라기보다는 네트워크의 노드로 지각해야 한다. 그 까닭은 노드의 경우 주어진 업무를 기계적으로 처리하는 톱니바퀴와 달리 일의 해결을 맡을 수 있기 때문이다(Stevens, 1978). 계층제 조직에서처럼 상하로 구분되면서 서로 맞물리는 기계의 톱니바퀴가 아니라 각자가 지식제공자이며 네트워크 내 의사결정 요소 내지 노드로 작용해야 한다. 이처럼 대등한 관계의 네트워킹은 정보와 지식 그리고 조직 전체의 성과에 기여하는 내용을 공유함으로써 조직성원 각자의 사고와 관찰 그리고 지식과 비전에 의거한 가치를 증대시킬 수 있다.

셋째, 전문관료제의 도입이 요구되며 공무원도 지식인으로 거듭나야 한다.[35] 일반행정가 위주의 관리체제로부터 벗어나 전문기술직을 중시하며, 전문성에 따른 직무배분이 가능하도록 한다(신동춘, 1994:4). 아울러 전문성 축적을 저해하는 빈번하고 광범위한 전보제도가 개선되어야 한다[36](김신복, 1996).

넷째, 업무에 적합한 지식과 기술을 습득시키기 위한 교육훈련이 강화되어야 한다. 다만 훈련된 무능이 야기되지 않도록 환경과 상황조건의 변화에 적응적이어야 한다(Burke, 1935:50). 이 외에도 인적 자원이 유출되지 않도록 보완장치를 마련하여 조직구성원의 경험적 지식(암묵지)을 형식화하도록 한다.

(4) 기술지식의 관리

기술은 행정활동과정에 사용되는 지식으로서 업무의 다양성과 난이성 등을 반영한다(Comstock and Scott, 1977). 그러므로 지식관리활동에서 활용되는 정보기술은 핵심요소가 되며, 실제로 지식습득·활용, 지식획득·생성, 지식접근·공유, 지식축적·저장 등의 순으로 정보기술 활용이 증가하고 있다. 지금까지 소개된 지식관리 도구가 대부분 기술적으로 지식축적과 접근·공유에 제한되어 있지만, 적용범위와 속도가 급속히 확대될 것으로 보인다. 그동안 새로운 환경에 대응해야 하는 조직에 적합한 기술이 제공되어 왔다(Perrow, 1991). 하지만 행정관리분야에서 정보기술의 경우 성과가 미흡한 것으로 평가된다(Korac-Boisvert and Kouzmin, 1995:134). 이는 정보기술 자체보다는 정보기술 환경과 전략관리의 결여에서 비롯된 것으로 이해된다. 첫째, 정보기술에 대한 투자가 전략의 개발뿐만 아니라 행정운영 목표에 관련되도록 하며, 그 평가에서도 운영성과의 개선을 기준으로 삼아야 한다. 둘째, 지식관리에 적합한 정보기술을 채택하되 업무수행 공무원의 목표 달성에 유용한 기술을 선택해야 한다. 상황과 목적에 부합되면서 인간중심적 시스템으로 설계되어 이용자 위주의 기술이 구현되도록 한다. 셋째, 정보기술전문가와 사용자 간 연결이 조직 맥락에서 연계되도록 한다. 이를테면

35 신지식인은 "지식을 활용해 부가가치를 능동적으로 창출하거나 새로운 발상으로 업무방식을 혁신하는 사람"으로 인식된다. 김태동 당시 청와대 정책기획수석. 1998년12월4일, '21세기형 신지식인 모범사례'보고 자리에서.

36 예컨대 우루과이라운드 최종단계 농산물협상에서 한국은 전문성 부족과 무지로 인해 양허내용을 일방적으로 제출했다가 다른 협상국으로부터 항의를 받고 수정했다. 이러한 현상의 바탕에는 농림수산부 담당국장은 7년의 협상기간 중 일곱 번이나 교체되었음을 기억해야 한다.

행정직 관리자들을 전산부서에 순환배치하거나 사용자와 전문가를 같이 근무하게 하는 등 전산기능과 다른 업무 간 통합을 장려해야 한다(Bensaou and Earl, 1998).

(5) 지식흐름의 관리

지식흐름은 지식창출·축적·공유·평가보상으로 구분되며 지식관리를 통해 각각의 지식흐름이 동시적으로 유지되어야 한다. 앞서 정부와 민간기업의 지식관리 사례에서 드러났듯이 지식흐름이 원활하게 순환되도록 지속적인 관리노력이 요구된다. 첫째, 지식창출에서는 양 위주의 조직문화가 아니라 질 위주의 창의적인 풍토를 조성하며, 실천적 지식에 대한 가치 인정과 지식창출을 권장하는 리더십 발휘, 그리고 개인적 노하우, 아이디어, 경험 등을 조직에 제시해야 한다. 둘째, 지식축적에서는 정보의 바다인 인터넷 사이트를 업무별로 연결하여 맞춤형 정보를 제공하며, PC에서 수시로 입력이 가능한 지식베이스(Knowledge Base)를 구축하며, 지식의 용도별 축적이 가능한 지식분류체계(Knowledge Map) 마련이 요구된다. 셋째, 지식공유에서는 기관 내뿐만 아니라 기관 간 공유도 가능하도록 웹시스템을 구축하며, 지식의 공유범위 지정과 공개시스템의 보안장치가 구축되어야 한다. 넷째, 평가보상과 관련하여 CKO와 관리부서는 지식가치를 객관적으로 평가하여 낡은 지식을 폐기하며, 지식 제출의 활성화를 위해 인사와 금전상 보상을 실시하고, 장기적으로 지식에 대한 주고받기(give and take) 식 문화를 조성해야 한다.

3) 지식관리 실천상 한계와 시사점

지식관리의 응용과 실천 과정에서 제기될 수 있는 문제로서, 첫째 표현방식, 용어, 개념 등이 표준화 미흡으로 공유되지 못하는 경우 자칫 기본지식의 형성 자체가 불가능해질 수 있다. 둘째, 공급자와 사용자 간 연결을 위한 교환매체가 필요하다. 제공자는 지식과 정보를 부담 없이 제공할 수 있어야 하며, 사용자는 선택의 자유가 주어진 상태에서 시행착오 없이 원하는 내용에 접근할 수 있어야 한다. 셋째, 토론장이 마련되어야 한다. 여기서 제공자는 자신의 의견에 대한 동의를 구할 수 있는 방법을 동원하며, 사용자는 적극적 참여를 통해 제안내용에 대한 가치판단에 도움을 주어야 한다. 넷째, 토론결과로 수용된 내용은 즉시 조직상식으로 흡수되고 업무과정에 접목되어 조직 내 관행으로 일반화되어야 한다. 다섯째, 가치 있는 지식의 전달자는 업무리더로서 역량을 평가받고, 조직에서 중요한 역할을 수행할 기회를 보장해야 한다.[37]

아울러 지식관리과정에서의 신화적 요소가 한계로 작용할 수 있다(Davenport, 1998). 첫째, 지식관리가 반드시 유용한 결과를 낳을 것이라는 환상이다. 이를테면 지식을 저장, 배포하기 위해 활용하는 정보기술 투자가 반드시 이익을 의미하지는 않는다. 둘째, 개인매뉴얼을 온라인화하면서 구축된 인트라넷에 지식수준에 이르지 못한 정보·자료의 저장, 축적을 규제하되 가능한 한 문제해결과 가치창출에 기여하는 내용이 축적되도록 한다. 셋째, 지식관리가 모든 공무원의 일이라고 생각하면서 지식관리조직과 인력의 필요성이 간과될 수 있다. 지식창출·공유·활용이 모든 조직성원의 일이지만, 지식수집·편집·지식네트워크 운영·지식하부구조 설치 및 관리 등과 관련한 인력이 없다면, 성공적 지식관리를 기대하기 어렵다. 넷째, 지식이 조직수평화를 촉진하여 조직민주화에 기여할 것이라는 환상이다. 오랫동안 지식을 갖고 있는 사람이 권력을 갖고 있기에 지식관리의 정치적 성격을 배제할 수 없다. 그러므로 모든 공무원에 대해 지식에 대한 접근권이 확보, 유지되어야 한다.

아울러 지식관리가 행정의 테두리 안에서 남겨주는 시사점은, 첫째 지식관리에 의한 행정은 통제에 의한 행정을 의미하지 않는다. 진정한 과학적 행정은 지식에 의존한 관리이다. 행정이 미지의 문제를 해결해야 하거나 생소한 정책을 개발할수록 지식관리에 의존해야 한다. 아울러 해결해야 할 문제가 많은 조직일수록 지식관리에 의존해야 할 필요성이 크다. 둘째, 지식관리를 뒷받침하는 지식행정의 이념으로 창조성이 강조된다. 창조성은 문제해결과 가치창출 활동을 수행하는 행정에 더 한층 요구되는 것으로 기존의 합법성, 능률성, 민주성과 함께 새롭게 강조되어야 할 지도이념이자 추구해야 할 행정가치이다. 셋째, 지식관리의 성패는 행정문화에 달려 있다. 지식이 사람들 사이에서 생성된 것이라 할 때 핵심지식은 데이터베이스나 조직에 있는 것이라기보다 건전한 행정조직 문화에 내재한다. 특히 지식공유가 이루어지는 지식공동체의 창출을 결정하는 것은 기술이 아니라 문화에 있음을 유의해야 한다. 넷째, 지식활동

37 이와 관련하여 국내 최초의 최고지식관리임원(CKO)인 LG-EDS(현 LC CNS)의 오해진 사장은 "새로운 지식경영기법의 도입과 함께 다양한 인센티브제도를 마련, 이를 실천하는 직원들에게 혜택이 주어져야 하며, 생각의 속도만큼 빠르게 지식이 오가는 조직에서는 보유지식의 양과 질에 따라 소득의 고하도 결정되어야 한다"고 강조하였다.

근본주체인 조직과 인간의 변수가 고려되어야 한다. 그렇기에 기술중심적 지식관리보다는 인간지향의 지식관리가 효과적으로 여겨진다. 덧붙여 지식관리는 지식사회의 행정관리에 중요한 영역이지만 아직까지는 생소하다. 그렇지만 행정의 전문지식과 원리가 문제해결을 지향하듯 지식관리에 대한 인식을 통해 문제해결 능력을 향상시켜야 한다. 이를 통해 시민에게 반응적이며 책임 있는 지능적 행정으로 거듭나는 데 기여해야 한다.

CHAPTER 03

지능적 전자정부의 근간: 행정지식시스템

> "차라리 새끼 빼앗긴 암곰을 만날지언정,
> 미련한 일을 행하는 미련한 자를
> 만나지 말 것이니라."
>
> -잠 17:12-

문제의식과 초점

지능적 전자정부의 뼈대는 무엇일까? 이 장에서는 정보(information)로부터 지식(knowledge)으로 패러다임 전환 과정에서 기존 행정정보체계의 이론과 실천적 한계를 문제상황으로 인식하고, 대안적 관점에서 지식행정의 근간으로 인식되는 행정지식관리체계와 이론을 탐색하고자 한다. 이를 위해 지식사회에 부합하는 행정관리로서 지식관리의 필요성을 살펴보고, 구조화된 지식관리 툴로서 행정지식관리시스템의 정체성을 이해하고자 한다. 아울러 지식화 현상에서 드러난 민간과 정부부문에서 지식관리시스템 구축과 운영사례를 분석하기로 한다. 그 결과 행정지식관리시스템은 행정조직이 보유한 유무형의 가용지식을 공유, 행정업무처리의 효율성과 서비스개발 및 상황대응능력을 높여주며, 지식정부 구현을 위한 필요장치로서 그 의미를 확인할 수 있다. 이에 따라 행정지식관리시스템 구현 조건으로서 행정조직, 행정인, 제도와 문화, 정보기술의 측면에서 실천적 노력이 전개되어야 함을 제시한다. 덧붙여 지식행정의 지적 가치 증진을 위하여 기존 행정정보관리체계론 중심의 이론교육도 행정지식관리체계로 전환되어야 할 필요성을 제기한다.

제1절

지식관리시스템의 고찰: 배경과 분석틀

1 정보의 지식화 및 지능화

정보화 진화 과정에서 지식사회가 출현하고 있다. 권력의 원천으로 인식되던 정보가 혼란의 근원으로 회의시되고, 생활세계의 모든 측면에서 정보과잉, 시스템통합 미흡이 고질적 문제상황으로 비쳤다(Wilensky, 1967:321). 심지어 효율성, 능률성, 반응성 제고 등 행정정보시스템 성과에 대한 긍정적 평가에도 불구하고(Hamilton and Chervany, 1981) 정보공동활용 미흡, 대국민 서비스개선 부족, 지식정보화 연계 필요성이 제기되었다(행정자치부, 1999). 나아가 격동적 환경에 적응하는 행정관리방식이 새롭게 요구되는데, 이러한 움직임은 불연속적이고, 위험한 경영환경에 대응하는 생존전략으로서 기업을 중심으로 전개된 지식경영 흐름을 통해 엿볼 수 있다.

더구나 지식기업이 지식정부를 위한 모델로 수용되고 있음은 의미심장하다. 이에 정보관리로부터 지식관리로의 패러다임 전환이 가속화되는 듯하다. 그렇지만 현재 회자되는 지식화[1]가 정보화와 상이한 개념인데도 너무나 편의적으로 사용되기에 혼돈을 자아내는 듯하다. 그에 따라 지식화 개념을 사용함에 있어서 그 내포와 외연이 엄격하게 규정되어야 하며, 행정에서 유효한 수단으로서 현실에 적합하게 검토되어야 한다. 달리 말해 지식관리가 행정의 고도화를 위해 적용되며, 행정역량의 제고로 이어져 궁극적으로 국가경쟁력 강화로 이어져야 할 것이다.

1 지식화와 관련하여 Zuboff(1988)에 따르면 자동화는 인간적인 요소를 제거하는 것이며, 정보화는 새롭고 자극적인 방법으로 개인을 개입시키면서 과거에 알려진 것을 내포한다. 반면 지식화는 이미 알려진 것과 아직도 실현되지 않은 것을 예측하는 능력을 포함한다.

〈표 3-1〉 **지식관리와 지식경영시스템에 관한 선행연구**

구분	연 구 자	내 용
지식 관리	Caldwell(1967)/Schooler(1971)/ Friedland(1971)/Carroll(1972)/ Henry(1974)/*LG-EDS(1999)/Gates(1999)	- 과학적 행정/정보처리능력을 갖춘 행정 - 기술과학적 초문화관리행정 - 전문지식 관리정부 (*최근 지식경영시스템이론의 적용추세임)
지식 경영	Schroeder and Schmidt(1995)/ APQC(1997)/Malhotra(1997)/Davenport(1998)/ Yun Wang(1998)/Nonaka and Konno(1998)/ Gates(1999)	- 지식근로자시스템/정보기술 및 인간능력 통합시스템 - 지식창출, 수집, 개량, 응용, 공유시스템 - 지식창고 및 지식자산관리시스템 - 지식시스템/디지털신경시스템 등

- 필자 작성.

행정조직에서 정보통신기술의 제도화가 행정정보시스템 구현으로 구체화되었으며(Perry et. al., 1992), 그 과정에서 많은 자원과 노력이 투입되었다.[2] 그러나 경험적 현상에서 성공적 활용 못지않게 실패 또는 중도포기의 사례가 드러났다(Heeks and Bhantnager, 1999). 이론적으로 행정정보체계의 개념과 유형 정립과 함께 정보자원관리론의 바탕에서 전자정부의 구현을 위한 실천적 노력이 시도되었다. 한국의 경우 1980년대 초 행정전산론 강의가 등장한 이래 행정정보체계의 구성 방안에 대한 연구가 이루어지고, 1980년대 말에 행정정보체계론이 국가고시과목으로 포함되면서 행정학과 교과과정으로 채택되었다. 그렇지만 행정정보체계의 이론과 실상 사이에 적지 않은 괴리 양상을 보여주었다. 이러한 사실은 행정정보체계를 행정 현상에 도입하는 과정에서 드러난 부정적 인식에서 찾아볼 수 있다.[3]

지식이 조직의 중요한 자산으로 인식되면서 1960년대 초기 선진국을 중심으로 등장했던(APQC, 1997) 지식관리가 미국에서는 1960년대 후반부터 1970년대 초반에 행정의 관심대상으로 부상하였다. 그러나 〈표 3-1〉에서 보듯이 선행연구들은 정보통신

2 행정부문에 투입된 정보화예산은 1991년 775억 원, 1993년 1,020억 원, 1994년 1,283억 원, 1996년 1,598억 원, 1997년 2,072억 원, 1998년 2,467억 원, 2000년 2,785억 원으로 지속적인 증가 추세이다(한국전산원, 1999;2000).

3 Korac-Boisvert and Kouzmin(1995:134)는 공공부문에서 IT 도입의 실패율이 80%를 상회한다고 주장하였다. 이러한 사실은 행정조직에서 행정정보체계의 적응적 활용이 어려움을 드러내는 것으로 이해할 수 있다.

기술이 뒷받침되지 못한 상태에서 진행됐기 때문에 필요성을 제시한 개념적 연구에 그칠 뿐 구체적인 적용과 실천에 관한 심층연구가 미흡하였다. 또한 인터넷과 웹기술의 발달로 컨설팅과 SI(system integration)업체와 학계(경영)를 중심으로 지식관리시스템을 업무구조 재설계(BPR) 이후의 조직관리와 경영진단에 적용되고 있다.

한국의 경우 IMF환란 이후 구조개혁을 통한 경쟁력 강화가 기업은 물론 행정부문에 요구되었다. 이런 상황에서 정보관리시스템의 확장으로서 지식관리시스템의 구축을 통한 지식경영과 지식행정이 관심분야로 대두되었다. 공공부문의 경우 국민의정부 출범 후 지식경영 도입이 정책과제로 권장되면서 기획예산처, 행정자치부, 정보통신부, 철도청 등 정부기관과 한국통신, 가스공사, 무역진흥공사 등 공공기관을 중심으로 도입, 확산되었다.[4] 민간기업도 IMF환란 이후 삼성전자, SK텔레콤 등 선도기업을 중심으로 지식경영이 도입되었다.

인터넷 확산으로 폭발적 정보증가 현상이 드러나고, 가치 있는 정보 선별이 불가피해지면서 정보의 질적 접근이 중시되고 있다. 왜냐하면 무가치한 정보는 가치가 없는 것에 머물지 않고, 정보량을 증가시켜 정보처리비용을 높이는 역효과를 나타냄으로써 정보가치를 하락시키기 때문이다. 이에 가치 있는 정보 필요는 곧 지식 요구로 나타나게 되었다.

정보는 학문분야나 접근방법에 따라 상이하게 정의될 수 있지만, 원시자료에서 사용자 필요에 따라 가공된 것으로 규정된다(Braman, 1989:233). 이 같은 정보가 체계적으로 정리되어 특정 현상이나 상황을 설명, 이해함으로써 유의미한 가치를 제공할 때 지식으로 작용한다. 그렇기에 정보가 많이 수집되었더라도 체계적으로 활용되지 못한다면 무용지물에 불과하다. 달리 말해 개인, 조직, 국가가 가진 무수한 정보가 지식창조와 유통과정을 겪으며, 의미를 지닐 때 지식으로 전환되면서 정보의 지식화가 이루어진다. 이런 과정을 효율적으로 관리하여 부가가치를 창출하고, 경쟁력을 확보하기 위한 수단으로 지식행정(경영)이 부상하기에 이르렀다.

이 장은 기존 행정정보체계의 이론과 실천적 한계를 문제상황으로 인식하고 대안적 관점에서 행정지식체계이론의 탐색에 목적을 둔다. 이에 지식사회의 행정현상을

4 2001년도의 경우 과학기술부, 노동부, 농림부(확충), 관세청, 조달청, 통계청, 중기청, 특허청, 검찰청, 국회 등으로 지식관리시스템의 구축이 확대되었다.

미시적 차원에서 접근하여 행정지식관리체제의 필요성을 제시하면서 행정연구에 하나의 정향을 제시하고자 한다. 이를 위해, 첫째 지식사회에 부합하는 행정관리로의 전환 필요성을 살펴보고 행정지식관리시스템의 개념과 성격을 통해 정체성을 이해한다. 둘째, 실제 조직현상에서 지식관리시스템의 도입 사례를 분석, 평가한다. 셋째, 지식행정관리시스템의 가능성과 조건을 탐색하면서 그 실천 방안을 모색한다.

2 지식과 행정 간 관계

지식혁명은 기업과 행정조직에 새로운 기회를 창출하고 있다. 이에 지식화 수준에 따라 조직, 국가 간 격차는 더욱 커질 것으로 전망된다. 그러므로 지식혁명에 대처하기 위해 행정지식의 효율적 활용을 위한 지식관리가 요구된다.

지식과 행정 간 상호작용으로 지식세계와 행정세계는 다양한 연결관계를 보여준다. 이 가운데 행정은 사회문제 발견과 해결의 준거로서, 그리고 사회변화에 부합한 행정활동의 분석과 평가수단으로 지식을 활용한다. 이처럼 지식은 활용 목적과 범위에 따라 여러 갈래로 해석되지만, 경험적이며 구조주의적인 시각에서 문제해결에 적용되는 기능(skill)의 의미가 강조된다(Heibeler, 1996; Leonard and Sensiper, 1998; Nonaka and Takeuchi, 1995; Wigg, 1995). 이런 관점을 행정의 맥락에서 볼 때 행정지식은 국가사회 발전이나 변동의 유지 과정에서 야기된 문제를 해결하는 데 필요한 원인과 결과 간 인과관계를 규명하는 수단으로 이해할 수 있다. 그렇기에 지식은 정보에 비해 지식활용자의 핵심문제 영역에 대한 해결책을 의미하면서 해결책 자체 또는 그 일부이거나 결정적 단서를 제공한다. 여기서 문제해결자로서의 행정에서 지식은 혁신과 관련된 산출물로 기능하며, 정책 및 행정활동의 준거로 작용하기도 한다. 그리고 합리적 의사결정 형태를 개발, 시도하는 방법 또는 수단으로 소용된다.

행정지식은 정책수립과 관련된 지식, 정부자원 및 업무처리와 관련된 지식, 공공서비스와 관련된 지식으로 구분된다. 이처럼 행정지식이 상이한 까닭은 행정활동과 정책문제의 다양성에서 기인한다. 이 사실은 행정활동과 정책영역의 확장을 반영한 행정

〈그림 3-1〉 행정활동에 영향을 미치는 지식

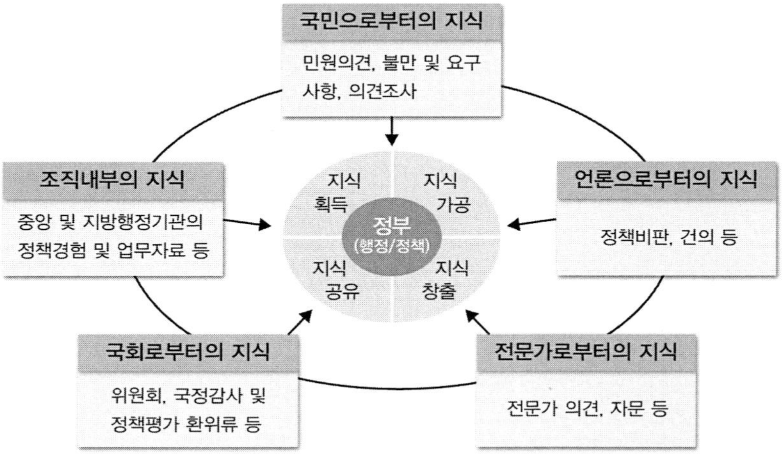

조직의 확대에서 엿볼 수 있다.[5] 행정활동에 유용한 지식은 〈그림 3-1〉에서 보듯이 형태나 출처가 다양하다. 예컨대 행정조직 내 경험과 노하우, 행정민원과 요구, 불만사항, 여론의 정책비판과 건의사항, 국회의 정책논의, 전문가 의견과 자문 등을 예로 들 수 있다. 이 가운데 정책전문가의 역할이 갈수록 증대하고 있다. 비록 그 역할을 둘러싸고 논의가 엇갈리지만,[6] 전문가 지식이 행정활동의 주요내용을 구성하면서 지식사회의 행정지식 창출과 활용에 시사점을 제공한다.

5 정부수립과 함께 11부4처3위원회로 출발한 행정조직이 2001년 18부4처16청, 2017년 18부5처17청으로 확장되었는데 이는 행정업무의 양적 증대와 함께 행정영역의 전문성·다양성을 드러낸다.

6 정책과정에서 전문가 역할은 과학적 지식과 정치적 이념 간 시각 차이에서 논의가 제기된다. 즉 Lane(1966:65-80), Galbraith(1967:60-71), Drucker(1969:263-381)를 비롯한 전문가 옹호론과 Collingridg and Reeve(1986:8-10) 등의 회의적 입장이다.

3 행정관리의 새로운 패러다임: 지식관리시스템의 배경

지식관리는 단순히 신기술이나 컨설팅 유행이 아니라 정보시스템에 대한 새로운 사고방식이다. 또한 기존 프로세스 중심의 순차적 흐름이 아니라 조직, 지식, 사람 간 네트워크가 강조된다. 이처럼 행정관리의 새로운 패러다임으로 지식관리가 등장한 까닭은, 첫째 지식관리 구축 관련 요소기술의 발달과 인터넷 확산으로 인한 분산컴퓨팅과 네트워크의 성장이다. 둘째, 조직구조와 문화적 복잡화 양상이 심화되고, 인터넷이나 인트라넷을 통한 정보공유가 증대되며, 다운사이징과 재구조화에 따른 기존 지식의 손실 방지, 신속한 업무구조와 처리시간 단축이 요구되고 있다. 셋째, 환경적 측면에서 행정환경이 글로벌화되면서 정보·자원·인력의 기동성 강화가 요구되고, 지식이 문제해결과 가치창출의 기반이 되면서 행정조직 내외부에서 지식 정의, 분류와 관리의 필요성이 증대하였다.

지식관리는 행정활동의 핵심 자원으로서 지식을 효과적으로 관리하고, 전략적으로 활용하려는 행정관리 개선노력의 일환으로 이해할 수 있다(한세억, 2000). 여기서 지식관리는 지식을 효과적으로 파악하고, 조직 내부의 보편적 지식으로 공유하여, 문제해결능력과 경쟁력 강화에 목적이 있다(행정자치부, 1999). 달리 말하면 지식자원이 조직 내에 신속하게 유통되도록 통합체계를 갖추어 시민의 니즈와 행정문제를 해결하는 것이다. 행정조직도 효율적 서비스가 요구되는 경쟁에 직면하였기 때문이다.

더구나 행정활동의 주요 부분인 서비스 개선에 지식이 핵심 요소로 작용하며, 지식 습득·생산·공유·변형·활용이 어떻게 관리되느냐에 따라 행정을 비롯한 모든 조직의 성패가 가늠될 정도로 중시되기 때문이다(Sugarman. 1999). 그러므로 행정의 지적능력 강화를 위해 체계적 지식관리가 요구된다. 〈그림 3-2〉에서 보듯이 행정조직 내 지식자원은 행정활동 과정에서 다양한 형식으로 표출된다. 즉 정책과정이나 의사전달과정에서 행정지식, 정보가 전달된다. 이를테면 학습, 축적, 재활용 가능한 경험, 전문가 자문과 시민조언, 참고자료, 법·제도적 틀[7] 등으로 구성되면서 일종의 행정지식 아키텍처(architecture)를 이룬다. 이는 궁극적으로 문제해결을 통한 시민요구 대응에 있다.

7 예를 들면 행정절차, 적용지침(guideline), 정책모델케이스, 표준템플릿(template) 등이다.

〈그림 3-2〉 지식구조와 지식관리

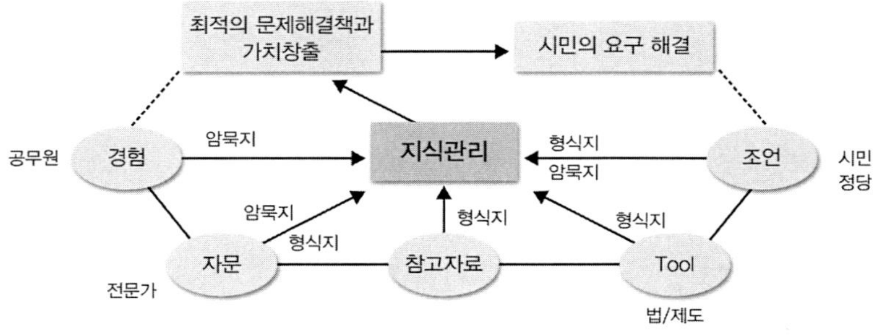

그래서 지식의 양과 질, 보존, 흐름 등은 행정조직 전체의 시각에서 의식적으로 관리되어야 한다.

새로운 행정관리패러다임으로 등장한 지식관리는 몇 가지 점에서 정보관리와 구별된다.[8] 정보관리는 자료와 형식적 정보에 치중하면서 조직 활동에 필요한 정보활동과 그에 필요한 지원 장치의 집중적 제어와 관리를 강조한다(Hussain and Hussain, 1992). 반면 지식관리는 형식적, 암묵적 지식·정보의 취득에 초점을 맞추면서, 분산화된 제어에 중점을 둔다. 그리고 조직의 데이터기반 운영에 필요한 정보수집과 배포에 강조점을 두면서 효율성을 추구하는 정보관리와 달리, 지식관리는 사용자가 정의한 지식(정보)의 관계와 요구사항의 활용에 중점을 두면서 통합과 공유의 필요성을 중시한다.

정보관리와 지식관리가 상대적으로 구분되는 점을 정리하면 〈표 3-2〉처럼 요약할 수 있다. 그리고 이런 바탕에서 조직의 지식관리 프로세스란 지식을 개인이나 조직 차원에서 적극적으로 창출하게 하고, 이를 효율적으로 조직 내의 다른 구성원과 공유하게 하며, 조직 내 지식창고에 체계적으로 저장하여 지식기반 경영과 행정을 가능하게 하는 일련의 과정으로 정의할 수 있다. 즉 정보관리의 경우 명시된 정보의 기록과 처리에 초점을 두지만, 지식관리는 명시된 정보뿐만 아니라 암묵적인 정보까지 채집하는 데 초점이 있다. 정보관리는 다양한 정보원으로부터 정보를 채취하여 정리한 후

8 정보관리와 지식관리는 정보인프라를 공통기반으로 한다는 점에서 일종의 진화선상에서 이해되어야 한다. 선진 국가뿐만 아니라 한국에서 전자정부의 진화선상에서 지식정부를 추진하고 있다. 이런 맥락에서 양자의 구분은 이분법적 사고에 기초한 절대적 구분을 의미하는 것이 아니다. 다만 상대적 구분 과정에서 설명상 추상적 한계를 벗어나기 어렵다.

〈표 3-2〉 **정보관리와 지식관리의 비교**

정보관리	진전	지식관리
데이터와 명시적 정보처리에 중점	➡	암묵적·명시적 지식(정보)취득, 관리, 활용에 중점
집중화된 정보저장과 제어를 위해 설계	➡	분산화된 지식(정보)처리·저장·제어를 위해 설계(사용자에 권한 부여)
구조화된 정보저장소의 필요성 강조	➡	통합과 공유의 필요성 강조
정보수집과 분류, 배포에 중점	➡	사용자가 정의한 지식의 관계 및 사용자 요구사항 활용에 중점
조직의 데이터기반 운영에 필요	➡	조직혁신, 개선을 위한 가치부여
효율성을 위한 생산성	➡	개선과 혁신을 위한 문제해결 및 가치창출
⇩		⇩

데이터처리시스템(DPS)/행정정보시스템(PMIS)	의사결정지원시스템(DSS)/전문가시스템(ES)		
⇩		➡	• 기존 정보시스템과 유기적 결합 • 다양한 형태(문서, 사례, 규칙, 그래픽, 동영상, 노하우, 전문기술 등)로 분산된 지식뿐만 아니라 • 정보시스템에 저장된 데이터나 정보를 효과적으로 저장, 관리하는 통합된 개념
반복하여 발생하는 구조화된 문제 자동처리	특정 영역의 모델을 기반으로 반구조화된 문제해결을 위한 자료결합과 분석		

– 필자 작성.

데이터베이스 시스템에 저장하지만, 지식관리는 하나의 정보원으로부터 채취된 정보를 다른 상황에서 재사용되도록 장려한다.

정보관리는 정보의 저장과 관리가 중앙집중적이고 정보시스템실 중심이지만, 지식관리는 정보접근, 저장과 관리가 분산적이고 사용자 중심적이다. 정보관리는 매우 잘 정리된 정보 저장소를 강조하지만, 지식관리는 협업과 공유를 강조한다. 정보관리는 정보수집, 분류와 분배에 관심을 두지만, 지식관리는 사용자가 정보의 관계와 요구사항을 정의할 수 있다. 정보관리는 잘 정의된 질의어를 사용하지만, 지식관리는 지식을 발견하기 위한 기술(시각화 등)을 사용한다. 정보관리는 조직의 핵심업무 데이터를 관리하기 위해 필요하지만, 지식관리는 성장, 혁신, 발전할 수 있는 부가가치를 창출한다. 정보관리는 업무효율 향상을 위한 생산성을 추구하지만, 지식관리는 혁신을 위한 생산성을 추구한다.

지식관리를 위한 체계적 수단으로서 지식관리시스템의 도입 목적은, 첫째 지식 리포지터리(repository) 구축으로 산재된 지식의 문서화 작업, 외부지식(경쟁자) 습득, 구조화된 내부지식 통합, 개인지식의 조직지식화, 공동체를 기반으로 한 지식창출 활동 전개에 있다. 둘째, 지식접근의 개선으로 조직 내 전문지식 접근과 전이의 용이성 개선, 전문가 네트워크 또는 전문가 지식지도 활용, 화상회의 또는 공유 툴 구축, 커뮤니케이션 네트워크를 기반으로 한 지식활동 전개에 있다. 셋째, 지식환경의 개선이다. 지식 인식과 인지 및 문화형성, 지식과 관련된 종업원의 행동 변화 유도, 지식관리 프로세스의 개선에 있다. 넷째, 자산으로서의 지식관리이다. 지식대차대조표의 활용, 특허권과 지적 재산권의 관리, 지적 자본을 통한 조직의 가치 증대에 있다.

제2절 지식관리시스템 고찰 : 배경과 분석틀

1 분석틀: 연구흐름과 시각

21세기 초경쟁(hyper-competition) 사회를 맞이하여 모든 조직은 급속한 변화에 민첩하게 대처하고 경쟁우위 확보와 지속적 가치창출을 위해서 효과적으로 지식을 관리해야 할 필요성이 강조된다. 더구나 인터넷은 무한한 정보창출과 검색, 공유의 기술적 기반을 마련해 주었다. 하지만 이로 인한 정보의 과부하는 가치를 창출할 수 있는 정보로서 지식의 관리 필요성을 고조시키고 있다. 이에 따라 기업은 물론 행정조직에서 지식을 체계적으로 저장, 검색, 공유할 지식관리시스템(KMS) 구축에 노력을 기울이고 있다.

행정지식관리시스템은 행정활동에 필요한 지식을 체계적으로 활용하기 위한 관리도구이다. 즉 행정목표 달성을 위한 유무형의 경험적·가치론적 지식의 활용을 위한 수단이다. 행정에서 지식활용은 사용자가 자신의 준거틀을 갖고 해석하기에 해석적이고, 체계적이면서, 사회적으로 제약된 상호교환 과정으로 이해할 수 있다(Dunn, Holzner and Zaltman, 1985). 실제로 행정기관이 보유한 지식이나 지식화할 수 있는 정보와 데이터의 양은 방대하며, 산하 및 공공기관의 보유지식을 합하면 최대의 지식집단이다(기획예산위원회, 1998). 이로 미루어 정부는 최대의 지식기반조직이면서 지식생산조직임을 짐작할 수 있다. 그렇기에 행정관리의 요소로서 지식관리는 조직관리의 핵심 영역이며, 사회문제 해결과 가치창출 기능을 수행하는 행정의 핵심 기능으로서 충분한 의미를 지닌다.

〈그림 3-3〉 본 장의 분석틀

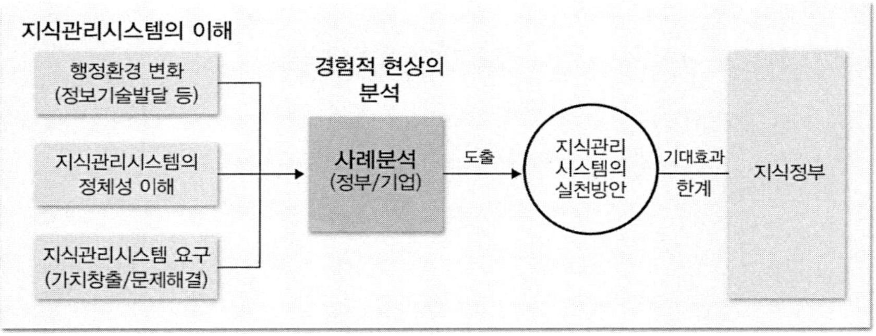

지식기반사회에 부합된 정보시스템으로서 기존 행정정보관리시스템의 발전적 진화의 맥락에서 행정지식관리시스템을 탐색하고자 한다. 이런 흐름과 시각을 담은 분석틀을 〈그림 3-3〉과 같이 나타낼 수 있다. 최근의 지식화와 경쟁 심화에 따른 행정환경 변화와 지식기반 행정관리론의 등장으로 행정운영방식과 시스템의 향상이 요구된다. 즉 새로운 지식패러다임이 현실로 투영되면서 행정관리현상이 달라지고 있다. 이에 지식관리시스템의 정체성 이해와 함께 정부와 기업부문의 실천적 노력에 대한 경험적 사례를 분석하려고 한다. 나아가 이론적, 경험적 논의에서 얻은 시사점을 바탕으로 실천방안을 모색하고자 한다.

2 행정지식관리시스템의 정체성: 본질과 이해

지식행정의 근간인 지식관리시스템의 개념과 속성은 무엇이고, 어떻게 분석되어야 하는가? 이 같은 기본적이고도 본질적인 문제의 대상인 지식관리시스템을 이론적 측면에서 이해하기로 한다.

1) 행정지식관리시스템의 개념

지식관리시스템은 객체적 공통 요소로서 전산개념이 적용되지만, 구체적 구현 내용은 구축과 접근관점에 따라 상이한 다형성(polymorphism)의 개념이다. 먼저 지식관리시스템의 기본 사상은 평범하게 보이는 것을 나누어 쓰는 가운데 전체적 '앎'의 수준을 높이는 데 있다. 즉 조직의 상향평준화를 추구하는 과정에서 완성된 내용이 주기적으로 하향전달되는 것만 아니라, 지식생성과정을 중심으로 조직구성원의 분산된 '노하우(know-how)'가 자유롭게 제시되고, 논의되면서 받아들여지는 현상이 조직에서 항상 일어나도록 하는 데 있다. 지식관리시스템은 조직 내 지식자원의 가치를 극대화하기 위해 통합적인 지식관리프로세스를 지원하는 정보시스템이다. 즉 정보기술을 이용하여 공무원이나 조직 차원의 지식활동을 지원하는 시스템으로 정의할 수 있다.

지식관리시스템은 미국 카네기멜론대학의 'ZOG' 연구결과에 기반을 두고, Knowledge Systems, Inc.에서 개발한 워크스테이션용 상용시스템의 이름에서 비롯되었다. 지금까지 정보관리시스템은 조직 내외의 정형화된 정보만을 관리해 왔다. 즉 기업과 행정활동에서 발생하는 수치, 데이터를 저장·관리하는 것이 정보관리시스템의 역할이었으며, 이를 토대로 실질적 판단과 결정은 소수의 인적자원에 의해 이루어졌다. 이런 상황에서 의사결정 주체인 인적자원이 떠나면 지식자원도 함께 유실되고, 조직의 지적자원이 소실된다는 인식에서 지식관리시스템이 출발했다. 즉 인적자원이 개별적으로 소유한 비정형의 지적자산을 조직 내에 축적, 활용하게 하는 것이 지식관리시스템의 기본 개념이다. 달리 지식관리시스템은 조직 내외 지식자원의 가치를 극대화하기 위하여 지식의 획득에서 축적, 공유와 활용 등으로 대표되는 통합적인 지식관리프로세스를 지원하기 위한 정보하부구조로 이해할 수 있다.

행정에서 지식관리시스템이란, 공무원이 새 업무를 맡을 경우 전임자의 경험과 노하우를 전수받지 못해 과거의 시행착오를 반복하는 병폐를 해결하고 개개인의 노하우, 성공과 실수 사례, 아이디어, 보고서와 계획서, 관련 인터넷사이트 등을 조직의 공유자산으로 활용해 조직역량을 극대화하기 위한 제도이다(행정자치부, 2000). 그렇기에 행정지식관리시스템은 공무원의 지식자산에 대한 자세, 조직의 지식평가와 보상체계, 지식공유문화 등 조직 차원의 인프라와 통신네트워크, 하드웨어, 소프트웨어와 도구 등 정보기술 차원의 인프라를 전제로 한다.

〈표 3-3〉 행정정보시스템(PMIS)과 행정지식관리시스템(PKMS)

구 분	행정정보시스템		행정지식관리시스템
목 적	정보관리를 통한 의사결정 지원	➡	지식관리를 통한 가치창출
주요 활동	정보수집, 분류, 배포에 중점을 둔 자료 및 정보분석	➡	사용자가 정의한 지식·정보관계와 요구사항에 중점을 둔 가치분석
중점대상	형식적 정보처리에 초점	➡	형식적 정보와 의미적 정보의 취득, 활용에 초점
기대효과	문제파악 및 확인 지원	➡	문제해결에 직접적 활용
초 점	과정지향적	➡	가치창출적
활용대상	한정된 부서(전산부서) 및 이용자	➡	모든 부서(정부 부처)
정보기술	수동적, 의존적	➡	상황적응적, 능동적
설계목적	집중화된 정보저장과 제어 (DPS/MIS/DSS)	➡	분산화된 처리·저장·제어 (사용자에 권한 부여)

– 자료: 한세억(1999).

2) 행정지식관리시스템의 성격

행정지식관리시스템은 〈표 3-3〉에서 보듯이 행정정보시스템과 구분된다. 행정정보시스템은 행정목적 달성을 위해 인공적으로 설계하고 개발한 물리적 요소(H/W, S/W, Network)와 절차의 집합으로 종합적 인간-기계시스템으로 정의될 수 있다(David and Olson, 1985). 여기서 행정정보시스템은 일상적 업무수행과 정책결정 지원을 위해 인위적으로 설계, 제작된 시스템으로 대규모 데이터를 고속처리하는 자료처리중심의 DPS(Data Processing System)나 일상적 정보제공 기능이 중시된다. 그래서 이 시스템은 반복하여 발생하는 구조적 문제에 자동화된 처리기능을 제공함으로써 수작업 처리에 비해 업무생산성 향상을 보여주었다. 이후 발달한 의사결정지원시스템(DSS)과 전문가시스템(ES), 임원정보시스템(EIS) 등도 특정 업무영역에 대한 모델을 기반으로 반구조적 성격의 문제해결을 위한 데이터 결합과 분석을 주요 기능으로 한다.

이에 반해 지식관리시스템은 기존 정보시스템 간 유기적 결합을 통해 컴퓨터에 저장된 데이터나 정보뿐만 아니라 다양한 형태(문서, 사례, 규칙, 그래픽, 동영상, 모델, 노하우, 전문지식(expertise))로 조직 내에 분산된 지식을 효과적으로 저장·관리하는 통합된 개념의 정보시스템이다. 여기서 사용자는 단순히 데이터나 정보를 입력, 조회 또는 출력하는 소극적 역할이 아니라 업무경험에 바탕한 업무지식의 지속적 창출(지식근로자), 효과적인 지식관리시스템 설계와 운용(지식관리자), 지식기반경영의 비전과 전략 수립(최고지식관리자) 등에서 더욱 적극적인 양상을 보여준다.

또한 기존 정보관리시스템이 보조역할을 수행했다면, 지식관리시스템은 행정조직의 지식, 경험, 정보 등을 축적·평가·활용하며 다양한 가치 측정에 핵심 역할을 수행한다. 그러므로 시스템구축에 이질적 형태로 분산된 지식을 획득·분류하여 조직지식으로 축적하며, 새로운 지식창조 활동을 지원하는 지식프로세스와 최적의 패키지가 요구된다. 이 외에도 시스템형태상 지식관리시스템은 일반 종합정보시스템이 발전된 형태로서 사용자가 업무관련 정보를 확신할 수 있는 믿음으로 신속히 수용할 수 있도록 기능이 추가된다. 즉 기존 자료 참조의 용이성과 지식유통의 신속화로 실시간 업무공조, 지식전달의 시간과 공간적 제약 극복, 주관적 의견 전달과 수용 등에 유용해야 지식관리시스템이라 할 수 있다. 이에 지식관리시스템은 행정조직의 총체적인 통합시스템으로서 독자적이며 유기적인 기능을 수행할 것이다. 아울러 신경망처럼 예민하여 작은 변화와 미세한 위험도 쉽게 감지하여 통보하는 일종의 조기경보시스템의 역할을 담당하면서 범주와 영역이 확대될 것이다.

행정지식관리시스템은 기업의 지식관리시스템과 맥락을 같이하지만 행정과 경영이 구분되듯 〈표 3-4〉에서 보듯이 목적, 주요 활동, 대상, 초점 등의 측면에서 구분된다. 물론 기업과 행정 간 상이한 조직 환경과 특성으로 인한 정보시스템 간 특성 차이가 경험적으로 실증되었듯이 조직상 상호의존성, 절차상 지연, 하드웨어와 소프트웨어의 평가기준 미흡 등이 행정지식관리시스템에도 드러날 것이다(Bretschneider, 1990;157-172).[9]

9 이러한 점은 행정조직, 절차, 과정에 내재하는 문제점으로 지적되며, 행정정보시스템 운영에서 나타났고, 여전히 지식관리시스템에서도 발생 가능성이 상존한다.

〈표 3-4〉 경영지식관리시스템과 행정지식관리시스템

구 분	경영지식관리시스템	행정지식관리시스템
목 적	지식관리를 통한 가치창출로 시장요구에 부합한 경쟁우위 확보	지식관리를 통한 행정능력 향상
과 정	상호연계성, 절차간소화	높은 상호의존성, 절차상 지연
주요 활동	서비스 수준제고를 통한 고객가치 증대/ 새로운 상품 및 관리혁신	사용자가 정의한 지식·정보의 관계와 요구사항 활용에 중점을 둔 가치분석
중점대상	지식재활용을 통한 업무생산성 향상	형식적 정보와 의미적 정보의 취득, 활용에 초점
기대효과	핵심역량 강화와 경쟁력 확보	문제해결 및 가치창출에 직접적 활용
활용대상	내부사용자, 전사적(동질적)	일반 국민, 모든 부서(정부 부처)

– 필자 작성.

3 행정지식관리시스템의 구성요소와 범주

지식관리시스템은 조직구성원이 업무 내외적으로 얻은 정보, 경험, 노하우, 아이디어를 공유해 정보의 가치를 지식형태로 재생산하는 시스템이다. 조직 내 각 개인이 축적하고 있는 각종 유무형의 지식을 체계적으로 관리하고 이를 상호 공유함으로써 새로운 부가가치를 창조할 수 있다. 이처럼 조직 내 지식자원의 가치를 극대화하기 위해서는 통합적인 지식행정프로세스를 지원하는 정보기술시스템을 필요로 한다.

지식관리시스템의 구성은 〈그림 3-4〉에서 보듯이 조직구성원의 지식자산에 대한 자세, 조직의 지식평가·보상체계, 지식공유문화 등 조직 차원의 인프라와 통신네트워크, 하드웨어, 각종 소프트웨어와 도구 등 정보기술 차원의 인프라를 기본전제로 한다. 또한 조직과 기술인프라 연계로 지식을 저장하는 지식베이스는 조직의 지식스키마[10]에 따라 체계적으로 구성되는데, 지식베이스가 원시데이터를 저장하는 데이터베이스로 비유된다면, 지식스키마는 원시데이터에 대한 메타데이터를 담은 데이터사전

10 DB를 구성하는 데이터 개체, 속성, 데이터 간 관계, 그리고 데이터의 조작과 제약조건에 관해 정의해 놓은 것을 총칭해서 스키마(schema)라고 한다.

〈그림 3-4〉 지식관리시스템의 구성도

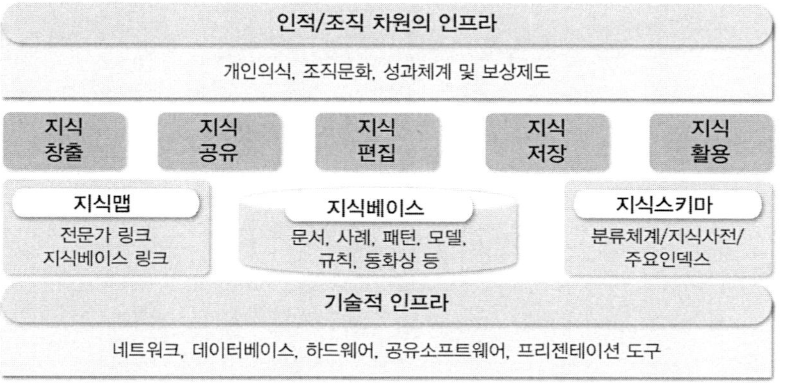

또는 데이터베이스 스키마에 비유될 수 있다.

지식스키마에는 개별지식의 유형(문서, 모델, 동화상 등), 중요도, 동의어, 주요 인덱스, 보안단계, 생성-조회-갱신-관리부서 정보와 행정조직의 지식분류체계에 관한 내용이 들어 있다. 지식베이스에 저장된 지식은 조직 내 다른 정보시스템 서버에 저장되거나 외부데이터베이스 또는 전문가의 머릿속에 있는 지식의 위치를 파악 가능하게 하고, 원하는 지식의 검색이나 전문가 연결을 원할 때 지식지도(map)가 활용된다. 이 경우 사용자는 인터넷에서 각종 사이트를 방문하는 것처럼 원하는 지식사이트를 마우스 클릭만으로 찾아가거나 소프트웨어 에이전트에게 명령하여 해당 사이트에서 원하는 지식의 검색을 대행할 수도 있다. 이 밖에도 지식관리시스템은 사용자가 지식을 창출하여 입력하고 조회, 편집과 활용할 수 있는 여러 가지 기능을 내포한다.

실제로 지식관리시스템을 구성하는 요소는 행정조직에서 동태적 양상을 보여준다. 〈그림 3-5〉에서 보듯이 지식흐름은 행정활동과정에서 행정인, 행정조직, 제도와 지식관리시스템 간에 상호 작용한다.[11] 이 가운데 특히 지식은 행정지식 아키텍처[12]로부터 지식관리시스템으로 이동한다. 이런 바탕에서 지식관리시스템이 행정조직에 정착되었

11 여기서 지식관리시스템은 LG-EDS(2000)의 지식관리시스템을 개념과 구성을 참고하였으며, 행정조직 및 관리의 맥락에서 재구성하였다.

12 제2장 제3절에서 살펴보았듯이 행정지식 아키텍처는 ①행정경험, ②전문가, ③참고자료, ④툴, ⑤조언 등으로 구조화될 수 있다.

〈그림 3-5〉 행정지식관리시스템 구성요소 간 관계

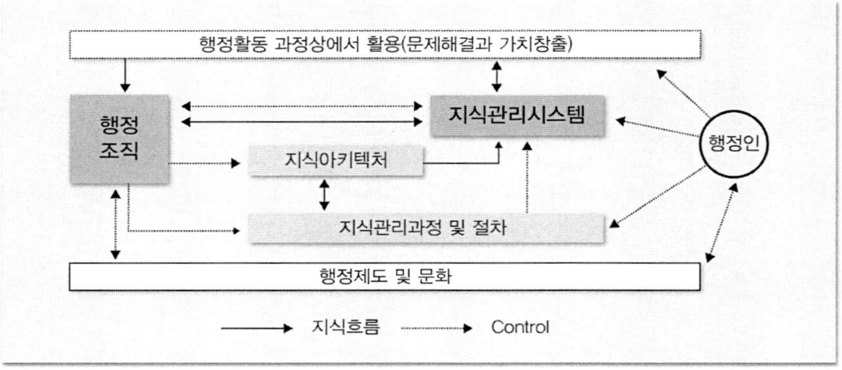

을 경우 의사결정 지체, 비능률, 문제해결능력 미흡 등 우둔한 행정으로부터 벗어나는 효과를 기대할 수 있을 것이다.[13]

이 외에도 지식관리시스템은 조직 내 의사결정을 지원하는 시스템이라기보다는 업무의 직접 처리를 목표로 초기부터 철저한 지식구조의 구축과 데이터 갱신도 전문가에 의해 이루어지는 전문가시스템, 조직의 프로젝트 수행 시 사용되는 것으로 조사, 설계, 시행절차 등에 대한 재작업 비율을 낮추는 데 이용되는 모범사례공유시스템, 그리고 조직의 실시간 정보공유에 의해 전체 생산성을 높이는 실시간 지식공유시스템 등으로 범주에 따라 유형을 구분할 수 있다.

13 벤치마킹협회가 지식경영전문가를 대상으로 지식기반조직 창출을 위한 지식관리시스템의 채택 시 기대효과를 살펴보았는데, ①의사결정 개선(89%), ②고객에의 응답성 증가(84%), ③조직성원 및 운영상 능률 개선(82%), ④혁신적 교육(73%), ⑤상품과 서비스 개선(73%) 등으로 나타났다. 자세한 내용은http://benchdb.com/kmssurvey/report.htm 참조.

제3절

행정지식관리시스템의 경험적 현상: 분석과 평가

1 지식관리시스템의 구축과 운영에 관한 실천적 경험[14]

지식관리시스템의 사례를 정부와 민간부문에서는 찾아볼 수 있다. 정부를 비롯한 공공부문의 경우 창조적 지식기반 국가 건설을 위한 정보화 비전, 즉 '사이버코리아 21'과 맥을 같이한다. 특히 정보통신망의 고도화·고속화에 따른 운영시스템의 글로벌화 차원에서 정부와 공공기관의 시스템부터 지식사회에 걸맞게 정비해야 한다는 것이다. 하지만 정부의 경우 운영 초기단계이기에 아직까지 성패를 판단하기 어려우며, 지식경영의 구현 과정에서 지식관리시스템을 성공적으로 구축, 운영 중인 기업과 대조적인 양상을 보여준다.

1) 민간기업의 지식경영 사례

지난 1980년 설립된 의류 판매업체로 외주 생산과 프랜차이즈 판매를 특징으로 하는 E사의 지식자산평가시스템인 BSC(Balanced Scorecard)는 기존 재무지표뿐 아니라 지식 등 비재무적 요소를 포함한 통합성과지표를 사업부별·매장별은 물론 개인수준까지 누구나 한눈에 파악할 수 있도록 구현돼 있다.[15] E사는 기능별 조직을 중심으로

14 이 경험적 자료는 사례대상 조직이 현재 구축한 사항뿐만 아니라 계획 중인 사항도 포함하여 분석하였고, 조사시점과 현 시점의 차이 때문에 사례조직의 현재 구축상황과는 다를 수 있다.

15 E사의 CKO인 J상무는 "회사의 무형자산인 '지식자산'을 체계적인 측정 시스템에 따라 값으로 계산한 지식자산표를 국내 최초로 작성했다"고 밝혔다. 지식자산의 측정수단인 균형성과기록표(Balanced Score Card)는 지식자산 분석기법으로서 컴퓨터 클릭만으로 전사적 차원의 성과지표를 한눈에 볼 수 있으며, 계열사별·브랜드별·팀별·개인별 성과까지 계산한 수치다.

한 일종의 관심분야연구회(CoP)인 EC(excellent center)와 LC(learning center)를 운영하고 있다. 여기서 EC는 같은 부서 직원으로 구성되는데, 기획EC·영업EC·디자인EC·구매생산EC와 같이 담당업무에 따라 나뉘며, 2주일에 한 번씩 모여 특정 주제를 놓고 토론·학습한다.[16] 이에 반해 LC는 경영진을 대상으로 한 학습과정으로, 1주일에 한 번씩 모여 티타임을 겸한 회의와 교육을 한다.

E사는 지식생성 활동에다 자신의 지식을 다른 사람에게 전수하는 지식공유 활동을 병행한다. 바로 루티(LUTI) 시스템이다. E사의 지식관리시스템(지식몰)은 임직원이 업무상 경험과 시행착오를 통해 체득한 사례나 노하우를 철저한 검증(등록 신청지식의 1/3 정도만 승인) 과정을 거쳐 등록된다. 그래서 등록된 지식이라도 환경변화에 맞지 않거나 다른 직원이 자주 조회하지 않을 경우 중도 폐기함으로써 조직지식의 질을 관리하고 있다. 뿐만 아니라 등록된 지식은 등록 때의 전문가 평가 외에도 이를 열람하는 사용자들이 만족도를 평가하고 있다. E사의 지식몰은 인트라넷을 기반으로 웹페이지 형식으로 구축돼 있으며 지식측정을 초점으로 ①임직원의 학습활동, ②지식맵, ③지식창고, ④지식인증 메뉴 등으로 구성돼 있다. 또한 사내에서 활용도가 가장 높은 지식을 '지식Top5' 리스트에, 지식활동이 가장 활발한 직원을 LUTI(이랜드의 지식공유 활동측정시스템)[17] 지식인 Top5 리스트에 선정하고 전사적으로 홍보함으로써 조직구성원의 지식경영 참여도를 높이고 있다. 지식몰에 등록된 지식은 내용의 양과 질에 따라 개인별 점수를 매겨 A에서 F까지 6단계로 평가해 그 결과를 인사고과와 승진심사에 반영하고 있다.

E사의 지식맵은 4단계의 지식분류체계로 구성되었으며 최하위 단계인 4단계의 업무지식별로 전문가가 지정돼 해당 지식의 평가와 관리를 맡고 있다. 뿐만 아니라 등록된 지식의 열람은 공개와 비공개로 구분되는데, 비공개지식은 사용자가 전자메일로 열람을 요청한 뒤 지식등록자 또는 해당 분야의 전문가가 승인하면 조회 가능하다. 이러한 지식관리시스템의 운영결과 E사는 1인당 부가가치를 개선하였다. 즉 1998년

16 이에 대해 E사의 지식경영팀 관계자는 조직의 핵심역량을 유지하기 위해서는 지속적인 지식생성이 필요하다고 느꼈기 때문에 EC조직이 필요하다고 강조하였다.

17 LUTI는 학습→사용→가르침→점검으로 이어지는 일련의 선순환 지식활동으로 E사 지식경영팀의 K차장은 태권도 유단자가 하수를 가르치는 시스템과 비슷하다고 설명한다.

에 90만 원 수준이었던 1인당 부가가치는 1999년에 620만 원, 2000년에 770만 원으로 증가하였다. 이익률도 1998년 적자상태에서 1999년 18.2%, 2000년 16.8%로 상승하였다. 이에 E사는 2000년을 '지식회사 원년'으로 설정하여 노력하면서 1,600명 중 370명을 대상으로 개인성과표를 작성하였으며, 2001년 중으로 E사 그룹 전 계열사에 확대 적용할 예정이다. E사의 지식관리시스템 운영 성과는 한국통신, LG텔레콤, 데이콤, 삼성코닝, 금호그룹, 신한은행, 포항제철 등 국내 공·사조직에서 관심을 보였다.

2) 정부의 지식행정 사례

(1) 철도청의 지식관리시스템

철도청은 서울정비본부를 시초로 전 직원의 지식마인드 혁신과 학습조직화를 위한 교육훈련 체계를 구축하여 고객요구에 부응하는 완벽한 차량정비와 개인의 노하우를 공유하기 위해 지식행정을 실천하고 있다. 철도청장[18]의 강한 실천의지로 공공기관 최초로 2000년1월28일 철도지식경영시스템(KMS)을 구축, 운영 중이다. 이 시스템은 직원 각자가 정보와 지식을 체계적으로 관리, 활용하기 위해 개발되었다. 여기서 지식과 문서를 동시에 관리하며, 웹베이스를 기본으로 넷스케이프(Netscape)와 익스플로러(Explorer)를 지원하고, 조직구성원 간 지식공유기능을 강화하고 있다. 특히 철도청의 지식관리시스템은 지식등록자가 내놓은 지식을 지식승인자가 점수화해 평가한 후 지식저장소에 저장, 공유하도록 한다. 공유된 지식은 활용빈도가 수치화되어 지식활용 통계로 산출되는 사용자평가제도가 정착되고 있다. 이러한 지식행정의 바탕에서 철도청은 생산성 향상, 서비스 품질개선 등을 구현하였으며, 한층 고도화된 지적재산권정책, 6시그마 경영정착, CRM(고객맞춤경영)을 추진하였다. 이는 고객센터를 통해 수렴된 의견을 과학적이고 체계적으로 분석해 고객집단에 맞는 서비스를 능동적으로 개발해 제시하겠다는 구상으로 이해된다. 이에 철도청은 2001년도를 지식경영의 확산과

18 1998년 3월 정종환 철도청장은 취임 때에 "나는 철도주식회사의 사장으로 왔다"는 일념으로 경영혁신을 주도하였다. 그 결과 1998년 한국능률협회 주관 고객만족경영대상 최우수상, 최고경영자상에 이어, 고객만족경영대상 및 국가품질경영상(1999)을 수상했으며, '공공부분 경영혁신우수사례'를 국무회의에서 보고(1999)하는 등 철도청의 고객중심경영혁신 활동의 우수성을 인정받았다. 이어 중앙행정기관 917개, 지방자치단체 2,539개를 대상으로 실시한 행정자치부의 '2000년도 행정서비스 이행실태 평가'에서 대상을 수상하였다.

아이디어의 생활화를 통한 경비절감의 해로 정하고 각 분야에서 1,000억 원 정도의 예산절감계획을 수립하였다. 이 결과 철도청의 노하우를 전수받은 기관은 한국도로공사, 인천지하철공사, 경북도청 등 32개에 이른다.

(2) 국방부의 지식관리시스템

국방부는 기존 국방사무자동화체계와 전자문서관리체계(EDMS)의 상호연동 및 관련 자료의 체계적 통합관리로 국방통합사무자동화체계를 구현하기 위한 1단계 시범사업을 1999년2월에 완료하였다. 이어 국방문서통합관리체계 구축(DB입력)을 위한 2단계(1999.8~2000.3) 사업을 마무리하면서 지식관리체계 기반을 구축하였다. 여기서 이미 구축된 DB를 기반으로 지식지도를 만들고, 지식관리체계를 개선 발전시키며, 관련제도를 정비하면서 다른 기관과 상호 연동체계를 구현하였다.

국방부의 지식관리시스템 구축사업의 목적은 종이 없는 사무실 구현, 각종 자료의 유실 원천적인 방지, 모든 자료의 영구 보관체제를 구축하여 쉬운 검색이 가능해 업무효율성을 높이는 데 있었다. 당시 전체 문서 700만 건 가운데 200만 건을 전자문서로 변환하였으며, 문서처리체계와 문서보관체계를 갖추었다.[19] 그동안 지식관리시스템을 구축하고 운영한 결과 문서를 찾고 복사하느라 일과의 24~30%를 쓰던 낭비요소가 감소된 것으로 나타났다(매일경제신문, 2000년1월5일). 국방부는 사용자인터페이스의 편리성 제고와 표준·기술발전 추세의 고려에 중점을 두어, 생성된 문서를 조합해서 각 부서의 임무에 맞게 필요한 정보·지식을 사후분석을 통해 규정하고, 이를 근거로 실제 업무와 밀착된 연관 지식을 모든 구성원들이 효율적으로 활용할 수 있는 지식관리시스템으로 발전시키고 있다.

3) 외국의 지식경영 및 행정 사례

인터넷 장비 제조업체인 시스코 시스템즈(Cisco Systems)는 고객중심적이며 문제해결지향적인 방향으로 웹사이트를 구축, 운영하고 있다. 특히 시스코 조직에서 지식관

19 국방부 전산정보관리소의 담당자는 "타 부처의 경우처럼 지식지도를 먼저 설계하고 여기에 기존 정보를 채워 넣는 방식에서는 정작 필요한 지식이 무엇인지 정확히 가늠하기 어렵다"고 지적하면서 이로 인해 지식관리시스템 구축 인력이 현업부서의 요구를 정확히 파악하지 못함에 따른 업무공동화 현상을 우려하였다.

리시스템은 단순한 저장소(repository)뿐만 아니라 규칙, 과정, 실행사례와 규범의 체화를 의미한다. 아울러 문서 지적자산의 극대화를 위해 교육·훈련을 강화하고, 지적자산 증식의 기여자에 대해 인정 및 보상시스템을 마련하였다. 그리고 조직 내외에 지식공유메커니즘을 구축하여 지식공동체 형성을 통해 지식공유 여건을 조성하였으며 지식중심의 학습전략을 수립·시행하고, 개인학습을 조직중심의 학습으로 전환하여 지속적 학습문화를 정착하였다.

아울러 지식가치 사슬의 매핑화와 고객과 지속적 교류를 통한 지식경영으로 주주가치를 극대화한 것으로 평가받았다(www.teleos.com). 물론 내부적으로 모든 비즈니스 프로세스를 기술로 통합하는 능력을 유지하면서, 공급자·고객과 긴밀한 관계를 형성하였다. 특히 제품과 고객에 대한 높은 이해도는 혁신적 기업문화와 함께 시스코의 강점으로 보인다. 이처럼 시장에서 새로운 기술로 고객인터페이스를 강화하고, 웹 기반의 판매나 채널지원 등을 증대시킨 결과, 시스코는 40%에 달했던 에러율을 2%로 낮출 수 있었으며, 온라인 주문시스템으로 콜센터의 볼륨을 35~40% 정도 감소시켰다. 그리고 고객주문의 순환주기를 6~8주에서 1~3주로 단축시켰으며, 기술지원의 70%를 전자적으로 처리하여 지식조직의 모델로 인식된다(Rost, 2000).

한편 지식자산을 국가적 차원에서 활용하기 위해 1995년 '스테이트 인벤토리 프로젝트(SIP, States Inventory Project)'를 추진한 미국은 연방정부 차원에서 지식경영을 추진하고 있다. 이 가운데 GSA(General Services Administration, 정부물자 관리담당 부처)는 공식적으로 르메즈를 최고지식경영책임자(CKO)로 임명하여 지식경영을 실천하였다. 예컨대 센서스업무 담당자의 브레인스토밍 내용을 녹화하여 비디오클립으로 만든 후 인터넷을 통해 모든 직원이 공유할 수 있도록 지식창고를 만들었다. 후임자가 선임자의 브레인스토밍 과정을 비디오화면을 통해 지켜보면서 직면한 문제상황과 해결책뿐만 아니라 그들의 사고과정까지도 알 수 있는 장점이 있다. 특히 동일한 실수를 반복하지 않기 위해 성공사례뿐만 아니라 실패경험까지도 수용하였다. 이러한 노력의 결과 GSA는 지난 8년간 조직규모를 25% 정도 축소하였을 뿐만 아니라 업무생산성 향상 및 대민서비스를 개선하였다(매일경제신문 2001년2월4일).

4) 종합정리

지식관리시스템에 대한 인식 확산에 비해 구축 사례는 많지 않으며, 지식창조보다는 지식공유 측면이 강조되고 있다. 게다가 국내에서 지식관리시스템 구축은 도입단계에서 지식분류, 저장, 공유의 인프라 구축에 초점을 맞추었다. 지식관리시스템은 앞서 사례분석에서 알 수 있듯 기존에 구축된 그룹웨어, 인트라넷 등 정보기술을 활용한다. 그리고 〈표 3-5〉에서 보듯이 성공조직과 실패조직 간 시스템, 프로세스, 리더십, 조직문화, 평가와 보상체계 등의 측면에서 대조적 양상을 드러낸다. 즉 성공한 조직의 경우 지식경영팀, 지식관리센터 같은 실무 전담조직을 구성, 추진하고 있으며, CKO를 임명하고, 임원진 중심의 평가위원회를 두었다. 일부 기업조직에서는 지식경영에의 동참을 유도하고, 조직구성원의 적용상 어려움을 해결해 줄 수 있도록 전문분야별 지식전문가를 배치한 것으로 나타났다(김영수 외, 1999; 이장균, 1999). 물론 지식경영의 정착을 지식마일리지 등 다양한 제도를 도입한 것으로 나타났으며, 참여도 확

〈표 3-5〉 성공조직과 실패조직 간 차이분석

구분	시스템(기술)	프로세스	리더십	조직문화	보상/평가체계
성공 조직	- 조직지식의 공유, 활용을 위한 지식 관리 시스템 구축 - 모범사례(Best Practice) 공유 - 핵심사업, 문제해결에 네트워크에 의한 전문가 협업 체제 구축 - 핵심기술 연구내용, 특허 및 노하우	- 지식공유 프로세스와 다양한 검색 환경 제공 - 전문가에 의한 지식평가, 등록, 활용, 실적관리 체제 정립 - 전사적 지식관리 체제 구축 - 소요 지식내용에 의한 다양한 고급 검색환경 제공	- 지식경영 도입을 위한 확고한 의지와 강력한 리더십 - 최고지식경영자 선임과 지식경영 전담 부서의 구성 - 중간관리자의 적극적 참여	- 조직의 핵심자원으로서 지식관리체제 정립 - 상설화된 전문적 전담조직 구축 - 지식경영을 위한 가치관 및 조직문화 정착 - 전체 조직적 지식 가치 평가 - 작업에 의한 조직 지식 체계화 추진	- 지식공유 장려 및 보상제도 실시 - 지식의 가치를 평가하여 인사고과에 반영 - 아이디어 등록(인센티브)과 사내 특허 제도 병행 - 평가시스템을 도입하여 연봉제와 연계
실패 조직	- 인트라넷에 의한 비정형 정보 공유 수준 - 약관, 사규, 간행물 등	- 지식공유 프로세스 및 활용환경 미비 - 일시적 필요성에 의한 정보등록 - 지식관리체제 미정립	- 지식경영 도입을 위한 경영진의 의지 미약 - 구체적 추진 방향 설정 미흡	- 지식관리 전담조직 및 가치인식 부재 - 정보의 가치인식과 공유문화 미구축 - 지식경영 도입의 중요요소인 실수를 인정하는 기업문화 없음	- 지식공유 활성화를 위한 평가보상 체제 없음

– 자료: 이장균(1999)과 21세기 지식경영연구소(2000) 재구성.

산을 목적으로 우수사례와 사내전문가를 발굴하는 경연대회 개최, 사내 지식전문가 임명 등도 활용되고, 인사상 혜택이나 포상제도가 연계되어 실시되고 있다. 반면에 실패조직은 전담조직 부재, 암묵지 공유 실패, 인프라만 구축하고 성공하기를 기대하거나, 결과측정의 어려움, 평가보상체계의 미비 등에서 기인하는 것으로 드러났다(21세기 지식경영연구소, 2000).

2 지식정부의 운영시스템 평가

행정정보화로 효율적 행정서비스를 제공하려는 데서 출발한 전자정부는 개념에서 알 수 있듯 정부의 디지털화, 네트워크화 등 기술적 측면이 중시된다. 즉 "정보기술을 활용하여 행정활동의 모든 과정을 혁신함으로써 정부의 고객인 국민과 기업에게 제공하는 각종 서비스와 정보를 손쉽게 이용할 수 있도록 하고, 행정 및 정책 활동의 생산성을 향상시켜 한반도의 지식정보화를 선도할 수 있는 정부로 재창출"하는 것으로 정의되었다(문신용, 1997; 행정자치부, 1999). 그렇다면 전자정부 구현으로 문제해결과 가치창출 능력이 담보될 수 있을까? 전자정부는 정보기술 활용에 의해 행정절차와 구조를 변화시킬 수 있을지언정 행정의 형질 자체를 근본적으로 변화시킬 수 없다고 판단된다. 달리 전자정부가 최선의 상태가 아님을 의미한다. 왜냐하면 전자정부는 정보화 과정에서 행정의 정보활동을 지원하기 위해 생성되었기 때문이며, 행정서비스 기능의 지원수단으로서 행정정보시스템(PMIS)이 구축, 활용되고 있다.

아직까지 그 성과에 대해 객관적 지표에 의한 분석이 미흡하지만 통합단계에 이르지 못한 것으로 평가된다(행정자치부, 1999). 여기서 더 나아가 지식을 활용한 창조적 혁신활동을 통해 국가역량과 경쟁력 제고 및 국민만족도 극대화를 위한 지식정부가 주창되기에 이르렀다(기획예산처, 1999). 이는 그동안 '행정정보시스템'이라는 용어에 사고의 제약을 받아 행정지식관리시스템에 대한 인식은 저조했지만, 그 필요성은 이미 행정현상에 투영되고 있음을 반증한다.[20] 여기서 행정지식관리시스템을 행정정보

20 철도청, 기획예산처에 이어 행정자치부도 지식관리시스템구축기본계획을 수립하고 전 부처에 통보했으며, 시범사업을 거쳐 2001년 당시 정부표준 지식관리시스템을 구축해 중앙부처에 보급하고 2002년에 지자체에 확산시켰다.

시스템의 발전적 형태로 이해하되 단순히 기술인프라에서 벗어나 인간적 요소에 의한 세련된 관리 양상으로 이해할 수 있다. 이런 맥락에서 지식정부는 전자정부의 발전적 진화선상에서 그려질 수 있으며, 지식사회에 부합되는 정부 모습으로 상정할 수 있다(한세억, 2000).[21]

행정정보시스템의 가능성과 낙관적인 기대에도 불구하고 실제 경험적 현상에서 드러난 문제점과 한계로 인해 실패가 드러났다(Rocheleaur, 1998; Lyytien and Hirschheim, 1987).[22] 심지어 정보 자체는 의미와 가치를 지니지 못한다는 점에서 행정정보시스템에 대한 새로운 검토가 요구된다(Sveiby, 1998). 왜냐하면 행정전산화 또는 정보화가 가능한 것은 과거에 획득한 특정 정보에 지나지 않기 때문이다(Winograd and Flores, 1987). 그리고 조직 내 각 개인이 축적하고 있는 각종 유무형의 정보나 지식에 대한 체계적 관리와 상호 공유를 통한 새로운 부가가치 창출이 어렵다. 이에 따라 복잡한 문제 상황의 해결이나 새로운 가치창출에 무기력하다.

지금까지 행정정보시스템은 조직 내 정형화된 정보를 관리하였는데, 행정조직 각 부문의 수치자료를 저장·관리하는 것이 그 역할이었으며, 실질적 판단과 결정은 공무원에 의해 이루어졌다. 그렇기에 공무원이 떠나면 지식자원도 함께 없어져서 조직의 지적자원이 소실될 수밖에 없다.[23] 이런 이유에서 지식관리시스템이 행정정보시스템의 대안적 수단으로 제기된다. 즉 공무원의 지적자산을 행정조직 내에 축적, 활용하려는 것이 기본 발상이다. 여기서 지적자산은 정보와 달리 인간의 인식이나 자각에 의존하기에 인간적 특성이 반영된다. 즉 행정정보시스템상의 정보와 달리 개인 및 집합적 능력, 정보시스템에 용해된 지식요소가 강조된다(Skyrme, 1998). 게다가 공무원이 보유한 지식은 비정형적 형태로 존재한다. 즉 공무원은 문서 또는 비문서형태로 지식을 보유하면서, 업무상 의사교환과 판단활동을 한다. 이에 지식관리시스템은 비정형적 데이터를 축적, 관리하여 조직 내 지적자산으로 활용하는 것이다.

21 기획예산처(1999)는 지식정부의 모습으로 ①체계적 지식관리자, ②혁신촉진자, ③제도구축자, ④전략적 조정자, ⑤고객감동의 서비스공급자를 상정하고 있다.

22 Rocheleaur(1998)은 실패 원인으로 구매과정 지체, 복잡한 개발과정, 부적절한 교육, 정보과잉, 자료빈약, 정보공유 장애, 부적절한 정산, 관리미흡 등을 지적하였다.

23 이 같은 사실은 행정조직 내의 문서와 정보의 허술한 관리실태를 보여주는 것으로 공무원 면접과정(조직진단 및 컨설팅)에서 확인되었다. 실제로 통치사료관리, 정부기록보존소 운영 및 청문제도의 비효율성에서 단적으로 드러났다.

여기서 정성적 특질의 지적자본을 어떻게 계량화하느냐가 관건이지만 지식경영과 행정의 성공사례에서 확인할 수 있듯이 지식관리시스템상에는 지적자본의 움직임을 구현할 수 있고, 계량화된 가치측정 결과를 획득할 수 있게 되었다. 이로써 행정에서도 지적자산의 평가, 측정 및 관리가 가능하게 되었다. 다만 지적자산의 가치가 일회적 측정으로 끝나지 않고 가치관리, 즉 누락, 분실, 도난, 소멸되지 않도록 행정지식관리시스템이 요구된다. 앞서 사례분석에서 보았듯이 행정지식관리시스템을 단지 시스템적인 측면만 생각하여 도입할 경우 정보나 지식을 이용하기 쉽게 만든 솔루션에서 벗어나지 못할 것이다. 또한 미국정부와 기업에서 보듯 지식관리시스템의 구축이 상향적이라는 점에서 하향적 방식의 획일적 양상을 드러내는 한국에 시사점이 크다. 즉 각 부서의 실정에 부합하도록 지식관리시스템을 구축하되 동시에 부서 간 지식의 공유를 통해 필요한 부분이 서로 조화롭게 보완되도록 해야 한다. 하지만 지식관리시스템의 도입, 운영과정에서 성공보다 실패가 더욱 많은 것이 현실이다.

3 행정지식관리시스템의 구현: 실천과 한계

1) 행정지식관리시스템의 가능성

지식관리시스템의 가치는 기존 정보관리시스템의 한계와 문제점을 보완 또는 개선하는 데서 나타나며, 행정업무 수행 및 조직운영에 지식관리방법론과 적용기술을 적용, 개선함을 통해 구체화된다. 더구나 조직지식을 정보, 상황인식(context), 경험으로 규정할 때(Harris, 1996) 지식관리시스템은 기존 정보관리시스템에 주관이 가미된 해석과 의견을 포함하여 활용도를 극대화하는 데 목표를 둔다. 이런 점에서 지식관리시스템은 기초가 되는 기존 정보관리시스템과 연계하여 구축될 수밖에 없다.

앞서 보았듯이 행정지식관리시스템은 행정조직 구성원이 얻은 경험, 노하우를 공유해 정보의 가치를 지식형태로 재생산하는 시스템이다. 조직 내 각 개인이 축적하고 있는 각종 유무형의 지식을 체계적으로 관리하고 상호 공유함으로써 새로운 부가가치를 창조할 수 있다. 이처럼 지식관리시스템은 지식관리의 고도화에 대한 요구와 신규

개발된 정보기술에 의해 변화 양상을 보여준다. 이 가운데 지식관리시스템에 필요한 요소 기술로서 인터넷/웹 기술 발달과 함께 다양한 방법론의 분기는 지속적인 발전 가능성을 내포한다.

2) 행정지식관리시스템의 조건과 구현 방안

행정지식관리시스템의 실현과정에서 고려되는 조건적 맥락을 크게 다섯 가지로 구분할 수 있다. 〈그림 3-6〉에서 보듯이 인적, 조직적, 문화적, 기술적 및 프로세스 요소로 이루어진다. 세부 실천방안으로서 사람, 조직, 환경, 기술적 측면에서 요구되는 사항을 제시한다.[24]

(1) 지식관리와 활용조직

조직 환경이 지식화되면서 지식활동의 관점에서 조직이 재조명되어야 한다. 즉 수직적 계층조직에서 인간중심의 협조적이며 수평적 네트워크조직으로의 전환이 강조된다.[25] 왜냐하면 수평적 조직구조가 지식 증가와 공유에 기여하는 것으로 드러났기 때문이다(Olson and Bly, 1991:211-228).

특히, 지식관리시스템이 운영되기 위해서 행정조직(부처 내)의 각 부분이 연쇄적으로 반응해야 한다. 그리고 조직 자체가 끊임없이 지식을 축적, 활용하도록 학습조직으로 전환되어야 한다. 달리 말해 앞서 E사의 LUTI시스템에서 보듯이 기능적으로 조직구성원 간 지식생성활동과 지식공유활동이 끊임없이 이루어지는 조직이어야 한다. 아울러 지적자산의 평가, 측정은 물론 지속적 관리가 필요하다. 이런 바탕에서 공무원과 행정조직 전체가 지식의 상호순환프로세스로 연결되어 지식창조와 유통, 재창조되도록 한다. 이 외에도 지식관리시스템의 관리체제로서 지식관리조직과 기구를 형성하되 지식관리시스템과 정보환경 및 조직성원 간 유기성, 적응성, 감응성이 확보·유지되도록 한다.

24 지식관리시스템이 행정에 적용, 확산, 활용되기 위해 고려해야 할 변수를 Huse and Bowditch(1977)와 Caiden(1978), Robbins(1983)와 Alavi(1997)의 견해를 종합하였다. 아울러 사례분석으로 얻은 시사점을 재음미하여 실천방안으로 제시하였다.

25 Welch(1989) 회장은 관료제의 콜레스테롤 제거를 위해 조직을 계층해체화하여 수평적 네트워크조직으로 개편하면서 인간의 창조성을 억압했던 '모든 제동기, 밸브, 조절판을 제거했다'고 하였다.

〈그림 3-6〉 행정지식관리시스템의 조건

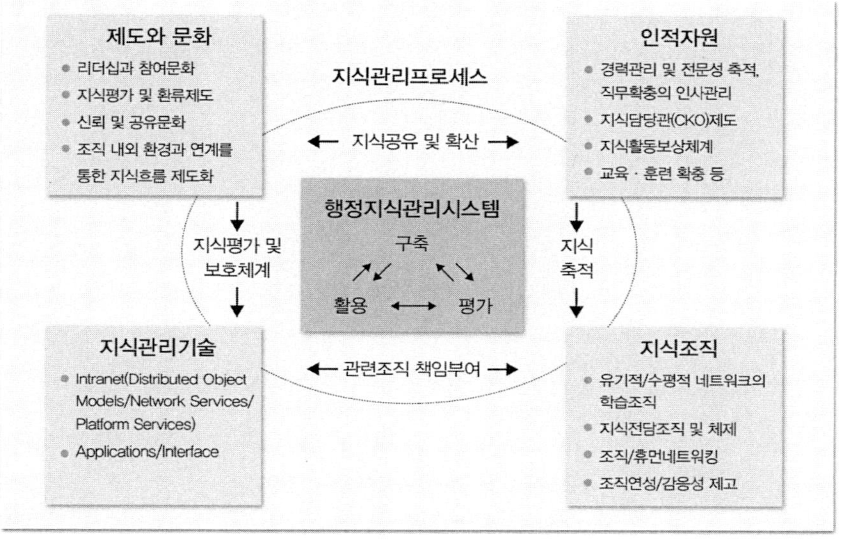

(2) 행정제도 및 문화

행정지식관리시스템 운영과정에서 최고관리층의 관심과 지원 그리고 조직원 능동적 참여문화가 활성화되어야 한다. 전문성을 지닌 'Knowledge Worker(지식 활용을 극대화하는 근로자)'의 적극적 참여를 보장하기 위해 시스템운영에서 동등한 참여기회가 제공돼야 한다(Nosek, 1998). 앞선 사례분석에서 E사와 철도청은 최고관리층의 관심과 의지, 조직구성원의 자발적 참여가 강하게 드러났다. 이는 제도 도입과 시행을 촉진하며, 조직분위기에 영향을 미치면서 참여적이며 협력적이고 창의적 조직문화의 형성에 기여한 것으로 판단된다.[26] 특히, 분산된 조직 내 노하우를 공유하고 조직의 상식 수준으로 향상시키기 위해 독점적 소유의식이 제거되어야 한다. 뿐만 아니라 조직성원의 시야와 역량을 넓혀줄 수 있는 공무원의 가치를 인정하여 지식전달과 공유가 촉진되도록 한다. 이를 위한 제도적 장치로서 지식마일리지제도를 도입하고, 개인과 부서별 지식창고에 지식등록 건수 및 지식의 질을 평가하여 누적적으로 관리되도록 하되,

26 E사의 CKO인 J상무는 "자율과 긴장감의 효과적인 조율 속에 창의력을 최대한 발휘할 근무 여건 마련이 바로 E사의 지식경영"이라고 강조한다.

객관적 평가기준에서 마련된 지수와 지표를 통해 환류(Feedback)되도록 한다(Gates, 1975). 아울러 상호신뢰의 협력문화를 형성하여 지식관리시스템에 기여가 당연한 것으로 정착시키고, 이 시스템에 공무원 경험과 지식은 물론 감정과 희망까지 스며들어 인간적 특성이 반영된 일하기 좋은 소통적 공간이 되도록 한다(Infante, 1989:104).

(3) 인적자원

행정지식(administration knowledge)은 공무원이 다양한 문제를 해결하는 경험과정에서 생성된다. 그러므로 지식관리시스템운영에서 실무경력이나 숙련 정도에 의한 전문성 확보와 측정이 필요하다(Kearney and Sinha, 1988). 그리고 행정지식이 체계적으로 저장·공유·검증되도록 기록습관화와 지식중심의 인적 네트워크를 구축하며, 직무를 통한 전문성 축적 및 인력손실 방지를 위한 인력관리가 병행되어야 한다. 전략적 가치를 지니는 행정지식은 비구조적이고 오랜 시간을 거쳐 창출되므로 공무원에게 지속적으로 학습과 전문화 교육을 실시해야 하며, 행정변화 관리와 연계하여 인적자원 개발을 위한 맞춤형 교육이 요구된다. 아울러 E사에서 보듯이 지식관리시스템의 가치를 제고하기 위한 공무원의 지식활동과 공유의 활성화 수단으로서 인적자원관리의 핵심으로 인식되는(Moore, 1985:170-177) 지식활동 보상체계가 확립되어야 한다.[27]

(4) 정보기술

행정과정에 사용되는 지식으로서 기술은 그동안 새로운 환경에 대응해야 하는 행정조직에 적합한 수단으로 작용했듯이(Perrow, 1991), 지식사회에서 정보기술은 지식정부 활동과 밀접하게 관련된다. 즉 정보기술 활용으로 공무원의 지식창출·공유·활용은 물론 개인과 조직지식 간 연결을 위한 지식공유기반의 구축이 가능해지고 있다(O'Leary, 1998). 그렇기에 지식행정의 활동과정에서 정보기술의 활용 증가는 불가피하다.[28] 왜냐하면 지식관리시스템에서 처리되어야 할 행정지식, 정보량, 프로세스가 방

27 이를테면 E사처럼 직원마다 지식이력서를 작성하고 개인의 지식 정도에 따른 지식심사로 승진심사를 대체할 만큼 지식보상체계가 요구된다.

28 행정지식관리시스템을 가능하게 하는 정보기술요소는 ①정보 및 사례처리능력 제공(인공신경망, 데이터마이닝), ②정보 및 지식원천 제공(외부DB, 인터넷, 데이터웨어하우스 등), ③매체, 미디어수용 및 동시사용(동영상, 이미지, 음성, 문자 등), ④통신채널 제공 및 지식교류 효율성 제고(화상회의, 원격교육, 그룹웨어), ⑤지식저장 및 조회를 통한 재활용성 제고(지식

대하기에 정보기술을 활용한 시스템화가 전제되어야 한다. 이 가운데 웹기반의 정보검색시스템이 행정조직 내 축적된 지식을 조직 전체가 공유하게 해준다는 점에서 최선의 도구가 된다. 예컨대 통합문서관리시스템의 경우 지식관리시스템의 중요 부분을 구성한다. 다만 지식관리시스템 구축과 운영과정의 핵심요소인 정보기술의 경우 조직전략, 행정프로세스 및 성과개선, 인간중심적 시스템설계 연계를 중시하는 시각에서 관리될 필요가 있다(Bensaou and Earl, 1998).

3) 행정지식관리스템의 한계

지식관리시스템의 현상은 물론 논의도 아직 초기단계이다. 더구나 그동안 공급해 온 지식관리시스템의 솔루션이 너무 개념적이어서 실제 적용에 어려움을 겪었다. 또한 지식경영과 달리 지식행정 구현 과정에서 부딪치는 문제로서 아직도 행정조직에서 지식과 정보, 지식과 데이터, 지식과 문서를 개념적으로 명확히 구분하지 못한 채 혼용되고 있다는 점을 들 수 있다. 이럴 경우 자칫 검증되지 못한 개인의 아이디어나 의견 또는 단순 자료가 지식베이스에 대량으로 입력될 것이고, 정보와 자료를 구분하지 못해 경험했던 정보화 초기의 시행착오가 되풀이될 수 있다. 앞서 사례분석에서 경험했듯 지식경영과 행정의 구현 과정에서 지식친화적 조직문화 형성, 지식요구분석 및 지식관리프로세스 정립이 지식관리시스템 구축과 균형적으로 진행되어야 한다.

행정지식관리시스템 구축 과정에서 행정정보시스템과 관련하여 다음과 같은 몇 가지 의문이 제기될 수 있다.

첫째, 중복성 문제로서 지식관리시스템이 인터넷, 이메일 시스템으로 구축된 행정정보시스템과의 차별성이 없다면, 부분적으로 이미 구축된 시스템의 경우 중복투자로 인식될 수 있다. 즉 표현만 다른 정보시스템이 아닌가 하는 의문이 제기되거나 그렇지 않을 경우에도 지식관리시스템에 대한 확신이 약할 것이다.

둘째, 적용 가능성과 관련하여 성격이나 환경이 상이한 환경에서 실천 가능성과 과연 어떠한 의미를 지닐 것인가에 대한 의문이다. 지식자원 형태는 조직마다 다양하게

리퍼지토리, 지식맵, 검색시스템), ⑥시간 및 공간적 차원을 초월한 지식베이스에의 접근성 보장(인터넷, 인트라넷), ⑦정책분석 및 의사결정 도구와 결합(의사결정지원시스템, 전문가시스템 등), ⑧분산된 지식자원 통합(전자문서관리, 워크플로관리), ⑨지식의 표현도구(규칙베이스, 프레임베이스, 하이퍼텍스트, 분산객체) 등이 있다.

존재하며 공유의 조직문화가 형성되어야 지식관리시스템이 근착할 수 있다. 그러므로 앞서 살펴본 성공사례가 여타의 행정조직에 그대로 이어질지 의문이다.

셋째, 특정 도구의 지원 여부 문제로서 지식관리시스템의 등장은 신기술의 발달과 영향이 크다. 즉 사용편이성을 높여 정보제공자와 사용자가 쉽게 시스템을 이용하도록 상용화된 시스템 구축 도구의 역할을 무시할 수 없다. 다만 이 경우 구축 도구의 일부가 행정환경에서 얼마나 지원될까 하는 문제가 제기될 수 있다.

CHAPTER 04

지능적 전자정부의 조직설계

"모든 정보는 디지털로 유통된다. 사이버공간에서는 정보의 흐름을 얼마나 극대화하느냐가 관건이다."

-빌 게이츠-

문제의식과 초점

전자정부를 지탱하는 조직은 어떻게 설계, 실행해야 할까? 정보기술의 발달과 함께 나타난 사회변혁의 인자로서 사이버충격은 시간·공간·인간적 능력을 초월하여 근원적 탈바꿈을 야기하면서 현재와 미래 조직사회의 운명을 좌우하는 요소가 된다. 조직구조의 사슬이 파괴되면서 무경계조직이 출현하고, 구조적 계층제가 아닌 수평적 네트워크조직이 도래할 것이라는 예측이 현실로 드러났다. 이런 의미에서 관료제 조직은 가능성이나 건전성 측면에서 모두 한계에 다다랐고, 지식·정보화 흐름을 맞이하면서 새로운 전환 또는 개선의 필요성을 제기한다. 이는 보이지 않는 정부(invisible government) 구현을 위한 필요조건이 된다.

이 장에서는 기존 조직론을 뛰어넘는 새로운 개념을 제시하기보다 혼동된 논의에 일정한 틀을 제공하여 조직연구에 관한 새로운 패러다임 가능성의 제시에 목적이 있다. 이를 위해, 첫째 지식사회로의 이행과정에서 드러난 조직변화 양상을 고찰하였다. 둘째, 정보기술 확산과 적용 및 지식관리 발달로 인해 급변하는 조직 환경에서 바람직한 조직형태로서 지식조직모형을 상정하였다. 이 모형은 관료제 계층조직에 프로젝트 조직을 접목, 변화시키려는 진화가능성의 맥락에서 제시되었다. 셋째, 지식조직 모형의 정교화 및 실천적 논의가 지속되어야 한다는 전제를 바탕으로 지식조직의 가능성과 실천방안을 조직구조, 문화, 정치, 환경의 네 가지 측면에서 모색하였다.

제1절
환경변화와 조직변동

1 관료제조직의 한계

조직은 목표달성을 위한 유기체이다. 유기체는 생존을 위해 환경변화에 적응한다. 그렇지 않으면 도태되기 때문이다. 조직현상에서 기업조직은 이미 환경변화에 민감하게 반응하여 혁신적 변화를 통해 생존능력을 갖추고 있다. 반면에 행정조직은 대조적 양상을 보여준다. 환경변화에 아랑곳하지 않고 끈질긴 생명력을 유지하고 있다. 과연 생존능력과 핵심역량이 강한 때문일까? 행정조직의 독점성, 공공성, 정치성 등이 변화를 초월하는 행정조직의 논거로 작용해 온 것으로 생각된다. 하지만 상황이 바뀌고 환경변화가 격동적 양상을 보여주면서 행정조직도 달라지지 않으면 안 될 상황에 처하고 있다.

지금까지 행정조직은 산업사회에 적합했던 조직이념과 원리를 바탕으로 설계된 관료제 형태를 유지하고 있다. 그러나 조직환경이 변화하면서 관료제의 한계와 모순이 드러나고 있다. 이를테면 공직부패, 혁신인센티브 부재, 행정조직의 비효율성, 무사안일주의, 비밀주의와 할거주의, 이익집단의 포획에 의한 정치적 불평등 문제에 무기력함에 따른 정부실패(Wolf, 1988:62~87; Weimer and Vining, 1991:193; Stiglitz et. al., 2000)로 인해 정부불신의 위기를 겪고 있다(Nye, 1998).

이른바 산업사회 이후의 사회가 도래하면서 정부이념형도 전자정부라든가 지식정부가 제시되고 정부의 형질 자체를 바꾸어 가고 있다. 탈산업사회의 조직모형으로 탈관료제나 반 관료제모형이 운위된 지 이미 오래다. 이를테면 적응적·유기적 구조, 변증법적 조직(dialectical organization), 연합적 이념형(consolidated ideal type) 등이 주장되었다(Bennis, 1966:177; White, 1969:35; Kirkhart, 1971:158-164). 이제 산업사회를 벗어나 지식사회에 부합한 이념과 원칙이 새롭게 요구된다.

세계은행은 지식이야말로 21세기 경제성장의 원동력임을 강조하고 국가 차원에서 지식창출과 활용, 확산의 장려를 권고한 바 있다.[1] 경제협력기구(OECD)는 지식기반경제에 관한 보고서 발표 이후 선진국 경제가 점차 지식을 원동력으로 성장하는 추세를 보이므로 관련 쟁점으로 다루어야 할 것을 제안하였다.[2] 지식중심사회로 이행과정에서 기업조직의 축소와 전환움직임은 주목할 만하다. 가령 지식기반경제에서는 연구개발(R&D)을 통한 상품개발에서 생산, 마케팅, 애프터서비스 등에 이르기까지 일련의 과정에서 단계마다 정보의 흐름을 원활하게 만드는 일이 중요해졌다. 이는 조직규모를 축소해야 하는 원인으로 작용하는 듯하다. 이런 상황에서 서비스를 창출하고 경쟁력이 강조되는 공공조직도 예외가 될 수 없다. 더욱이 정부활동의 목표가 시민 서비스 향상이라는 가치창출(value creation)이라고 할 때 단순히 노동과 자본이라는 전통적 생산요소에 의존할 수 없다.

1990년대의 세계화와 개방화가 정보기술의 획기적 발전을 타고 노동과 자본의 장벽을 허물고 있으며 정보기술이 노동과 자본의 한계를 극복하는 요인으로 작용하면서 기존 조직을 지식집약 구조로 탈바꿈시키고 있다. 이른바 지능적 조직으로 전환을 위해 기존 구조와 기능이 바뀌어야 한다. 급변하는 환경에서 살아남기 위해서는 기존 관료주의나 피라미드형처럼 계층이 많은 조직으로는 정보전달이나 의사결정이 늦어서 지탱할 수 없기 때문이다.

이제 변화의 항상성이 사물의 자연적 질서로 자리 잡고 있기에 경쟁적 노력이 지속되지 않는 지식이 결여된 조직은 오래갈 수 없다. 더군다나 행정조직이 지식사회를 설계, 유도하기 위해서는 스스로 변화와 실천적 개선노력을 병행하여야 한다. 그렇지만 정작 행정기능이나 정책과정에서 드리운 부정적 징후는 행정에 대한 기대보다 우

1 세계은행(1998)은 「1998/99 World Development Report-Knowledge for Development」에서 "지식을 최대한 활용하는 정책을 채택한다면 정부는 국민 삶의 질을 획기적으로 개선할 수 있을 것"이라고 강조한 바 있다.

2 OECD(1997)는 「Industrial Competitiveness in the Knowledge-based Economy」에서 지식산업육성, 고용창출, 연구개발 및 과학시스템 정비, 국제표준의 지식지표 개발 등을 예시하고 있다.

려를 자아낸다. 즉 국민이나 기업 그리고 사회현상에서 드러난 문제를 해결하기보다는 오히려 악화시키지 않을지 하는 부정적 인상을 지울 수 없다.

2 지식사회의 조직모형

정보기술의 발달과 함께 나타난 사회변혁의 인자로서 사이버충격은 시간·공간·인간적 능력을 초월하고 근원적 탈바꿈을 야기하면서 현재 및 미래 조직사회의 운명을 좌우하는 요소가 된다. 조직구조 사슬이 파괴되면서 무경계조직이 출현하고, 구조적 계층제가 아닌 수평적 네트워크조직이 도래할 것이라는 예측이 현실로 드러났다(Naisbitt, 1984). 이런 의미에서 관료제 조직은 가능성이나 건전성 측면에서 모두 한계에 다다랐고(Goldman et. al., 1995; Tapscott & Caston, 1996), 지식·정보화의 흐름을 맞이하면서 새로운 전환 또는 개선의 필요성을 제기한다.

지식사회로 이행과정에서 조직모습은 어떻게 변화할 것인가? 지식사회에 관하여 전문가들이 공유하는 특징은 지식·정보가 주된 생산요소가 된다는 사실이다. 이에 조직도 지능적이며 창조적이어야 한다는 소리를 높인다(Pinchot and Pinchot, 1993; Toffler, 1990). 즉 조직 전체로서 집합적 지능수준이 높아야 함을 의미한다. 달리 지식의 변화속도가 빠른 상태에서 조직 자체가 지식집약적이고, 조직성원의 지식능력, 높은 지식수준을 갖춘 변형가능(reconfigurable) 조직을 시사한다. 조직이 그 자신을 변형시키는 것은 조직구조, 조직문화, 조직성원, 조직역량에 따라 달라질 수 있다. 그래서 '카멜레온조직, 원형조직, Modular조직, 아메바형조직, 몬드라곤모델, 인터네트워크조직, 스파게티조직' 등 다원화된 조직모형이 만개하고 있다. 이러한 조직은 변화에 민첩하며 융통성 있는 연성적 조직구조의 성격을 함축한다. 아울러 조직이론과 이상적 조직구조가 단 하나밖에 없다는 신념을 약화시킨다.

사회가 지식경제시대로 이행하고, 지적자산의 역할이 강조되면서 지식이 중요한 자원으로 인식된다(Drucker, 1992). 지식사회에서 경쟁력과 생산성을 높이는 결정적 요소가 지식으로 집약되기 때문이다. 이는 개인, 조직, 국가가 지식을 얼마나 많이 창출, 활용하느냐에 따라 명운이 결정된다는 견해(World Bank 1997; OECD, 1998)에 의해 뒷받침된다. 이런 추세를 인식하여 이미 기업조직은 지식경영을 통해 새로운 조직형태를 탐색 중이다. 이를테면 지식창조기업이라든가 지적자본기업이 되기 위해 부심하고 있다(Nonaka, 1995). 이런 사실은 장차 지식경제시대에서 지식기업과 개인에게 서비스를 제공하고, 바람직한 지식사회를 설계하려는 정부에 새로운 압력으로 작용할 것임에 틀림없다. 이에 부응하여 각국 정부는 지식국가로 변신을 위해 노력하고 있다.[3] 그동안 정부는 정부조직 개편을 통해 지식정보시대 대응을 모색하였지만 결과는 상이하게 드러났다[4]는 점에서 회의감을 떨쳐버릴 수 없다.

3 지식과 조직지능

조직이론은 사회로부터 기능적 필요에 대응하여 진화과정을 겪어왔다. 이는 특정 형태의 사회적 상호작용에 고유한 기능적 불가피성에 상응하여 학문이 발전한다는 가정과 연관됨을 의미한다. 즉 사회체계의 광범한 진화는 기능적 필요에 부합되는 사회적 지식의 유형을 수반하며, 사회적 진화단계에 기능적으로 적절하게 연구 성격이 결정될 수 있음을 시사한다(Coleman, 1986:1309-1335).

1) 지식의 개념과 유형

지식에 대한 관심과 탐구는 고대 그리스의 플라톤과 아리스토텔레스 이후 데카르트(René Descartes)를 거쳐 칸트(Immanuel Kant)와 헤겔(Georg Wilhelm Friedrich Hegel)에 이르기까지 인식론(epistemology)의 줄기를 형성하였다. 인식론은 지식이론과 함께

3 미국(Government Information System), 영국(Our Competitive Future: Building the Knowledge driven Economy), 캐나다(FARNET), 중국(지식경제와 중국의 근대화) 등 세계 각국에서는 지식국가 비전이 추진되면서 지식사회에 부합하는 지식정부 및 지식기업으로의 탈바꿈 노력을 경주하고 있다. 이 과정에서 기업 및 조직구조의 유연성이 한층 강조된다.

4 21세기 지식·정보사회에 대비한 정부운영 및 조직개편이라는 취지에서 지식창조형 행정체제 구축과 인력개발, 정보통신 등을 지식집약적으로 재설계하려고 시도되었다(경영진단조정위원회, 1999). 그러나 정부안 확정 과정에서 고비용 저효율의 조직개편 등으로 인식되면서 정부조직개혁의 한계를 드러냈다(조선일보, 1999년3월24일).

〈표 4-1〉 지식의 개념정의

연 구 자	개 념 정 의
Nonaka & Takeuchi(1995)	지식은 정당화된 진실의 체험과 믿음에 의해 획득된 스킬
Wigg(1995)	지식은 진실, 믿음, 전망, 개념, 판단, 기대, 방법, 노하우 등으로 이루어진 것으로 특정 상황과 문제해결에 적용하기 위해 축적, 구성, 통합되어 오랜 기간 보유하고 있는 것.
Heibeler(1996)	조직지는 조직시스템을 구성하는 개인의 이동과 관계없이 조직이 보유한 것으로 사용하거나 행동에 옮길 수 있는 의미 있는 정보
Davenport et. al(1998)	지식은 경험, 상황(context), 판단, 사상과 결합된 정보
Leonard & Sensiper(1998)	지식은 당면한 문제와 연관되고 즉시 활용될 수 있는 정보로 경험에 준거한 것

공동체에서 진리의 정당화를 위한 의사결정과정으로 볼 수 있다는 점에서 조직론과 긴밀하게 관련된다. 즉 인식론과 조직은 분리된 것처럼 보이지만, 논리적으로 동시에 생성한 것으로 이해된다. 인식론에 토대를 둔 의사결정과 함께 다른 방식으로 조직이 결정된 것으로 이해된다(Thayer, 1980).

앞서 보았듯이 정보처리와 지식이 조직에서 생성·활용되고, 의미와 가치가 증대하면서 조직 자체의 형질을 변화시키는 듯하다. 특히 1990년대 초반 리엔지니어링의 대안적 조직관리 패러다임으로 조직학습 또는 학습조직이 부각되면서 조직지식과 조직기억을 통한 학습이 중시되고, 조직을 환경변화에 적응하는 살아있는 조직지식의 개념으로 이해하면서 지식의 중요성이 역설되었다(Stata, 1989; Senge, 1990). 이렇듯 이론적 진화와 분기 과정에서 지식의 중요성이 강조되고, 경험적 현상에서 개인, 조직, 국가 차원에서 지식창출 노력이 경주되었다(Thurrow, 1999).

이러한 지식의 개념에 대해 〈표 4-1〉 외에도 수많은 정의가 내려졌지만 일반적 형태로 정의하면, 첫째 지식은 개인 또는 조직의 사고와 경험을 통해 갖게 되는 개념이고, 둘째 지식에 특정 입장, 견해, 의도를 반영하며, 셋째 정보와 달리 행위와 연결된다는 점이다. 이 가운데 자주 언급되는 구분과 정의로 형식적 지식과 암묵적 지식을 들 수 있다(Polanyi, 1962).[5] 형식적 지식은 언어로 명료화되어 전달될 수 있는 지식을

5 Polanyi의 구분은 James(1950)의 지식유형('knowledge about'과 'knowledge of acquaintance')을 준거로 하였는데, 이는

의미하고 이는 공식적 지식이라고 할 수 있다.

반면 암묵적 지식은 언어로 설명할 수 없이 전적으로 개인의 경험이나 잠재적 능력에서 비롯되는 지식으로 개인의 신념, 가치관 등을 포함하며, 비공식적 지식으로 불린다. 지식사회에서 지식은 조직의 무형자산이자 지적자본을 의미한다. 조직지식과 지적자본은 조직의 의사결정과 조직 활동에 유용하게 활용될 수 있는 개인이나 조직에 체화된 사실, 기술, 노하우, 유형, 제도 등을 의미한다. 이러한 지식의 유형과 관련하여 OECD(1997)는 특정 사실을 이해하고 아는 사실적 지식(Know-what), 인간정신과 행동 및 사회변화의 법칙과 원리를 아는 논리적 지식(Know-why), 어떤 것을 할 수 있는 능력과 기술을 의미하는 노하우(Know-how), 누가 무엇을 알고 있으며 어떻게 하고 있는지를 아는 노후(Know-who) 등 네 가지 유형으로 구분한다. 또한 Nonaka(1995)는 앞서 구분된 형식지와 암묵지는 지식변환과정을 거쳐 조직 내에서 유통된다고 보면서 지식창조과정을 나선형 프로세스로 설명한다. 즉 두 종류의 지식이 공동화(암묵지→암묵지), 표출화(암묵지→형식지), 연결화(형식지→형식지), 내면화(형식지→암묵지)라는 변환과정을 거쳐 지식이 창출된다는 것이다. 이런 과정은 복합 상승작용으로 나타나며, 동태적으로 지속된다고 설명한다. 하지만 Nonaka모형은 다양한 지식유형이 어떻게 상호작용하며, 조직지식창출 및 활용과정에서 얼마나 유용한지에 관한 설명력이 약하다.

2) 조직상 정보·지식관리의 의미

행정기능이 가치배분에서 가치창출로 전환되면서 가치창출의 기반으로서 지식관리가 중시된다. 지식관리는 조직의 지적자산을 조직화, 확대, 활용하여 조직능력에 연결시키려는 행정활동이다. 앞서 보았듯이 조직의 경쟁적 우위확보를 위한 핵심요소로 지식은 전략적 관리패러다임의 중심원리를 이룬다. 행정조직에서도 지식은 의미 있는 자원으로서 응용범주가 다양한데 행정수준의 지식은 발전전략과 정책 및 제도에 응축되어 표출된다. 더욱 구체적으로 상황분석, 문제해결, 평가, 결정, 계획, 협상, 조직화, 운영 등의 측면에서 스킬로서 구성원에 체화된다(Kerrigan and Hinton, 1979). 이처럼

Nelson and Winter(1982)의 기업조직의 진화론에 소개되었다. 이러한 개념을 바탕으로 Nonaka and Takeuchi(1995)는 조직상 지식창출과정으로서 'SECI모델'을 제시하였다.

조직에 스며든 지식은 행정서비스, 정책설계, 행정수요의 이해, 조직혁신 등 보이지 않는 지식자원으로 다루어지면서 행정가치를 결정한다.

지식은 정보와 달리 목적을 가진 행위와 관련되기에 지식창출 주체는 개인이며, 조직만으로 지식이 창출될 수 없다. 그래서 조직은 창조성이 풍부한 개인을 도와 지식창출의 필요 여건을 조성해야 한다. 조직적 지식창출은 개인이 창출하는 지식을 증폭시키고, 지식네트워크에 의해 결정화(結晶化)되기 때문이다. 이런 현상은 상호작용적 조직구성원의 집단에서 일어나며, 조직의 수평·수직적 계층, 나아가 조직 간 경계를 넘어 확장된다. 조직은 외부환경에 대응한 변화와 발전을 감지하기 위해 지식을 활용한다.

조직학습을 통해 새로운 지식을 창출하기 위한 지식흐름과정에서 지식, 정보를 이용하기도 한다. 나아가 중요한 결정을 위해 지식, 정보를 찾거나 평가하는 경우 지식이 활용되면서 의미를 갖는다(Choo, 1998). 뿐만 아니라 지식은 혁신에 초점을 두며, 공헌 자체로 인식되며, 저장된 경험과 노력의 네트워크와 연합으로 이해될 수 있다. 지식은 가치가 부가된 행위이나 활동이기에 그 결과는 서비스를 차별화하며, 조직 과정은 물론 조직 자체를 변화시킬 수 있다는 점에서 의미가 있다.

3) 지식관리와 조직지능

지식관리는 조직상 지능을 향상시키기 위한 노력이다. 지식의 개인적 고착성을 극복하고 조직 내에 자유롭게 흐르도록 하면서 조직자산으로 체화하려는 움직임이다. 다양한 원천의 조직지식과 조직 내 인적자원이 축적한 개별적 지식을 체계화, 공유함으로써 조직능력을 향상시키려는 활동이다. 기존 조직의 정보관리는 정형화된 정보에 치중하여, 실제 판단 및 의사결정 주체인 인적자원 관리는 소홀히 하였다. 이에 조직 내 인적자원이 떠나면 지식자원도 함께 떠나면서 조직의 지적자원이 소실되며, 이 같은 현상을 극복하기 위해 지식관리가 강조되고 있다. 이처럼 조직측면에서 지식축적과 관리활동은 조직구성원이 이직하거나 이동할 경우 지식전달이 부족하여 지식손실이 나타날 뿐만 아니라 지식기반사회의 등장에 따른 환경 및 상황변화에 대응한 지식과 경험부족에 대응하며, 전문가 자문이나 업무관련 결정의 질을 보장하기 어려운 문제 상황을 해결하기 위해 그 필요성이 인정된다(Sihn, Lenz and Michalski, 2000). 특히 지식축적을 위한 지식관리과정에서 지식창조는 조직 구성원의 지식함양을 의미함과 동시에 조직지식의 창출과 조직지능 향상을 의미한다. 여기서 지식창조는 각 개인의 두뇌와 손끝에 체화된 지식, 즉 암묵지를 조직이 공유할 수 있는 형식지로 전환시키는 과정으로 지능적 조직의 성패를 좌우하는 요인이 된다. 그래서 지식창출능력은 조직학습을 넘어 조직능력의 원천으로서 조직의 핵심역량 기반이 될 뿐만 아니라 조직 저변에 있는 지력(知力)으로 인식된다(Nonaka, 1994:14-37).

인간의 지능과 비슷한 수준의 조직지능을 만들기 위해서는 조직시스템 전반에 대한 학습능력이 요구된다. 아울러 정보기술을 이용하여 개별조직과 부서를 전체 학습시스템으로 연결시키는 것이다. 다양한 출처로부터 가공되지 않은 정보를 모으고, 공통의 DB에 저장하여 가치 있는 지식을 추출하여 조직단위 간 네트워크를 유지하도록 한다. 여기서 정보기술을 포함한 지능인프라로서 정보시스템이 갖추어져야 한다. 조직지능은 상호 작용하는 단위부서와 조직 간 네트워크 형태로의 구조화 정도에 의해 영향을 받는다. 특히 조직지능은 관료주의 명령과 조직기능의 내부독점으로 인한 안전주의보다는 대립되는 견해가 서로 상충하고 조직 내외의 공급자가 경쟁하는 체제를 장려하는 다원주의적 성격과 관련된다(Quinn, 1992). 또한 지능조직은 지속적으로 내부조직을 연결하는 새로운 방법을 탐색함으로써 스스로 끊임없이 재창조된다. 이 과정에서 조직은 학습을 통해 문제해결과 가치창출에 부적합한 관계를 끊고, 문제상황에 적합하게 작동할 수 있는 새로운 관계로 구성된다.[6] 이처럼 정보·지식을 바탕으로 현명한 선택을 함으로써 진화하는 네트워크는 지능형 조직에서 두드러진 특징이다.

6 여기서 조직학습이란 여러 사람의 능력과 재능을 새로운 방식으로 사용하는 것을 의미한다. 이는 인간의 두뇌가 부적합한 신경연결(Synapse)를 끊어내고 새롭게 적합한 신경연결을 유지하면서 학습하는 것과 유사하다.

제2절
지능시대의 행정조직

1 최근의 연구경향과 한계: 비관료적 접근

새로운 조직패러다임에 관한 논의가 급증하고 있다. 경영학을 중심으로 새로운 조직모형과 기법이 잇따른다. 이를테면 미국기업들은 일본식 경영의 장점을 철저하게 연구하여 이를 발전시킴과 동시에 시스템화하여 경쟁적 조직형태를 만들어냈다. 그 결과 관료제의 한계를 초월하는 비관료제 형태를 출현시켰다. 지금까지 혹독한 비판에도 불구하고 지배적 위치를 점해 온 관료제는 지식사회를 맞이하여 새로운 변화를 요구받고 있다. 비록 조직과 정보상의 구조가 비가시적이기에 파악하기 어렵지만 정보기술은 조직구조와 정보흐름의 재구조화를 가능하게 한다(Zuurmond, 1994:189). 이 가운데 네트워크조직, 가상조직, 애드호크라시 등은 비전통적 조직모형의 연구에 유용한 시사점을 제공한다.[7]

1) 네트워크 분석

네트워크분석은 Moreno의 집단성과 연구(1934)와 Barnes의 공동체 구조분석(1954)에서 활용된 개념에서 비롯되었다(Scott & Griff, 1987:24). 이후 지리학의 수송망모델에서 네트워크개념이 원용되었으며, 그 활용은 조직 내뿐만 아니라 조직 간 관계분석에

7 조직구조 패러다임과 관련하여 관료패러다임(기계적 조직, 전문조직), 반관료패러다임(기업가적 조직, 혁신적 조직, 임무지향적 조직, 애드호크라시)으로 양분되거나(Mintzberg, 1979), 계층제조직, 가상조직, 네트워크조직으로 구분된다(Fukuyama & Shulsky, 1997). 여기에서 제시될 조직모형은 비관료적 접근과 맥락을 같이하지만 반드시 효율적이라는 것이 아니며, 보다 실증적 검토노력이 필요하다.

이르기까지 광범하다. 더구나 정보기술의 발달과 전자거래의 확산으로 조직 간 네트워크가 촉진되면서 네트워크조직은 21세기 조직모델로서 조직형태의 다양성을 증진시킨다. 먼저 경영관리론에서 조직 간 교환관계 및 분석단위를 확대하여 조직 간 네트워크로 발전되고 있다. 이는 다양한 내부조직의 경계를 초월한 유동적 작업관계 모형이다(Nohria & Eccles, 1992). 달리 네트워크는 구성원과 조직 간 유대나 관계로 정의되는데(Aldrich, 1988; Miles & Snow, 1986), 각 구성요소는 기준과 규범을 공유하며, 이익·정보를 교환하면서 연관을 맺는다.

제도경제학에서는 네트워크를 시장과 조직 간 중간조직으로 파악한다(Williamson, 1975). 즉 정보기술의 환경변화에 적응하여 조직 내 정보기술의 효과적 활용과 조직 간 전자통신의 연결과 활용이 경제적 거래비용과 생산조정비용을 획기적으로 감소시킴에 따라 부상하고 있다. 경영학에서는 네트워크를 효율성의 증진 수단의 맥락에서 '연결의 경제에서 생기는 생산성과 가격결정의 문제점을 해결하기 위한 조직상 구조' 또는 '기술적 수단 및 전략적 규범의 집합으로 거기에 접근할 수 있는 주체의 가치창출 수단'으로 정의된다(Bressand ed., 1990). 또한 사회시스템으로 파악하려는 입장에서는 노드와 링크의 지속적 통일체인 시스템으로 인식하며(Lipnack & Stamps, 1986), 컴퓨터의 지원을 받는 사회적 망으로서 느슨하게 연결된 유기적 네트워크로 이해된다(Morgan, 1993). 이 같은 접근과 이해의 바탕에서 미래형 조직형태로 예견된(Drucker, 1992; Toffler, 1990) 네트워크조직은 수직적(계층적 수준), 수평적(기능적 분화), 지리적(공간적 확산)으로 통합된 조직으로 정의될 수 있다(Baker, 1992:26-35). 즉 조직성원들이 업무에 필요한 정보를 주고받는 정보망으로 연결된 조직체계로 구성되면서 기업조직을 중심으로 네트워크형상이 조직공간에 투영되고 있다(Byrne, 1993: 98-103).[8]

8 현대자동차(기술네트워크)와 삼성(전자부문 국제네트워크)에서 발견되며, 외국은 Benneton, HP 등에서 확인된 네트워크조직은 조직내 및 조직 간 관계에 정보기술 활용으로 급속히 확산되고 있다. 가령 integrated database, electronic-mail, voice mail, Fax, electronic conferencing, groupware, EDI 등이 활용되고, 생산·판매자동화 기술(CAD/CAM·CIM·JIT·POS·CALS/EC 등)이 도입되면서 기업조직(항공 및 여행산업, 금융산업, 제조기업)을 중심으로 연결성을 촉진하고 있다.

2) 가상조직론

정보기술을 바탕으로 구축된 글로벌 네트워크의 확산은 조직생활영역을 가상공간으로 확대시키며, 사고영역뿐만 아니라 행동반경도 넓혀준다. 이를테면 인터넷은 전 세계의 학교, 도서관, 실험실, 회사, 정부, 가정을 연결하면서 수많은 가상조직을 형성하고 있다. 여기에 디지털경제가 부상하면서 기업조직은 물론 정부조직도 정보시스템을 중심으로 다른 조직과 상호 연결되고 특정 사안별로 신속하게 대응하는 무정형의 조직으로 재편되고 있다(Tapscott, 1996:166). 이에 개인 및 조직 상호간 정보와 영향력이 전자네트워크로 연결, 구성되면서 관료제를 대체하는 듯하다(Kilmann & Kilmann, 1995). 이러한 사실은 정부를 기관이 아니라 기능의 관점에서 이해하려는 데서 확인된다. 즉 국민이 행정서비스 수혜 과정에서 겪는 불편이나 고비용 상황을 개선하기 위해 모든 서비스 관련 기관이 정보기술의 활용에 의해 통합된다면, 여기서 생성된 가상기관(virtual agency)은 형식적 구조뿐만 아니라 지리적 경계선과 계층적 구조가 더 이상 문제되지 않을 수 있다(Tapscott, 1996:169-170).

가상조직은 초기에 이상형으로 제시되었지만(Davidow & Malone, 1992), 오늘날에는 관료제에 대응하는 조직패러다임으로 인식된다(Nohria & Berkley, 1994; 김난도, 1997; 권기성·최진석, 1997). 그리고 사이버공간상의 전자공동체로서 물리적 속성과 다른 인지적 영역에서 이해된다(Harrington, 1991). 그렇지만 정보기술 활용, 협동, 의사소통, 신뢰, 불완전한 계약 등으로 인해 더는 가상이 아닌 실제 조직현상으로 노정된다(Scott, 1997).[9] 이를테면 가상조직은 일본기업의 계열(系列, Keiretsu) 관계에 대립된 개념으로서 전략적 측면에서 다른 기업의 경영자원을 유연하게 활용하려는 조직모형이다. 그래서 특정 대기업 내부의 경영독립체 간 혹은 독립기업 간 핵심역량의 연계로 정의될 수 있다(Goldman et. al., 1995:87). 즉 기업 간 제휴를 매개로 정보네트워크를 활용하면서 조직능력과 지식베이스를 가상적으로 확장하려는 의도가 깔려 있다. 달리 말해 경쟁적 관계라 해도 한정된 능력밖에 가질 수 없다는 점에 착안하여 기업 간 질

9 가상조직의 형태가 국내외 조직현상에서 급증하고 있다. 이를테면 가상대학(Internet대학, Cyber University), 가상은행(Security First National Bank), 가상도서관(Digital Library), 가상상점(Cyber Mall), 가상기업(Worldview Systems, Yahoo, Amazon) 등이 출현하면서 실제 생활에 영향을 주고 있다. 실제 기업의 경우 IBM, Motorola, Sunmicro system 등에서 보여진다.

높은 자원을 임시로 공유하여 급변하는 시장니즈에 신속하게 대응하려는 시도로 이해된다(포스코경영연구소, 1998).

3) 임시조직(Adhocracy)론

조직 환경이 불안정하고 역동적으로 변화하면서 조직구조의 유기적 성격이 강조된다. 게다가 조직운영에 정보기술이 활용됨에 따라 기존 관료제는 유기적 조직구조를 지향하면서 변화를 겪고 있다(Mintzberg, 1979:265). 관료제에 대응한 새로운 조직패러다임의 과정에서 다양한 논의가 제기되었는데, 그중 관료제의 비적합성에 따른 대안적 조직의 가능성이 다음과 같이 설명된다.

> "사회비평가들은 미래사회에서 관료조직이 더 한층 지배적일 것이라고 말한다. 그러나 관료조직은 승리를 거두기는커녕 붕괴되고 있다. 실제로 관료조직에 도전하여 마침내 그것에 대체할 새로운 조직구조가 출현하고 있다. 그것은 미래조직으로서 애드호크라시(Adhocracy)라 부르고자 한다(Toffler, 1970)."

임시조직은 유연성, 적응성, 대응성, 혁신성이 높은 유기적 조직으로 인식된다(Robbins, 1983:210). 이를테면 낮은 공식화, 평평한 계층제, 모호한 역할, 전문팀, 민주적 가치, 피고용자-협력적 의사소통, 조직의 핵심자원으로서 정보 등이 강조된다(Bennis & Slater, 1968; Mintzberg, 1979; Toffler, 1980). 여기서 융통성이 큰 조직구조로서 임시조직은 창의적 업무수행에 적합하기에 조직변화의 힘(power)으로 인식된다(Waterman, 1991:46-55). 이는 조직현상에서 고객문제를 해결하는 운영체제(operating adhocracy)와 기계적 구조에 의해 수행되는 관리체제(administrative adhocracy)의 두 가지 유형으로 나타난다.[10] 전자는 환경적응력이 높고 문제해결 지향적이기에 주어진 목표의 달성에 효율적이다. 반면 후자는 일상적 기술을 사용하는 조직, 동태적 환경, 신규조직, 제품경쟁이 치열할수록 효과적이다(Mintzberg, 1979).

10 애드호크라시는 Matrix조직(재외공관조직, 미항공우주국), Task Force(초고속정보통신망구축기획단, 사회간접자본투자기획단, IITF), Team조직, 위원회조직 등의 조직형태로 현상에 투영되고 있다.

2 탈관료제조직을 위한 시사점

관료제는 조직상황의 변화에 따라 수정을 겪어왔다. 1960~70년대부터 관료제의 고착성을 탈피하고 상황 적응적이며 비계서적 구조를 만들어보려고 시도되었다. 이를테면 대안적 모형으로 적응적·유기적 구조, 변증법적 조직(dialectical organization), 연합적 이념형(consolidated ideal type) 등이 주장되었다(Bennis, 1966:177; White, 1969:35; Kirkhart, 1971:158-164). 하지만 관료제는 소멸될 가능성이 희박하며 국가가 존재하는 한 사라지지 않을 것이라고 주장된다(Robins, 1993). 아직까지 어떠한 조직구조가 관료제를 대체할지 단정하기 어렵지만, 조직변화의 가능성과 도전은 앞선 논의에서도 찾아볼 수 있다.

이 논의에서 공통적으로 발견되는 사실은 〈그림 4-1〉에서 보듯이 정보통신기술의 토대에서 조직모형이 전개되고 있으며, 더 나아가 지식자원을 기반으로 지식조직으로의 진화가능성을 내포한다. 그러나 네트워크조직의 경우 사회제도 혹은 그 기반이 불충분하다. 즉 자율성, 다양한 리더의 가능성, 자원·정보·사람의 자유로운 이동 등의 조건을 충족하기 어렵다. 가상조직의 경우 기밀누설, 관리의 복잡성 같은 위험에 노출될 수 있다. 그리고 애드호크라시의 경우도 일회의 산출물 또는 의사결정을 위해 고비용이 소요되므로 규모의 경제효과를 얻기 어렵고, 수많은 이슈와 모호성으로 인해 갈등과 정치적 행위가 야기될 수 있다. 이러한 사항은 비관료적 조직모형의 한계로 판단된다. 그렇기에 지능적 조직으로의 적응적 진화를 위한 심도 있는 논의가 필요하다.

〈그림 4-1〉 비전통적 조직모형

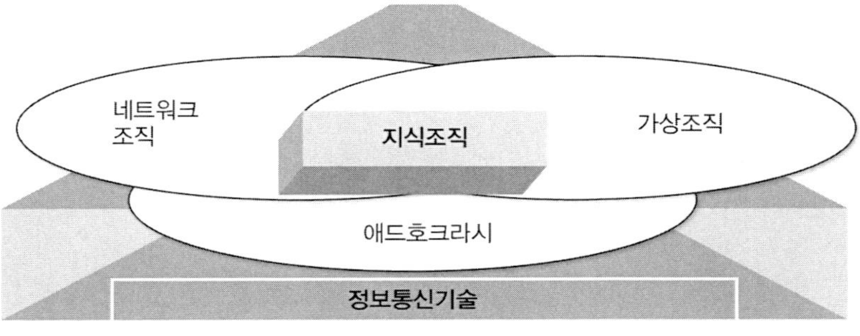

일찍이 애덤 스미스(Adam Smith, 1776)는 전문화된 지식에 바탕을 둔 조직이 능률적이라며, 지식창조 및 적용과정으로서 지식중심조직의 역동성을 강조한 바 있다. 이는 요즘에 이르러 지식사회의 실현에 핵심역할을 수행하면서 동시에 스스로 변화해야 하는 행정조직에 시사점을 제공한다. 즉 행정 자체가 적응적 유기체로서 양적·질적인 면에서 지식조직이 되기 위해 근본적으로 변화되어야 함을 교훈한다. 앞서 언급했듯이 행정이 지식조직으로 거듭나기 위해서는 축적된 지식·정보·데이터·경험 등이 가치창출로 작용하도록 기존 계층제를 정보기술과 지식관리로 이화(異化)해야 한다.

아울러 정부조직은 기업조직에 비해 지식수준이 뒤떨어졌음을 인식하고, 지식패러다임을 바르게 이해하여 지식화의 걸림돌을 제거해야 한다. 달리 말해 지식조직화와 배움의 바퀴를 돌지 못하게 제약을 극복해야 한다. 첫째, 공급자 위주의 관료제적 계층구조를 바탕으로 한 복잡한 절차와 구조적 집권성 및 경직성은 극복되어야 한다. 둘째, 권위주의, 의식주의, 가족주의, 계서주의, 온정주의, 형식주의 등으로 예거되는 기존 행정조직의 문화적 특성으로 인한 역기능이 해소되어야 한다. 셋째, 조직의 유기적 변동에 대한 공포감에서 야기될 수 있는 관료적 저항과 반발을 최소화하고, 기존 관성으로부터 벗어나야 한다. 넷째, 정보기술 혁신에 의한 소용돌이적 조직 환경에의 대응성·적응성·융통성 제고를 위해 중앙집중화 및 타율적 정부 역할과 수행방식에 대한 인식과 관념이 바뀌어야 한다.

3 바람직한 정부조직의 설계

정권이 바뀔 때마다 정부조직 개편을 둘러싼 논의가 활발하였다. 이러한 논의는 앞으로도 지속될 것인데, 특히 미래지향적 유망 분야를 둘러싼 조직설계와 재설계 논의에 관심과 중요성이 크다. 경험적 조직현상에서 드러났듯이 부처마다 정책영역을 확보하기 위한 치열한 경쟁이 전개되고 있다. 물론 이론적 측면에서도 지식사회의 진전에 따라 지식정보산업분야를 둘러싼 부처 간 정책조정과 조직재편은 중요한 관심사이다. 그 상황이나 의도는 다르지만 공통적인 정향은 어느 조직이든지 지식정부(행정)를 추구하며 그래야 한다는 것이다. 지능적 행정은 행정환경에 민감하게 반응하며 행정요소 간 유기적으로 통합되어 단절 없는 기능 수행이 이루어지고 유의미한 가치창출을 위해 지식활용이 원활하게 이루어지는 행정을 의미한다. 달리 지식사회를 설계하고 새로운 가치를 창출, 서비스하는 정부모습으로서 지식의 창출 형식화, 전파 등을 관리함으로써 부가가치를 생산하는 행정을 의미한다(한세억, 1999b). 이를 위해 조직 내에서 동태적 지식순환프로세스가 갖추어져야 한다. 즉 조직이 문제해결이나 가치창출을 위해 조직 내 지식획득, 공유, 표현, 결합, 전달 등이 활성화되어야 한다. 그러면 정작 행정조직의 실상은 어떠한가? 단적으로 현재의 조직과 지식정부의 조직 간 괴리를 드러낸다. 정부조직 설계는 매우 복잡하며 동태적인 정치화 과정을 보여주기에 처방적 논의가 쉽지 않다. 하지만 기본방향은 조직분위기 쇄신, 혁신 및 변화의 추구, 직면하는 문제해결 등을 위해 활용되어야 한다.

아울러 변화전략의 초점이 무엇인지를 명확히 제시하고 심층화하는 것이 바람직하다. 이에 앞선 논의를 바탕으로 바람직한 조직설계를 위한 몇 가지 방안을 제시하면 다음과 같다.

첫째, 정부조직법을 비롯한 의례적이며 불신에 바탕을 둔 규제적 장치를 지식화 상황에 비추어 단계적으로 폐지하고 한층 유연한 대안적 장치가 모색되어야 한다. 법규와 선례에 대한 지나친 강조는 자칫 상황적 다양성을 고려할 수 없게 하여 조직의 적응성을 약화시킬 수 있다. 또한 관료제의 비인격성과 형식주의는 조직성원의 창의성과 자율성을 억압할 수 있다. 정부조직이 닮아가려는 탁월성의 모델로서 기업의 경우 이미 제품과 서비스의 생명주기(life cycle)에 맞추어 조직문화의 특성을 바꾸면서 조직변화를 꾀하고 있다. 이렇듯 지능적 전자정부를 향한 본질적 변화를 위해 근본적 혁신이 요구된다. 이런 맥락에서 행정조직도 부처별 정책과 사업영역에 따라 조직문화가 차별화된 조직설계가 필요하다.

둘째, 선택과 집중에 의한 통합과 조정의 원리가 적용되어야 한다. 오늘날 모든 분야의 핵심 인프라로서 정보기술이 적용되면서 각 부처는 기존 업무영역의 연장선에서 IT정책을 포함하는 과정에서 기능중복문제가 다시 제기되고 있다. 그동안 과학기술정보통신부는 정보통신 육성을 위해 산자부, 과기부 및 공보처의 IT 관련기능을 흡수·통합해 설치된 IT전략부처로서 IT분야의 성장과 발전에 기여하였다. 향후에도 정보통신분야는 한국경제를 지속적으로 이끌어갈 주력산업으로 인식된다는 점에서 선택과 집중의 원칙에 따라 과학기술정보통신부의 역할의 강화가 요구된다. 다만, 각 부처 및 민간의 정보화 역량이 향상된 상황에서 분야별로 관련부처 및 민간부문 간 협력체계가 모색되어야 한다.

셋째, 미래지향적 정책개발기능 강화를 위한 조직 확충이 요구된다. 특히 지식화의 기회요인을 국가발전에 연계시키는 정부기능과 역할은 연구개발과 인력양성, 전자정부와 전자상거래 활성화, 지식격차 해소, 프라이버시·개인정보·디지털저작권 등 사이버법률체계 정비와 적용에 적극 발휘되도록 정부기능 및 조직체계가 요구된다(송희준, 2002). 이와 병행하여 개인 및 조직의 경험과 지식이 조직에 체화, 작용하도록 기제가 마련되어야 한다. 무릇 조직설계는 단순히 부서를 재구조화하거나 보고체계를 수정하는 것이 아니다. 조직전략, 과업, 조직성원, 조직문화 등을 전반적으로 고려하여 조직역량을 최대화하는 방향으로 조직구성 요소가 재배치되는 과정이어야 한다.

제3절 지능적 행정조직의 현상과 가능성 그리고 실천방안

1 조직현상 분석: 조직유형과 지식·정보 활용조직 사례

지식사회에서 성공한 조직은 유연하고 반응적 조직화 양상을 보여준다(Haeckel, 1993: 122-132). 또한 자발적 정보전문가에 의해 조직이 인도되고(Drucker, 1988:45), 상황에 부적합한 규칙과 가정을 깨트리고, 리엔지니어링을 통해 기존의 기능적 영역을 연결시킨다(Hammer, 1990:104-111). 여기에 그룹웨어가 범용화되고, 가상조직이라든가 무경계 조직이 가능해지면서 새로운 조직의 모습을 드러낸다(Zuboff, 1991).

지식·정보의 활용과 유연성에 따라 조직지형과 모습은 상이한 변화를 보여준다. 여기서 기존 조직모습과 의미가 부정되는 것이 아니지만, 네트워크와 지식활용에 따라 조직변형이 불가피하다. 가령 인트라넷, 인터넷상 지식·정보교환을 위해 개방된 기준이 등장함에 따라 조직내부에서 팀 체제가 힘을 얻고 위계구조의 쇠락이 가속화되고 있다(Evans & Wurster, 1997). 이렇듯 요즘의 조직현상에서 보이는 조직유형과 형태는 〈그림 4-2〉와 같다.

왼쪽 아래(Ⅰ)는 관료제로서 정부조직이 대표적이다. 피라미드의 계층구조형상을 지니며, 조직 내 및 조직 간 활동과정에서 지식·정보활용과 공유가 미흡하고, 환경변화의 유연성도 낮다. 이를테면 지식흐름과 축적을 위한 전자메일이나 그룹웨어 등 정보기술의 활용이 미흡하며, 변화에 둔감하다. 왼쪽 윗부분(Ⅲ)은 프로덕션조직으로서 구성원 간 경험과 지식이 공유되며, 조직의 이합집산에 의해 연성 기질을 드러낸다. 비록 조직 활동이 전자적 소통방식 없이 수행되지만, 가치·규범을 공유하는 네트워크 양상을 보여준다. 오른쪽 아래(Ⅱ)는 대규모 기업조직으로서 전자메일과 인터넷이 도

〈그림 4-2〉 조직유형과 형태

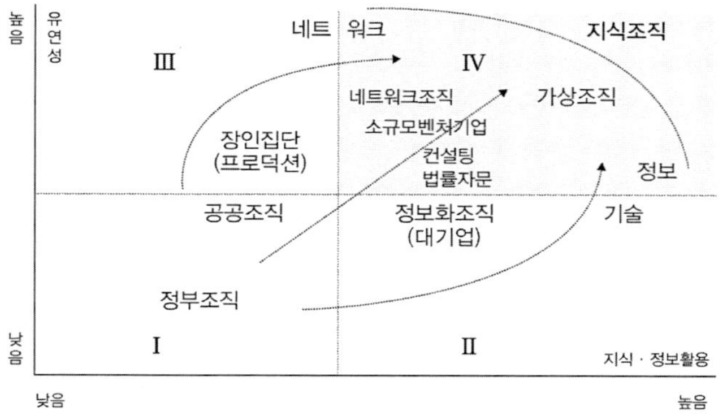

입되었지만 기존 계층제구조가 유지된다. 즉 과거의 품의 및 결재시스템을 단순히 전자화한 조직활동이 나타나지만, 지식경영 도입에 의해 지식활용 및 공유가 두드러진다.

지식조직은 오른쪽 상단(Ⅳ) 부분에 위치하며, 그 형태는 정보통신기업, 컨설팅조직 및 회계사무실조직 등에서 엿보인다.[11] 여기서 지식변환, 활용 및 공유와 조직내 및 조직 간 네트워크를 통해 유연성이 확보된다. 예컨대 1975년에 설립된 마이크로소프트의 경우 '끊임없이 제품을 개발하고, 시장으로부터 피드백 과정을 거쳐 개선에 활용한다'는 신념에서 개인의 지식능력 확대를 통한 조직역량 강화를 추구하였다. 이에 ① 소수정예의 전문가부문, ②기술부문과 관리부문간 계층분리, ③흥미로운 환경조성, ④ 과감한 권한이양의 조직특성이 유지되었다. 특히 조직 내 지식축적과 전파를 위해 인트라넷을 활용한 학습과 의사소통이 이루어지고, SPD(Skills Planning and Development)라는 프로젝트팀을 통해 4단계 지식역량이 설정되었다. 이 지식역량단계와 구조는 온라인시스템으로 안착되고, 다시 인터넷에 연결되어 조직내부 및 외부지식 간 연계를 도모하였다. 즉 프로젝트팀층에 제품개발의 주축을 두고 그 성과가 비즈니스시스템층에서 전환될 수 있도록 조직프레임을 유지하였다. 그리고 지식기반층을 전자메일망으로 강화하여 개인 및 조직역량을 확충하였다(노나카 이쿠지로, 1998; 매일경제신문사, 1998; 포스코경영연구소, 1998).

11 Arthur D. Little, Anderson Consulting, Digital Equipment, Microsoft, Sharp 등이 지식기업으로 평가받는 기업조직이다. 반면 정부조직의 경우 미국 항공우주국(NASA) 웹사이트, 국방부를 들 수 있다.

2 지식조직모형의 가능성과 전망

앞서 언급했듯 지식조직(hypertext형 조직)은 일종의 진화된 혼성구조(hybrid structure)를 의미한다. 즉 기존 관료제 조직구조가 전적으로 배척되는 것이 아니며, 필요한 기능과 구조를 흡수하여 자율적 구조(self-contained unit structure)로 전환하기 위해 이화(異化)작용 또는 이종교배를 도모한다. 이를테면 지식창조·활용·축적을 위해 관료제의 효율성과 네트워크의 창조성을 함께 살려나가는 것이다. 이로써 지식이용·축적에 적합한 관료제 조직계층과 지식창출·공유·확산에 적합한 프로젝트팀이나 태스크포스 등 네트워크조직이 양립될 수 있다. 여기서 그룹웨어를 비롯한 정보기술과 지식관리방법이 조직 내 다양한 지식활동에 직간접적으로 관련된다.[12]

기존 조직이 지식조직으로 이행하는 것은 쉽지 않다. 정보기술 도입만으로 저절로 보장되는 것도 아니다. 반드시 유연성과 창조성이 갖추어져야 한다. 지식조직 요건을 충족시키는 조직이 많지 않지만, 조직의 네트워크화·가상화·사이버화 과정을 겪으면서 점차 증가할 것으로 예상된다. 이러한 지식조직의 가능성을 행정조직에서 찾아볼 수 있다. 왜냐하면 정부를 비롯한 공공부문의 경우 조직구성원의 경험이나 보유지식, 그리고 지식화할 수 있는 정보 및 데이터베이스가 중앙행정기관을 포함한 864개 기관에서 3,776개로 방대하다(기획예산위원회, 1998). 게다가 지적자원을 정책과정, 정부자원관리와 업무처리 그리고 공공서비스의 실행과정에서 활용하기 때문이다. 또한 행정의 지식·정보활동은 정책과정에 필요한 기술적·정치적 정보를 수집, 분석, 가공, 전달하는 일련의 지적 행동을 의미한다. 여기에서 논의된 것처럼 순수한 지식조직이 될 것이라는 예상은 비현실적일지도 모른다. 하지만 최대의 지식·정보를 창출, 활용하는 조직으로서 다양한 정부기능과 행정서비스가 전자화되고, 시간·공간·인간적 제약을 극복하려는 시도가 지속되면 정부조직의 지식화가 급속히 진행될 것으로 전망된다.

12 조직 내 지식활동과 관련한 정보기술의 구현형태는 다음과 같다. 지식습득 및 활용에 ①분석도구, ②의사결정지원시스템(DSS), ③임원정보시스템(EIS), ④전문가시스템 등이 활용된다. 지식공유는 ①그룹웨어, ②전자메일 및 전자게시판, ③검색도구 등을 통해 나타나고, 지식축적은 ①데이터베이스, ②데이터웨어하우스, ③문서관리시스템 등에 의해 이루어질 수 있다.

〈그림 4-3〉 지식조직의 전략과 실천방안 프레임

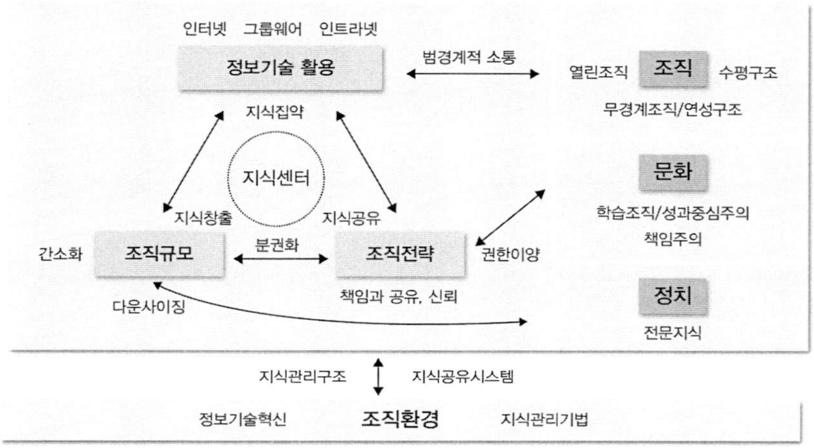

3 지식조직의 실천방안과 단계

유기적 조직은 불확실한 환경, 동태적 혁신, 발견적 의사결정과정에 유용하다(Kast & Rosenzweig, 1976). 여기서 불확실성이 높고 동태적이라 함은 정보처리량이 많다는 의미이다. 이 경우 정보처리능력을 갖는 지능적 조직으로서 스스로 학습하는 조직이면서 문제해결능력을 갖춘 조직이 기대된다. 학습은 지속적으로 발생되는 지식·정보를 환류시켜 문제상황의 해결을 위한 개념적 지식의 습득행위로 정의된다(Hodgetts, Luthans, Lee, 1994:5-18). 이로써 지식은 학습을 통해 생산되고, 조직 내에서 흐르는 요소임을 알 수 있다.

지식조직의 구현전략과 실천방안을 〈그림 4-3〉과 같이 나타낼 수 있다.

첫째, 조직 내 지식·정보·아이디어 등이 신속하게 공유, 확산되도록 유연한 경계와 구조를 갖추어야 한다. 달리 말해 조직의 탄력성을 높여 연성도를 제고해야 한다. 먼저 조직수평화와 정책결정시스템의 합리적 재편과 함께 탈계층화 또는 저층구조화를 통해 의사결정체계를 간소화하며, 조직경량화로 저비용 고효율의 행정체질로 전환해야 한다. 그래서 조직의 지식·정보관리 및 전달과정이 하나의 기제(mechanism)로 제도화되어야 한다. 이와 병행하여 부문 간, 이슈 간 긴밀한 협조체제를 유지하여 연관성을 높여 시너지효과를 창출하도록 한다. 여기에 인터넷, 그룹웨어 등 정보기술이 활용될 수 있다. 정보기술의 적용을 통해 계층 간 수직적 경계, 기능과 규칙 간 수평적 경계, 조직과 고객 간 외부적 경계 그리고 지역·문화·시장 간 지리적 경계의 구분에서 야기되는 경직성을 탈피해야 한다. 이는 정보기술이 조직구조의 집중화, 공식화와 마이너스(-)의 관계이며, 범경계적 소통과 플러스(+)의 관계라는 실증적 논의(Galbraith & Lawler, 1993)로부터 교훈받을 수 있다.

둘째, 지식창출과 공유, 책임 및 신뢰, 역할모호성 등은 조직문화와 관련된 전략이다. 이 가운데 업무수행과정상 얻어진 학습의 결과, 즉 새로운 지식, 정보, 경험, 아이디어를 체계적으로 정리하고 데이터베이스화하여 구성원 간 공유되어야 한다. 여기서 지식활용, 비전과 가치, 목표와 의사결정, 책임 등의 공유는 범경계적 소통에 의해 가능하다(Rockart & Short, 1991; Morgan, 1993:10). 부서 간, 상하 및 동료 간 의사소통을 통해 열린 조직문화가 이루어지도록 한다. 아울러 공식화(형식주의) 및 계층제(서열주의)와 대칭적인 역할모호성을 통해 연성적이며 상호협조적인 팀 문화를 활성화하고, 지식창출·공유·확산의 지식마인드와 권한이양의 결합으로 책임주의와 성과지향 조직문화를 정립해야 한다. 즉 행정행위와 의사결정에 대한 실명제를 전 부문으로 확산, 제도화하며, 임무 및 성과에 대한 공정한 평가를 바탕으로 신상필벌제도를 정착시켜 책임주의 행정문화가 확립되어야 한다. 이러한 가치를 중심으로 지속적인 교육과 훈련을 통하여 학습지향 행정문화의 구축이 요구된다.

셋째, 정보기술과 계층제는 부정적 관계이다. 정보기술이 외주화를 높이고, 재구조화의 촉매로 활용되면서 조직규모가 축소될 수 있다(Brynjoolfsson, Malone, Gurbayani, Kambil, 1993). 조직운영의 경우 지위, 권위적 명령·규칙과 통제가 아닌 전문성, 업무성과 그리고 신뢰에 바탕을 두면서 내외부 전문가의 지식역량이 활용될 수 있도록 파트너십 구축이 요구된다. 왜냐하면 관료제로 대변되는 상의하달식 계층제 구조는 정보전달 속도를 떨어뜨리고, 정보의 질을 저하시키기 때문에 수평적 형태의 임시구조(adhocracy)가 효율적이라고 인식된다. 논자에 따라 팀, 네트워크, 프로세스, 학습조직 등으로 구분되는데(Davis & Lawrence, 1977:3). 이러한 논의는 환경변화에 민감하게 반응하며, 지식·정보활용 중심적이어야 함을 공통적으로 시사한다.

넷째, 정보인프라, 법·제도, 업무절차 등 조직환경의 정비가 필요하다. 특히 급변하는 조직 환경에서 경쟁우위를 가지려면 정보시스템의 구축·활용에 시간과 자원의 투입이 요구된다. 이러한 노력을 통해 상황 대응적이며, 변형 가능한 조직이 형성될 수 있다. 변형 가능한 조직은 조직 내외 역량이 정보네트워크로 연결, 해체, 재연결되는 조직정합성을 필요로 한다(드러커 외, 1998:122-135). 또한 행정조직 및 기능과정에 정보기술과 지식관리기법이 활용되어야 한다. 이를테면 행정조직 간, 행정조직과 기업 및 시민 간 Quick-Connect Electronics Interface, 실시간 정보관리·처리·서비스 등이 도입되어 고객만족이라는 가치창출로 투영되어야 한다. 그리고 조직지식의 창출·축적·공유·확산을 촉진하는 인센티브로서 지식활용평가 및 보상체계가 마련되어야 한다. 아울러 조직 및 구성원의 지식활용공간이자 교환망으로서 지식센터 또는 지식관리시스템도 형성되어야 한다(Skyrme, 1998). 여기서 지식조직의 실천은 행정 자체의 의지와 노력, 국민적 관심을 바탕으로 하며, 각각의 실천방안이 상승효과를 얻기 위해 긴밀한 연계 아래 병행, 추진되어야 한다. 그래야만 관료주의 외피를 걸친 관료제 정부가 사라지고 지능적 전자정부가 도드라질 것이다.

CHAPTER

05

지방 전자정부의 성과분석

-시·군·구 행정정보시스템: 복지·위생·환경·자원봉사업무-

"고객을 만족시켜라. 처음에도,
맨 나중에도, 그리고 항상."
-루치아노 베네톤-

문제의식과 초점

지방정부의 전자화는 어떻게 진행되고 있는가? 지방정부는 상수도, 전력, 도로, 대중교통, 공교육, 보건 감독, 공공안전 및 긴급서비스, 위생시설, 도로 유지보수 등 시민과 기업이 기대하는 다양한 서비스를 조정하고 제공해야 한다. 또한 도시/지방정부는 공공건물, 학교, 공항, 차량, 다리, 도로, 댐 등을 포함한 모든 공공서비스의 기본이 되는 방대한 인프라 시설을 유지보수하고 최적화해야 한다.

이 장은 지방전자정부의 근간이 되는 시·군·구행정정보시스템(새올행정시스템)의 성과와 개선방안을 모색하는 데 목적이 있다. 이를 위해 성과분석의 틀을 도출하여 기초자치단체의 복지, 위생, 환경, 자원봉사업무 담당자에 대한 인식과 평가의 토대에서 시·군·구 행정정보시스템의 성과를 살펴보기로 한다. 분석결과, 업무시스템에 따라 상이하게 나타났지만 전반적으로 행정효율성을 제고하면서 행정업무의 개선에 기여한 것으로 판단된다. 하지만 부서 간 연계 및 시민 위주의 업무처리 분야, 민원절차의 시·군·구 중심의 원스톱행정서비스 제공이 미흡한 것으로 나타났다. 장차 시·군·구 행정업무의 고도화는 시스템 구축과 운영과정에서 제기된 문제점 개선의 바탕에서 시·군·구 행정업무방식을 새롭게 바꾸며 시민의 요구사항을 반영하여 서비스를 강화하여 시민들에게 편안하고 행복한 삶의 질을 누리게 하는 방향에서 전개되어야 한다.

제1절

지방 전자정부와 행정정보시스템

1 풀뿌리 전자정부시스템: 시·군·구 행정정보시스템

지방전자정부의 시초는 지방행정업무에 컴퓨터가 도입된 1970년대 후반으로 거슬러 올라간다. 당시 서울을 비롯한 시·도에서 실시된 지방세업무 전산화시범사업에서 비롯되었다. 이후 국가전산망계획에 의거해 추진된 행정전산망의 1단계(1987~1991) 및 2단계(1992~1996) 사업추진에서 구체화되었다. 범정부사업으로 추진된 국가정보화사업은 각 분야와 영역, 그리고 지역에 걸쳐 추진되면서 지역단위의 정보화사업과 연결되었다. 물론 지역수준에서 추진된 정보화사업은 중앙정부 주도의 정보화사업이나 행정정보화사업과 차이가 있었다. 그러나 1997년 광주광역시 서구를 시발점으로 대부분의 지방자치단체가 독자적인 지역정보화기본계획을 수립하였고 지방전자정부 구축과 연계하고 있다.

정보통신기술 발전이 지방행정 환경을 변화시키고 있다. 정보화는 정보의 내용물을 정의하고 수집·축적·분석하여 그 의미를 파악함으로써 부가가치를 창조하는 흐름 전체를 의미한다. 이런 맥락에서 시·군·구 정보화는 지방자치단체가 수집, 생산, 보유, 사용하는 행정정보를 통해 부가가치를 지속적으로 창출해야 한다(행정자치부, 2007). 이미 선진국의 지방정부는 데이터를 개방하여 국민 누구나 사용할 수 있게 배려하고, 또 이를 인공지능과 결합하여 양질의 대국민 서비스를 제공하고 있다. 가령 시카고시는 식당 위생단속에 빅 데이터를 활용한 예측 알고리즘을 도입했다. 과거 위반건수, 쓰레기와 위생 관련 민원, 평균 기온, 주변 강도사건 숫자, 담배·주류 판매허가 등을 주요 변수로 분석해 동일한 인력으로 적발건수를 25% 향상시켰다.

바야흐로 정보통신기술의 적용·활용 여부가 개인, 조직, 국가의 경쟁력을 결정하는 시대다. 중앙은 물론 지방정부에서도 정부업무에 정보기술을 적용하여 이음새 없는 행정의 구현을 위해 정보화사업을 추진하여 왔다. 정보화사업에 막대한 예산이 투입되었고, 그 파급효과 또한 지대한 상황에서 이미 추진한 정보화사업이 당초 목표를 달성했는지 파악하기 위한 성과분석은 매우 중요하다. 왜냐하면 사업의 효율성과 효과성 등을 점검하지 않을 경우, 기존 문제해결은커녕 자칫 예산만 낭비하여 국가적 손실을 초래하는 정책실패를 야기할 수 있기 때문이다.

시·군·구 행정정보화의 상위맥락으로서 전자정부는 공공서비스패러다임을 바꾸는 21세기 정부개혁의 중요 과제다. 국민의 알 권리 충족, 편리성 제고, 행정효율성 향상, 정보공개, 서비스접근 가능성 개선, 신뢰증진 등이다. 시·군·구 행정은 민원행정 처리의 중추로서 대민행정과 국가운영의 기초를 이룬다. 따라서 동일한 법과 제도 아래 동질적 업무수행과정에서 정보연계 운영이 요구된다. 하지만 업무중요도와 발생빈도는 상이하다. 또한 행정환경의 변화로 인해 지방정부와 지역주민의 사이버상 접점으로서 전자정부의 프런트 오피스(front office), 즉 웹사이트 구축과 함께 전자지방정부가 운영 중이다(고경민 외, 2005).

그동안 전자정부서비스의 고도화와 확산에 따라 통합플랫폼인 '정부24'에서 총 1,469건의 서비스가 연계 중이다. 또한 연간 4,800만여 건인 정부 사업비의 종이영수증을 전자문서로 대체하기 위해 과학기술정보통신부 소관 사업비 집행서류 69만 건을 전자문서화하기로 했다(국무조정실, 2018). 또한 시·군·구 21개 업무에서 460여 기능을 개발, 보급하여 전자적 처리기반을 마련했다. 하지만 프로세스 전자화와 시스템 사용은 만족스럽지 못한 수준이다.[1] 시·군·구 행정정보시스템(새올행정시스템)의 단계적 고도화 추진을 위한 변화관리 노력이 전개되었지만 효과성이나 활용성은 체계적인 평가가 이루어지지 못한 실정이다. 특히 기초자치단체는 최종이용자인데도 행정정보시스템 성과나 의의를 밝히려는 평가요인이나 성과지표 연구는 미흡한 실정이다. 지방행정의 영역은 다양하지만 생활과 밀접한 분야로 복지, 위생, 환경, 자원봉사 등을 들 수 있다. 이와 관련된 시·군·구 행정정보화의 단위업무시스템은 다음과 같다.

1 업무별로 편차가 크지만 프로세스 전자화율은 25%, 업무시스템 평균활용률은 76%로 나타났다(행정자치부, 2005).

1) 복지업무시스템 개요와 추진현황

복지사업별 대상자 통합관리 및 기초생활보장수급자에 대한 복지급여를 신속, 정확하게 처리하고 자활지원, 의료보호대상자, 복지시설 수급자관리를 효율적으로 지원하는 데 있다. 주요 개발내용은 기존 C/S 복지행정시스템을 대장 중심에서 흐름중심 행정체계로 전환하였다. 그동안 9개 메이저 프로세스, 19개 프로세스 고도화를 개발하였는데 시스템 구성은 저소득층복지지원, 자활지원, 의료급여, 사회복지시설, 노인복지 등을 포함한다. 그리고 사회복지시설 및 장사업무 등 인허가 업무프로세스 단절을 초래하는 정보화 미비점을 개선하였으며 사회복지와 보건의료서비스의 연계 통합에 의한 방문 및 노인보건기능, 복지바우처, 기초노령연금 상담신청 관리 기능을 추가하였다.

2) 위생업무시스템 개요와 추진현황

위생업소의 인허가 공정성 확보와 신속한 민원행정서비스를 제공하고 행정처분자료의 공동 활용을 통해 식품위생시설 및 공중위생시설 감시 등 지도점검과 행정처분 업무를 지원하는 업무다. 기존 C/S업무기능에서 대장 중심의 업무처리 방식을 흐름중심 행정체계로 전환하였다. 그동안 2개 메이저 프로세스, 19개 프로세스 고도화를 개발하였는데 식품관련 영업신고 등 위생관련 민원처리와 식품위생교육 관리 등 협업창구기능을 개발하였다. 협업창구를 통해 민간 및 유관기관의 전자적 협업기능을 제공하며, 교차확인시스템에서 면허의 부정취득 방지 및 지도점검 행정처분 정보의 시·군·구간 공동이용기반을 구축하였다. 또한 식약처 식품품목코드의 적용 및 보고통계 개발을 통한 자료의 정합성 제고 및 시도·중앙부처로의 수작업 보고를 최소화하였다.

3) 환경업무시스템 개요와 추진현황

환경시설의 인허가, 민원업무를 신속·공정하게 처리하고 환경정책수립 시 필요한 정책 자료의 효율적 제공에 있다. 주요 기능은 기존 C/S 환경행정시스템을 대장 중심 처리에서 흐름행정체계로 전환하였다. 그리고 환경행정지원, 배출관리, 폐기물관리 등의 업무를 총괄하는 환경시스템을 구현하고 환경배출시설 및 시도환경 시스템과 연계 업무 지원이 가능하다. 환경인허가 및 지도점검 효율성 향상을 위한 사업장정보의 통합 관리기능을 제공하면서 포상금 초과지급 방지 및 환경관리인 이중취업 확인을 위한 교차확인시스템이 연동되도록 하였다. 또한 민간과 유관기관의 업무협조를 위한 협업창구 기능을 수행하며 환경감시활동 효율성을 위해 시·군·구 간 지도점검 및 행정처분정보의 공동이용기반 구축과 현장지원을 위한 모바일 기반을 마련하였다.

4) 자원봉사업무시스템 개요와 추진현황

자원봉사 참여를 위해 다양한 봉사활동프로그램 운영 및 정보교류를 지원하며 직간접적 봉사활동 수행을 위한 복지시설, 수요자와 봉사자정보, 활동실적 등을 관리한다. 그동안 3개 메이저 프로세스, 15개 프로세스 고도화업무가 개발되었으며 자원봉사 현황 등 보고통계기능을 개발하였다. 또한 기존 복지업무시스템에서 분리되어 자원봉사 업무처리기능의 신규개발 및 시·군·구별 자원봉사 창구로 개편하였다. 이 시스템은 자원봉사, 수요, 센터관리기능으로 구성되며 계획수립부터 결과까지 각종 부수업무(실적인증, 행사/프로그램 진행 등) 처리기능을 제공 중이다. 아울러 교차확인시스템에 요약과 접속정보를 통합하여 지역무관자원봉사활동을 지원 중이며 행정업무협업시스템을 통해 실적인증, 활동정보 등록 등 제반업무의 온라인 처리가 가능하다

2 시·군·구 행정정보시스템 구축사업의 배경과 성과분석

시·군·구 행정정보화사업은 1997년 한국전산원의 기본계획 수립 이후 1998년 행정자치부 주관 업무 프로세스 재설계(BPR) 및 제도개선 사업과 함께 시스템 구축사업이 전개되었다(강세호, 1999). 상위맥락으로서 전자정부 개념 논의는 다양하다. 정보통신기술을 활용하여 전자적으로 업무를 처리하는 기술적 관점에서부터 정부업무를 재설계하고, 행정의 생산성, 국가경쟁력 강화, 정부혁신의 고객지향 정부의 행정 자체의 관점에 이르기까지 전자정부에 대한 개념, 정의, 특성은 관점에 따라 다양하다(한세억, 2006:36). UN이나 가트너 그룹(Gartner Group) 등에서 제시한 전자정부의 단계 역시 정보기술 활용수준에 따라 공공기관이 정보시스템을 통해 시민에게 제공하는 서비스 수준과 제공조직의 변화를 설명하였지만 정부활동에서 시민과의 상호작용적 측면이

간과되었다. 하지만 전자지방정부는 가시적 성과에도 불구하고 환경변화에 시스템 재구성, 행정혁신 및 수요변화 등 패러다임 변화에 대응한 시스템 고도화 대응이 필요하다(행정자치부, 2007).

정보화사업의 성과분석은 정보화사업에 대한 투자 이후 비용만큼 산출되었는지를 분석하는 것으로써 효율성, 효과성 등 여러 측면에서 분석한다. 정보화사업의 성과분석이 정보화사업의 결과물인 정보시스템 자체의 성능과 기능, 운영상의 효율성과 효과성을 분석하는 일차적인 목적이다. 그리고 정보시스템을 구축하는 목적이 행정업무에 정보시스템을 적용·활용하여 내부적(back-office)으로는 행정업무의 효율성 향상을 도모하고, 외부적(front-office)으로는 주민들에게 한층 나은 행정서비스 제공하는 데 목적이 있기 때문에 행정업무가 얼마나 효율적이고 효과적으로 처리할 수 있게 되었느냐가 분석의 이차적인 목적이다.

3 선행연구 고찰

한국 지방행정업무에 컴퓨터가 도입된 것은 1970년대 후반 서울, 부산, 충북 등 시·도청에서 시범적으로 지방세업무 전산화에서 비롯되었다. 이후 국가기간전산망계획에 따라 1980년대 도입초기인 1단계 행정전산망 사업(1987~1991)과 2단계 행정전산망사업(1992~1996)을 추진하였다. 범정부적 정보화사업은 국가사회의 전반적인 분야에 걸쳐 추진되어 지역정보화 정책과도 연계되어 있다. 따라서 지방정부의 정보화 추진과정은 지역정보화와 동시에 추진되었지만 중앙정부 주도의 정보화는 지방정부 주도의 행정정보화와 거리가 있었다. 그러나 1997년 광주광역시 서구를 시발점으로 대부분의 지방자치단체가 독자적인 지역정보화기본계획을 수립하였고 지방전자정부 구축과 연계하고 있다(달성군, 2006). 그러나 중앙정부나 광역자치단체에 정보화 평가(현창희·김인환, 1997; 이윤식, 1998; 김영미, 2000; 김성태, 2002; 김상욱·오명륜, 2007)에 대한 연구성과물에 비해 기초자치단체의 행정정보화에 대한 더욱 구체적이고 체계적인 연구는 저조한 실정이다. 이러한 현상은 중앙정부와 대도시 행정이 직면한 문제를 해결하기 위한 선결과제로서 행정정보화 연구의 필요성을 제기한다. 아울러 대도시형 지방자치단체는 광역행정의 필요성으로 인해 기초자치단체의 정보시스템화 역할과 기능이 제한적일 수밖에 없으며 행정정보화에 대한 집행과 결과가 저조할 뿐만 아니라 연구 성과 역시 불충분한 것으로 판단된다(최근열·정우열, 2007).

또한 정보화성과분석은 1997년 국가정보화평가제도의 도입 이후 정보화사업평가, 정보화수준평가, 온라인서비스 활용도평가 등 다양한 방법으로 중앙정부 수준에서 실시해 왔다. 그러나 평가제도의 난립으로 공무원에게 평가부담이 과중하다는 비판이 제기되었고, 이를 해결하기 위한 방안으로 2006년부터 각종 평가제도를 통합한 정부업무평가제도가 시행되었다(정재동, 2010). 이러한 통합평가는 정보화사업의 계획, 집행, 결과 및 활용에 대한 자체평가 및 확인·점검과 수준평가로 이루어지고 있다. 또한 정보화 성과 창출의 시차적인 접근과 정보화 투입요소로 조직적 특성을 제시하는 차별적인 방법론으로서 정보화 투자성과를 투입(input)-과정(process)-산출(output)-효과(impact)의 인과적 구조를 따라 분석되기도 하였다(문정욱·김혜정, 2008).

한편, 지방자치단체 수준의 성과분석은 1999년부터 실시되었다. 이후 사업명칭 변경과 함께 평가대상과 평가체계도 변화하였다. 1999년부터 2005년까지는 전국 234개 시·군·구 기초자치단체를 대상으로 정보화수준측정이 이루어졌다. 2006년도부터 광역자치단체를 포함하여 지방자치단체 전자정부추진평가를 수행하였다. 투입, 변화관리, 활용, 성과, 공동 등 5개 부문에서 걸쳐 광역자치단체 17개, 기초자치단 13개 지표를 구성하여 평가를 실시하였다. 즉 지방자치단체 전자정부추진평가의 경우, 양질의 대국민 서비스 제공과 행정생산성 및 투명성 향상을 위해 지방자치단체가 추진한 정보화 업무성과를 평가하였다(행정안전부, 2008).

또한 정보기술시스템의 성과평가를 균형성과표(BSC)와 함께 재정적 관점, 고객서비스, 조직운영, 조직학습 차원에서 척도를 제시할 수 있다(Devaraj & Kohli, 2002). 공공부문의 경우 투입과 산출을 명확히 정의하기 어렵기 때문에 투자수익률 같은 기준을 적용할 수 없다. 대신 민주적 책임성이나 공공서비스만족도 같은 무형적 가치를 기준으로 정보시스템의 성과 측정이 가능하다(Northrop, 2006; Specht, 2001). 그리고 공공부문의 정보기술효과를 측정하는 기준으로 업무생산성, 효율성, 비용감축, 시스템 활용도, 민주적 책임성, 대응성, 형평성, 투명성, 시민만족도 등의 가치가 제시되기도 하였다(오철호·정용관, 2002; 유홍림·김행기, 2005; Northrop, 2006). 그리고 조직 및 사용자 특성이 시스템 활용과 성과의 산출과정에 영향을 미친다는 점에서 사용자의 직급, 업무특성, 조직의 공식화 수준 등에 따라 정보시스템의 활용과 성과가 달라진다고 접근되기도 하였다(명승환 외, 2007; Welch and Pandey, 2007).

이 외에도 성과분석모형을 기초로 Delone & Mclean의 정보시스템 성공모델인 "품질→이용→효과"의 프레임워크를 결합하여 도출되기도 하였다(황병천 외, 2006). 이처럼 시도 및 시·군·구 행정정보시스템의 이용률과 활성화 지표를 바탕으로 성과분석이 시도되었지만, 해당 사업이 당초 의도한 목표를 달성했는지, 그에 따른 행정효율성과 효과성을 측정하는 데 한계를 지니고 있다. 이러한 상황에서 행정정보시스템에 대한 효율성과 효과성에 대한 성과분석은 의미를 지닌다.

제2절
시·군·구 행정정보화의 성과분석: 현상진단과 시사점

1 분석의 틀

기존의 정보화사업에 대한 성과분석틀을 살펴보면 류호상(2002)은 종합 국세서비스 사업에 대해 행정조직, 고객(국민), 정보시스템의 세 가지 관점에서 분석틀을 구성하였다. 행정조직 측면에서 조직목표 달성도, 능률성, 조직혁신, 직원만족을 측정하고 고객(국민) 측면에서 능률성, 고객만족, 이용의 편리성을 측정하였으며, 정보시스템 측면에서 안정성과 연계성을 성과분석 틀로 제시하였다. 박영미(2000)는 이용자, 내부업무 효과성, 조직혁신의 세 가지 측면으로 성과틀을 구성하여 전라남도 농업정보화 사업의 성과를 분석하였다. 이용자 측면에서는 이용편리성, 대민서비스 개선도, 이용자 만족도와 활용도를 측정하였고, 내부업무 효과성 측면에서 업무생산성 향상, 업무수행비용 절감, 직원의 만족도를 측정하였으며, 조직혁신측면에서는 조직문화의 변화와 환경변화에 대한 대응노력을 성과분석을 위한 분석틀로 활용하였다. 김상훈 외(2006)는 정보화지원 사업에 대한 성과분석 틀로서 사업추진 산출물 품질영역, 개인 및 업무 성과 영역, 조직 및 경영성과 영역 등 세 개 영역을 제시하고 있다.

DeLone과 MacLean(1992, 2003)은 정보시스템 차원에서 활용과 만족도를 기준으로 정립한 정보시스템 성공모델의 바탕에서 성과분석틀을 제시하였다. 즉 정보시스템의 성과분석을 크게 정보시스템 품질 및 정보품질, 서비스품질의 정도는 활용과 만족도에 영향을 주고, 이는 다시 개인과 조직의 성과에 미치는 영향까지의 단계적 성과분석 틀을 제시하였다. 정보시스템의 성공모델을 기반으로 Pitt 외(1995)와 Saunders 외(1992)도 정보시스템 성과분석틀을 제시했는데, 이들은 정보시스템을 성과분석 할 때는 반드시 조직의 상황변수를 고려해서 분석해야 한다고 주장하였다.

기존 연구에서는 사업별 정보시스템이 상이하지만, 전반적으로 유사한 성과분석틀을 제시하였다. 즉 해당 정보화사업과 정보시스템의 성과 목표나 분석방법에 상응한 성과분석틀이 제시되었다. 주로 사용자(공무원)와 수혜자(고객/국민) 등의 인적 측면에서 구성되거나 시스템 품질측면이 함께 고려되었다. 또한 정보화사업 추진의 절차적 합리성이나 민주성과 효율성 등의 이념적 요소로 구성되었다. 주요 이유는 기존의 정보화사업 성과분석틀이 연역적 분석방법에 의해 만들어졌기 때문이다(황성돈, 2009). 즉 당초 의도했던 성과보다는 민주성, 효율성 등 추상적 가치에 초점을 두고 성과분석틀이 구성되었다는 데서 연유한다. 따라서 성과지표의 구체성이 약하고 사업추진 당시 의도하지 않은 성과측정지표가 많았다. 또한 정보화사업의 집행결과에 대한 정책적·행정적 판단을 위한 유용한 정보를 산출하기도 어려웠기에 피평가자의 입장에서 볼 때 분석결과의 신뢰성과 정당성에 의문을 제기할 개연성이 높았다.

따라서 이 장에서는 시·군·구 행정정보 고도화사업이 당초 의도했던 목표가 실제로 얼마나 달성되었나를 분석할 지표를 도출하고, 그에 따른 성과분석을 토대로 개선 방안을 제시하고자 한다. 이 장에서는 시·군·구 행정정보 고도화 1, 2차 사업의 성과평가를 위하여 〈표 5-1〉에서 보듯이 성과평가 기준을 크게 효과성 측면과 활용성 측면으로 구분하여 살펴보기로 한다.[2] 먼저 효과성 측면의 성과분석 기준을 흐름행정 구현, 민원서비스 향상, 시스템 운영 효율성 향상으로 세분하였다.

첫째, 흐름행정 구현은 공무원의 업무처리 과정에서 발생하는 행정정보 고도화 1, 2차 사업의 성과를 평가하는 것으로 수평적 업무통합처리, 수직적 정보운용, 현장과 사무실 간 업무처리 연계 측면의 성과를 측정할 수 있도록 구성하였다. 수평적 업무통합처리는 시스템별·대장별 관리 및 처리되던 업무를 하나의 시스템에서 통합·연계하여 처리되는지를 평가하는 업무 간 연계처리 측면과 수작업으로 이루어지던 부서 간 협조관계가 온라인화되어 업무단절과 지연 해소가 얼마나 잘 이루어지는지 평가하는 부서 간 온라인 정보공유 및 협조체계 측면으로 구분하였다. 수직적 정보운용은 계층

2 성과평가기준은 범정부 성과참조모델(Performance Reference Model)을 기초로, 새올시스템의 특성에 적합한 평가기준을 설정하였다. 효과성 측면은 시군구 행정정보고도화 1, 2차 사업의 추진 당시 목표를 기준으로 얼마나 달성했는가에 초점을 두고, 활용성 측면은 해당 시스템을 실제로 얼마나 활용하여 업무를 처리했는가를 기준으로 평가하였다.

〈표 5-1〉 시군구 행정정보시스템 사업성과의 분석틀

<table>
<tr><td rowspan="4">지표의 구조</td><td colspan="9">효과성</td><td rowspan="2">활용성</td></tr>
<tr><td>대분류</td><td colspan="4">흐름행정구현</td><td colspan="3">민원서비스 향상</td><td>시스템운영효율성 향상</td></tr>
<tr><td>중분류</td><td colspan="2">수평적 업무통합처리</td><td>수직적 정보운용</td><td>현장과 사무실 간 업무처리 연계</td><td colspan="2">편의성 제고</td><td>공정성 제고</td><td>시스템운영의 일관성 및 안정성 제고</td><td rowspan="2">업무처리 정도</td></tr>
<tr><td>소분류</td><td>업무 간 연계처리</td><td>부서 간 온라인 정보공유 및 협조체계</td><td>계층 간 보고·통계업무 처리의 원활화</td><td>업무 단절에 따른 지연 극복</td><td>민원첨부 서류의 감축기반 조성</td><td>협업 서비스 원활화</td><td>대민서비스 누락 및 중복 방지</td><td>정보자원 관리와 백업시스템 체계기반 마련</td></tr>
<tr><td colspan="2">지표의 의미 정의</td><td>시스템별·대장별 별도 관리 및 처리 업무를 하나의 시스템에서 통합·연계처리</td><td>수작업으로 이루어지던 부서 간 협조관계가 온라인화되어 업무 단절 및 지연 해소</td><td>계층간 보고·통계 업무처리의 신속성, 정확성, 일관성 제고</td><td>모바일 등 현장 업무 연계</td><td>민원첨부 서류 감축 가능</td><td>시군구공무원과 외부시설, 사업자 등 협업기관 간 업무처리 방식이 문서수발, FAX, 방문 등에서 웹기반의 전자적 창구를 통해 해당 정보를 직접 입력 및 전달하는 방식으로 변경</td><td>특정 민원업무가 언제, 어느 부서, 누구에 의해 어떻게 처리되고 있는지 민원인이 실시간 확인할 수 있고, 민원업무처리자의 개인별 책임소재를 사후 분명하게 확인할 수 있게 되며, 민원서비스 수혜자격 등에 대한 자동확인 등을 통해 대민서비스 누락 및 중복 방지</td><td>일관적이고 자율적인 관리가 가능한 시군구정보자원관리의 수단이 제공되었고, 국가와 지방자치단체의 협업을 통하여 비용이 많이 드는 백업시스템 등의 재해복구 체계기반 마련</td><td>업무처리 시스템의 사용 빈도</td></tr>
</table>

간 보고·통계 업무처리의 신속성, 정확성, 일관성 제고 정도를 측정하고자 하였고, 현장과 사무실 간 업무처리 연계 측면은 모바일 등을 통한 현장업무의 연계를 파악하여 업무단절에 따른 지연 극복 정도를 측정하도록 하였다.

둘째, 민원서비스향상 측면은 행정정보시스템의 고도화를 통해 민원서비스의 향상 정도를 측정하는 것으로 편의성 제고 측면과 공정성 제고 측면으로 구성하였다. 편의성 제고 측면은 민원첨부 서류감축기반의 조성 정도와 시군구 공무원과 외부 시설, 사업자 등 협업 기관 간 업무처리방식이 문서수발, 팩스, 방문 등에서 웹 기반의 전자적 창구를 통해 해당 정보를 직접 입력하고 전달하는 방식으로 변경된 정도를 측정할 수 있도록 하였다. 뿐만 아니라 민원서비스 수혜자격 등에 대한 자동 확인 등을 통한 대민서비스 누락과 중복 방지 정도를 통해 공정성이 얼마나 제고되었는가를 측정하고자 하였다.

셋째, 시스템 운영의 효율성 향상 측면은 정보자원 관리와 백업시스템 체계기반 마련을 통한 시스템 운영의 일관성과 안정성 제고 정도를 측정하기 위해 포함하였다. 즉 일관적이고 자율적 관리가 가능한 시군구 정보자원관리의 수단 제공 정도, 국가와 지방자치단체의 협업을 통하여 비용이 많이 드는 백업시스템 등의 재해복구 체계기반 마련 정도로 측정할 수 있도록 하였다. 아울러 해당 시스템의 실제 활용한 업무처리 정도를 바탕으로 활용성을 파악하고자 한다.

2 성과분석

1) 복지행정업무의 특성과 성과

복지업무시스템 사용에 따라 시군구와 사회복지시설 간 행정업무 간소화 및 행정비용이 절감된 것으로 나타났다. 또한 사회복지정책 수립을 위한 기초자료가 확보되고 시군구 관내 사회복지시설의 정보화 수준을 제고한 것으로 나타났다. 아울러 국가복지정보시스템 조기 정착의 기반을 마련하였다. 특히 사회복지시설 투명성과 효율성에 기여하였다. 즉 사회복지기관 운영의 회계 투명성 확보에 기여한 것으로 드러났다. 뿐만 아니라 사회복지시설 업무의 표준화와 업무효율성 제고에 도움이 된 것으로 인식되고 있다.[3]

2) 위생업무의 특성과 성과

지방자치단체의 공중위생업무 투명성과 예측가능성 제고에 기여하였다. 이러한 바탕에서 서울시 자치구에서는 2013년11월부터 위생 분야 중 식품위생업과 공중위생업 데이터를 개방하였다. 인허가 대장, 행정처분 내역 및 통계자료 등 93종류의 데이터 세트(Data set)를 발굴하고 데이터 성격에 맞게 시트(Sheet), 차트(Chart), 공개 API(Open API) 데이터로 서비스를 제공한다(뉴스와이어, 2013년10월31일). 그동안 위생업무가 소비자 불만과 불신을 초래했지만 시스템 활용으로 환경변화에 능동적으로 대응하면서

3 이러한 내용은 부산경남지역 사회복지관의 사무국장들 인터뷰(2014년3월11일)를 통해 확인되었다.

선진화된 공중위생업무 추진에 동기를 제공한 것으로 평가된다.[4]

3) 환경업무의 특성과 성과

기존의 대장 중심의 업무처리 방식을 프로세스 중심으로 개선하여 업무 효율성을 향상시키고, 외부시설과 유관기관 연계를 통하여 대민서비스의 질적 향상을 도모하며, 보조금 지원의 투명성을 제고하였다. 웹기반으로 전환하여 환경업무를 통합처리가 가능하며, 프로세스 표준화 및 생산행정시스템과의 연계를 통한 흐름행정 구현에 기여하였다. 또한 민원인에게 민원처리 진행상황 공개와 함께 업무담당자에게 업무처리 진행상황 및 이력사항을 제공하면서 민원서비스의 편리성과 업무처리의 투명성을 제고하였다.[5] 하지만 모든 행정절차를 시스템상에서 모두 수행할 수가 없으며 시도행정 및 새올시스템 간 서로 연계가 강화될 필요가 있다(한대호 외, 2013).

4) 자원봉사업무의 특성 및 성과

자원봉사자가 지역에 제한 없이 봉사활동할 수 있고 봉사실적을 인터넷을 통해 조회·인증할 기반을 제공하였다. 또한 수여자에 대한 봉사자/관리자의 지속적인 상담정보 및 수혜내역을 관리하여 점진적으로 봉사의 질을 제고하였으며, 복지, 자원봉사 간 연동으로 업무 간 데이터 활용을 증대하였다. 하지만 자원봉사업무의 내용이 체계화되지 않은 상태에서 시스템과의 적합성이 낮아 활용이 저조한 것으로 나타났다.[6]

4 서울지역 자치구는 새올행정시스템의 공공데이터를 서울시 행정업무 표준을 위해 개발된 시도행정시스템과 연계하여, 시의 '열린 데이터 광장'을 통해 시민에 개방하고 있다.

5 이러한 사실은 부산광역시 동래구청 환경업무담당자 인터뷰(2014년3월12일)를 통해 확인되었다.

6 이러한 사실은 충청남도 아산시 자원봉사업무담당자 인터뷰(2014년3월13일)를 통해 확인되었다.

제3절

시·군·구 행정시스템별 문제점 및 향후 개선방안

1 업무별 시스템의 이용 비중

1년 동안의 처리업무를 100으로 가정할 때, 새올행정시스템 업무처리비중은 〈표 5-2〉에서 보듯이 다양하게 나타났다. 복지업무의 새올행정시스템의 업무비중은 75.56%로 비교적 큰 것으로 나타났다.

〈표 5-2〉 **업무별 시·군·구 행정시스템의 활용 비중**

활용비중	복지	위생	환경	자원봉사
0%	4	2	3	6
1–10%	48	3	7	4
11–20%	35	1	6	
21–30%	58	2	1	
31–40%	33		5	1
41–50%	95	9	4	2
51–60%	67	3	7	
61–70%	151	3	6	2
71–80%	315	5	7	
81–90%	343	7	9	1
91–100%	330	6	10	1
합계	1,479	41	65	17

업무비중빈도와 관련하여 복지업무의 경우 10% 이하(52명)으로 3.5%, 50% 이하−10% 이상(221명)이 14.9%, 50%−100%(1,206)로 81.5%이었다. 0%(4)도 0.3%로 나타났듯 비교적 업무비중이 높았다. 위생업무의 경우 62.1%이었는데 50% 이하−10% 이상(12명)이 29.2%, 50%−100%(24)로 68.5%로 나타났다. 환경업무의 업무비중은 57.74%이었으며, 응답자 65명 중 50% 이상은 43명(66.2%)이고, 50% 미만은 22명(33.8%)으로 나타났다. 자원봉사의 업무비중은 28.8%로서 업무비중빈도의 경우 10% 이하(10명)가 58.8%, 50% 이하-10% 이상(3명)이 17.6%, 51%−100%(4)의 경우 23.5%로 나타났듯이 다른 업무에 비하여 활용도가 작은 것으로 판단된다.

2 시·군·구 행정시스템의 사용 미흡 이유

새올행정시스템의 사용 미흡 이유를 정리하면 〈표 5-3〉과 같다. 먼저 복지업무의 경우 새올행정시스템으로 처리하지 않는 이유의 경우(복수응답), 새올행정시스템만으로 처리할 수 없는 업무단계가 존재(611)한다는 응답이 72.5%로 가장 큰 요인으로 지적되었다. 이어 에러발생(280)이 33.2%, 다른 시스템과 연계 부족(250)이 29.7%, 입력곤란(116)이 13.8%, 사용방법 어려움(77)이 9.1%, 상사선호(25) 3.0% 등의 순이었다. 위생업무를 모두 새올행정시스템으로 처리하지 않는 이유의 경우(복수응답) 새올행정시스템만으로 처리할 수 없는 업무단계가 존재(16)한다는 응답이 45.7%로 가장 큰 요인으로 지적되었으며, 다른 시스템과 연계 부족(7)이 20%, 사용방법이 어려움(4) 11.4% 그리고 상사선호, 에러, 입력곤란(각 2)이 각각 5.7%로 나타났다. 환경업무의 경우 '시스템으로 처리할 수 없는 업무단계의 존재'가 30명(61.2%), '기초자료 입력 곤란'이 15명(30.6%), '다른 시스템과 연계부족으로 업무중복 처리발생'이 14명(28.6%), '사용방법의 어려움'이 8명(16.3%), '시스템의 에러 발생'이 7명(14.3%) 순으로 조사되었다. 자원봉사업무에서 업무를 모두 새올행정시스템으로 처리하지 않는 이유(복수응답)로 새올행정시스템만으로 처리할 수 없는 업무단계가 존재(9)한다는 응답이 45%로 가장 큰 요인으로 지적되었으며, 다른 시스템과 연계 부족(3) 및 입력곤란(3)이 각각

〈표 5-3〉 새올행정시스템의 사용 미흡 이유

사용미흡 이유	복지(843)	위생(41)	환경(49)	자원봉사(18)
사용방법 어려움	77	4	8	1
더 쉽게 처리	0	0	0	0
기초 자료 입력 힘듦	116	2	15	3
에러 많이 발생	280	2	7	1
다른 시스템과 연계 부족	250	7	14	3
상사 선호	25	2	2	0
처리할 수 없는 업무단계	611	16	30	9
기 타	1	1	4	0

15%, 에러발생(1) 및 사용방법 어려움(1)이 각각 5% 등의 순이었다.

3 시스템별 개선방안[7] 및 시사점

1) 복지업무시스템 개선사항

복지대상의 신속한 보호와 선정의 정확성을 유지하고 대상자 중심의 통합관리가 필요하다. 아울러 새로운 복지서비스 수요에 능동적인 대응이 요구된다. 이를 위해 주민등록, 세정 등 관련 프로그램 연계와 함께 새올행정시스템기반 모든 정보와 호환이 필요하다.[8] 또한 장기요양기관 입소 및 이용의뢰자 등록 때 시설 클릭만으로 입소자와 이용자 명단 간 연동과 다른 보건사업과 연계도 필요하다. 또한 전출입 때 다른 시·군·구 장애인보장 지급현황 및 중증등록 대상자 현황, 전출자 정보열람이 가능해야 한다. 그리고 다른 시군 주민행정프로그램과 세밀한 협력(전화번호 확인, 사망일 확

7 시스템별·지역별로 사용자(18명)와 운영자(8명)를 대상으로 해당 시스템의 성과와 개선 방안, 향후 지역정보화 사업의 발전방안에 관해 심층면접 결과를 바탕으로 하였다.

8 복지급여 대상자에게 지급되는 각종 수당이 주민지원서비스에서 대상자명을 조회했을 경우 나타날 수 있도록 해야 함(개인 주민번호 조회 때 각종 서비스 급여 내역을 관리할 수 있는 프로그램의 호환이 일선기관에서는 필요한 사항임).

인, 전출일 확인)이 필요하다. 또한 다른 시·군·구에 거주하는 부양의무자의 생활실태 열람(통합조사표에 입력된 경우)이 요구된다. 이 외에도 금융재산조회의 일괄 적용과 처리가 가능해야 한다.

2) 위생업무시스템 개선사항

해당 시군구 지역의 주민행정지원시스템과 연계하여 정보공유체제를 구축하고 위생행정지원 프로그램과 처리현황이 다양한 방법(인터넷, ARS)으로 제공되어야 한다. 그리고 위생업무 수립의 기초자료와 사업실적 정보가 수직적으로 시도 및 보건복지 관련기관에서 활용 가능해야 한다. 또한 위생행정통계의 생성을 자동화하고, 보고 내용 변동 때 유연하게 반영할 수 있어야 한다. 가령 집단급식소의 세부항목(위탁급식 영업자) 입력이 가능하고 세부사용지침서도 마련되어야 한다. 또한 지도점검 때 입력방법이나 행정처분 입력 때 절차간소화가 필요하다. 업무 연계처리 활성화, 관련기관 간 업무연계(한국산업인력공단 자격증)와 확인이 필요하며, 민원처리 단축을 위한 자격정보도 연계되어야 한다(한세억·이연우, 2010).

3) 환경업무시스템 개선사항

시스템 활용의 촉진을 위해 업무절차에 대한 면밀한 파악의 바탕에서 프로세스를 개선해야 한다. 또한 다른 시스템과 연계성 강화를 통한 원스톱 통합처리의 개선이 요망되며[9] 사용자가 기초자료를 직접 입력할 수 있는 시스템 개선이 필요하다. 새올행정시스템에서 데이터관리에 폐수처리계통도, 공정도, 위치도, 현황도, 사진 등의 첨부가 가능해야 하며, 기타 행정프로그램과 완벽하게 연동되어야 한다. 특히 환경업무 특성상 다른 부서와 원활한 협조가 가능해야 한다.

4) 자원봉사업무시스템 개선사항

시스템 속도 향상이 필요하며 많은 콘텐츠에 대한 체계적 관리가 요망된다. 관리자나 민원인 모두에게 사용이나 현황 파악이 용이하도록 개선되어야 한다. 자원봉사단

9 새올행정시스템을 완전하게 사용하지 않은 이유로 수기, 엑셀, 한글, 스마트플로, 정화조관리시스템, 자동차검사통합전산시스템, 자동차민원행정프로그램 등을 사용한다는 응답이 제시되었다.

체와 동아리별 커뮤니티 카페 개설이나 자원봉사 마일리지 통장프로그램과 실적 연동이 가능하도록 개선이 요망되며, 통계부분 상세검색과 함께 선로보강 요망 및 시스템 간 연계 필요 등의 개선이 요구된다.

5) 시사점

시·군·구 행정업무의 고도화는 중앙-지방이 정보화 비전을 공유하면서 시·군·구 행정업무방식을 새롭게 바꾸며 시민서비스를 강화하여 시민에게 편안하고 행복한 삶의 질을 누리게 하는 것이다. 그동안 3차에 걸쳐 개발, 확산된 시·군·구 행정정보시스템은 시민의 요구사항, 제기된 문제점, 행정환경 변화에 부응하였는데 앞으로도 프로세스의 지속적 변화관리와 시스템 향상이 필요하다.[10] 시·군·구 정보화는 초기 단계의 대장 중심 자료 및 기존 업무의 전산화와 시스템 고도화를 통하여 공무원의 일하는 방식 개선, 행정처리비용 절감 및 생산성 증대, 대민행정서비스 향상을 이루어 왔다. 그러나 기존 시·군·구 행정정보화는 궁극적 수요자인 지역주민 중심의 종합적 서비스 관점보다는 정부 역할 변화와 법·제도에 따른 행정업무처리 효율화 및 대민 행정서비스 공급에 큰 비중을 두는 등 제약이 있다.

또한 정보기술과 인터넷 환경의 발전으로 주민은 다양한 서비스를 쉽게 접할 수 있는 인프라 환경을 갖게 되었다. 하지만 지역주민은 더이상 정책수요자가 아닌 이해관계에 따른 다양한 서비스 요구, 의사결정 참여 등 서비스 창출 프로슈머로 진화 중이다. 따라서 지역주민의 능동적 참여라는 정보화의 신성장 동력을 이끌어 내기 위한 서비스중심의 정보화사업 추진이 절실하다.

행정정보화를 고도화하기 위해서는 행정환경을 구축함으로써 정보의 축적, 재활용과 정보의 지식화를 위한 지식관리시스템(Knowledge Management System)에 대한 인식과 응용을 고도화해야 한다. 이를 통해 지방전자정부 행정업무의 경쟁력을 강화하고 사이버 행정의 토대 마련이 가능하며 정보시스템에 대한 만족도와 함께 근무여건을 개선하고 행정업무의 생산성을 제고할 수 있도록 해야 한다.

10 행정안전부(2008~2010) 및 인천광역시(2009~2011) 평가에서 각각 우수, 최우수평가를 받은 계양구는 "그동안 자체교육 및 점검, 불편사항 개선 등 지속적인 노력을 기울여 왔으며, 행정업무의 대부분이 새올행정시스템으로 수행되는 만큼 앞으로도 최고 품질의 행정서비스를 제공하기 위해 노력하겠다"고 했다(연합뉴스, 2011년12월6일).

끝으로, 이 장의 한계점으로 임의로 선정된 표본이 모든 자치단체 인식을 반영한 것으로 보기는 어려우므로 향후 대표성 확보를 위한 표본 확장이 필요하다. 아울러 기술적 성격을 벗어나 설명적 연구를 위한 분석이 이루어져야 할 것이다.

CHAPTER 06

전자정부의 성찰과 진전

"문제를 해결하지 못하면서 디지털화하는 조직은 온라인화된 문제조직이 될 뿐이다."

-데이비드 모리슨-

문제의식과 초점

전자정부 이대로 좋은가? 지금껏 국가정보화의 중추적 핵심 사업으로 전자정부(e-Government)가 설정, 추진되어 왔다. 비록 집행과정에서 전자주민카드 백지화 등 어려움을 겪었지만, 전자정부 구현을 위한 법령정비 등 관심과 노력을 기울여 전자정부 구현 수준에서 한국이 선도국가로 평가되기에 이르렀다.* 이처럼 한국의 전자정부는 짧은 기간 동안 급속한 양적 확장과 발전을 경험하였다. 이제는 전자정부 강국으로서 성과와 한계를 성찰할 시점이다. 자칫 성찰 없는 바쁜 과정이 이어지는 경우 위험을 향한 질주에서 벗어나지 못할 수 있다. 더구나 전자정부 구축 과정에서 편익과 순기능 측면에 도취되어 온 듯하다. 전자정부 구축에 따른 폐해와 역기능을 간과하거나 예방적 노력을 소홀히 한다면 그동안의 노력이 헛된 일로 그칠 수 있다. 실제 공간에서 정부 역할이 사회질서 유지와 위해의 방지에 있듯이 전자정부 역할도 오프라인 공간을 너머 사이버공간의 안전과 질서유지에서 자유로울 수 없다. 이 장에서는 그동안 전자정부 추진 과정에서 드러난 문제점을 비판적으로 살펴보고 바람직한 전자정부로서 진전 방향을 모색하고자 한다.

* 유엔 사무국이 미국 행정학회(ASPA)와 공동으로 190여 유엔 회원국을 대상으로 전자정부 구현 수준을 평가한 결과 한국이 전자정부 선도 국가군에 속하는 것으로 나타났다.

제1절

전자정부의 성찰적 접근

1 전자정부에 대한 성찰

정보사회에서 추구되는 전자정부는 합리주의에서 보듯 그 자체가 목적이 될 수 없으며, 단순히 목표성취를 위한 도구가 아니다. 사회구성원 간과 조직 간 문제 상황의 본질에 대한 이해, 공유 그리고 상호신뢰의 바탕에서 해결되는 과정으로 볼 수 있다(Harmon, 1981:102). 전자정부가 장밋빛 미래만을 담고 있는 것은 아니며 구현 과정에서 순기능만 기대되는 것은 더더욱 아니다. 그동안 전자정부 추진과정에서 노정된 부작의 징후들이 짙게 드리워지면서 전자정부에 대한 비판적 성찰이 시도되었다(오철호, 2001; 윤영민, 1996). 하지만 전자정부 추진과정에서 표출된 부작용이 본질로서보다는 피상적으로 다루어졌다.

행정정보화의 줄기로서 흐름이 확장되어 온 전자정부는 인간의 실존적 체험의 바탕에서 삶의 질적 향상을 도모하며, 생활세계에서 인간 및 조직 간 소통적 상호작용성 증진에 있다는 점에서 전자정부 현상에서도 주관과 객관 간 관계와 실제 정보화된 생활세계를 구성하는 과정에서 상황적 요인, 주체 간 균형과 조화의 유지가 요구된다. 하지만 이에 관한 이론적 논의는 미흡하였다. 특히 행정정보화현상에서 드러난 전자정부는 사실과 사상(事象)을 포함하며 질서정연한 모습으로 드러나지 않으며, 복잡성과 역동성을 지니기에 그 본질과 형상을 이해, 규명하는 것이 쉽지 않다.

지금까지 전자정부는 구축과정에서 능률성 제고와 삶의 질 향상이라는 모토를 지향하였다. 전자정부 비전은 정보기술을 활용한 낙관적 전망으로 장밋빛 환상이 제시되었다. 웹기반 환경의 고도화에 따라 드러나는 정부모습과 역할이 전자정부를 통해 구체화되고 있지만, 그동안의 변화 과정에서 야기된 전자정부의 성과와 관련하여 기대와 우려가 엇갈리는 듯하다. 전자정부에 담긴 희망은 마치 시민의 삶이 "완전히 새로운 세상, 새롭고 멋진 세상을 보는 눈, 완전히 새로운 세상, 전에는 알지 못했던 눈부신 곳, 완전히 새로운 세상, 새롭게 펼쳐진 세상"인 양 그려져 왔던 것이 사실이다. 하지만 전자정부 구현노력에 비할 때 그 현상에서 드러난 문제와 한계로 인한 실망과 우려도 적지 않다. 분명 전자정부는 산업사회 이후의 정부이념형으로 타당성을 인정받고 있지만, 전자정부에 대한 담론은 당위성과 정보기술에 매료된 채 추진과정에서 대한 성찰이 없이 전개된 듯하다.

정보기술의 혁신과 함께 가치와 안정성이 증가하고 있는 전자정부는 역사상 유례가 없을 정도의 속도로 진전되고 있다. 전자정부 구현 노력은 행정전산화에서 비롯되며, 행정전산망사업과 행정정보화로 줄기를 형성하면서 지능정부로 진화하는 듯하다. 노무현정부의 출범과 함께 본격적으로 서비스 집행단계에 접어들었던 전자정부 사업을 둘러싸고 다양한 논의가 표출되었다. 이 가운데 과연 정부의 전자화 수준은 어느 정도이며, 전자정부의 방향은 바르게 설정되었는가? 전자정부의 수요자인 국민은 서비스를 체감, 만족하고 있는가? 이 같은 의문을 둘러싼 평가적 인식과 논의도 명암이 엇갈린다. 그렇지만 전자정부 구상의 취지로서 행정내부의 생산성 향상과 대국민서비스 제고라는 두 가지 축에 대해서는 이론이 없는 듯하다.

지금껏 전자정부 구상의 양적 확장은 성과를 거둔 것으로 보인다. 하지만 실질적인 측면에서 적지 않은 한계를 드러낸다. 개념수준과 비전에 비할 때 실행을 위한 구체적 전략과 프로그램 마련에서 선진국에 비해 뒤떨어진 수준을 보여준다. 전자정부 추진 주체를 둘러싸고 부처 간 소모적 갈등이 지속되었으며, 전자정부의 환경변화에 적응하지 못하는 인식과 행태, 이를테면 과거에 고위 공직자들의 경우 인터넷을 사용하지 못해 비서에게 이메일 확인을 지시한다거나 전자결재와 별도로 대면결재가 이루어지는 이중 업무의 양상 등을 들 수 있다.[1] 뿐만 아니라 부처 홍보에 치중한 나머지 시민에게 편익을 제공하지 못하는 경우가 허다하며, 전자정부의 구현과정에서 개인정보

1 중앙부처의 차관급 공직자의 "사실 시간이 없어요. 컴퓨터를 배우지도 못했을 뿐만 아니라 그나마 앉아서 이메일 온 거라도 보려고 하면 결재를 기다리는 간부들이 문 앞에 줄을 서고 있어요"라는 말은 전자정부 구현의 이상이 얼마나 요원한지를 적나라하게 보여준다.

보호 등 제도적 장치가 미비하며,[2] 전산망 오작동으로 인한 정부와 공공기관 활동의 일시적 마비 등의 위험성[3]을 내포하면서 국민의 신뢰를 얻지 못했던 것으로 드러났다(중앙일보, 2003년5월25일).

이 장에서는 전자정부 구현 과정에서 노정된 문제와 한계가 대안적 전자정부 실천방안의 탐색을 교훈한다는 문제인식의 바탕에서 기존 전자정부에 대한 성찰적 논의로써 사회·문화적 관점에서 전자정부를 이해하고, 실천적 접근을 모색하는 데 목적을 둔다.

2 전자정부에 대한 논의의 한계

지금까지 전자정부 현상을 돌이켜보면, 전자정부 구현을 가능하게 하는 기술적 능력과 정책의지는 공공적 정당화를 요구하거나 허용하지도 않은 채 무반성적으로 수행된 듯하다. 하지만 전자정부는 정보기술의 진보와 사회적 삶의 맥락에서 이해될 필요가 있다. 즉 기술적 지식과 능력에 대한 사회적 잠재력을 실천적 지식과 의지에 합리적으로 연결되도록 해야 한다. 그동안 전자정부 구현을 위한 논의는 많은 학자들에 의한 다양한 연구를 통해 만개되었다(권기헌, 1997; 한세억·김경섭, 1997; 정충식, 1998/1998; 한국전산원, 1996; 김현성, 2000; 조덕호·권윤희, 2002; 김성태·오철호, 2003; 최영훈·명승환, 2004).

기존 논의들은 〈표 6-1〉에서 보듯 정보사회의 등장이라는 상황적 맥락 아래 미래행정의 모습이 어떠해야 하는가에 대한 방향에서 다양한 견해를 반영하였다. 게다가 전자정부의 개념에는 정보기술적 인프라 구축을 바탕으로 하여 행정목표 재설계와 행

2 예를 들어 인터넷을 통한 민원서류 발급 및 증빙서류 제출의 경우 신분확인과 수수료 지불 시스템이 갖추어지게 되며, 이 과정에서 개인정보 유출이나 해킹방지를 위한 기술적 장치와 법·제도가 요구된다.

3 지난 2001년3월초 행정전산망이 5시간 마비되는 사태가 벌어져 자료검색은 물론 외부와의 이메일 통신, 민원서비스가 두절되는 사고가 발생하였다. 당시 행자부는 "행정전산망 사용자가 한꺼번에 밀려 접속이 안 되는 비지현상 때문"이라고 설명했지만, 아무튼 전자정부는 효율의 극대화라는 장점에 못지않게 철저한 준비를 하지 않을 경우 국가 전체를 위험에 빠뜨릴 수 있다는 점을 보여준다.

〈표 6-1〉 **전자정부에 대한 시각과 논의**

관점	핵 심 어	개 념 정 의	한 계
기술적 관점	• 정보기술의 도입, 활용 • Network 연결 • 문서 및 정보의 디지털화 • 전자적 업무처리	"정보통신기술의 활용으로 전 부처 간 네트워크를 통하여 형성된 사이버공간에서 전자화 된 DB와 정보의 디지털화를 통해 전자적으로 업무를 처리하는 정부"	사회·문화·윤리적 관점의 미흡
행정 서비스 관점	• 쌍방향의 일괄서비스 • 신속·정확한 서비스 • Non-stop/One-stop 서비스	"정보기술을 통해 One-stop 서비스 등의 신속·정확한 행정서비스를 제공하는 고객지향적 정부"	
행정자체의 관점	• 행정의 생산성 제고 • 행정정보의 공유 • 정부업무의 재설계 • 국가경쟁력의 강화	"정보통신기술의 활용으로 정부업무를 재설계함으로써 행정의 생산성 제고와 국가경쟁력 강화 및 정부혁신을 통한 고객지향적 정부"	

정서비스 측면에서 정부개혁이라는 지향성이 내포되었다. 뿐만 아니라 행정분야에 정보기술을 활용하여 얻게 될 편익이나 순기능적 측면이 강조되어 왔다. 이러한 논의의 전개과정에서 정보기술은 가능인자(enabler factor)로서 독립변수적 기능이 강화되었다. 하지만 당위성과 규범적 성격이 강하였기에 상대적으로 전자정부에 대한 비판적이며 성찰적 노력이 미약한 듯하다. 그렇지만 전자정부도 일종의 제도이자 사회적 구성물이라는 점에서 정보화가 갖는 기술적 가능성이나 상상된 미래를 벗어나 사회성을 반영한 현실적이며 공동체적 가치를 함축해야 한다.

정보사회에서 시민에게 부담으로 작용할 수 있는 정보과부하로 인해 행정에 대한 무관심과 방관이 야기될 수 있다. 이 경우 제도적으로 확보되지 못한 통제장치가 확립된다면, 정보관료가 행하는 결정의 폐해는 오히려 대중의 정선되지 못한 참여보다 작다는 가능성을 전적으로 배제할 수 없다. 또한 전자정부는 컴퓨터와 통신기술의 충분한 활용이라는 전제 아래 환경에 맞게 조직과 제도 그리고 의식·문화의 정비라는 근본적 개념 설정이 중요하다.[4] 전자정부에 대한 논의는 기존의 기술적·경제적 시각

4 행정의 디지털화 또는 전자화 등으로 표현되는 전자정부와 전산화, 네트워크화를 포함한 기존의 행정정보화 간 비교는 전자정부의 정체성을 이해하는 데 유용하다. 양자는 정보기술의 이용, 행정의 생산성과 효율성 추구, 정보통신기반 구축, 중앙부처 주도의 정보화 등의 공통점을 지니는 반면에, 전자정부의 경우 네트워크 구축을 통한 통합시스템화, 고객지향의 정

에 조화를 이루는 방향에서 사회적·문화적·윤리적 관점에서의 접근이 필요하다.

행정정보화가 행정의 효율성을 중심으로 내부지향적 성격이 강한 반면, 전자정부는 효율성 향상을 통한 국민편익 증진이라는 고객지향적 측면이 강하다. 기존 행정정보화가 정보기술을 행정업무에 활용하는 점에 역점을 두었다면, 전자정부는 행정기능과 조직의 개편으로 대국민서비스 수준을 획기적으로 증대시키는 것이다. 즉 정보기술의 활용이 행정업무의 신속한 처리에 머무는 것을 행정정보화(전산화)라고 일컫는 반면 고객을 만족시키기 위한 노력으로 발전될 때에 전자정부라고 말할 수 있다(이윤식 1998:95). 여기서 더 나아가 사회·문화·윤리적 요구와 성격이 체화될 때 전자정부의 사회적 의미와 가치가 부여될 수 있다.

보화 지향, 행정절차의 리엔지니어링을 통한 대민서비스 제공 등을 추구한다는 점에서 행정정보화와 차이점을 드러낸다(한국전산원, 1997:8-24).

제2절 전자정부의 본질과 논의의 한계

1 전자정부의 경험과 성과

범세계적으로 확장되는 정보네트워크가 모든 국가의 정치·경제·사회적 활동에 영향을 주고 지배하는 네트의 시대가 되었다. 이른바 e-commerce, e-business에 이어 e-government가 정보기술 분야의 화두로 부상하였다. 이 과정에서 전자정부에 대한 기존의 접근과 노력은 사회·문화적 맥락과 상황에 기저를 둔 전자정부를 떼어낸 채 사회구조와의 내포적 외연성이나 의미관계에 대한 내성적 고려 없이 피상적 설명으로 시도되어 온 듯하다.

한국의 전자정부 경험과 성과는 〈그림 6-1〉에서 보듯이 50년의 누적적 산물이다. 정부의 모든 행정업무가 수작업으로 이루어지던 시절, 경제기획원에서 인구통계업무를 위해 1967년6월 IBM 1401을 도입함으로써 전자행정시대의 서막을 열었다. 이어 1970년 출범한 중앙전자계산소에서 1971년 UNIVAC 1106의 가동을 시작으로 농림부의 농업센서스와 재무부의 예산결산업무 관리업무를 시작했다. 이후 1987년 「전산망 보급 확장과 이용촉진에 대한 법률」을 제정하고 주민, 부동산, 자동차, 고용 등의 분야에서 국산 디지털 전자교환기(TDX-1) 기반 전국적인 자동전화망과 국가기간 전산망 구축에 나섰다. 이어 1995년 「전자정부법」을 제정하고 전자조달, 국가재정정보 등 초고속국가망을 조성했다. 이후 정부는 통합전산환경 구축, 전자민원 고도화, 행정정부 확대를 골자로 한 전자정부 서비스 확산(2003)과 고도화(2008)를 통해 스마트 전자정부를 구현했다. 2002년 정부는 민원업무를 위한 전자정부 인터넷 사이트(www.egov.go.kr)

〈그림 6-1〉 한국의 전자정부 경험과 성과

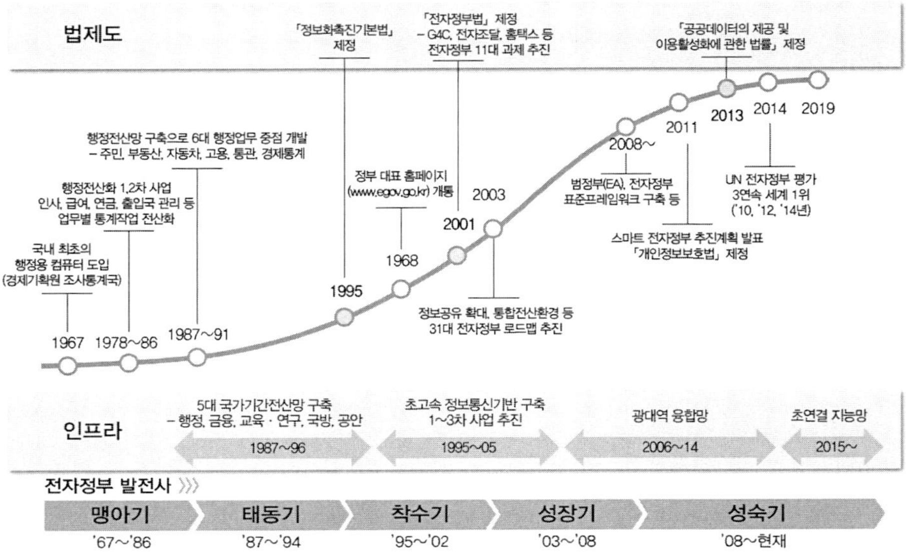

를 완성한 뒤, 정부민원포털 민원24(www.minwon.go.kr)로 발전, 운영해 오고 있다. 이 사이트를 이용하면 행정기관 방문 없이 24시간 인터넷으로 필요한 민원을 신청·발급·열람할 수 있다. 전자정부의 발전을 위한 정부의 노력은 계속되고 있다.

이처럼 전자정부 구축 배경에는 지속적인 통신망 구축과 개발 노력을 빼놓을 수 없다. 1996년 아날로그방식보다 열 배 이상 뛰어난 처리용량과 전파효율성이 특징인 코드분할다중접속(Code Division Multiple Access, CDMA, 처리속도 1.5~2Mbps) 방식의 이동통신서비스를 세계 최초로 상용화했다. 그 뒤 가속화된 통신망 구축 노력으로 2005년 CDMA 처리속도보다 1백 배 이상 빠른 최대 속도 100Mbps의 광대역 통신망 구축(2005년, 처리속도 50~100Mbps), 기가인터넷망 구축(2010, 처리속도 100Mbps~1Gbps)에 나서며 고속의 대용량 데이터를 안정적으로 송수신하는 초고속 인터넷망 개발 노력을 멈추지 않았다.

이러한 노력의 결과 한국의 전자조달시스템은 2003년 유엔 공공혁신상을 수상했다. 이후 출입국관리시스템, 전자조달, 민원포털, 특허행정과 홈택스시스템 등도 유엔 공공서비스 혁신과 공공행정상 등을 잇달아 수상했다. 한국은 2010년, 2012년과 2014

년 연속 유엔의 전자정부 평가에서 1위를 차지하며 우수성을 인정받았다. 한국은 축적된 전자정부 지식과 경험을 세계와 나누기 위해 이웃 국가들과 활발히 협력하고 있다. 전자정부에 대한 해외의 관심은 수출로 이어지고 있다. 행정안전부에 따르면 2015년을 기준으로 한국은 해외 11개 기관에 전자정부 서비스를 수출했으며 수출실적은 5억3천4백만 달러에 이른다. 한국의 전자정부 지식과 경험을 배우기 위해 KOICA 등과 연계해서 아프리카, 아시아, 중남미, 북미, 오세아니아 지역 국가 등에서 정부 관계자들이 한국을 찾고 있다.

2 전자정부의 제도적 실상

한국의 전자정부 구축은 1978년 행정전산화를 시초로 1980년대 행정전산망사업을 기반으로 하며, 1996년 전자정부 구현과제를 실시하면서 전자정부 구축이 본격화되었다. 즉 1980년대 행정전산화사업(1978~1986), 행정전산망사업(1987~1991) 등 업무효율성 증대를 위해 추진된 행정전산화가 기반을 이루었다. 이후 1996년 「정보화촉진기본법」에 의거 국가경쟁력 제고를 목적으로 전자정부 구현 10대 과제가 제시되고, 국가정보화의 일환으로 진행된 행정정보화가 전자정부의 근간을 형성한다. 그동안 전개되어 온 전자정부의 단계별 제도 구성을 살펴보면 〈표 6-2〉와 같이 정리할 수 있다.

전자정부 구축 과정에서 드러난 정책초점, 주도조직, 조정기구로 구분할 수 있다. 여기서 정책기관 간 상호작용은 주로 갈등과 협력의 반복적인 양상을 보여주었다. 즉 특정 부처 간의 지속적인 주도권 장악이나 부처 간 연합이 관찰되는 것이 아니라 각 단계별 계획과 핵심정책이슈와 의제에 따라 주도기능과 조정을 장악하기 위한 노력이 전개되었다. 특히 행정전산화와 정보화단계에서 총무처와 체신부, 이후 행정자치부와 정보통신부, 기획예산처 간 주도권 경쟁이 이루어졌다. 이 과정에서 전자정부 추진을 위한 법률, 정책 등 다양한 제도 구성이 이루어졌다. 이후 전자정부사업이 확장되고 우선순위가 강조되면서 정책기관 간 갈등이 표출, 지속되자 조정기제의 역할이 더욱 중요하게 대두되었다. 그렇지만 위원회 방식의 조정기제로 인하여 대통령의 관심에

〈표 6-2〉 전자정부의 추진단계별 제도 구성

구분	행정전산화 단계 (1978~1986)	행정정보화 단계 (1987~1996)	전자정부 단계 (1997~)
정책 초점	• 계획과 집행의 연계 미비 • 목표달성 위주의 부처별 단위업무 전산화 강조	• 법률기반(전산망법)의 공식적 업무분담 • 부처 간 전산망구축 강조	• 세부적 실천계획과 범부처별 추진과제중심의 업무분담 • 국가차원의 정보화맥락 강조
주요 조직	• 총무처(정부전자계산소) 중심 • 부처 위상에 따른 정책수단 확보상 한계	• 체신부, 전산망조정위원회 중심 • 최고결정권자의 관심과 지지	• 정보통신부, 기획예산처, 행정자치부, 전자정부특별위원회 중심 • 대통령의 관심과 지지에 의한 정책수단 확보
조정 기구	• 행정전산화추진위원회 • 강제규정 부족	• 국가전산망조정위원회 (부처별 역량 강화와 정권교체로 인한 한계)	• 정보화추진위원회 및 전자정부특별위원회 • 법률(전자정부법)·제도적 기반 확보

따라 조정력이 발휘되었으며 제도적으로 정책기관 간 갈등을 효과적으로 통제하는 데 한계에 부딪혔다.

전자정부 구현 사업은 민원서비스는 물론 행정기관 내 전산망 구축 등 생산성 향상에 초점이 맞추어졌다. 하지만 전자정부 구현 과정에서 정보통신부와 행정자치부 간 갈등이 빚어졌다.[5] 전자정부 구현 업무는 행정자치부에 있지만, 정책수단(예산과 기술 등)의 부족으로 정보통신부와 예산관련 기관에 의존함으로써 행정자치부의 범정부적 영향력이 미흡하며, 행정정보화 사업만으로 의미가 정착된 상황이었다. 또한 전자정부의 추진체계의 경우 관련부처 및 기능의 분산과 다기화로 인한 정책혼선과 집행의 차질, 정책 완성도와 전자정부 구현 속도가 저하되었다. 기존 정보통신부(정보화추진위원회), 행정안전부(문서감축위원회), 기획재정부(정부혁신위원회 산하 전자정부특별위원회) 간 전자정부 구현 관련 주도권 행사가 나타났다. 물론 행정개혁(기획재정부) 및 행정혁신(국무총리실)업무 담당기관에 정보기술 반영을 위한 기구 및 인력 부재, 정보기술 전담 정부부처(과학기술정보통신부) 및 기관(국무총리실 산하 정보화추진위원회) 정부혁신기

5 정보통신부는 국가정보화 사업 전체를 전자정부에 포함시킨 것이었고, 행정자치부는 행정정보화 사업 부문만을 국한시켜 진행해 왔다.

능의 부재 등이 추진체제의 취약성을 드러냈다.

이런 맥락에서 행정정보화 사업은 행정안전부가 총괄하되 각 부처별로 전자정부 구현을 위한 행정정보화 사업을 추진하고 있다. 그리고 전자정부 사업추진체제에 한국전산원이 정보화 전문기술 지원 및 감리를 담당하고, 정부전산정보관리소가 행정정보공동이용센터 구축 및 공통행정업무 전산화와 전산교육을 담당하는 것으로 설정되어 있다. 뿐만 아니라 국내 전자정부 사업의 경우 추진 과정에서 미국 등 외국과 다른 양상을 보여준다.[6] 이 외에도 2001년2월28일 제218회 임시국회 본회의에서 「전자정부 구현을 위한 행정업무 등의 전자화 촉진에 관한 법률」이 제정되면서 행정업무와 민원처리의 효율성은 물론 대민서비스의 질적 수준 제고의 제도적 여건이 마련되었다.[7]

3 전자정부 구현의 자체 평가

21세기 국가경쟁력을 강화하고 인터넷과 PC통신이라는 네트워크를 통해 언제 어디서나 모든 국민에게 고품질의 행정서비스를 제공할 수 있는 기반 마련을 위해 행정정보화가 추진되고, 전자정부 구현을 위해 정보기술을 바탕으로 전면적인 행정개혁과 경영혁신을 하겠다는 강한 의지가 최고정책결정권자에 의해 피력되었다.

그동안 전자정부 구현을 위해 행정생산성 향상, 민원행정서비스 개선, 행정정보화 기반 강화 등 3개 분야 16개 부처의 21개 사업이 추진되었다. 이를 몇 가지로 정리하면,

첫째, 행정의 생산성 향상과 경쟁력 강화와 관련하여 '행정정보공동이용시스템 구축·설계'를 통해 기관 간 정보중계시스템과 전자적 정보조회·확인시스템 모델을 제시함으로써 기관 간 행정정보공동이용 활성화를 위한 기반을 마련하였다.[8] 각급 행정

6 미국과 일본의 경우 지방 자치단체를 중심으로 한 분산된 정보화 사업이 추진되고 있는 반면, 국내에서는 중앙정부 주도로 이루어진 통치체계의 강화에 중점을 두고 있고, 대부분의 프로젝트가 정부 부처별로 진행되는 상황이다.

7 2001년7월1일부터 본격 시행된 「전자정부법」은 모두 7장 52조(부칙 1조 포함)로 구성돼 있으며 국가기관과 지방자치단체의 전자정부 구현에 필요한 시책을 적극적으로 추진, 행정업무의 생산성 제고와 대국민서비스의 획기적인 개선을 목표로 하고 있다.

기관에서 구축한 행정정보파일 목록을 DB화하고, 목록집을 발간·배포하여 각 기관에서 공유할 수 있도록 하였다. 그리고 문서업무 재설계(BPR) 연구용역 사업을 추진하여 전자문서처리에 적합하도록 사무관리규정 및 동 시행규칙을 개정하였고, 행정기관 간 전자문서유통표준을 확정·고시하여 민간개발업체에서 표준적용 전자문서시스템을 개발할 수 있도록 하는 등 그동안 불가능했던 기관 간 전자문서유통을 가능하게 함으로써 전자정부의 기반을 마련하였다. 또한 공무원 인사관리종합시스템 등 정부공통 행정업무를 개발하여 각 기관에 보급하여 중복투자를 방지하고, 관련기관 간에 공동활용할 수 있도록 하였으며, 공무원사이버교육센터를 구축하여 교육수요자가 원하는 시간에 언제든지 교육을 받을 수 있는 신개념의 교육훈련시스템을 운영함으로써 더욱 다양한 교육기회를 제공하였다. 이 외에도 공무원에 대한 이메일 보급을 확대하여 전자적 정보유통으로 종이문서 감축 등 행정의 생산성을 제고하였다. 특히 모든 국내물품 조달 및 대금지급업무 프로세스의 EDI화, 물품납품 등 15종의 전자문서를 개발하여 조달EDI의 기반을 확대하는 등 정부부문에도 전자상거래를 도입하였다.

둘째, 기관별 홈페이지 확충 등 민원행정서비스를 개선하였다. 홈민원센터 구축·서비스, 상훈기록확인서의 인터넷을 통한 발급, 인터넷 정책포럼의 운영 등 전자적인 민원행정 서비스의 기반을 조성하였으며, 국민의 알 권리 충족을 위해 행정정보소재 안내 서비스 등 정부정보의 공개를 촉진하였다. 행정기관별로 홈페이지를 구축하여 기관 소개, 행정정보 제공, 민원안내와 처리 등 홈페이지 서비스 체제를 개선하였고, 특히 우체국 전자상거래시범사업의 추진으로 정부부문 전자상거래 모델을 제시하였다. 그리고 각급 통계작성 기관별로 분산관리하는 국가통계정보를 통합적으로 관리하여 공동활용체제를 구축하고, 이용자에게 원스톱 서비스를 제공하였다.

셋째, 행정정보통신망 확충 등 행정정보화 기반을 강화하였다. 행정종합정보통신망을 76개 기관망과 16개 광역시·도로 연계하여 전국적인 정부인트라넷으로 확충하였으며, 정보기술과 사용자 요구사항을 반영한 PC표준규격 개정, 공무원 PC보급률 제고, 민간 우수소프트웨어의 조달가격 공급을 통한 소프트웨어 보급 확산, 정품S/W 사용촉진 등 행정정보화 기반을 조성하였다. 그리고 중앙부처 실·국장 고위공무원에

8 주민전산자료(행정안전부)의 공동활용으로 운전면허 관련 민원업무의 정확성을 제고하고, 면허취득자의 주소변경 신고제를 폐지하였다(경찰청).

대한 정보화 특별교육 실시, 정보화교육 표준교재의 발간·보급(22종 56,000부, 42개 기관) 등 공무원 정보화 교육을 확대하였으며, 부처별로 정보화책임관(CIO)을 임명하고, 4차에 걸친 CIO협의회를 개최하는 등 기관 간 행정정보화 협조체계와 행정정보화 추진체계를 강화하였다. 또한 국가사이버 정보전에 대응한 대책 수립, 신종 바이러스에 대한 신속한 전파와 대응체계 마련 등 전자정부의 안정적 운영기반을 조성하였으며, 정부전자서명 인증시스템을 구축하여 전자문서·행정자료 등의 유통 안전성과 신뢰성 확보 기반을 마련하였다.

행정정보화 5개년 계획의 3차 연도인 1998년부터 각 부처의 정보화 사업 실적이 구체적으로 드러났다. 「행정정보공동이용에 관한 규정」, 「정보화책임관(CIO) 지정·운영에 관한 지침」 등의 제정으로 정보공동활용과 정보자원의 체계적 관리를 위한 법적·제도적 기반이 마련되었다. 전자정부 추진과 관련하여 부처 간 이견 조정·점검·평가 기능 등을 담당하기 위해 민간전문가와 관련 부처 차관으로 전자정부특별위원회가 구성·설치(2001.1)되었다. 이 위원회를 중심으로 제1차 회의(청와대, 2001.3.19)에 이어 전자정부구현 종합점검을 위한 2차 회의(2001.12.24)에서 전자정부사업의 기본 틀로서 11개 전자정부 핵심사업[9]을 추진하였다.

2002년 관련 법제도 정비와 시스템 구축으로 정부민원포털(G4C)을 개통했다. 2005년 고도화로 인터넷 민원서비스 대상을 확대하고 다부처가 연계된 복합민원(출생신고, 자동차 등록 등) 일괄처리 등도 추진했다.

2003년 출범한 참여정부는 열린 전자정부를 만들기 위해 세 가지 이념을 내세웠다. 첫째, 서비스 전달 혁신 통한 네트워크 정부 구축이다. 둘째, 행정 효율성과 투명성 향상으로 지식정부를 실현한다. 셋째, 국민주권을 실현하는 참여정부로 거듭난다는 것이었다. 2003년 4월 대통령 자문기구 정부혁신지방분권위원회에 전자정부전문위원회를 설치했다. 같은 해 8월 전자정부전문위원회는 참여정부 전자정부 로드맵을 발표했다. 일하는 방식 혁신, 대국민 서비스 혁신, 정보자원 관리 혁신, 법제정비 등 4대

9 전자정부 11개 핵심사업은 ①단일창구를 통한 민원업무 혁신(G4C), ②시·군·구 행정종합정보화, ③정부 통합전자조달시스템 구축(G2B), ④전국 단위의 교육행정정보시스템 구축, ⑤인터넷을 통한 종합국세서비스 제공, ⑥표준인사관리시스템 구축, ⑦국가 재정정보시스템 구축, ⑧전자결재 및 전자문서 유통시스템 구축, ⑨전자서명·전자관인시스템 구축, ⑩정부전산센터 통합, ⑪4대사회보험시스템 연계구축사업 등이다.

분야, 10대 어젠다, 31대 과제를 제시했다. 2003년 '브로드밴드 IT 코리아 건설' 계획을 발표했다. 이듬해부터 2010년까지 3단계로 전국 규모 광대역통합망(BcN)을 구축했다. 2008년 정보통신부를 해체하고 국가정보화 기능을 행정안전부로 이관했다. 이후 국가정보화 기본계획을 발표했다. 2010년 교육·산업·의료 등 정보화 외연을 넓히는 국가정보화 10대 과제를 추진했다.

그동안 노력에 의해 전자정부는 PC기반 기관·분야별 대국민 온라인 서비스 활성화를 이뤘다. 민원24, 나라장터, 유니패스 등을 통해 온라인민원, 전자계약, 전자통관 서비스를 구축하는 데 성공했다. 행정업무 정보화도 대부분 마쳤으며 정부통합전산센터 등 정보자원 통합관리 기반을 마련했다. 물론 반성도 뒤따랐다. 모바일 온·오프라인연계(O2O), 민관 협업을 통한 시·공간 제약 없는 개인화 통합서비스는 낙제점에 가까웠다. 부처 간 정보 공유도 마찬가지다. 사물인터넷(IoT), 클라우드, 인공지능(AI) 등 신기술 확산에 따른 새로운 보안위협 요인에 대한 대응 부족으로 전자정부 신뢰 확보도 미흡했다.

한국은 공공정보화 사업에 매년 약 3조5,000억 원을 지출하고 있다. 전자정부사업에 대한 체계적인 평가를 위해 행정안전부는 2016년도에 성과관리추진단을 발족해 준비 작업을 진행했다. 2018년3월에는 정보화사업 성과관리과를 신설해 본격적으로 범정부 통합 성과관리 체계의 발판을 마련했다. 그리고 2018년을 전자정부 성과관리의 원년으로 선포하였다. 2018년의 전자정부 성과관리 주요 성과로는 관련 제도 정비와 정보화사업 전 추진 절차의 성과 중심 개선을 꼽을 수 있다. 특히 이미 운영 중인 1만7,000여 개 정보시스템의 성과 측정을 통해 132개 시스템을 통폐합했고, 2016년과 2017년에 도출된 일몰 대상 시스템 709개를 폐기 완료했다. 이를 통해 구축비 2,136억 원, 운영유지비 1,100억 원 이상이 투입된 시스템의 폐기·통폐합으로 5년간 총 운영·유지 관리 예산 975억 원을 절감하는 획기적인 성과를 거뒀다. 2018년 예산사업 1,572개와 발주사업 689개의 성과계획을 검토하고 사전협의를 실시한 결과 약 27억 원의 예산절감 효과를 거뒀다.

정부는 2017년9월 「전자정부법」을 개정해 6월24일을 '전자정부의 날'로 지정하였다. 2018년 제1회 '전자정부의 날'을 계기로 언제 어디서나 편리한 서비스를 제공하는 것은 물론, 국민과 함께하는 전자정부를 브랜드화함으로써 통일된 이미지로 홍보하고,

전자정부 선도국가로서의 위상을 제고하고자 제작한 브랜드 이미지(BI: Brand Identity)가 소개되었다.

제3절

전자정부의 비판적 성찰

1 전자정부의 비판적 성찰

다른 정책과 마찬가지로 전자정부 정책이 합리성을 지향하며 효율성을 추구하는 것은 당연하며 마땅히 그래야 한다. 그런데 소망과 의도와 달리 정책과정이나 정책산출과 성과가 합리적이며 효율적이었는가? 달리 말해 노력과 투자된 만큼의 실효 또는 성과를 거두었으며, 문제상황의 해결에 어느 정도 도움이 되었는가? 고객인 국민과 정책 대상집단을 얼마나 만족시켜 주었는가? 등의 질문에 대한 해제를 명쾌하게 제시하지 못하는 듯하다. 그동안 전자정부 구현에 막대한 예산은 투입되어 왔지만 실제 정부생산성 제고, 투명성, 행정민주화 등에는 효과가 미미한 것으로 인식된다. 즉 한국의 전자정부 구현 사업은 1995년 이후 지금까지 많은 자금이 투입되었다. 그러나 선택사양적 사업화 추진, 강력한 사령탑 부재, 부처 할거주의, 느슨한 성과평가 및 행정개혁과 유리된 전자정부 구현 사업이 추진되는 등 많은 문제점이 상존하였다. 뿐만 아니라 현상과 제도 간 괴리, 행정개혁 작업과 전자정부 구현작업 간 별도 진행 등의 한계가 드러났으며, 정보통신관련 사업예산 배정 때 목표·목적달성 가능성을 사전에 담보하지 못하고, 사후 평가·교정작업 미미했다.

1) 사례분석: 전자정부의 일그러진 모습

전자정부 추진은 정당성이 당연히 주어지는 것이 아니다. 여느 정책과 마찬가지로 사회적 과정을 통해 정당성이 확보되어야 한다. 정보기술의 채택이 이념적으로 정당화되는 현상은 보편적이지만 기술적 담론이 사회적, 문화적, 철학적 담론을 압도하거나 담론 사이에 지나친 단절이 발생한다면 전자정부는 화려한 기술적 외피를 걸치고 있지만, 시대착오적 국가기구의 정체를 감추는 퇴행적 구성물로 전락할 수 있다.

(1) 이념과 현실 간 격차: 구조와 기능 간 괴리

전자정부의 진전에 따라 정보의 양과 질이 높아질수록, 그리고 정부기관의 가상공간으로의 이행이 가속화될수록 정부기능과 역할에 일대 변화를 요구한다. 특히 정부조직은 가장 많은 환경과 영향을 주고받으며 이러한 과정에서 우월적 지위, 대등적 지위, 비우월적 지위 등 여러 관계에 영향을 주고받는다. 그러나 내적으로 볼 때 정부의 성격은 우월적이라고 볼 수 있으며, 가상공간과 정보통신기술 등은 그러한 정부의 환경과 주고받는 기존 관계를 변화시킨다. 이는 전자정부가 진행되고 정보통신기술이 발전할수록 공공기관에게 환경과의 교호작용에서 더욱 많은 변화를 가져오게 된다. 그러한 변화는 정부이념에 의문을 갖게 하고 다른 조직에 비해 경직적인 구조상 적응을 더디게 하여 혼돈을 야기하게 한다. 달리 말해 정부조직은 하드웨어가 발전해 가는 속도를 소프트웨어가 따라가지 못하는 현상을 경험하였다. 실제로 전자정부는 공공재의 비시장적 특성으로 인한 정부실패를 극복하고, 정부재창조의 이념적 기반으로서 신자유주의가 사상적 토대가 된다. 이런 맥락에서 공공부문의 인력감축, 성과중심의 관리, 고객지향의 서비스 제공을 중심으로 한 개혁작업이 이루어지고 전자정부는 행정개혁을 성공적으로 추진하기 위한 촉매작용으로 인식되었다. 하지만 우리 전자정부 현상에서는 대조적 양상을 보여주었다. 중앙정부와 지자체가 효율성과 신속성을 구현하기 위한 전자행정 구축사업을 별도로 추진, 예산과 행정력의 낭비현상을 드러냈다.

> "경기도는 1999년 9,600만 원을 들여 인사관리전산화 프로그램을 개발하고 본청 공무원 3,000여 명의 인사자료를 입력했다. 수원·성남·용인시 등 도내 기초자치단체들도 독자적 인사관리프로그램을 가동하고 있다. 광주광역시도 2000년 2,700여만 원의 예산을 투입, 인사관리프로그램을 개발, 2001년 3월부터 시 본청과 사업소 공무원 3,840명의 인사자료를 입력하고 있지만, 광주 서·북·광산구 등도 2000년 서울 중앙전산소가 개발한 인사관리프로그램을 제공받아 2001년1월부터 업무에 활용하고 있다. 이런 가운데 행정자치부는 지자체들이 사용하고 있는 것과 호환이 이뤄지지 않는 인사관리프로그램을 개발, 2000년부터 전국의 자치단

> 체에 보급하고 있다. 이에 따라 새로 보급된 인사프로그램을 도입하는 시·군들은 이미 개발한 프로그램을 폐기하거나 기존 프로그램과 일치하지 않는 부분에 대한 수정·보완 작업에 많은 인력을 투입하는 등 불편을 겪고 있다."[10]

이 같은 이유로 도 본청과 성남·용인·과천·군포·안성·화성시 등 7개 자치단체는 행자부가 개발한 프로그램의 사용을 포기하고 기존 프로그램을 사용하고 있다. 게다가 2003년에는 중앙인사위원회에서 개발한 인사프로그램을 전국의 자치단체에 보급하여 혼란과 불편이 초래되기도 하였다.

(2) 공급자 위주의 전개: 편향적 관계

사회적 측면에서 전자정부 공간의 주체는 사회성원이며, 현실과 사이버공간의 상호작용에 의해 사회발전이 지속되어야 한다. 그런데도 지금까지 수요자인 시민이 소외된 채 공급자 위주의 일방향적 양상을 보여주었다. 지난 2001년2월에 제정된 「전자정부법」의 핵심은 단지 기존 행정운영의 관행을 전자적 처리로 대체하는 것이 아니라 행정정보를 전자적 형태로 공개함으로써 행정 전반의 혁신을 도모하고 효율적이고 열린 정부로 만들어 가는 데 있다. 그러나 「전자정부법」의 취지는 행정자치부 검토 과정에서 시민사회단체 및 연구자들이 제안한 원안의 취지가 훼손되어 전자적 공개의 범위와 수준이 제한된 폐쇄적 법률안으로 전락하였다. 게다가 행정자치부는 원안의 취지와 달라진 법안에 대해 명백한 이견이 존재하는데도 충분한 의견수렴도 거치지 않고 서둘러 국무회의를 통과시킨 후 국회 상임위에 상정함으로써 입법절차 또한 폐쇄적으로 진행하였다. 미래 열린 정부 구현의 가장 주된 수단이자 공개행정의 밑그림 역할을 담당할 이 중요한 법안이 핵심이 빠진 채 시민과 관련 전문가들의 의사수렴도 제대로 거치지 않은 채 졸속으로 추진되었음을 보여준다. 이 외에도 행정관료의 편의주의 발상에서 제기되었던 전자주민카드의 경우 국민의 실생활에 적지 않은 영향을 미침에도 불구하고 여론의 검증절차 없이 행정적 수준을 통해 추진을 강행하려다 실패하여 공급자 위주의 편향적 관계의 실상을 극명하게 드러냈다.

10 경기도 관계자는 "행자부가 보급하고 있는 인사 프로그램이 자치단체가 쓰고 있는 프로그램과 기관 코드가 맞지 않는 등 호완성이 없어 사용을 포기했으며 결국 중앙과 지방 간의 별도의 사업추진으로 예산과 행정력을 낭비하게 됐다"고 했다.

(3) 폐쇄적 문화: 은둔과 비밀

정부 중앙행정기관들의 홈페이지가 기관당 평균 100개 이상의 오류를 범하는 등 엉망으로 운영되는 것으로 드러났다(국무조정실, 2002). 뿐만 아니라 행정기관 홈페이지를 통한 온라인 정보공개 청구 및 정보공개 실적이 저조하다. 정보화를 통한 국민과의 직접 접촉이 전자정부 구현의 필수사항인데도 대부분의 기관은 홈페이지에 정보공개에 대한 소개 정도에 그칠 뿐 온라인으로 정보공개를 청구하거나 이에 대한 정보공개 기능을 제공하고 있지 않다. 또한 상당수의 부처에서는 기관장 전자우편주소의 제공과 업무담당자에 대한 정보를 제한적으로 공개하였다. 순환보직 때문에 담당자의 잦은 교체가 예상되고, 정부기관에 아직도 소극적이며 폐쇄적 분위기가 존재할 뿐만 아니라 담당자 성명과 전자우편주소의 공개 및 관리가 쉽지 않기 때문으로 지적된다(오철호, 2001).

(4) 추진주체의 혼선: 갈등과 분절

전자정부사업관할에서 정보통신부와 행정자치부 간 갈등을 드러냈다. 그러나 현재 각 중앙부처가 추진하는 정보화사업은 광의의 전자정부업무에 포함시킬 수 있기 때문에 전자정부의 추진체제가 문제가 있다는 것은 곧 정보화추진체제가 문제 있음과 직결된다. 특히 분야별 정보화 중에서 행정정보화(전자정부구현) 분야는 거의 대부분의 부처에 해당되기 때문에 각 부처의 시행계획과 추진실적을 행정자치부의 행정정보과에서 일차적으로 종합하는 과정을 거쳐 행정정보화분과위원회에 제출하게 된다. 따라서 행정부처의 정보화를 둘러싸고 행정정보화를 한 부분으로 포함하여 전반적으로 국가정보화를 계획하고 추진하는 정보통신부와 행정정보화를 주관하는 행정자치부 사이에 전자정부사업의 주도권 확보나 중복사업발생 등 갈등과 마찰이 야기되면서 분절적 양상을 드러냈다. 그동안 전자정부사업은 1996년 이후 총 7조7000억 원이 투입되었으며 2001년3월19일 정부혁신추진위원회 자문기구로서 전자정부특별위원회가 한시적(2002년까지)으로 설치되는 등 범정부적으로 추진되었다. 하지만 그 실태를 조사한 결과[11] 정보통신부 및 정보화추진위원회의 역할이 기대에 미치지 못하고 있음을 지적

11 감사원은 지난 2002년 6월부터 9월까지 정보통신부 등 47개 기관을 대상으로 지식정보강국 실현을 목적으로 전자정부 구현사업이 제대로 수행되도록 위해 「전자정부 구현사업 추진실태」에 대한 감사를 실시하였다.

하였다. 아울러 「정보화촉진기본법」과 「전자정부법」의 역할이 중복되고 있음도 지적하였다. 가령 「전자정부구현을 위한 행정업무 등의 전자화촉진에 관한 법률」에서는 행정자치부가 중장기 전자정부사업계획을 수립하도록 되어 있어 「정보화촉진기본법」에 따른 추진체계와 업무중복으로 혼선이 지적되었다.

김대중정부에서 전자정부특별위원회가 형식상 정부혁신추진위원회 산하기구로 설치되었으나 실제적으로는 독립된 대통령자문기구로 운영되었다. 이 과정에서 조직혁신과 정보기술 활용의 절묘한 결합이 쉬운 과제가 아님을 보여주었다. 노무현정부의 경우 정부혁신추진기구 내에서 전자정부가 주도되면서 정부혁신, 특히 조직혁신과 인사개혁기능과 연계되어 정보화작업이 추진될 수 있는 점에서는 바람직하다. 그러나 정부혁신의 다른 분야에 비해 전자정부는 정보기술적인 측면이 중요한 측면임을 감안할 때 정부혁신지방분권위원회 내에서 온전히 수행되기에는 어려움이 있었다. 실제로 정부혁신지방분권위원회의 주 관심사와 추진력이 지방분권에 모여 있는 인상을 주며 지방분권과 전자정부 과제는 연관도가 그리 높지 않았던 것이 사실이다. 따라서 전자정부 추진 과제가 정부혁신지방분권위원회 내에서 차지하는 비중이 상대적으로 낮았다.

더구나 전자정부 과제 추진에서 정부혁신지방분권위원회 또는 전자정부전문위원회의 조정력이 높지 않을 경우 행정자치부와 정보통신부의 첨예한 이해관계가 부각되면서 전체 전자정부 추진의 효율성이 저하될 수도 있다. 사실 전자정부의 영역이 정부혁신지방분권위원회의 모든 기능과 관련이 되어 있어 각기 다른 분과 전문위원회와의 업무중복 혹은 사업추진상의 추진력, 예산의 확보 측면에서 다른 위원회들과 경쟁과 갈등이 예상되며 새로운 딜레마에 빠질 수 있다. 특정 정치적 이슈의 등장과 상황 변화에 따라서 우선순위에서 밀릴 우려가 크다. 더욱이 전자정부사업의 주체가 행정자치부로 결론이 내려졌기 때문에 정보화추진위원회와 정보통신부와의 경쟁과 갈등관계를 어떻게 조정할지도 의문이 제기되었다.

한편, 2004년8월 전자정부추진로드맵의 발표로 추진방향과 전략은 어느 정도 제시되었으나 전자정부전문위원회의 위상으로 볼 때, 정부의 일하는 방식을 근본적으로 개선하여 통합적 정보자원관리체제를 구축하기에는 많은 장애가 예상된다. 또한 추진과제도 31개(위원회 핵심추진과제 13개, 사실상 부처의 사업인 위원회 중점관리과제 18개)로 업무영역이 너무 포괄적이고 중복의 가능성도 배제할 수가 없다(최영훈·명승환, 2004). 이 외에도 정보화 조직과 관련하여 범국가적으로 모든 행정조직에 CIO가 지정되어 있으나 이들은 각 조직 내뿐만 아니라 조직 간 수평·수직적으로 유기적인 상호작용 체계를 구축하지 못하는 한계가 있었다. 국가정보화와 관련된 법령과 제도 역시 「전자정부법」을 비롯하여 「정보화촉진기본법」, 「정보보호법」 등 수많은 법령이 여전히 정비되지 못하였다. 전자정부 및 정보화가 진행되는 과정에서 부서 간 이해관계로 인해 협조체제의 어려움 등이 선결되지 못했다.

(5) 부실한 전자정부: 속 빈 강정의 홈페이지

전자정부는 사이버공간의 홈페이지를 통해 드러난다. 사실 홈페이지는 다양한 소수자를 위한 배려나 「정보공개법」에 명시된 주요문서목록의 제공 등으로 통해 행정기관을 비롯하여 공공부문의 투명성을 높일 수 있는 좋은 방법임에도 많은 정부기관 홈페이지는 이러한 기본에 인색했다. 가령 대한민국전자정부 홈페이지의 '인터넷정보공개' 검색 시스템은 내용의 빈약과 검색의 오류로 신뢰를 주지 못하고 있다. 시민단체(함께하는 시민행동)가 접근성, 투명성, 민주성을 기준으로 실시한 모니터링에 의하면, 경북 문경시의 경우 '주요문서목록'을 검색할 경우 검색이 0이지만 '문서'를 입력하면 '2000년도 주요문서목록(아주 부실하지만)'을 찾을 수 있는 것처럼 겉의 모습과 속의 내용은 판이하다. 중앙부처 중 교육인적자원부, 해양수산부는 인터넷정보공개청구 메뉴조차도 없는 현실이다. 조사대상 35곳의 군 단위의 홈페이지에서 주요문서목록의 제공은 '화순군' 한 곳이었다. 교육청 단위의 홈페이지를 보면 '정보공개'와는 담을 쌓고 있는 것처럼 보인다. 이것은 정보 격차의 또 다른 형태였다. 몇 년 단위로 홈페이지를 바꾸며 화려하게 구성한 곳은 많지만 2000년도 이전에는 공공기관이 없었던 것처럼 2000년도 이전 자료는 찾아보기도 힘들었다. 전자정부 홈페이지 정책포럼은 형식이 있을 뿐 내용이 부실하다. 노동부의 정책포럼 메뉴, 법무부의 정보공개 사례 메뉴를 보면 내용이 아무것도 없다. 대한민국전자정부홈페이지의 정책포럼도 부실했다. 또한 거창한 계획보다는 기본에 충실하게 중앙과 지방의 격차를 줄여 나가는 것이 요구되었다. 전자정부는 선언으로 되는 것이 아니라 기본에 충실한 기반에서 서서히 변화하는 과정이 요구되었지만(함께하는 시민행동, 2002)[12] 전자정부 현실은 그렇지 못했다.

(6) 역기능의 심화: 충격과 무방비

지금껏 우리는 사이버공간을 조기에 확장하고 전자정부를 구축하기 위해 범국가적 노력을 경주하였다. 그 지향은 정보사회의 정부이념형으로 전자정부가 갖는 순기능의 꿈과 가치를 희구하는 데 맞추어져 왔다. 하지만 역기능 문제가 방치되거나 해결되지 못한다면 전자정부의 비전은 흉몽과 비극으로 끝날 수 있다. 사이버상 역기능으로 인해 전자정부가 지닌 가치와 안정성은 물론 사이버공동체의 가치와 안정성이 위협받을 수 있다(한세억, 2003). 주지하다시피 전자정부에 관한 한 한국은 인터넷을 통해 거래가 가능한 상위 수준에 속한다. 이러한 수준을 성숙시키기 위해서는 전자정부가 인간 삶의 질과 사회의 복지증진에 기여하도록 역기능의 문제를 신중하게 검토하고 이를 최소화하도록 해야 한다. 전자정부 역기능은 정보화 역기능 문제의 선상에서 이해될 수 있다. 비록 정보사회 일반의 문제와 전자정부의 문제를 분리해서 생각한다면 그 양상은 다소 차이가 있을 수 있다. 가령 불건전정보의 유통문제의 경우 전자정부 상황에서 상정하기 어려울 것이다. 하지만 전자정부도 하나의 정보통신망이라고 본다면, 누군가 정부 홈페이지에 들어와 게시물을 업로드한 경우 내용이 유언비어 유포이거나 타인을 비방하는 것이라면, 정부 홈페이지의 운영자의 법적 책임이 문제될 수 있다. 왜냐하면 정보시스템의 불법침입과 파괴는 전자정부라 하더라도 예외는 될 수 없기 때문이다. 김대중정부에서 완성된 전자정부 기반은 이후 정부에서 더욱 성숙, 고도화되어야 했다. 정보기술에 대한 국가행정의 의존도가 증가함에 따라 전자정부에서 정보보호의 중요성이 높아졌다. 국가기밀과 국민의 개인정보에 대한 보호, 그리고 안정적 시스템운영은 전자정부의 성패를 가름하기 때문이다. 뿐만 아니라 개인의 통신 프라이버시 침해와 개인정보의 오·남용 문제의 경우 전자정부에서 그 중요성이 한층 더 강조되어야 한다.

12 함께하는 시민행동은 한국정보문화운동협의회 후원으로 2002년7월26일부터 9월15일까지 중앙 기관 30곳 자치단체 89곳 교육청 49곳 등 총 168곳의 홈페이지를 접근성, 투명성, 민주성의 관점에서 모니터 결과를 발표했다

2 전자정부의 자화상과 평가적 담론

1) 전자정부의 자체 반성

그동안 추진된 행정정보화사업을 통해 드러난 문제점을 정리하면 다음과 같다(행정자치부, 2000; 한국전산원, 2004). 하지만 이러한 문제점들은 시간의 경과에 따라 점차 개선되어 오고 있다.

첫째, 생산성 향상을 위한 행정정보 공동활용이 저조했다. 정부차원의 범용적 행정정보공동이용시스템이 부재할 뿐만 아니라 각종 행정정보의 연계 등 행정정보공동활용에 대한 각 기관의 참여 의지도 미흡했다. 이를테면 960개의 DB를 구축·활용하고 있으나 79개(8.2%)만이 공동 활용되는 실정이다. 여기에 각종 행정정보DB 간 정보의 불일치로 행정생산성의 저하를 드러냈다.

둘째, 민원행정에 대한 종합적인 전자적 서비스계획 부재 등으로 인해 민원서비스 개선이 미흡했다. 범정부적으로 일원화된 전자적 민원창구 부재로 국민불편을 초래하고, 기관별로 일부 민원에 한정된 전자민원서비스로 효과가 미약했다. 또한 쌍방향 대화통로 활성화 대책 및 전자민주주의 도입을 위한 실천적 방안이 부진했으며, 정부기관 홈페이지 콘텐츠 부족 등 대국민서비스 강화를 위한 정책과 제도적 장치도 미비했다. 전자적 민원처리를 위한 민원인 인증시스템 구축, 위·변조 방지, 민원수수료 전자지불 시스템 구축 등 전자적 민원서비스에 대한 기반이 취약할 뿐만 아니라 행정정보소재 안내시스템들 간 연계방안이 확보되지 못하였다.

셋째, 전자정부서비스를 위한 행정정보화 기반이 미흡하다. 중앙부처망(정부고속망)의 단일장비 체계로 청사 간 연계장비나 청사 내 백본장비 장애 때 행정업무의 혼란 초래 가능성 내재하고 있으며,[13] 인터넷 사용의 급증에 따라 인터넷 병목구간이 발생했으며,[14] 정보기술의 급속한 발전에 따라 신종 소프트웨어가 출시되었지만, 인증시험

13 38개 부·처·청과 3개 위원회 등 41개 중앙 정부기관과 산하기관 등 모두 95개 기관 가운데 49곳(51.6%)이 백업시스템(데이터+프로그램+하드웨어)을 전혀 갖추지 않았으며, 백업 시스템을 갖춘 46곳도 대부분이 별도의 장소가 아닌, 주전산센터 건물 내 인접 공간에 시스템을 설치해놓고 있어 실효성이 의문시되고 있음이 드러났다(국무총리실, 2002).

14 정부전산정보관리소의 관계자는 "서버 1대당 1천 명이 접속할 수 있는 용량을 갖추었으나 대당 2천5백 명의 유저를 수용하다보니 자주 다운될 수밖에 없다"에서 확인할 수 있다.

기준 마련 미비 등 소프트웨어의 완전성이 미비했다. 그리고 원활한 전자결재 등을 위한 펜티엄급 이상의 PC보급이 미흡하며, 정보기술 급속한 발전에 대응할 수 있는 체계적인 정보화 교육계획 부재 및 교육시설도 부족했다. 게다가 정부전자서명 인증기반 완비를 위한 범정부적인 추진체계 미비와 관련 전문인력 확보도 미흡할 뿐만 아니라 행정정보자원의 효율적인 관리체계도 확립되지 못하였다.

넷째, 행정정보화 인력 부족 등 추진기반이 미흡하다. 가령 분야별 정보화추진분과위원회 소관업무 범위가 모호하며, 행정의 생산성 향상과 대국민 민원행정서비스 개선 등 범정부적인 행정정보화 업무가 부처별 분과위원회로 잘못 분류되어 운영되었다. 그리고 신기술을 접목, 활용할 수 있는 정보화인력과 행정정보화 예산이 부족하고, 급속한 정보기술의 변화에 대한 적응력도 취약하며, 행정정보공동이용 등 다기관 간 연계사업의 경우 협조 체제가 미흡했다. 그리고 다른 기관의 행정정보화 추진사례와 우수한 정보시스템에 대한 공유정보도 부족했다.

다섯째, 부처 간 협력과 상호연계 미비로 통합서비스가 제공되지 못해 국가정보자원의 효율적 활용에 큰 장애가 되었다. 이를테면 시스템 간 연계, 통합, 표준화, 상호운용성, 정보공동활용 등의 경우를 들 수 있다. 일부 전자정부 사업이 같은 기능의 시스템을 별도 개발하거나 유사 정보의 연계와 통합방안이 마련되지 않아 사업비 중복투자 등 예산낭비의 요인이 있는 것으로 지적됐다. 각종 전자정부 사업 추진으로 국민편익과 행정능률이 향상됐지만 일부 시스템의 경우 개발 중복과 시스템 간 연계방안 미비로 예산이 낭비를 초래했으며 부실한 기초자료의 입력으로 시스템 활용에 문제가 있는 것으로 나타났다(감사원, 2003). 뿐만 아니라 민원서비스혁신(G4C)시스템 구축사업 중 전자정부 단일창구와 정보공동이용시스템은 시군구 행정종합정보화 사업, 정부전자문서 유통관리센터 확충사업과 각각 중복되고 공동으로 이용하는 정보라도 각기 자료 갱신주기 등이 달라 이용자의 활용에 혼선이 예상된다는 지적이었다. 특히 시군구 행정종합정보화사업의 일환으로 구축한 주민행정·토지지적 등 10개 시스템은 주민등록차량 등에 관한 자료가 실시간으로 제공되지 않고 기능상 불필요한 XML서버 등을 도입해 예산을 낭비한 것으로 드러났다(감사원, 2003).

또한 부처별·기관별 시스템 간 상호운용 미흡과 관련하여 자치단체의 경우도 예외가 아니다. 지방자치단체 업무는 기관위임사무나 단체위임사무 등 중앙으로부터의 위임사무가 대다수를 차지하고 있어 일선 자치단체에서는 각 부처에서 개별적으로 보급한 정보시스템들이 여러 종 운영되었다. 각 시·군·구 민원실에서 운영 중인 전산시스템도 평균 7종에 달했으며, 이들은 단순보고용이거나 중앙편의 위주로 부서와 업무별 단위시스템으로 개발되어 사용되다 보니 전자정부 구현에 걸림돌의 작용을 하는 경우가 있었다. 아울러 전자정부 관련 사업을 만들기는 쉽게 하지만 유지와 보수 관리의 부실함이 지적될 수 있다. 당해 배정받은 예산을 모두 사용하려 하는 속성이 강했으며, 다음 해 더 많은 자원을 배정받으려 한다는 법칙이 작용해서 예산을 받기 위한 사업 중심으로 진행시키면서 신규사업이 우선되는 경우가 다반사였다. 기존 사업을 계승. 발전시키는 일이 어렵다. 이는 전자정부사업 추진과정상 갈등이 각 부문 간 비협조를 유발하면서 시스템연계 미흡과 중복투자로 이어졌다.

여섯째, 전자정부가 기술적인 의미로 좁게 정의되어 행정정보화와 행정개혁이 연결되는데 어려움이 많았다. 사실 전자정부는 정부가 국민을 고객으로 이해하여 고객인 국민에게 편리한 행정서비스를 제공해야 한다는 원칙 아래 성과지향적이며 고객지향적인 정부, 반응적이고 효율적인 정부의 실현을 목표로 하였다. 이제는 단순히 비용절감이나 정부규모 축소와 같은 외형적 실현에 그치지 않고 국민의 만족도를 높이고 민주주의의 심화라는 상위의 목표를 추구하는 정부개혁운동으로 확대된 개념이라고 할 수 있다. 따라서 전자정부의 핵심은 정부혁신(reinventing government)이라는 단어로 함축될 수 있으며, 단순한 통신망의 구축이나 정보기술의 도입이 아니라 행정부문의 리엔지니어링을 통한 행정개혁의 일환으로 추진되어야 했다. 그러나 한국의 경우 전자정부는 기존의 행정업무를 완전히 전산화하고자 하는 목표를 갖고 전개되었기에 자체적으로 한계를 벗어나지 못하였다. 특히 정부업무처리에서 정보화가 가속화되고 정보와 정보가공기술이 보편화된 지식창출 수단이 되는 시대적 상황에의 대응이 미흡하다. 왜냐하면 단순한 정부행정업무의 효율적 수행이라는 목적 아래 전산화, 정보화의 추진이 목적인 전자정부 구현은 지식사회의 대응에 한계를 드러낼 수밖에 없기 때문이다. 뿐만 아니라 또한 정보통신기술을 이용한 전자정부의 구현 목표를 실현하고, 전자정부 구현으로 행정개혁을 성공시키기 위해서는 기술적·경제적 기반 확충 외에 정치적 타협을 필요조건으로 고려되어야 했다. 사실 그동안 한국의 전자정부는 출발부터 정부혁신의 정치적 비용을 줄이기 위한 전략적 선택으로 시작되었다. 물론 한국뿐만 아니라 대부분의 국가에서 정부 내에 더 많은 정보기술을 적용하기 위한 방법이나 정보기술 도입에 따른 경영체계의 변화방법 등과 같이 기술적·경제적 관점에서 전자정부 정책을 입안하여 추진해 왔다. 하지만 정보관리 패러다임의 변화에 내재한 정치적 쟁점은 정보화 추세에 대한 비합리적 반응으로 간주하면서 정책적 고려에서 제외하였다. 이처럼 비정치적 접근으로 인해 전자정부 구현에 필수적인 정보관리 패러다임의 변화방향에 대한 사회적 합의와 관료정치의 조정이 지체되었고, 그 결과 전자정부 프로젝트 자체가 많은 투자와 노력에도 불구하고 의도한 성과를 내지 못하였다. 이 외에도 대국민 맞춤형서비스가 실현되지 못하고 있으며, 초고속통신망의 유선인터넷기술에 기반하고 있어 장소 등에 제약이 따르고 정보가 실시간으로 연계되지 못하였다(한국전산원, 2004).

2) 평가적 논의: 소통적 담론

정보화의 성숙, 고도화에 따라 사이버공간이 공공부문의 도메인으로 넘쳐나고 있다. 중앙정부는 물론 지방정부도 앞다투어 웹기반의 행정서비스 제공에 역량을 결집하고 있다. 하지만 결과는 물리적 공간세계에 존재했었던 것만큼 혼란스럽고 복잡한 양상을 드러내는 듯하다. 현재 모습이 구체화는 전자정부사업이 당초 계획대로 개발되어 가동된다면 행정은 민주성이나 효율성 이외에 투명성도 획기적으로 제고될 수 있다. 왜냐하면 전자정부사업은 국민의 알 권리와 정보접근을 보장하고, 부패를 적절히 통제하는 데 필요한 투명성 제고에 기여하며 행정능률을 제고하는 핵심수단이기 때문이다. 그러나 전자정부는 이러한 목표를 달성하기 위한 필요적 기회를 제공할 뿐이다. 충분한 결과까지 보장하지는 않음을 명심해야 한다. 뿐만 아니라 단순한 비트의 삶에 중독되고 초고속, 초연결, 초기능의 삶에 취한 전자정부가 아니라 인성(人性)을 지니면서 사회적 꿈을 담아내는 전자정부를 지향해야 한다. 전자정부의 노력과 성취가 단순히 기술로 전락한다면 이는 자칫 인간의 삶을 심각하게 위협할 수 있을 것이다. 이런 점에서 이제 전자정부를 재발견하는 것과 함께 공공부문 웹사이트는 사이버공간에 부합하는 관료주의를 새롭게 창조함으로써 기술중심적 전자정부 그 이상의 의미를 창출해야 한다.

장차 행정이 웹에 쏟는 노력을 성공시키기 위해서는 새로운 패러다임이 요구될 것이다. 전통적 정부서비스와 커뮤니케이션 기능을 재구축하고 온라인 사회를 확장시켜 시민의 요구를 만족시키는 방향으로 통합하는 것이다. 이를테면 행정이 전자정부 구현을 위해 프런트오피스에서는 인터넷 기반으로 통합된 대국민 포털 환경을 갖추며, 전화와 스마트카드 등을 활용하여 다각적 서비스환경을 구축해야 한다.

아울러 백오피스 차원에서는 효율적 업무지원 환경과 부처 간 업무프로세스 연계 등 기반 정비가 이뤄져야 한다. 이러한 바탕에서, 첫째 전자정부를 활용한 정부생산성은 물론 사회적 능률과 생산성 향상을 추구해야 한다. 정보통신기술을 정부 자체는 물론 정부와 시민 간 관계를 변화시키는 도구로 활용해야 한다. 즉 정보통신기술의 활용은 단순한 전산화 개념과 수준을 벗어나 기존 업무형태에 대한 개혁이 선행되어야 한다. 둘째, 경쟁력 있는 정부서비스를 비롯한 전자정부의 컨텐츠 제공방안이 지속적으로 개발되어야 한다. 아울러 개인정보보호, 사용자 인증, 지식·정보·자료의 최신화 보증, 통신보안 등의 대책 마련과 함께 온라인 서비스의 가격정책 제정, 시스템 구축 표준 및 프레임워크 제공 등 소프트웨어적 인프라 구축이 필요하다. 셋째, 전자정부에 시민참여를 활성화하면서 사회적으로 공감대를 확산시켜 나아가야 한다. 전자정부의 구축 과정에서 다양한 의견과 요구가 수렴되도록 하며, 정보접근 소외(digital divide) 계층에 대한 교육 등의 지원과 IT를 이용한 NGO 및 시민참여 확대 방안이 모색되어야 한다. 사실 전자정부는 근원적으로 시민이 행정에 더욱 접근이 용이하도록 진행되고 있다. 그러나 그 진행과정에서 시민의 접근이 여전히 용이하지 못하다. 행정의 투명성 강화를 위해서도 시민의 적극적 참여는 필요하며 기관에서도 각 행정과 정상에서 효율성이 약간 감소되는 면이 있더라도 시민의 참여를 통해 공청회를 적극적으로 열며, 모든 사항을 인터넷 등에 공지하는 방안으로서 시민의 참여를 적극적으로 유발하는 방안을 강구하는 것이 전자정부 진행에서 필요하다.

전자정부 구현의 주무부처인 행정안전부는 정부조직 가운데 국민생활과 밀접하기에 자체의 내용뿐만 아니라 추진 과정도 직간접적으로 다른 부처나 기업, 국민에게 미치는 영향이 크다. 이러한 의미에서 행정안전부와 관련 기관에서 수행된 정보화 프로젝트를 둘러싼 문제점은 중요한 고려대상이 된다.

첫째, 전자정부는 기존 업무처리 방식을 그대로 둔 채 단순한 정보기술 도입만으로 성공할 수 없다. 자칫 기존 업무흐름에 시스템을 맞추는 경우 문제점이 야기되면서 공급자와 수요자 모두에게 피해를 줄 수 있다. 가령 전자결재시스템의 도입 과정에서 패키지로 감당할 수 없는 개별 커스터마이징(Customizing)을 기관마다 요구했다는 점이다. 즉 기존 업무관행이나 수작업 문서처리 형태를 바꾸지 말고 그대로 되게 해달라는 주문이다. 이러한 시스템은 불필요한 시간과 노력의 낭비는 물론 변화의 걸림돌이 될 수 있다.[15]

둘째, 프로젝트 형성 및 사업추진 방식의 문제이다. 시스템 개발 이전에 표준이 정해지고, 표준에 따른 개발이 착수되어야 하지만 단위부문별 사업추진으로 인해 부문 간 조정은 물론 동일 사업에서 문제를 야기하였다. 예컨대 하나의 프로젝트가 예산, 기간, 규모 등의 측면에서 장기간에 걸쳐 단계별로 추진되는 경우 초기 사업자는 사업 획득을 위해 무리하게 수주하고 후속사업을 통해 손해를 보전하려 한다. 하지만 정부조달 방식에 의거하여 후속사업을 다른 업체가 저가로 수주하는 경우 문제가 발생한다. 후속사업자는 여러 가지 이유에 의해 이전 사업자가 정한 사양에 맞추기 어렵기에 자신의 사양에 맞도록 전후 시스템 간 인터페이스를 재개발하는 사례가 빈번하다.[16] 하지만 이와 대조적으로 미국 국방부의 경우 하나의 시스템에 대한 기본 설계 구조에 대한 사양이 개발·착수되기 전에 표준이 정해지고, 새로운 정보기술의 등장에 따라 반영된 변경사양이 계속 공개됨으로써 그 표준에 입각한 업체면 누구나 참여, 개발, 장비납품이 가능하다. 이런 점에서 가령 국정정보보고시스템의 경우 특정 사양대로 개발되고 후속사업이 원활하게 진행되지 않으면서 정부 부처 간 행정효율 및 대민 서비스 향상을 위한 시스템화 노력이 무색할 정도였다.

셋째, 관료문화에서 기인한 것으로 행정편의주의나 책임소재 문제 등으로 인해 대규모 SI사업의 경우, 업체 선정 과정부터 중소기업의 참여기회가 배제되었다. 이와 대조적으로 미국의 경우 이미 1970년대 후반부터 정부발주 조달사업의 35% 수준을 의무적으로 중소기업 간 경쟁으로 제한함으로써 벤처기업 활성화의 토대를 마련, 제도화해 왔다. 여기서 정부 역할은 표준제정, 고시 및 법·제도 개선 등 정책방향과 환경

15 공급사의 관계자는 "정부의 각 책임자들이 자기조직의 정보화에서 확실한 정보화 마인드, 즉 왜 정보화를 하는지를 이해하지 않고서는 전자정부의 구현은 구호에 그칠 수 있다"고 지적한다.

16 개발자의 표현을 옮기면 "결과적으로 시스템은 누더기가 되고 결국 비용은 비용대로 들어가고 라이프사이클이 짧은 시스템을 양산하는 것을 반복"하게 된다.

제시에 충실할 뿐 나머지는 민간부분에서 담당하고 있다.

원래 전자정부는 국민지향적 행정서비스를 기본으로 하였지만 지금까지 국민참여가 사실상 배제된 채 정부주도적으로 진행되었다. 지방자치단체 역시 참여가 저조한데 그동안의 전자정부 사업은 지나치게 중앙정부에 집중되었으며, 구축시기에 집착하여 사업을 추진했기 때문으로 보인다. 이를테면 당시 전자정부 사업의 2002년 완수라는 목표에 너무 집착하여 치적주의, 전시적 성과주의를 벗어나기 어려웠다. 뿐만 아니라 정보보호의 문제가 중요한 과제로 제기되는데 전자정부 추진과정에서 정부의 디지털화와 집중관리가 이루어지는 과정에서 행정절차 간소화의 장점이 있지만, 개인정보의 침해 우려라는 문제도 제기되었다. 이처럼 전자정부의 추진과정에서 드러난 부정적 편린은 전자정부의 평가과정과 차세대 전자정부의 방향설정 과정에서 음미, 교정되어야 할 것이다.

넷째, 국가사회적 차원에서 거론되기 시작한 행정부문 개혁을 위한 전자정부라는 수단적 차원의 목표와 실질적인 정보기술의 도입 사이에는 중대한 갭이 존재하는 것으로 파악된다. 따라서 행정부문 개혁의 필요성에 의하여 탄생한 전자정부의 개념이 실행가능하고 기술적인 수단에 의하여 세분화될 수 있어야 한다. 아울러 기술적인 구성요소에 의하여 그려진 정보통신수단의 체계가 조직, 인력관리라는 제도적인 접근과 연계되어 체계적인 모습으로 설계되어야 한다. 뿐만 아니라 정보기술을 공공분야 개혁에 적용할 때 공공부문만의 고유한 특성, 정보수요, 환경적 요인 등을 감안하여 공공행정의 맥락에 적합하도록 변형·도입시켜야 한다. 즉 공공부문에 도입된 정보기술을 효율적으로 관리하기 위해서는 전문적이면서도 종합적인 관리자로서의 지식과 자질이 필요하다는 점 등도 사전에 파악해야 할 것이다.

3 세련된 지능적 정부로의 진전

전자정부가 미래사회에 대한 낙관적 환상만을 제시해서도 안 되며, 실천적 기능을 담당해야 한다. 즉 기술적, 경제적, 사회적 측면이 조화된 3차원적 전자정부 정책을

〈표 6-3〉 정부포털의 전개유형과 구조

구 분	내 용
정보포털	정보를 체계화하고, 필요한 곳에 정보가 활용될 수 있도록 정보 풀(POOL)을 만든다.
협업포털	1차적으로 정부 내부 구성원 간 및 정부기관의 업무수행에서 협업을 할 수 있는 환경을 만드는 것이며, 이를 바탕으로 외부 관련 기관이나 기업과 협업이 가능하도록 확장하는 단계이다.
전문가포털	정보와 전문가 네트워크가 통합돼 지식이 축적, 활용될 수 있도록 분야별로 전문화되고 개인화된 형태이다.
지식포털	정보와 전문가 네트워크가 통합돼 지식이 축적, 활용될 수 있도록 분야별로 전문화되고 개인화된 형태이다.

지향하면서 이를 통해 궁극적으로 전자정부의 인간화를 실현해야 한다. 이하에서는 앞에서 지적된 문제점을 해결하고, 나아가 사회·문화적 차원에서 전자정부 구현을 위한 정책방안을 모색하기로 한다. 전자정부가 미래지향적 이념형으로 제시되었지만 궁극적인 최선의 모습은 아니다. 사회·문화적 변화, 수요자 요구, 이념적 변화, 시민관계에 적응하여 지속적으로 진화되어야 한다. 전자정부의 모습은 갖추었을지라도 문제해결 능력과 유의미한 가치창출능력을 갖추지 못한다면 온전한 전자정부라고 할 수 없다. 이런 점에서 전자정부의 적응적 진화가 모색되어야 한다.

전자정부는 정보화정책의 근간으로서 정책의 실효성을 좌우하고, 정보주권자인 국민에 대한 서비스 구현의 성패를 결정한다는 점에서 존재 의의를 찾을 수 있다. 이러한 점에서 전자정부란 정보통신기기를 활용하여 모든 행정과정을 혁신함으로써 정부의 업무처리가 효율적이고 생산적으로 개선되고, 정부의 고객인 국민과 기업에 대하여 질 높은 행정서비스를 제공하는 정부를 의미한다. 이것은 근본적으로 정부의 업무프로세스가 IT에 의해 효율적으로 개선되고, 정부 내외망이 인터넷과 연결될 때 가능하다. 즉 인터넷을 기반으로 행정업무, 정보, 행정서비스, 커뮤니티를 통합하는 것이다. 전자정부는 〈표 6-3〉에서 보듯 통합된 포털의 구축에 의해 구현될 수 있는데 정부포털은 정보포털-협업포털-전문가포털-지식포털의 4단계 유형과 구조를 갖추어야 한다.[17]

17 정부포털이란 기업의 인트라넷, 엑스트라넷, 인터넷을 모두 통합하여 고객, 종업원, 공급자, 수요자, 사업파트너 등 모든 이해관계자와 각각의 기능적 특성을 웹사이트라는 하나의 접점으로 모으는 것이다.

여기서 고려해야 할 것은 기존 업무시스템과 정보체계, 업무 프로세스를 어떻게 효율적으로 통합할 것인가의 문제이다. 정부포털을 구축한다고 해서 기존의 시스템이나 프로세스를 완전히 무시하고 모든 것을 새롭게 만드는 것은 아니다. 기존의 자원과 역량을 최대한 활용하여 하나로 통합하고, 이를 효율적으로 운영할 수 있는 체제를 구축하는 것이다. 이 과정에서 업무 단절이나 손실이 발생하지 않도록 업무의 연속성을 유지하면서 새로운 체제로 전환해 나아가야 한다. 또한 지능적 전자정부는 사용자인 국민의 입장에서 적응, 진화되어야 한다. 이를테면 정보공개, 보편적 서비스, 정보활용과 관련하여 국민이 공공정보에 대한 쉬운 접근과 값싼 혹은 무료 접근이 가능하도록 정책적 고려가 요구된다. 즉 전자정부의 구현을 위해 다양한 기반과 시스템 구축이 사용자 지향적으로 설계되고, 사용자가 적은 비용으로 언제, 어디서든 전자정부의 다양한 서비스를 이용할 수 있어야 한다. 물론 구축과정에서 민간분야의 자율과 경쟁의 논리를 적용, 관리되어야 한다. 아울러 전자정부의 기술적 구성형태에 대한 아키텍처뿐만 아니라 전자정부를 구성하는 기능과 역할과 산출물, 운영방식, 부문 간 관계 및 대국민 관계 등이 포함되어야 한다. 나아가 기존 서비스의 전자화를 넘어 사회와 문화적 요구에 대한 파악하여 이해를 바탕으로 수요자 욕구와 이념을 충족시키는 신규 행정서비스 창출 노력이 병행되어야 한다. 이 과정에서 전자정부를 진화적 목적의 상태를 반영하기 위한 연구와 실천이 지속되어야 한다(Hendrick, 1994).

1) 이념: 전자정부 비전과 전략의 연계

한국은 광대역 인프라가 전자정부 분야 선도국가인 캐나다 수준의 경쟁력을 확보하고 있으며, 최고지도자와 정치인의 구현 의지, 전문인력과 자금이 확보되어 있다. 그러나 전체적인 비전과 구현 전략 측면에서 보완의 여지가 있다. 대부분의 정부가 백오피스를 먼저 합리화하고, 이를 기반으로 대고객 서비스를 제공해야 하지만 서비스부터 추진하는 경향을 보여주었다. 전자정부를 성공적으로 구현하려면 국민(People), 정책(Policy), 프로세스(Process) 등 3P가 조화를 이뤄야 한다. 여기서 정부는 명확한 비전과 변화를 관리하고 프로젝트를 추진할 수 있는 능력을 갖춰야 하며, 프로세스의 변화를 이끌 방향을 제시해야 한다.[18] 특히 범정부적 차원에서 법·제도, 정부관리 프로세스의 제도화 등 정책적 지원이 필요하며, 이것이 갖춰져야 성공적인 전자정부를 구현할 수 있다. 이와 함께 전자정부 정의에 대한 범부처적 합의가 필요하다. 가령 미국 연방정부는 전자상거래(e-commerce)를 정의하고 있으며, 정부운영시스템에 전자상거래를 도입 활용하는 것을 전자정부로 정의하고 있다. 전자정부의 목표는 효율적이고 생산적인 정부에 우선하여 국민이 체감하고 혜택을 받는 정부이어야 한다. 여기에 물론 전자정부 서비스는 시공을 초월한 서비스를 제공해야 한다.

2) 지향: 수요자 지향적 e-공공서비스의 구현

민간기업의 서비스에 익숙해진 시민은 상대적으로 기대 이하의 공공기관 업무처리와 서비스에 불만이 있을 수 있다. 공공기관도 고객지향적 마인드를 갖춘 민간기업처럼 변화해야 한다. 공공기관에 적합한 새로운 모델은 시민과 공공기관 사이의 다양한 채널(인터넷, 이메일, 전화, 팩스, 직접 대면, 파트너 등)을 통해 이루어지는 대화의 일괄처리를 지원해야 하며, 조직내부 문제나 운영과정보다는 시민의 편의에 초점이 맞추어져야 한다. e비즈니스 애플리케이션을 통해 공공기관은 시민과 직원의 만족도를 높이고, 시민과 납세자의 부담을 덜어 주어 유효성과 효율성을 증대시키며, 시민에게 정부에 대한 믿음을 심어줄 수 있어야 한다. 특히 민간부문에 비해 저조한 정부서비스의 전자화 등에 적극 대응하되 인터넷 사용 인구의 급속한 증가와 전자상거래의 확산에 따라 정부부문의 민원 및 행정정보의 사용에 대한 수수료 부과 등 정책 마련과 정부부문의 정보화에 행정생산성 향상, 대국민 서비스 개선 등 간접적 기여에서 전자상거래 등 경제발전에 직접 기여할 수 있는 정부부문의 정보화를 강화해야 한다.

3) 사회·문화와 조화된 기술적 진보: 기술의 사회화

전자정부정책은 기술과 사회 간 균형적 조화의 맥락에서 이루어져야 한다. 이런 점에서 정책관료는 물리적·사회적 기술, 지식, 경험에 대한 균형감각을 유지해야 한다. 이를테면 정보통신기술의 진보와 고도화에 부수되는 문제는 기술적 접근이 필요하다. 즉 전자정부 공간에서 야기된 역기능과 부작용은 기술적으로 해결해야 한다. 이를테면 정보망의 안전성, 신뢰성, 프라이버시보호 등을 들 수 있다. 다만 기술적 문제해결

18 Commerce one과 더불어 미국정부 관련 네 곳의 전자정부 프로젝트를 추진한 경험이 있는 SAP공공부문 수석 부사장 디트마 팔러와의 인터뷰 내용이다(시사컴퓨터, 2002년1월).

이 지나치게 강조되면서 전자정부가 사회통제장치로서의 성격을 지녀서는 곤란하다. 달리 말해 기술적 합리성에 지배되어 비판능력을 상실하고 기존의 통제체제를 벗어나지 못하는 1차원적 정책(one dimensional policy)으로 길들여져서는 곤란하다. 즉 기술적 이성을 벗어나 비판적 이성을 회복하는 데 초점을 두어야 한다. 장차 인터넷의 생활화에 따라 구체적인 개인정보보호정책(private policy), 관리책임자의 홈페이지 고시 등 방안이 강구되어야 하며, 수준 높은 서비스를 위해 다양하고 풍부한 콘텐츠 개발, 개발된 콘텐츠에 대한 보호·보상정책이 마련·시행되어야 한다. 왜냐하면 전자정부의 구축은 민간부문의 기술개발 수준을 능가할 수 없기 때문이다. 다만 전자정부 구축과 논의 과정에서 인문·사회과학자, 기술자, 시민의 협동과정이 필요하다.

4) 투명한 공개: 참여적 서비스

시민은 자유롭게 행정과의 대화채널을 선택할 수 있어야 한다. 시민은 전화, 팩스, 우편, 이메일, 인터넷이나 직접 대면을 통해 공공기관과 의사소통할 수 있다. 여기서 대화채널의 다양성보다 중요한 것은 시민이 자신에게 가장 편리한 대화채널을 선택할 수 있어야 한다는 것이다. 가령 정보나 서류양식을 찾는 경우 인터넷 사용이 가장 편리하다. 하지만 이와 관련된 도움이 필요하거나 질문사항이 생기면 인터넷 대신에 전화, 직접 대면을 통한 공무원과의 의사소통이 효과적이다. 민간기업이 고객에게 양질의 서비스를 제공하고 고객과의 대화채널을 유지하기 위해 노력과 투자를 아끼지 않는다는 것을 시민이 알고 있기 때문에 시민은 행정(공무원)에게도 높은 기대수준을 갖게 마련이다.

나아가 국민 삶의 질을 제고할 종합적 전자적 민원서비스 노력을 강화하되 범정부적으로 일원화된 종합 전자민원서비스 창구를 개설하고, 민원행정정보화의 효율적 추진을 위해 각 부처와 부서의 역할 분담 정립이 요구된다. 그리고 민원행정정보화에 대한 체감효과 분석을 위한 분석도구와 모델을 개발·활용하며, 정부기관 웹사이트에 대한 정책방안[19]이 강구·시행되어야 한다. 아울러 시민의 높은 기대수준이 공공기관

19 가령 홈페이지의 대민서비스 항목명칭의 통일, 익명게재자에 대한 대응방안 강구라든지 개인정보보호정책의 게시, 홈페이지의 콘텐츠에 대한 신뢰성 강화 및 전자기록물(contents) 보존방안 제시, 특정 웹사이트에 대한 견제·비판기능을 수행하는 안티(anti-) 사이트 등의 출현에 대한 대비책 강구, 정책포럼 운영 등 모범사례에 대한 분석과 여론수렴 기능 강화 등

을 무능력하고 비효율적인 기관으로 폄하하기 전에 새로운 모델을 통한 대책이 지속되어야 한다. 아울러 전자정부는 기술력과 행정과정의 통합이 이루어지는 것이며, 정부의 총체적인 능력을 제고하는 것이라는 점에서 민간과의 협력이 필수적이다.

또한 행정은 홈페이지를 통해 단순히 정보를 제공하는 차원을 넘어 실제적으로 국민에게 편의를 제공할 수 있도록 서비스 확대 차원에서 온라인 정보공개 청구와 정보공개가 개선될 필요가 있다. 이를 통해 투명한 전자정부 과정이 확보되도록 한다. 전자정부는 그 결과로서 행정을 투명하게 만드는 데 기여한다. 그러나 결과만이 아니라 정보화 진행 과정도 투명해야 한다. 가령 수년간 국가청렴도 1위인 핀란드의 경우 1999년 통합 헌법에 의해 더욱 강화된 「정부활동공개법」을 예로 들 수 있다. 이 법에 따르면 핀란드 국민이면 누구나 정부가 관장하는 모든 자료의 열람을 요구할 수 있도록 하고 있다. 정보공개의 강도나 투명성의 확보는 현재의 핀란드를 IT강국으로 만든 주요 요인이다. 물론 한국도 자료의 열람이나 공개관련 입법이 추진되었고, 제정이 이루어져 있지만 과정에 대한 투명성을 위해 쉽게 접근할 수 있도록 적극적인 홍보와 신뢰를 확보하는 일도 선행되어야 할 것이다.

5) 경험적 지식활용: 문제점 발굴과 보완

실패사례를 적극적으로 발굴해야 한다. 각종 다양한 전자정부 관련 사업 중에서 실패사례를 확보하기가 용이하지 않다. 설령 정보화 부문에서 뛰어난 성과를 보이고 있다고 해도 모든 사업이 다 성공했다고 할 수는 없다. 더구나 행정업무의 효율성과 투명성이 가시적이지도 않은 상황에서 실패사례를 확인하는 작업은 몇 가지 시사점을 준다.

첫째, 정보시스템사업의 허점 내지 취약점은 실제 이용자가 아니면 알아내기 어려운 특성을 지니고 있기 때문이다. 서면보고나 시스템 시연 정도에만 의존할 수밖에 없는 정책입안자와 전문가들로서는 실상을 정확하게 파악하기 어렵다. 따라서 문제점을 더욱 명확히 파악하기 위해서는 잘못된 시스템의 사례분석을 해보는 것이 상당히 효과적일 수 있다.

을 들 수 있다.

둘째, 행정정보시스템의 일차 이용자는 현업 공무원이기 때문에 조직문화적으로 잘못된 부분의 지적이 용이하지 않다. 따라서 전자정부의 단계를 고도화하기 위한 전략으로서 실상을 파악하기 위한 노력이 필요하다.

셋째, 전문가의 경우 상시 이용자가 아니기 때문에 원론적 지적은 가능하여도 구체적으로 무엇이 잘못되어 있는지는 알 수 없을 뿐만 아니라, 알더라도 이를 공개적으로 지적·논의할 개방적 여건이 조성되어 있지 않다(김영미, 2004).

지금까지 살펴본 성찰적 노력들은 세련된 지능적 전자정부의 발목을 잡는 관료주의 병폐와 부작용을 제거하는 선결요건이다. 뿐만 아니라 지시·명령·통제·억압적 정부모습을 사라지게 하면서 협력·지원·안내·서비스 정부로 거듭나게 하는 필요조건임을 인식하고 실천해야 한다.

CHAPTER

07

사이버역기능 방지를 위한 전자정부 정책

"현재 진행되는 정보혁명은 우리 사회에
가공할 만한 충격을 던져줄 것이며
특정한 사회적, 윤리적 문제점을 야기할 것이다."

-에드워드 R. 머로우-

문제의식과 초점

한국의 전자정부는 단기간에 걸쳐 커다란 성취를 경험하였다. 이제 전자정부 강국으로서 어두운 면에 대한 냉철한 진단과 대응이 필요하다. 특히, 전자정부 구축에 따른 폐해와 역기능을 간과하거나 예방적 노력을 소홀히 한다면 그동안의 노력에 의해 이룬 공든 탑이 하루아침에 무너질 수 있다. 실제공간에서 정부 역할이 공동체의 안녕과 질서유지에 있듯이 사이버공간에서 전자정부 역할도 사이버공간의 안전과 질서유지 그리고 성숙을 위해 노력해야 한다. 주지하다시피 한국은 정보통신기반이나 정보기기의 보급, 인터넷이용 등에서 선도국가로 인식된다. 하지만 사이버공간에서 예기치 못한 문제가 야기되고 있다. 이른바 사이버상에서 드러난 역기능 현상이 신세계의 희망을 절망으로 바꾸어놓지 않을까 염려스러우며 더는 방치될 수 없는 계제에 이르렀다. 사이버 공간에서 투영된 사이버테러, 해킹, 포르노, 컴퓨터바이러스, 정보사기 등의 문제는 건전한 사이버공간을 위해 극복해야 할 과제로 대두되고 있다. 오늘날 사이버공간에서 표출되는 예기치 못한 문제로서 역기능 현상은 전자정부의 희망을 절망으로 바꾸어놓지 않을지 염려스럽다. 이러한 문제 상황의 인식 아래 사이버공간에서 역기능 방지를 위한 전자정부 노력을 평가하고 안락한 사이버공간을 위한 정책과제를 모색하기로 한다.

제1절

사이버공간에서의 역기능 현상과 접근

1 정보화의 부작용

지난 2009년10월에 스웨덴의 인터넷망이 붕괴되었다. 전 국민이 대혼란에 빠졌다. 원인은 국가도메인을 보수하던 작업자의 사소한 실수였다. 잘못 배열된 스크립트 하나로 국가 전체 사이트가 '먹통'이 됐다. 한국도 2013년 주요 기관과 기업, 지방자치단체의 전산망이 마비되는 '3·20사이버테러'로 곤욕을 치렀다. 이처럼 엄청난 파장을 몰고오는 예측 불가능한 사건들을 'X이벤트'라고 한다. X는 '극도의' 또는 '미지의'라는 뜻으로, 복잡하고 기술의존적인 사회에 닥치는 대재난이다. 발생 가능성은 낮지만 한번 터지면 걷잡을 수 없다는 점에서 전자정부의 블랙스완(Black Swan)과 같다.

정보와 지식이 부가가치창출의 원천이 되는 지식정보사회에서 사회구성원의 사회적, 경제적, 문화적 활동의 많은 부분이 정보네트워크에 의해 확장되는 사이버공간에서 이루어지고 있다. 따라서 인터넷은 이제 단순한 이메일이나 정보검색 수단을 넘어 전자상거래, 전자정부, 사이버대학, 사이버뱅킹, 사이버공동체 등 모든 사회활동의 실질적 공간이 됐다.

하지만 그동안 사이버공간의 현상을 살펴보면 "인터넷대란, 사이버테러, 컴퓨터 부정조작, 정보유출, 음란통신, 개인정보(프라이버시)의 침해, 정보격차, 컴퓨터바이러스, 증가하는 윤리적·비도덕적 정보범죄…" 등 사이버공간에서 기존 인식과 제도로 접근할 수 없는 부정적 편린이 드러나고 있다. 이러한 부작용과 역기능과 관련하여 사이버공간의 앞날에 대한 우려의 소리가 높아만 가고 있다.

이른바 사이버상의 역기능은 사이버공간의 진전에 따라 나타나는 컴퓨터와 인터넷 등 정보통신수단을 이용하거나 정보통신기반에 대해 자행되는 해킹, 바이러스 유포 등 각종 컴퓨터범죄 기타 정보화에 수반하는 제반 문제점을 말한다(정보통신부, 1999). 그러나 정보화 촉진은 물론 전자정부 구현 과정에서 역기능 해소와 예방을 위한 노력은 미흡한 실정이다.

전자정부 로드맵을 보면 전자정부의 역기능에 관한 영역이 소홀히 다루어지는 실정인데 단지 정보보안사고 대응체계 강화가 역기능 정책에 해당된다(정부혁신지방분권위원회, 2003). 이로 미루어 아직까지 사이버상의 역기능 위험성에 대한 인식이 전자정부정책에 미약한 인상을 준다. 달리 지금까지 전자정부사업이 갖는 순기능에 매료되었거나 또는 전자정부 추진의 시급성에 쫓겨 촉진적이며 조성자 역할이 강조되었다. 물론 지금까지의 연구도 역기능 측면보다는 순기능을 촉진하기 위한 영역을 중심으로 이루어져 왔다.

이제는 전자정부 서비스의 집행이 심화되면서 역기능에 대한 관심과 정책적 노력이 필요한 시점이다. 사이버공간의 역기능이 아무런 준비나 대응 없이 방치된다면 그에 따른 부작용이나 역기능은 산업사회의 그것보다도 훨씬 심각할 것으로 생각된다. 뿐만 아니라 전자정부 구현을 위해 투자한 비용보다도 값비싼 비용을 치러야 할지도 모른다. 이런 상황에서 건전한 사이버공간을 창출, 유지하기 위한 전자정부 노력은 더는 늦출 수 없는 계제에 이르렀다.

지금까지 사이버공간에 대한 대응은 다분히 기술·경제적 접근이 강했던 것으로 보인다. 사이버공간의 확장 과정에서 정부주도적 노력으로 정보기술개발, 정보산업육성을 비롯하여 외견상 양적 확장을 보여주었다. 이른바 정신없이 사이버공간을 확장하고 전자정부를 구현하였기에 뿌리가 되는 이념, 철학이 빈곤한 실정이다. 즉 윤리·철학·이념·문화적 접근에서의 조망은 미약하며 양적 확장에 비할 때 질적 수준의 성숙은 미흡한 것으로 생각되며 시간이 흐를수록 심각한 괴리 증상을 드러내는 듯하다. 비록 사이버공간에 대한 윤리적 접근과 이해하려는 노력이 시도되었지만(정경수, 1995; 한세억, 1995, 2003; 김철완 외; 2001) 외국의 논의 수준을 벗어나지 못한 실정이다. 이로 인해 사이버범죄를 비롯하여 사이버역기능이 사이버공동체의 앞날을 암울하게 만들지 않을까 염려된다. 이는 사이버공간 확장 일변도의 정책으로 인한 당연한 결과일지 모른다. 뒤늦게 정부는 법·제도·조직 확충을 통해 역기능을 예방, 최소화하려 부심하지만 한계에 부딪히는 듯하다. 사이버공간의 특성상 공공의 손이 만병통치약인 양 정부 역할에 의존한다면 또 다른 화를 초래할 수 있음을 간과해서는 안 된다. 그러면 사이버공간의 역기능에 어떻게 대응해야 하는가? 이 같은 문제인식을 바탕에서 사이버공간의 역기능 방지를 위해 전자정부에 남겨주는 의미를 성찰하고 역기능 극복을 위한 정책과제를 탐색하기로 한다.

2 사이버공간의 의미와 역기능

한국은 초고속정보통신과 전자정부기반 구축에서 세계 최강의 국가군에 속한다. 이미 인터넷 보급과 활용 측면에서 단기간에 세계 최고 수준에 올라 인터넷과 전자정부 강국의 명성을 얻었다. 그래서 오늘의 사회성원들은 사이버공간에 접속하지 못하면 고립감을 느끼고 심지어 불안을 느끼는 사이버시대를 살아가는 듯하다.

삶의 일상적 공간으로 등장한 사이버공간에 대한 표현과 논의는 다양하게 분기한다. 컴퓨터와 네트워크에 의해 창출되고 유지되는 공간으로서 사이버공간은 가상공간, 전자 및 정보공간 등 다양한 이름으로 불린다. 사이버공간의 환경적 기반의 특징은 크게 상호 작용성, 익명성, 개방성, 문자기반 의사소통의 네 가지로 나누어 볼 수 있다. 이러한 사이버공간의 환경적 기반의 특성은 사회성원에 영향을 주면서 이들 특성이 충분히 반영되고 있는 다양한 문화적 현상을 만들어내고 있다.

사이버공간은 장소와 물질에 기반을 두는 기존의 지리적 공간과 달리 다음의 특성을 지닌다(배규한, 2000:157-160). 첫째, 실물은 없지만 보고 느끼며 활동할 수 있는 '지리적으로는 실재하지 않는 사실의 세계'이다. 둘째, 시간과 공간의 개념을 초월하여 존재한다. 셋째, 경계가 없는 무한대의 공간으로서 다양한 규제나 제약을 벗어난 초월성을 지닌다. 넷째, 그곳에서 교류되는 정보는 누구나 임의로 수정·삭제·창조할 수 있다는 점에서 고도의 편집성과 구성성을 가진다. 다섯째, 시공을 초월하여 모든 정보를 순간적으로 모든 사람에게 동시에 전달해 주는 신속성과 동시성을 지닌다. 여섯째, 정보의 공유, 복제가 가능하다. 일곱째, 누구나 ID만 가지면 접속할 수 있다는 점에서 고도의 익명성을 보장해 준다. 여덟째, 실제 세계를 떠나서 결코 존립할 수 없는 비자족성이 있다.

사이버공간은 기본적으로 자신의 얼굴과 이름을 감추고 타인과 접속할 수 있는 이른바 익명성을 특징으로 한다. 이러한 사이버공간의 익명성을 원인으로 인해 사이버범죄가 증가할 수밖에 없다. 자신이 드러나지 않는다는 한 가지 사실 때문에 범의가 있는 사람이 마음 편히 범죄를 저지를 장소가 되고 범죄의도가 없던 사람조차도 범죄를 시도해 보려는 호기심이 생길 수 있다. 이러한 심리구조 때문인지 사이버범죄는 인터넷 회선 수의 증가와 함께 급증 추세를 보여준다. 이처럼 사이버공간의 확산 과정에서 투영된 역기능은 한정된 지역과 사회에서 일정시간에만 특유한 증상이 아니다. 이로 인해 건전한 정보사회를 어렵게 하는 것이 아닌지 회의감이 고조되고 있다. 자칫 건전한 가치관, 규범, 윤리의식의 결여로 말미암아 정보사회 또는 문화가 정상적인 상태로부터 일탈하고 일상 정보생활에서도 심각한 국면에 이르러 문제해결이 갈수록 어려워지지 않을까 걱정된다. 왜냐하면 사이버공간의 가치관 혼란과 규범의 실종은 건전한 사이버공간의 발전을 지체시키고 사이버공동체를 약화시킬 뿐만 아니라 심지어 인간적 삶의 질 자체를 저하시킬 수 있기 때문이다.

실제로 사이버공간에서 벌어지는 각종 범죄가 급증하면서 충격을 준다. 경찰청 자료에 따르면 1997년 121건에 불과하던 사이버범죄가 해마다 증가 추세를 보여주었는데 2002년에는 6만여 건, 2011년에는 11만 6,961건, 2018년에는 14만 9,604건으로 급증했다. 범죄의 유형도 음란물 배포 등 고전적 형태에 그치지 않고 명예훼손, 전자상거래, 사기, 스토킹은 물론 해킹, 바이러스 유포, 서비스 거부공격 등으로 다양화하고 있다. 물론 사이버공간의 익명성을 악용한 신종 범죄들이 속속 생겨나고 있다. 인터넷이 생활과 업무에서 중요 요소로 자리잡은 데 수반된 부작용을 더는 방치할 수 없다. 누구라도 잠재적 피해자가 될 수 있기 때문이다. 더구나 사이버범죄는 일반 범죄와는 달리 방대한 양의 자료를 짧은 시간에 옮길 수 있는 데다(즉시성), 국경 개념이 없으며(개방성), 신분을 밝히지 않아도 될 뿐 아니라(익명성), 데이터도 비물질적이란 특징이 있다. 그러다 보니 피해가 대량화하는 것이다. 사이버범죄의 심각성은 인터넷 대란의 사건에서 극명하게 드러났다.

지난 2003년1월25일에 이어 2018년11월24일 예상하지 못했던 인터넷 대란을 경험하면서 사이버공간에서 살아가고 있음을 실감하였다.[20] 평상시 별로 중요하지 않게 보였던 인터넷이 막상 불통되는 사태가 발생하자 일상생활에서 인터넷이 차지하는 비중이 얼마나 컸던가를 새삼 느낄 수 있었다. 인터넷이 불통된 시간은 불편을 넘어 너무나 심각한 상태를 야기하였다. 이메일을 보내거나 받을 수가 없었고, 채팅·온라인게임과 인터넷쇼핑도 전혀 할 수 없었다. 이러한 역기능 현상은 정부가 바람직한 정부 모습으로 지향하는 전자정부의 구현 과정에서 부정적 측면을 지닌다. 근래 부각되는 컴퓨터 바이러스, 해킹, 사이버테러 등 부정적 요소는 개인 정보의 유출 및 오용으로 개인의 사생활 침해사고 발생 가능성, 주요 기반시설의 기능마비 및 파괴 시 국가안보의 위협 요소가 될 수도 있다.

또한 2001년9월 코드레드 웜(Code Red Worm) 바이러스 침투로 인한 통신량(traffic) 폭주로 정부대전청사의 구내통신망(LAN) 장애는 이러한 상황이 단순한 우려가 아닌 상존하는 위협임을 공무원에게 인식시켜 주었다. 이 같은 위협에 대응하기 위하여 「정보통신기반보호법」 등의 법령이 제정·시행되고, 국가정보원의 정보보안119, 검찰청의 컴퓨터범죄수사과, 경찰청의 사이버테러대응센터, 한국정보보호진흥원의 해킹·바이러스상담지원센터 등의 각종 대응조직이 활동하고 있다.

또한 보안전문업체를 중심으로 침입차단시스템(Firewall), 침입탐지시스템(IDS: Intrusion Detection System), 공개키 기반(PKI: Public Key Infra) 솔루션 및 가상사설망(VPN: Virtual Private Network) 장비 등 각종 보안장비와 솔루션 등이 봇물 터지듯 출시되고 있다. 이러한 추세에 대한 정부기관의 정보보호 실무적용도 양적·질적으로 비약하고 있다. 하지만 그 대응은 미흡한 실정이다. 정보보호의 경우 정보화 예산에서 차지하는 정보보호 부문 예산의 부족, 정보보안이라는 업무의 특수성으로 인한 업무기피 현상, 정보화업무 급증으로 정보화 인력의 업무부담 가중, 정보화 인력의 전문성 부족으로 형식적 정보보호 및 업체 의존도 심화 등으로 인해 제한적·형식적으로 이루어지고 있는 것도 사실이다(전윤산, 2002). 그런데 이러한 현실적인 문제가 있다 하더라도 전자정부

20 지난 2003년1월25일 인터넷대란은 인터넷서비스 마비로 인하여 인터넷을 사용하는 국내의 모든 공공기관이나 기업뿐만 아니라 대다수 국민이 불편을 겪으면서 해킹이나 바이러스에 대한 관심이 더욱 높아지는 계기가 되었다. 이제까지 클레즈(Kelz), 님다(Nimda)처럼 신종 해킹이나 바이러스에 의한 피해는 개별 기업이나 개인 단위로 발생했으나 국가 전체의 인터넷 시스템이 마비된 것은 이번이 사상 처음이었다.

구현이라는 대의명제 앞에서 역기능 방지는 필수적으로 선행되어야 할 요소라는 것을 부정할 수 없다. 그렇다고 역기능을 우려한 나머지 각종 전자정부 서비스에 차질을 빚어서는 안 된다.

3 사이버공간의 특성과 역기능 이슈 및 문제점

정보화가 성숙, 고도화되면서 국민 개개인의 공적·사적인 업무가 인터넷과 같은 정보통신 인프라에 절대적으로 의존하고 있다. 2003년1월25일 인터넷대란과 2009년7월7일 주요 인터넷사이트 접속불가 사태에서 볼 수 있었듯이 인터넷이 악의적으로 사용될 경우 그 위험성은 어떤 재난보다 치명적인 위험을 초래하는 국가적 문제로 제기될 수 있음을 보여주었다. 본래 문제는 모든 사람에게 그것에 대한 해결욕구를 유발하는 불만스런 상태를 의미한다.

역기능 문제는 인간의 욕구충족이나 목표달성을 방해하는 작용이나 시스템의 존속·발전에서 마이너스로 작용하는 따위의 활동을 말한다. 사이버 역기능 문제는 사이버공간에서 불만스러운 상태를 야기하는 문제로서 건전한 사이버공간과 시스템의 존속·발전을 저해하는 활동으로 불특정다수에게 장시간에 걸쳐 지속, 반복적으로 발생하는 것을 말한다. 이러한 문제는 상황의 중대성을 평가하고 상황변화의 식별을 위해서 사용되는 지표와 위기, 개인적인 경험 또는 강력한 상징 등 특정 상황에 관심을 끌게 하는 사건 등에 의해서 부각되게 마련이다(Kingdon, 1984:205-207).

전자정부의 역기능 문제는 전자정부의 비전, 환경 및 대응성과 관련한 주제로서 전자정부의 이념적 측면과 관련이 있다. 이미 경제협력개발기구(OECD)는 전자정부 추진상의 주요 이슈영역 및 영역별 주제는 크게 네 개 영역으로 구분하였다.[21] ①비전, 환경 및 대응성: 어떻게 하면 전자정부가 보다 대응적일 수 있는가? ②행정개혁: 전자정부는 어떤 개혁을 가능하게 하는가? ③전자정부의 전략적 수행: 전자정부가 역할을

21 이 주제는 2001년10월에 열린 OECD 연구그룹회의와 2001년11월5일에 열린 PUMA위원회 연구모임에서 나온 결과(E-Government: Analysis Framework and Methodology)를 결합한 것이다.

〈표 7-1〉 역기능 문제와 이슈

문 제	이슈와 과제
불건전정보의 유통	– 인터넷의 익명성과 비대면성(유언비어 유포와 타인 비방) – 정부 홈페이지 운영자의 법적 책임 등
정보시스템의 불법침입·파괴	– 정보시스템 보호를 위한 암호기법의 선택과 표준화 – 정보보안과 공개와 접근성 간 조화 등
정보보호 및 보안	– 정보공개 및 공동활용가치 간 갈등 – 전자거래(사이버공간상 거래) 활성화 등
개인의 프라이버시 침해	– 개인정보보호의 범위, 내용 – 개인정보 유출에 대한 책임범주 등
정보격차	– 세대간, 지역간, 계층간, 소득별, 성간 정보격차 및 소외문제 – 사회통합(정보의 부익부 빈익빈) 등
개인정보의 오·남용	– 정보의 양적·질적 수준의 조화와 균형
사이버테러	– 인터넷의 개방성과 확장성 – 국방 및 경찰 부문과의 연계 및 조정 – 사이버공간의 보안과 안전성 등
인터넷을 통한 범죄	– 권한남용과 학대행위
전자거래 안전성 및 신뢰성	– 전자거래의 안전·신뢰성 문제, 암호기술의 부정사용의 문제 – 전자정부관인인증기반(GPKI) 구축

수행하기 위해서는 무엇이 요구되는가? ④측정 및 평가: 그 영향을 어떻게 측정할 것인가? 이 가운데 역기능 문제는 첫 번째 이슈에 해당된다. 즉 전자정부의 가치와 철학, 이념과 목표와 밀접하게 관련되는 것으로 전자정부의 근간이 된다. 이렇듯 사이버상의 역기능 문제는 사이버공동체의 비전, 환경, 가치의 측면과 관련된다. 그러므로 이에 대한 접근을 위해서는 사회적 차원에서 성찰이 이루어져야 한다.

지금까지 사이버공간상 역기능으로 문제되는 것은 〈표 7-1〉에서 보듯이 ①음란·폭력물 등 불건전 정보의 유통, ②정보통신망을 통한 유언비어 유포, ③정보시스템 불법침입·파괴, ④개인의 통신 프라이버시 침해, ⑤개인정보 오·남용, ⑥인터넷의 통한 범죄행위, ⑦암호기술의 부정사용, ⑧전자거래의 안전·신뢰성 침해, ⑨지적재산권 침해 등으로 예거할 수 있다. 물론 각각의 문제는 다양한 이슈를 함축하며 이슈 간에 관련성을 지닌다. 보다 구체적으로 전자정부의 프라이버시 보호에 관한 이슈와 관련하여 검토를 요하는 쟁점은 다음과 같다. ①전자정부 관계법규상 「행정정보공동이용규정」과 「개인정보보호법」 및 「주민등록법」, 「국세기본법」 등 개별 법률의 개인정보제공 금지규정의 충돌할 경우 해결방안, ②생체정보, 위치정보, 의료정보, 범죄수사정보 등 분야별 특별 개인정보보호를 위한 체계 및 제도 구축 방안, ③사자(死者), 법인(法人)의 개인정보 보호기간 및 범위의 설정방안, ④개인정보보호책임관제도의 도입방안, ⑤개인정보침해 구제를 위한 집단소송제 또는 공익소송제 도입 여부 등을 들 수 있다.

제2절

사이버공간상 역기능의 해결가능성: 자율과 규제

1 현상분석을 위한 시각과 틀

사이버공간에서 법이나 정책을 어떻게 적용할 것인가? 사이버공간에서 분쟁이나 문제상황이 발생할 경우에 기존의 법률이나 정책이 그대로 적용될 수 있는가? 오늘날 정보의 활용 분야가 넓어짐에 따라 정치, 경제, 사회, 문화, 교육 등의 측면에서 변화를 가져오고 있으며 사이버공간에서 적지 않은 역기능의 문제점이 야기되고 있다. 이미 일상생활에서 필수불가결한 요소가 된 사이버공간은 기존의 전통적 현실공간의 법만으로 아우를 수 없으며 그렇다고 현실과 완전히 동떨어진 시공간상 자유로운 존재도 아니다(성전제, 2003).

사이버공간의 확장은 도덕적·정책적 공백상태를 초래하는 것이 아니라 오히려 다양한 도덕적·정책적 가치와 신념의 혼재를 야기할 수 있다. 가령 정보의 자유 대 정보의 보호, 정보분산 대 정보집중, 정보의 공공성 대 경제성 등과 같이 대칭적 가치 간 갈등상황은 기존의 윤리학설을 상황에 따라 적용하거나 재해석함으로써 해결 가능하다(Johnson and Nissenbaum, 1995:1-7). 더구나 정보사회의 윤리에 대한 대립되는 관점 중 어느 한 입장만을 고집하는 것은 자칫 지나친 단순화에 빠질 위험을 내포하고 있으므로 다양한 윤리적 문제의 해결을 위해서 두 입장의 절충적 모색이 바람직하다.

윤리학에서 수많은 논쟁을 일으킨 것은 옳음(right)과 좋음(good) 중 어느 것이 기본적이며 이 두 가치의 관계가 무엇이냐 하는 것인데, 이는 사이버공간에서도 마찬가지다. 옳음은 공동생활에서 가장 기본적 가치이며, 좋음은 사생활에서 기본적 가치라고 할 수 있다. 여기서 피할 수 없는 것은 공공생활과 사생활의 우선순위를 어떻게 정할 것인가이다. 전통적 기준과 범주로 새로운 현실을 다루거나 방향과 지침을 제시하기가 어렵다. 또한 기술과 관련된 책임의 문제를 다루기도 쉽지 않다. 이는 기술적·사회적 복잡성뿐만 아니라 컴퓨터와 같이 선과 악으로 사용될 수 있는 다수 목적이 함축된 기술이라는 사실 때문이다. 이처럼 의도와 사용, 선과 악, 공개와 은닉, 사회와 반사회 등에 관한 것은 특정 기술 또는 그것에 관한 사용의 중요한 평가기준으로 고려되어야 한다.

이 외에도 사이버공간의 등장으로 이전에는 전혀 예상치 못했던 개인적·집단적 행동의 가능성이 초래된 반면 이에 대응한 관련 정책과 규칙의 공백으로 윤리적 문제가 빚어질 수 있다. 따라서 컴퓨터윤리의 중심적 논의는 현실과 규범 간 괴리를 메우는 작업에 있는 것으로 이해될 수 있다(Moor, 1985:266-275). 이와 관련하여 사이버공간의 진전에 따른 윤리적 이슈를 살펴보면, 첫째 정보기술에 따른 강력한 데이터베이스 검색과 저장, 복제 등의 능력으로 정보가 현명하게 사용될 수도 있는 반면에 오용 내지 악용될 수 있다. 둘째, 기존의 대면접촉이 약화됨에 따라 비인격적인 언행이 나올 수 있다. 즉 정보사용자가 무의식·의식적으로 진실한 면을 위장하고 거짓정보를 전달하는데도 아무런 윤리적 책임을 느끼지 못할 수 있다. 셋째, 정보기술이 법적·윤리적으로 확고한 뒷받침이 미비한 상태에서 책임소재를 분명히 밝힐 수 없기에 정보윤리의 논쟁이 윤리의 혼선과 인간의 불신을 창출할 수 있다. 이와 같이 정보윤리의 혼선을 방지하기 위해 적절한 윤리론과 대안 그리고 타인과 공동체를 배려, 존중할 줄 아는 윤리의식과 행위가 요구된다.

사이버공간에 대한 윤리적 접근도 사회변화에 따라 달리할 필요가 있다. 농경사회는 포지티브 섬(positive sum) 의식이 강했다. 그리고 산업사회는 경쟁의 시대로서 제로 섬(zero sum) 인식이 지배했다. 이기주의 행동을 하지 않으면 내 몫을 빼앗기고 자신의 생존을 위협받게 된다. 반면 정보·지식사회는 상호작용의 논리로서 네거티브 섬(negative sum)으로 인식해야 하는 사회이다. 자신만의 이기적 행위는 타인에게 피해를 줄 뿐만 아니라 자신에게도 손해가 된다. 이런 관점에서 사이버공간에서 역기능적 의도와 행위에 대한 대응과 통제가 필요하다. 사이버공간이 심화될수록 공존의 필요성이 증대한다. 그렇기에 서로를 해하려고 한다면 더 큰 것을 잃게 된다. 인간의 이

〈그림 7-1〉 사이버역기능의 대응노력과 수단

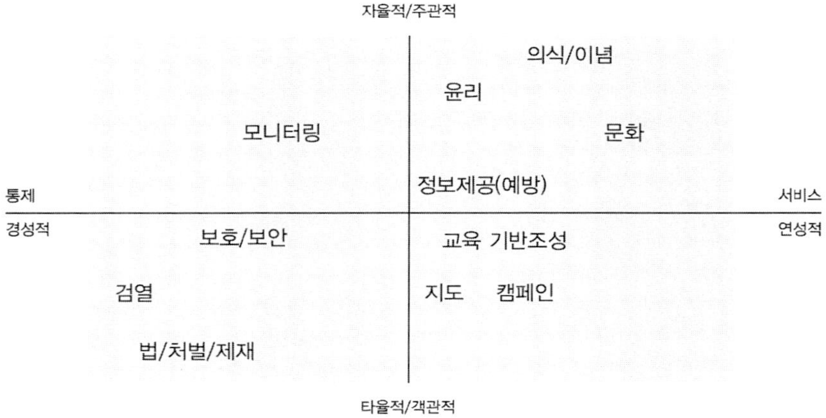

기적 성향을 필연적이라고 할 때 이기주의를 강제로 규제하거나 꺾으려는 노력은 무의미하다. 오히려 올바른 방향으로 나타나도록 이끄는 것이 합리적이고 현실적인 방법이 될 수 있다.

사이버공간에서 드러나는 역기능을 어떻게 이해하며 다룰 것인가? 이를 위한 시각과 관점을 〈그림 7-1〉 같이 정리할 수 있다(한세억, 2003). 하나는 역기능 문제의 대응차원을 개인과 사회의 주체적 역량에 따라 개인의 주관적 행위에 초점을 두는 자율적 규제와 사회적·합리적 개관적 구조와 양식에 초점을 둔 타율적 규제로 구분할 수 있다. 다른 하나는 정책수단의 성격에 따라 정책대상의 순응비용이나 시간의 유무에 따라 경성적 통제와 연성적 서비스로 구분할 수 있다. 이를 바탕으로 사이버역기능 문제에 대한 기존의 대응수단을 나타낼 수 있다. 지금까지 사이버역기능에의 대응은 구조적·제도적 접근이 강조되었으며 상대적으로 윤리·문화적 접근이 소홀히 다루어져 왔음을 알 수 있다.

2 사이버공간의 역동성과 통제 가능성

정보사회는 사이버공간이 인간생활의 전반에 걸쳐 근간이 되는 사회이다. 사이버공간은 현실사회의 문화적 토양이 새롭게 재구성되고 새로운 대안적 문화의 공간으로 기능할 수 있는 가능성을 제공하고 있다. 현실세계에서 인간의 다양한 문화행위 -정치, 경제, 사회, 예술, 교육 등-가 실재적으로 재현될 수 있는 공간으로 기능하는 듯하다. 사이버공간은 만들어지는 공간이기도 하다. 이처럼 생성되는 과정은 매우 복잡하고 또한 어떤 틀이라는 것이 정형화되어 있지 않기 때문에 매우 혼란스럽다. 하지만 이러한 혼란은 현재까지 세계가 형성되어 오면서 겪은 혼란과 차이가 있다. 그렇기 때문에 지금까지 현실에서의 혼란과 무질서를 제어하기 위해 만들어져 온 법이나 규제의 논리와 다른 사이버세계에 맞는 법과 규제의 논리를 만들어야 한다.

사이버공간의 초국가적인 성격은 현실생활에서의 국지적인 모습과 차이가 있다. 지리적 한계가 있는 국가단위에 비해 무한한 사이버공간에 이미 존재하는 어떤 공통적인 규제의 틀을 확대하는 것은 쉽지 않다. 국가마다 민족마다 가치나 규범, 문화는 상이하고 또한 다양하기 때문에 이를 하나의 테두리에 감싸려고 해도 그에 드는 시간이나 비용 또한 계산하기 어려울 것이다. 더구나 건전한 사이버공간을 창출하고자 한다면 많은 시간이 걸리더라도 사이버공간을 흐르는 정보를 잘 이용할 수 있도록 그리고 사이버공간의 다양성을 인정하고 사이버공간에서의 자율적인 행동양식이 타인에게 피해가 가지 않도록 사회성원에 대한 교육프로그램을 만드는 것이 필요하다. 사이버공간의 특성을 전혀 고려하지 않고 사이버공간을 현실에서 통용되는 법이나 규제논리로 규제하려고 한다는 것은 오히려 커다란 비용을 치를 수 있기 때문이다. 가령 인터넷에서 내용을 기반으로 하는 어떤 규제든지 그것의 목적이 얼마나 좋은 것이든 그것은 돼지를 잡기 위해 마을 전체를 태워버리는 것이 될 것이다[22].

최근 나라마다 상이한 양상을 보여주고 있지만 법에 의한 규제(legal regulation)보다는 업계의 자율적인 규제(self regulation)를 선호하는 경향이 높아지고 있다. 이는 현실세계에서 법적 강제력을 발휘할 수 있는 기제가 양적인 측면에서나 속도 면에서 엄청

22 리노와 ACLU(미국시민권연합(American Civil Liberties Union) 재판에 대한 연방대법원 판결(1997년6월26일).

나게 높은 비례로 변화하는 사이버공간의 변화에 대응하는 데에 실질적 효력을 기대하기 어렵기 때문이다. 뿐만 아니라 사이버공간의 입법 고려사항으로 지적하지 않을 수 없는 것은 사이버공간에 질서와 문화 구축을 위한 노력은 반드시 정부의 여러 부처 간 상호협력과 연계 속에서 이루어질 수밖에 없고 또 반드시 그렇게 해야 한다. 또한 시장이나 시민사회 내의 자율적 규제 전통이 취약한 사회에서 모든 것을 시장과 시민사회의 자율에 맡기는 것이 반드시 바람직하다고 하기는 어렵지만 지금부터라도 자율적 규제가 형성될 여건을 조성하는 것이 필요하다. 이미 자율적 규제가 이루어지는 부분은 그것에 제동을 거는 방식으로가 아니라 이미 형성된 자율적인 기능 수행을 강화할 수 있도록 지원하는 방식으로 제도와 법을 만들어야 한다(전흥위, 2000). 왜냐하면 사이버공간은 역동성으로 인해 법과 규제에 의한 통제의 가능성이 희박하기 때문이다.

지금까지 그러했듯이 사회질서의 유지에 가장 핵심적 수단은 좁은 의미의 법으로서 '정부에 의한 사회통제'를 말한다. 사회질서유지는 법의 가장 오래되고 고유한 기능이다. 법의 사회질서유지 기능에 대한 구체적 평가는 논외로 하더라도 그것을 대체할 만한 효과적인 수단을 아직까지 현실세계에서 찾기가 쉽지 않다. 사이버공간에서도 같은 문제를 생각할 수 있다. 이 경우 역시 정부의 역할을 중심에 놓고 생각하는 법의 사회질서유지 기능에 의존할 수밖에 없다. 이와 함께 사이버공간 질서의 특성상 민간 영역(구체적으로 말해서 이용자 간) 자율적인 규율형성이 강조될 수 있다. 그러나 이 점은 여전히 법의 한계 내에서 법을 보완하는 차원에서 논의가 진행될 수밖에 없을 것이다.

3 전자정부에서 역기능 정책의 중요성과 평가

전자정부가 존재하는 사이버공간은 사회성원에게 각종의 다양한 편익을 제공하고 있다. 하지만 사이버공간의 병리현상은 사회적 비용으로 대두되고 있다. 사이버공간의 일상적 삶이 정형화하고 기계화하는 몰개성적·비인간적 사회의 도래는 부지불식 간 인류문명 자체를 잿빛 그늘 속으로 몰아넣을 수 있다. 결국 합리적이라는 미명 아래 인간의 삶은 질적으로 하락할 수 있음을 드러낸다(전상인, 2002). 사이버공간이 인간생활의 전반에 걸쳐 근간이 되는 정보사회에서 역기능 문제는 기본적으로 전자정부 역기능의 문제와 크게 벗어날 수 없다. 다만 다른 차원을 고려한다면 그것은 전자정부의 권한 확대와 권한의 남용 문제 및 이를 통한 국민의 기본권 침해가능성이다. 사이버역기능에 적절히 대처하는 것은 전자정부의 권한의 한계를 분명히 하는 문제이며 전자정부의 본질에 속하는 사항이기에 사이버역기능에 대한 전자정부의 대응은 본질적이며 근본적인 전자정부 정책영역임에 틀림없다. 하지만 이러한 중요성에 비할 때 현실적 대응은 대조적 양상을 보여준다. 가령 기존의 전자정부 구현을 위한 18대 과제나 전자정부특별위원회의 11대 중점과제 등 핵심적 전자정부정책에서 역기능 분야는 정보보호와 시스템의 안전성을 제외하면 전무한 실정이다. 게다가 사이버공간의 확장과 전자정부 고도화에 따른 사회·경제·문화·환경적 영향을 체계적으로 판별, 분석, 평가하는 노력뿐만 아니라 전자정부 정책현상에서 역기능 이슈와 문제에 대한 심층적 논의와 대응도 미흡한 실정이다. 이 가운데 몇 가지를 중심으로 평가하기로 한다.

1) 사이버공간의 안전성과 신뢰성

사이버공간은 끊임없이 진화하기에 앞으로 어떠한 형태의 사고가 발생할지 전혀 예측할 수 없다. 즉 사이버공간의 가치와 안정성을 위협하는 역기능이 계속 발생할 것으로 예상된다. 사이버공간은 각종 운용체제 관련 소프트웨어들이 대부분 프로그램 소스가 공개되어 있으며 누구나 접근 가능한 개방지향성과 각종 응용 프로그램에 존재하는 버그(bug) 그리고 시스템 및 망 관리자의 보안의식·능력 부족 등으로 인해 보안상 취약점에 노출되어 있다(서동일 외 2003). 그래서 전자정부의 성패가 역기능 문제의 해결여하에 달려 있다는 것은 한국뿐만 아니라 각국의 전자정부 추진에 중요한 정책적 고려요인이다. 특히 사이버공간의 신뢰와 안전성의 확보는 전자정부의 운영체제 보안과 밀접하게 관련된다. 「전자정부법」(제27조 제1항)과 「정보통신망법」(제48조 제1항 및 제3항)에 해킹, 바이러스 유포, 비밀침해 등의 역기능에 관한 처벌이 규정되어 있다. 하지만 기존 규정은 사후적 조치에 불과하며 사이버공간에서 발생가능한 다양한 역기능에 대한 규제로서 미흡하다. 또한 국가기관에 의한 정보악용 및 침해가능성은 이전부터 사회문제로 대두되었는데 이는 전자정부의 성숙에 따라 더욱 확산될 수 있다. 따라서 범국가 차원의 포괄적인 정보보호 대책의 일환에서 전자정부 전용통신망은 각종 정부업무자료에 대한 해킹과 악의적인 활용 가능성을 원천적으로 차단하기 위해 정보접근 통제를 강화하고 기술적으로는 암호화·인증·키관리 등을 통해 보안성을 향상시키는 방안으로 이해된다. 즉 보안환경을 갖추고 재난재해 등 유사시에도 중단 없는 서비스가 가능하도록 안전성·신뢰성이 확보되어야 한다.

2) 사이버공간의 정보보호

전자정부의 성공은 국민으로부터 얼마나 신뢰를 받을 수 있느냐에 달려 있다. 그 신뢰의 기반구조 가운데 핵심을 이루는 것이 프라이버시와 개인정보, 즉 정보프라이버시(Information Privacy)의 보호 문제이다. 전자정부의 모든 과정에서 개인의 프라이버시와 개인정보가 존중되고 또한 침해나 남용 등의 위험으로부터 잘 보호되고 있다는 것은 '인간의 얼굴을 한' 전자정부가 대중의 신뢰를 얻는 데 필요한 최소한의 조건이다. 이처럼 전자정부의 전개 과정에서 유독 정보프라이버시 문제가 대두된 까닭은 사이버공간은 정보기술의 발전에 따른 위험에 노출되어 있기 때문이다. 정보의 양식 및 형태나 수집, 보유 및 관리방식, 처리기술 등 여러 가지 측면에서 국가의 정보처리로 인한 사생활 침해의 위협이 예상된다. 이처럼 증대된 위험과 대조적으로 보호가 결여되어 있다. 그리고 정보통신기술의 비약적 발전과 정부서비스의 전자화를 토대로 전자정부가 대두되었지만 그로 인하여 증대된 위험에 대한 대책은 극히 미흡한 수준이다(홍준형, 2003). 기존의 법·제도적 수단은 새로운 유형의 역기능에 효과적인 대안을 제시하지 못하거나 낙후되어 그것도 많은 시차를 두고 뒤따라가는 형국이었다. 그 결과 개인은 획기적으로 신장된 국가의 정보처리능력에 비해 극히 낮은 수준의 법·제도적 보호만을 누릴 수 있을 뿐 날로 다양화·복잡화되는 역기능의 위협에 노출되어 있다. 가령 국내의 전자정부사업은 미국 등 외국의 경우와 다른 양상을 보여준다. 미국과 일본의 경우 지방자치단체를 중심으로 한 분산된 정보화사업이 추진되는 반면, 국내에서는 중앙정부 주도로 이루어진 통치체계의 강화에 중점을 두고 있고, 대부분의 프로젝트가 정부 부처별로 진행된다는 차이점이 있다. 공공기관 홈페이지 개인정보보호현황 조사 결과 55%의 자치단체가 개인정보데이터베이스 보유 현황을 제공하지 않으며 회원제 서비스를 제공하는 자치단체의 40%가 회원탈퇴 메뉴가 없고 75%의 자치단체가 회원제 서비스, 개인정보 수집 목적을 밝히지 않고 있으며, 회원제 서비스를 제공하는 자치단체의 35%가 약관을 제시하지 않는 등 지방자치단체들이 자기정보통제권을 상당히 침해하고 있음이 드러났다(함께하는 시민행동, 2003).

개인정보보호문제는 국민의 안전에 관한 사항으로 전자정부는 원칙적으로 개인정보를 보유할 수 있으므로 국민이 개인정보에 자유롭게 접근할 수 있도록 하고 이를 통제할 권한을 보유하도록 해야 한다. 특히 전자정부의 개인정보 관리는 기본적으로 정부권한의 한계를 정하는 문제, 즉 권력통제와 이를 통한 국민의 기본권 보장이라는 차원에서 접근해야 함에도 이러한 시도가 이루어지지 못하였다. 이처럼 개인정보보호에 관한 노력이나 구체적 장치가 마련되지 않은 채 2002년11월1일에 전자정부서비스를 개시하였다(윤현식, 2002).

3) 사이버공간의 정보격차 및 정보 행태

한국은 인터넷보급률을 자랑하는 정보기술(IT) 강국이지만 현실은 판이한 양상을 보여준다. 특히 지식과 정보 접근성에서 계층별, 성별, 소득별 격차현상이 여전하다. 젊은층과 노인층 간 정보격차(digital divide)는 한때 세계에서 유례를 찾아보기 힘든 심각한 수준이었지만 현재 크게 개선되고 있다. 정보화 실태조사에 따르면 20대와 50대 이상의 인터넷 이용률 격차는 1999년 39%에서 2002년 84%로 벌어졌다. 그러나 2018년에는 1.2%로 급감하여 20대의 인터넷 이용률은 99.9%인데, 50대는 98.7%로 증가하였기 때문이다. 이는 영국의 세대 간 격차율 12%, 미국의 27.9%보다 높은 수치이다(과학기술정보통신부·한국인터넷진흥원, 2018). 한편 개인정보화의 측면에서 일상생활과 관련한 사이버공간에서의 행태는 게임, 채팅 등 소비적 이용 행태에 치중되고 있으며, 사회참여, 전자정부, 학습, 경제활동 등에서는 상대적으로 낮은 행태를 보여준다(황주성·김성우, 2003).

정보격차는 경제적·문화적 불평등을 초래하는 정보 불평등을 구조화하면서 사회문제를 야기할 수 있으며 불건전한 소비적 이용 행태는 사이버공간에 대한 부정적 인식과 왜곡을 통해 역기능의 잠재적 가능성을 내포한다.

제3절
건전한 사이버 거버넌스 구축을 위한 전자정부의 정책과제

1 사이버역기능의 정책적 접근

정보네트워크의 확산 과정에서 투영된 역기능과 부작용은 사이버문명의 그림자로서 어찌보면 사이버공간이 화려해질수록 그 어두움이 짙어질 것으로 우려된다. 이로 인해 정보사회의 꿈과 희망을 헛되게 하는 것이 아닌지 회의감이 고조되고 있다. 건전한 가치관, 규범, 윤리의식의 결여로 말미암아 정보사회 또는 문화가 정상적인 상태로부터 일탈하고 일상 정보생활에서도 문제해결이 갈수록 어려워지지 않을까 걱정된다. 한 사회에서 가치관 혼란과 규범의 실종은 사회의 건전한 발전을 지체하고 사회공동체를 약화시킬 뿐만 아니라 심지어 인류적 삶의 질 자체를 저하시키는 골치아픈 문제(wicked problem)가 될 수 있기 때문이다.

사이버공간의 역기능 상황에 대해 조치가 필요하다는 데에 누구나 공감한다고 볼 때 오늘의 역기능 상황은 중요한 사회문제로 규정될 수 있다. 이러한 문제에 대한 처리결과가 낳는 영향력이 많은 사람과 집단에 이르면서 공공문제가 되며 그중 특히 쟁점이 되는 것은 이슈(issue)로 제기되고 있다. 작금의 지식정보사회에서 이슈로 제기된 사이버역기능의 해소문제는 여러 가지 사회문제 중에서 정책적인 해결을 의도하여 정부가 공식적으로 채택할 수 있는 정책문제로서 충분한 가치를 지닌다. 그런데 정책문제로 채택되었다고 정부기능과 역할이 전적으로 요구되는 것이 아니다. 그렇다고 방임을 의미하지는 않는데, 무엇보다도 중요한 것은 사이버공간에서의 정부기능과 역할이 연성적이며 자율적 풍토의 조성으로 전환되어야 함을 의미한다. 즉 사이버역기능에 대한 접근과 대응은 〈그림 7-2〉에서 보듯이 타율적이며 경성적 대응에서 자율적이

〈그림 7-2〉 사이버역기능의 대응을 위한 전자정부 정책의 기본방향

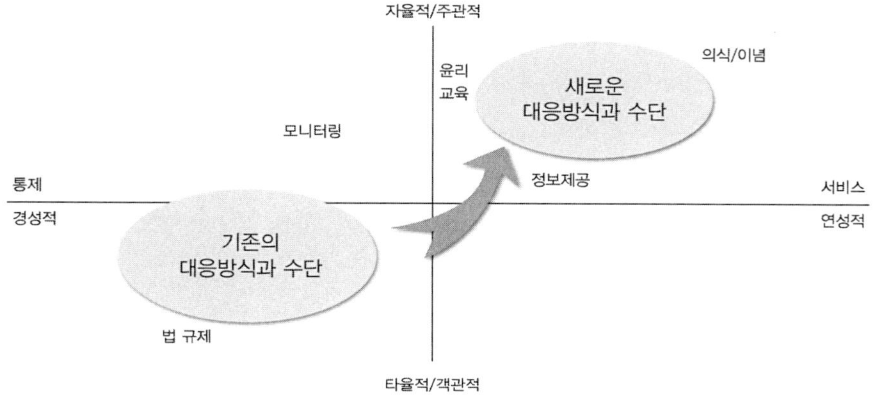

며 연성적 대응으로 전환할 필요가 있다(한세억, 2003).

사이버공간이 확장되고 고도화될수록 이러한 전환이 강조된다. 사이버공간에서 정보의 가치가 중시되고, 사회 전체를 이끌어 가는 주요 동인으로서 영향력과 중요성이 나날이 증대되는 과정에서 사이버공간은 경제발전과 성장, 사회문제 해결, 생활의 질적 향상 등 좋은 현상인데도 해결되어야 할 부정적 측면이 많다. 이처럼 사이버공간에 대한 비관적 전망은 문명사적인 것으로부터 컴퓨터스트레스라는 사소한 개인적 문제에 이르기까지 광범위하다. 그런데 사이버공간의 촉진으로 인한 편리함에 매료되어 역기능과 윤리적 문제에 대한 충분한 논의와 성찰을 간과한다면 심각한 윤리적 위기에 직면할 수 있다. 정보통신분야는 기술적 발전을 예견할 수 없을 만큼 급격하고 이를 자율적으로 통제할 수 있는 윤리규범조차 형성되어 있지 않아 기존의 법적 규제가 미치지 못하는 분야에서 범죄행위가 먼저 발생하기에 사후에 법적 규제가 모색되는 경우가 허다하다. 이에 정보화의 발전 속도와 규범의 대응 간에 격차가 커질 수밖에 없고 이를 극복하는 방법은 입법자의 예측능력 강화를 통한 정책입법에 의존할 수밖에 없다(김철완 외, 2001). 하지만 법적 대응이나 기술적인 대응만으로 한계에 다다르면서 사회구성원 각자의 자기규제나 사회수준의 교육적 대응이 필요하다. 즉 사회성원에게 정보사회에서 기본이 되는 가치관을 인식시키고 교육함으로써 사이버역기능의 피해를 근본적으로 예방할 수 있다.

2 사이버역기능의 정책적 대응과 과제

사이버공간의 가치와 안정성을 유지, 보호하기 위한 노력의 일환으로 사이버역기능 문제에 대한 정책적 대응과 과제를 어떻게 설정해야 하는가? 이를 위해 앞서 보았듯이 사이버역기능의 기본방향 아래 〈그림 7-3 〉에서 보듯 연성적 정보화 추진, 인간윤리가 숨 쉬는 전자정부 구축, 사이버역기능 관련 기구 및 대응기제의 제도화, 법·제도적 정비 등을 정책과제로 제시할 수 있다.

1) 연성적 정보화[23]의 추진

지금껏 정보화 노력은 경성적 정보화에 치중되어 왔다. 그렇기에 정보화 추진을 위한 조직 및 제도 구성이 경성적인 방향으로 편향되어 왔다. 이 과정에서 정부는 사이버공간의 확장과 촉진을 위해 노력해 왔다. 이제는 정부가 나서지 않아도 사이버공간은 확장될 것이다. 다만 앞으로 정보화의 불균형과 왜곡을 연성적 정보화를 통해 시정할 필요가 있다. 경성적 정보화에서 벗어나 연성적 정보화를 위해 진력해야 한다. 이 가운데 사이버공간의 역기능 문제의 해결과 가치창출은 연성적 정보화의 중핵을 이루는데, 이러한 영역은 전적으로 정부가 할 수도 없으며 해서도 안 된다. 뿐만 아니라 정부는 문제해결보다는 가치창출에 역점을 두어야 한다. 왜냐하면 문제해결을 위한 노력이 오히려 문제악화를 초래할 수 있기 때문이다. 가치창출을 위해 정보화의 mellow 영역을 확장해야 한다. 이 과정에서 전문기관과 민간단체를 적극 활용해야 한다. 특히 건전한 정보의식의 바탕에서 정보능력과 정보문화의 소프트를 강화하여 국가적 정보역량의 근간이 되도록 한다. 이를 통해 수요를 진작하고 수요기반을 강화하여 공급을 자극하는 방향으로 정책기조와 내용이 전환되어야 한다. 또한 국민이 스스로 규제할 수 있는 의식과 역량을 갖추기 위한 프로그램을 개발해야 한다. 가령 정보통신기기를 잘 다룰 수 있는 능력의 배양과 함께 사이버리터러시(Cyberliteracy)의 함양을 통해 사이버공간에서의 허구와 진실을 가려내고 정당한 논쟁과 극단주의를 간파

23 연성적 정보화는 인간, 문화, 의식 측면의 정보화를 의미한다. 이는 기술, 산업, 정보기반 등 물리적 측면의 정보화를 의미하는 경성적 정보화와 성격을 달리한다. 양자는 대립적인 것이 아니라 균형과 조화가 요구되며 이러한 바탕에서 성숙된 정보화가 가능하다(한세억, 2003).

〈그림 7-3〉 사이버역기능 방지를 위한 전자정부의 정책과제

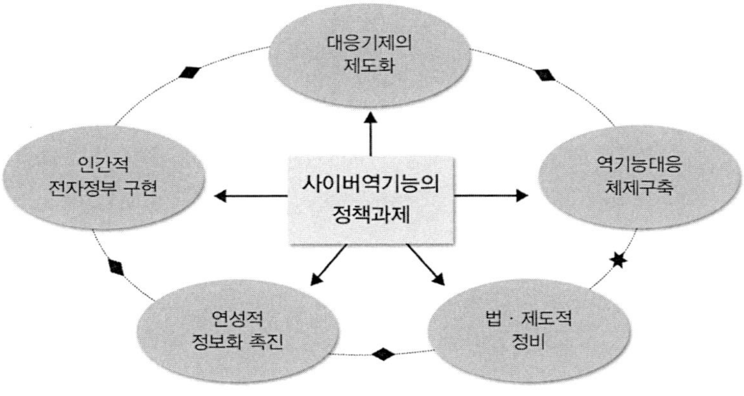

하며 편견, 모방, 상업주의 등 각종 온라인 커뮤니케이션의 문제점을 구별해내는 능력을 갖출 수 있도록 조력해야 한다. 왜냐하면 거짓 정보와 광고가 난무하고 웹페이지와 이메일이 진실을 왜곡하는 사이버스공간에서 이러한 능력이 필수적이기 때문이다. 가령 웹의 거미줄에 걸리지 않고 비판적 태도를 지닌 의식 있는 사용자로 살아남기 위한 해법으로 인터넷 커뮤니케이션의 특성을 이해하고 개방적이되 비판적인 태도를 취하고 사이버공간과 현실세계 사이의 균형감각이 요구된다(로라 J. 구락 지음/강수아 옮김, 2002).

궁극적으로 사이버리터러시는 사회성원에게 사이버공간에 가장 기본이 되는 가치관을 교육함으로써 한층 더 근본적으로 사이버역기능 피해를 줄일 수 있다. 현재 우리의 경우 컴퓨터를 다룰 줄 아는 능력은 필수적이다. 그런데 기술적 활용능력만을 지나치게 강조하며 컴퓨터를 다루는 데에 요청되는 윤리교육은 등한시하고 있다. 컴퓨터와 인간 사이의 상호작용에 대한 분명한 인식이 없이 컴퓨터를 잘 다루는 방법 혹은 컴퓨터가 만들어 낸 가상공간에서의 활용방법만이 강조되고 있다. 이런 실정은 정보사회에서 정보윤리교육의 중요성이 부각되는 것과는 동떨어진다. 그러므로 정보화교육은 사이버역기능에 따른 피해를 줄이기 위한 교육적 방안으로서 사이버공간에서 살아가는 사회구성원이 반드시 갖추어야 할 올바른 가치관과 행동양식을 심어주는 것이어야 한다. 아울러 민간차원의 다양한 활동이 보장되어야 한다.

앞서 보았듯이 사이버공간이 지닌 개방성과 자율성으로 인해 사이버공간은 그 누가 통제하거나 독점할 수는 없다. 하지만 모든 행동에는 책임이 따르듯 만약 누군가의 행동으로 인해 타인이 피해를 겪는다면 그러한 행동은 분명 제지를 받아야 한다. 그렇다고 해서 모든 것을 법적으로 처리할 수 없는 까닭에 민간감시단체의 활동이 중요하다. 여기서 정부는 건전한 사이버공간의 인간화를 위한 법적·제도적 기반을 마련하고 인간적이며 사회적 가치창출을 위한 활동을 다각적으로 전개해야 한다. 정보문화의 제도적 기반 마련과 함께 온라인 이용의 주체인 네티즌에 사이버공동체 의식 및 콘텐츠 개발, ISP업체와 민간단체 등의 활동지원이 병행되어야 한다.[24]

2) 사이버공간(전자정부)의 인간화

사이버공간(전자정부)의 윤리는 다른 윤리형태와 마찬가지로 모든 상황에서 인간의 잠재력을 극대화하는 것과 동일한 목표를 갖기에 폭넓은 비전 제시가 요구된다. 가령 윤리적으로 살아간다는 것은 우리 자신과 다른 사람과의 개방되고 정직한 관계를 유지하도록 요구하고 인간 간 유사성과 다양성을 이해하고 존중하는 것을 의미한다. 이는 물론 사회 전체의 일부분으로서 그리고 분리된 양쪽 모두로서 자신을 보도록 요구하며 세계의 안녕뿐만 아니라 자신의 복지를 책임지도록 강조하는 것이다(Miller. 1996:324). 이처럼 사이버공간의 윤리범주를 개인, 조직(가정), 국가로 범주화하여 고찰할 필요가 있다. 이는 인간의 생활영역의 장에 직결되며 공동체를 이루는 구성단위 간 긴밀한 연계가 이루어져야 한다.

첫째, 사이버윤리는 사이버공간을 구성하는 사람이 마땅히 지켜야 할 도리이다. 그렇기에 사이버 윤리는 모든 네티즌의 문제이다. 또한 윤리내용은 모든 사람에 대하여 획일적인 것은 아니며 구성원의 처지와 경우에 따라 윤리내용이 달라질 수 있다. 이를테면 사회적 영향이 큰 업무일수록 업무 수행은 직장의 도덕정신과 높은 수준의 윤리의식이 요구된다. 아울러 정보사회에서 개인에게 강조되는 것으로 자율성과 책임성

24 지난 2001년5월10일 국내 50여 개 온라인 관련 민간단체가 〈안전한 온라인을 위한 민간 네트워크(http://safe online.or.kr)〉를 구성하고 온라인에 대한 민간차원의 자율적인 감시활동에 들어가고 해외서버를 이용한 한글음란 사이트에 대한 대책을 위해 '사이버엔젤스', 'INHOPE' 등 해외 민간단체들과의 연계를 추진 중이며 사회적 여건과 기반이 조성된다면 앞에서도 이야기한 공익소송을 추진할 계획을 갖고 있다(한국사이버감시단, 2001).

이다. 도덕적 행위자로서 인간의 자율적 행위와 그에 따른 책임감이 강조된다. 주체적 입장에서의 옳음과 좋음의 판단 기준에 따라 행동하는 것이 중요하다. 가령 정보의 과잉과 홍수 속에서 좋은 것과 나쁜 것, 옳은 것과 그른 것을 식별할 수 있는 것, 자신의 고유한 자아 정체성을 유지해 나아가는 것 등은 모두 자율성의 확립을 통해 가능하다. 자율적 인간은 비판적·반성적으로 행동하며 이러한 자율성은 정보사회 속에서 인간의 기계화·노예화를 방지할 일차적인 도덕적 덕성이다. 그리고 자율성을 지닌 인간은 인격적 및 책임의 주체로서 행동해야 함을 함축한다. 특히 자기행위에 대한 책임성이 중시되며, 사이버공간에서는 더욱 포괄적이고 적극적인 의미에서의 책임개념이 요청된다.

둘째, 사회구성체로서 개인과 함께 기업, 공공조직 등 조직수준에서 정보윤리 확립을 위한 노력이 요구된다. 조직구성원이 조직목표 달성을 위해 협력한다고 할 때 조직은 개인에 영향을 미칠 수 있는 맥락이 된다. 이런 점에서 조직차원에서 정보윤리에 대한 의식 및 제도화 노력을 기울여야 한다. 이를테면 정보통신서비스사업자의 내부 보안규칙의 제정과 구성원에 대한 보안교육의 실시, 시스템감사의 도입 등을 들 수 있다. 네트워크화가 진행되는 현재는 내부의 부정방지만으로는 효과가 약하다. 외부에서의 전자적 침입에 대응하는 것이 필요하지만 이를 위해 '할 것은 하고 해서는 안 될 것은 하지 말아야 한다'라는 종래의 규칙 준수의 태도로는 불충분하다. '해서 좋을 것은 하고 해서 좋지 않을 것은 하지 말라'고 하는 개인의 윤리적·직업적 판단기준을 고도화하는 방향으로 전환할 필요가 있다.

셋째, 국가는 개인의 자유로운 권리를 행사함에 예견되는 위험이 있을 경우에는 최소한의 개입을 통해 개인 간의 권리행사의 조화를 꾀할 책무를 진다. 그러한 이유로 개인의 창의성을 전제로 하는 헌법질서와 관련할 때 기본적 위험방지 장치의 포괄적 입법화를 전제로 일차적으로 자율규제를 선행시키고, 종국적으로는 정부규제에 의한 실효성 확보의 모델로 가야 할 것이다(김철완 외, 2001). 이처럼 각 수준에서 정보사회 윤리의 정립을 위한 노력이 전개될 때에 건전하고 편리한 사이버공간의 꿈이 현실로 투영될 수 있을 것이다.

이러한 정보윤리를 바탕으로 전자정부 구현 노력이 전개되어야 한다. 사이버문화는 인터넷사용자들이 사이버공간에서 커뮤니케이션 하고 상호작용하는 과정에서 형성,

발현되는 문화로서 익명성과 탈금제, 개방성과 다양성, 초월성과 가상성, 연결성과 전파성, 선명성과 극단성의 문화를 특성으로 한다(조동기·김병준·조희경, 2001). 사이버공간의 긍정적 가치를 적극적으로 발현시키며 부정적 요소를 억제하는 사이버문화의 맥락에서 전자정부정책의 개발이 요구된다. 나아가 사이버공간에서 반사회적이며 반인륜적 행위를 사회구성원 스스로가 규제하고 통제할 수 있는 네티즌 문화의 창출에 노력해야 한다. 사이버공간은 개방적인 열린 공간으로 네티즌의 자발적 참여에 기초하기에 역기능정책이 실효를 거두기 위해서 자율성과 책임성이 고양되어야 한다. 즉 자율적 기제에 의해 부정적 현상이 정화될 수 있도록 필요한 정보 제공과 교육사업이 전개되어야 한다. 왜냐하면 건전한 윤리의 바탕에서 전자정부가 구축되지 못하면 세우는 자의 수고가 헛될 수 있기 때문이다.

3) 사이버역기능 관련기구 간 연계체제 구축 및 대응기제의 제도화

현재 사이버역기능과 관련한 법령은 부처별로 분산되어 있다. 물론 사이버역기능에 대한 대응방안이나 규제도 부처별로 분기되어 있어 통합적이며 일관된 방향에서 사전적 대응의 효과성을 기대하기 어려운 실정이다. 사이버역기능은 가상공간, 즉 인터넷상에서 행해진다는 특성상 피해가 순식간에 퍼져나가기 때문에 범죄의 사후구제보다는 사전예방이 무엇보다도 중요하다. 이와 관련하여 전자상거래의 보편화와 함께 인터넷사기 등의 범죄를 예방하기 위해서 거래상대방의 신분확인 절차를 강화하고 암호사용을 의무화하는 것 등의 보안노력이 강화되어야 하며 관련기관 간 정보공유와 협력체제의 구축이 요구된다. 무엇보다도 사이버공간의 정보윤리 확립을 위해 정부, 민간, 사업자 등의 다양한 추진주체의 역할과 기능이 상호보완적으로 정립되어야 한다.

아직은 사이버공간의 역기능 해결을 위한 추진체계와 주체가 정립되지 못한 상태이다. 가령 인터넷 포르노그라피 문제를 전담할 기관의 경우 관련 부처에 산재되어 있다. 전담기관의 산재 현상에서 비롯되는 산발적인 정책과 대응방안 모색으로는 투자하는 노력에 비해 실효가 적을 것이므로 이에 대한 체제정비가 요구된다. 즉 사이버역기능에 효과적으로 대응하기 위해 정부, 민간, 사업자 그리고 국제기구는 스스로의 역할과 서로 밀접한 관계를 유지해야 한다. 이러한 주체의 역할은 사이버역기능을 해소하는 것이지만 장기적 관점에서 건전한 사이버문화를 창조하기 위한 과정으로 볼 수 있다. 건전한 사이버공간을 만들어나가기 위한 하나의 과정으로서 정보화역기능 해소를 위한 방안이 논의, 실천되어야 한다(허만형, 1999).

사이버역기능에 대한 대응 노력으로 법령 정비 혹은 정책개발을 통한 대응이 있다. 사이버공간에서 발생하는 사이버범죄에 대해 직접 형사법적으로 해결할 수 있는 법률은 단지 부분적으로만 마련되어 있을 뿐이다. 뿐만 아니라 「전기통신사업법」, 「정보통신망이용촉진 및 정보보호등에관한법률」, 「정보통신기반보호법」 그리고 사이버거래를 안전하게 이루어지도록 하기 위해 이를 규제할 수 있는 법으로서 「전자거래기본법」과 「전자서명법」이 제정되었지만 인터넷환경의 급속한 변화에 대응이 미흡한 실정이다. 이처럼 법적 대응이나 정책적 대응이 한계에 부딪히고 있지만 그렇다고 이러한 노력을 게을리 할 수 없다. 이러한 것을 바탕으로 역기능 관련 조직구조와 법 그리고 기능이 역기능문제와 상황변화에 민감하게 대응하도록 범국가적 차원의 역기능대응시스템 마련이 필요하다. 이는 새로운 조직이나 기구의 설치를 의미하는 것이 아니라 기존 조직과 기능, 법률의 유기적이며 가상적 연계를 시사한다.

앞서 언급했듯이 정부 주도의 해결방안은 근본적인 해결책으로 불충분하다. 왜냐하면 윤리문제는 사회구성원의 가치관과 직결되기에 전체 사회성원의 합의와 참여 없이는 근본적 해결이 어렵기 때문이다. 다시 말해 민간의 자발적 참여가 없는 정책추진은 오히려 부작용을 유발할 가능성이 매우 높다. 따라서 인터넷사업자의 의식 개선, 인터넷이용자의 주의력 제고, 민간단체의 감시기능 강화 등이 제도화될 기제를 마련하는 것이 필요하다.

4) 법·제도적 정비

다양한 영역이 중층적으로 구성되는 사이버공간에서 발생하는 역기능은 물리적 기술에 대한 고려와 함께 사회·문화적, 인간·조직, 법·제도적 접근이 요구된다. 이 가운데 역기능현상과 추세를 반영하는 법·제도적 정비가 요구된다. 가령 김대중정부에 이어 노무현정부의 정부혁신지방분권위원회는 제24회 국정과제회의에서 전자정부 관련 법제정비 방안을 마련했다고 한다. 이 방안에 의하면 서면이나 대면 등 오프라인 위주로 규정돼 있는 775개 법규를 전자적 민원처리를 위해 2007년까지 연차별로 정비하였다. 이를 위해 각종 공부나 원부, 대장 등 문서의 전자적 작성, 관리원칙을 확립하고 주민투표 등에 전자투표, 전자선거 도입을 위한 법적 근거를 마련하였다. 기존 정보공개법령도 개정해 공공기관 보유기록의 전자화와 공개를 의무화하고 공공기관의 「개인정보보호법」과 「정보통신망법」도 개정, 개인정보의 자기통제권과 개인정보의 심의절차를 강화하였다. 하지만 이러한 노력은 사이버공간에서 야기될 역기능에 대한 예방적이며 미래지향적 대응조치로 미흡하다. 더욱 적극적으로 역기능 관련 정책이 전자정부정책의 한 분야로 설정되고 역기능 관련법령을 유기적으로 연계하여 역기능 대응에 이음새가 없도록 제도적 정비작업이 병행되어야 할 것이다. 이를 통해 전자정부 존재 자체가 사이버공간에서 역기능이나 걸림돌로 작동하지 않도록 해야 한다.

3 안락한 전자정부를 지향하며

지금껏 사이버공간을 조기에 확장하고 전자정부의 구축을 위해 범국가적 노력을 경주하였다. 그 지향은 정보사회의 정부이념형으로 전자정부가 갖는 순기능의 꿈과 가치를 희구하는 데 맞추어져 왔다. 하지만 역기능 문제가 방치되거나 해결되지 못한다면 전자정부의 비전은 비극으로 끝날 수 있다. 사이버상 역기능으로 인해 전자정부는 물론 사이버공동체의 가치와 안정성이 위협받을 수 있다. 주지하다시피 전자정부에 관한 한 한국은 인터넷을 통해 거래가 가능한 상위수준에 속한다.[25]

세계적으로 볼 때 상위 9%의 국가만이 이러한 수준의 서비스를 제공하는 것으로 나타났다. 물론 UN이 정한 전자정부지수를 기준으로 볼 때 세계평균은 1.62인데 한국은 2.30으로서, UN 190개 회원국 중 15위에 랭크되었다. 뿐만 아니라 지난 2002년 9월 미국 브라운 대학이 세계 189개국 정부기관 웹사이트를 분석·평가한 결과에 따르면 64점을 기록하여 세계 2위의 디지털 정부라는 평가를 받기도 했다. 2007년 평가에서는 74.9점으로 1위를 차지하였다. 이러한 전자정부 구축은 세계최고 수준의 초고속인터넷 인프라를 보유한 상황에서 앞으로도 빠르게 발전할 것으로 예상된다. 하지

25 지난 2002년6월 발간된 UN의 〈전자정부서비스 벤치마킹 보고서〉에 따르면 2001년 말을 기준으로 한국의 전자정부서비스는 "인터넷을 통한 거래가 가능한 단계"에 도달한 것으로 평가되었다.

만 지난 2003년1월25일 인터넷대란과 2009년7월7일 해킹을 경험했듯이 이 같은 사태가 다시 발생한다면 전자정부 차원에서 조기에 대응해야 한다. 이를 위해서 무엇보다도 민·관·업체 간 정보공유와 긴밀한 협조가 필요하다. 그리고 인터넷환경에 누구나 해킹과 바이러스로 인한 가해자와 피해자가 될 수 있다는 네티즌의 의식전환이 이루어지도록 계몽해야 한다.

사이버상의 역기능으로 인한 손실과 폐해가 발생하기 이전에 사전에 대응하는 노력이 요구된다. 이를 위해 전자정부정책에서 역기능 정책의 중요성을 인식하고 앞서 제시한 이슈와 문제에 체계적으로 접근할 때 비로소 안락한 전자정부가 구현될 수 있을 것이다. 앞서 살펴보았듯이 지능정보사회에서는 국가 주요기반시설이 정보시스템에 의존하면서 해킹과 컴퓨터바이러스 유포 등 사이버공간상에서의 전자적 침해사고가 국가사회경제체제는 물론 조직과 개인에 악영향을 미치고 사회혼란은 물론 국가안보까지 위협하는 양상으로 전개되는 실정이다. 이와 같은 각종 정보보호 침해사고 등 역기능을 방지하기 위해서는 지속적인 역기능 예방교육으로 역기능 예방의식을 강화해야 하며 이와 함께 기술적, 관리적, 사회적 역기능 해소와 방지 방안을 창의적으로 개발하고 효과적으로 수행하여야 한다. 덧붙여 전자정부의 합리성과 관련하여 이른바 효율성, 예측성, 통제성에 입각한 관료주의적 합리성은 전자정부 구현 과정에서도 불가피하지만 결코 바람직하지 않다. 왜냐하면 전자정부 합리성의 결국(結局)이 비합리성으로 귀착될 때 전자정부는 '쇠창살 감옥(iron cage)'이 될 수 있기 때문이다. 자칫 조지 오웰의 〈1984〉에서처럼 전자정부시스템이 빅 브라더의 통제 및 감시 수단으로 악용될 수 있다.

제4차 산업혁명이 심화되면서 편익 및 가능성과 함께 불확실성과 위험성이 커지는 분야는 인공지능이다. 지능적 전자정부를 구축하는 과정에서 인공지능의 활용은 불가피하다. 안락한 지능정부를 위해 유념해야 할 사항이 있다. 정부가 인공지능이 만들어 놓은 새로운 환경에 잘 적응하기 위해서 인공지능이 내놓는 데이터 분석의 결과를 어떻게 활용하는 것이 바람직할지 사회적 공감대의 형성이 선행되어야 한다. 인공지능은 분명히 인간의 의사결정능력을 획기적으로 증강시키지만 동시에 인공지능의 판단을 100% 신뢰할 수도 없기 때문에 인공지능의 신뢰도를 검증하고, 있을 수 있는 문제에 대비하는 사회시스템 구축이 필요하다. 또한 인공지능의 많은 장점을 적극 활용하려는 혁신적 자세도 필요하고, 인공지능의 위협 요인에 선제적으로 대응하려는 의지도 필요하다. 특히 인공지능을 생산적으로 활용하려면 인공지능의 발전 방향을 정확히 이해하는 것이 필요하며, 이를 위해 인공지능을 기술적 이슈로만 보지 말고 사회과학 측면에서의 인공지능 연구와 정책적 측면의 시범사업이 확대되는 것이 바람직하다.

인공지능은 가장 파괴적인(disruptive) 정부혁신 수단이라 할 수 있다. 그동안 정부혁신의 강력한 무기로 여겨졌던 컴퓨터와 인터넷은 각각 대규모 정보처리와 온라인 프로세스를 가능하게 하는 등 정부의 일하는 방식을 획기적으로 혁신하였다. 하지만 의사결정은 전적으로 사람에 의존하였고 이로 인해 정부는 올바른 결정을 담보하지 못하고 대신 올바른 절차만 보장하였다. 이에 비해 인공지능은 통합적, 과학적, 정밀한 의사결정이 가능하도록 인간을 지원함으로써 역사상 처음으로 정부가 올바른 결정을 보장하는 길이 열어줄 것으로 기대된다.

덧붙여, 제4차 산업혁명시대에서 국민 삶을 편안하고 즐겁게 지켜주는 안락한 전자정부는 평상시에는 국민에게 보이지 않고 느낄 수 없을 정도로 사라져 있지만 국민 누군가에게 어디서든 무슨 일이 생기면 틀림없이 나타나서 당당하게 지켜주는 〈우주소년 짱가〉 같은 정부가 아닐까. 전혀 불가능한 일이 아니다. 인공지능(AI), 빅 데이터, 사물인터넷(IoT)를 비롯한 제4차 산업혁명의 중추 기술을 창조적으로 선용하면 가능하다.

CHAPTER 08

해외의 전자정부 동향과 시사점

"인터넷의 숨 막힐 듯한 발전이 기쁘다. 믿을 수 없이 기분 좋은 일이다.
웹(Web)의 발전은 모든 꿈꾸는 자에게 교훈이 된다.
우리는 꿈꿀 수 있고, 그 꿈은 실현된다는 교훈 말이다."

-팀 버너스 리-

문제의식과 초점

정보화의 큰 물결 속에서 각국은 정보화와 전자정부 구축을 적극적으로 추진하고 있다. 정보통신기술의 발전은 사회 전반에 커다란 영향을 미친다. 특히 컴퓨터와 통신기술의 결합을 통한 멀티미디어 등장은 정보화 속도를 더욱 가속화하고 있다. 따라서 각국은 정보화 기반 구축을 위해 다양한 방식으로 네트워크 기반을 건설하고 있으며, 이를 토대로 다양한 서비스를 개발하고 질을 향상시켜 대민서비스의 일대 혁명을 일으켰다. 이제 정보혁명을 넘어 제4차 산업혁명이 원격교육, 재택근무, 원스톱·논스톱 서비스, 전자상거래, 전자결재, 화상회의 등 다양한 형태와 기존 방식을 변화시키고 있다. 또한 과거의 정부 모습을 변화시키고 있으며, 변화의 핵심은 정부 위주의 편의주의적인 행정에서 시민편의주의 중심의 행정으로 전환시키고 있다. 전자정부 구축은 이제 세계적으로 널리 퍼지고 있는 국가 간 경쟁이다. 이 싸움에서 승리하는 국가는 21세기 지능사회에서 선진국가가 될 것이다. 하지만 경쟁에서 뒤지는 국가는 후진국가가 될 것임은 자명한 사실이다. 전자정부 구축은 선택이 아니고 반드시 거쳐야 할 필수라는 점에서 외국의 동향을 예의주시해야 한다.

제1절

해외의 전자정부 동향 : 강대국

1 미 국

클린턴정부 출범과 함께 형성된 미국의 전자정부는 정보고속도로사업(NII)과 함께 행정성과평가사업(NPR)에서 비전과 전략이 구체화되었다. 전자정부의 상위맥락을 이루는 NII사업의 비전은 국민 삶의 질 향상, 이익공동체 창출, 교육 강화, 보건 증진, 참여민주주의 제고로 요약된다. 정책과정에서 정부·민간·산업분야의 협력체계가 구축, 운영되었다. 여기서 백악관은 전자정부정책의 선도 및 조정자 역할을 수행하였다.

미국 국가성과평가위원회(NPR)의 보고서인 〈정보통신기술을 이용한 리엔지니어링(1993)〉에서 전자정부 구축을 위한 최초의 계획으로 전자정부(Electronic Government)라는 용어가 처음 사용되었다. 1990년대부터 추진되어 온 미국 전자정부는 세계 최고 수준으로 평가된다. 2002년 발표된 〈전자정부 전략(E-Government Strategy)〉은 대통령관리어젠다(PMA)로서 한국을 비롯한 다른 나라의 벤치마킹대상이 되었다. 가령 정부 대 시민(G2C) 분야의 5개 사업, 정부 대 기업(G2B) 분야의 6개 사업, 정부 대 정부(G2G) 분야의 5개, 사업 및 운영 및 내부효율화(IEE)의 7개 사업을 범정부적으로 추진하였다. 미국의 전자정부 비전과 정치적 리더십은 산업, 학계와 정부 간 긴밀한 협력체계에서 정보기술 발전을 통한 세계적 리더십과 국가경쟁력 강화라는 국정목표로 나타났다. 여기에 의회와 시민사회는 경쟁과 협력적 공생관계의 바탕에서 정책추진체계가 작동하였다.

미국의 전자정부정책은 민간주도 원칙을 고수하면서 분산형 추진전략을 구사했다. 물론 전통적으로 연방정부와 의회, 주정부의 독립적 기능과 역할이 상호간 분담되었기에 일관성 있는 전자정부 구축이 힘들었지만 대통령의 관심과 지지에 의한 리더십이 뒷받침되었고, 예산권과 함께 전문성을 갖춘 예산관리처(OMB)가 통합적 조정자 역할을 수행하였다. 또한 정부나 민간에서 지속적인 수요창출을 바탕으로 전자정부 선도국의 위상을 유지하고 있다. 부시정부도 체계적이고 효율적인 전자정부메커니즘을 구축, 운영하였으며 오바마정부에서는 적극적인 IT 활용을 강조하며, 국가혁신 조건으로 전자정부정책을 추진하였다. 즉 대통령과 OMB 처장 등이 공공관리의 개선을 위한 전자정부의 필요성을 강조하면서 전자정부국의 활동을 뒷받침하였다(엄석진, 2008).

미국의 전자정부 추진체계는 정부가 주도하였지만 시민사회 참여와 정부내부의 분산화를 통해 정부독주의 위험성을 최소화하였다. 민간 차원의 전자정부정책 지원조직으로서 산업자문단은 전자정부국과 파트너십을 맺고 정책과정에서 제기된 문제점과 쟁점, 관련사례를 조사·분석하였다. 또한 민간사례에 대한 필요조치 및 연구결과는 전자정부국과 공유하였다. 공공과 민간부문 간 제도화된 연계는 일종의 협력적 공생관계(symbiotic relationship)로서 전자정부 정책과정에서 민간 전문지식의 유입통로로 기능하였다(엄석진, 2008). 초기의 전자정부 기반 구축은 정부기관시스템 간 유기적 연계 미비 등으로 인해 효율성은 미흡했다. 따라서 의회는 전자정부관련 법안을 제정하여 전자정부사업 집행력 제고 및 예산확보 등 전자정부 구축의 가속화계기를 마련하였다[1]. 또한 벤튼재단(Benton Foundation)을 비롯한 민간부문의 연구단체는 전자정부 구축 및 운영이념이나 철학적 토대 구축을 위한 지식창출에 기여하였다.

연방정부가 산출한 정책은 인터넷을 통해 접근가능하다. 백악관은 정책정보제공을 위한 홈페이지를 개설하였고, 의회도 토머스(Thomas)라는 온라인서비스를 통해 법안, 의회기록, 요약문서 등 입법정보를 제공하였다. 행정개혁사례의 지역적·범부처적 확산노력도 정보기술기반에서 이루어졌다. 가령 NPR의 〈BenchNet on FedWorld〉가 국방부, 원호청, 국세청, 상무부, 의회도서관 등의 지원을 받아 벤치마킹을 통한 행정개혁 추진성과와 정책정보공유 및 교환이 주정부(캘리포니아)나 카운티(산타모니카, 알링턴)에서도 시행되었다. 이처럼 국민의 행정정보 접근 보장은 1981년 「문서감축법

1 미국은 1993년부터 GPRA(93), FASA(94), Clinger-Cohen Act(96), GPEA(98) 등 전자정부 구현과 관련된 법률을 제정하였다.

(Paperwork Reduction Act of 1981)」에서 시작하였다. 각급 정부기관의 문서작업을 감축하여 연방정부가 수집, 관리, 배포하는 정보업무를 효율화하고 정보공개의 활성화를 도모하였다.

미국 의회는「전자정부법」제정 등 입법기능을 통해 정책을 지원하였다. 특히 전자정부 전담기관(전자정부국) 형성과 전자정부기금(e-Government Fund)의 운용 권한을 부여하였다. 전자정부정책에 관한 행정부 내 통제권한과 재정자원의 결합이라는 의미에서 전자정부국은 정책역량 강화를 위한 제도적 기반으로 평가된다(Fountain, 2002).[2] 미국 전자정부정책에서 의회는 당파에 관계없이 법·제도적 지원을 위한 정책지식 산출이 활발하게 나타났다. 1990년대 초기「고성능전산법」, 관리예산처규칙 개정,「정부인쇄청법」개정 등을 통해 전자정부 구현을 가속화하였다. 1996년 초에 개정된「통신개혁법(Telecommunications Reform Act of 1996)」은 시장진입장벽의 제거 및 완화(통신과 방송의 상호진입 허용), 경쟁의 공정성 확보, 음란·폭력물에 대한 감시 및 제재 등을 규제함으로써 전자정부 구축을 위한 법적 토대를 정비하였다. 2001년5월 민주당 리버만 의원이 상원에 '전자정부법안' 제출을 시작으로 부시행정부의 반대에 따른 협상 과정과 공화당 프레드 톰슨 의원이 공동 발의자가 되는 등 우여곡절을 겪은 끝에 2002년6월에 상원에서 만장일치로 법안이 통과되었고, 이후 자매법안인「H.R. 2458」과 함께 하원 정부개혁위원회 기술조달정책소위원회 회부(2002.7), 하원소위원회입법청문회(2002.9)를 거쳐 11월15일에 최종 확정되었다(한국전산원, 2002).

미국 전자정부 사업의 성공요인은 예산관리처를 중심으로 한 강력한 추진체계와 예산과 성과를 연계한 결과중심 성과주의에 기인한다. 정부, 의회, 산업, 시민사회의 조직, 인력 등이 유기적 협업체계를 통해 정책지식을 산출하였다. 특히 의회는 지속적인 법·제도적 정비를 통해 범부처적 사업추진 기반을 확대하고, 학계와 산업부문, 시민사회의 참여를 통해 지속적으로 발전하였다. 또한 전자정부의 기술혁신뿐만 아니라 제도 구축에서도 선도적 위치에서 정책지식을 창출, 활용하여 한국을 비롯한 여타국의 벤치마킹 대상이 되었다.

2 의회는 전자정부 정책추진과정에서 OMB에 권한과 함께 책무부과로 견제와 감시를 강화하였다. 전자정부 추진 결과에 대한 연례보고서 제출의 의무화와 집행과정에 대한 지속적 점검과 통제를 수행하였다. 또한 연방기관의 정보기술관련 사업이나 운영에 대한 청문회에 전자정부국장을 출석시키기도 했다.

그리고 연방정부아키텍처(FEA) 기반 범부처 간 상호 운용성 확대, 공통기반 솔루션의 제공, 중복투자 제거를 통한 효율성 향상, 시민중심의 전자정부서비스를 발굴·제공하였다(한국전산원, 2005). 특히 오바마정부는 오픈소스(open source) 정부를 강하게 지향하였으며, 구글의 임원 출신 메간 스미스를 미국정부의 최고기술관리자(CTO)로 임명하였다. 그는 정부 내 18F라는 기술혁신팀을 별도로 구성하였다. 뿐만 아니라 토니 스콧 정부 최고정보관리자(CIO)는 오픈소스 지원정책의 배경을 정부기관 간 협업과 혁신을 촉진하면서 똑같은 소프트웨어를 여러 번 복사하느라 지출되었던 세금을 줄이는 데 있다고 밝혔다.

미국 정부는 공공 데이터 개방과 함께 빅 데이터 기술개발과 인력 양성을 적극적으로 추진하고 있다. 공공데이터 결과물 중 가장 화제를 모은 웹사이트가 '데이터USA' 서비스다. 공공데이터 중에 중요하고 의미 있는 내용을 시각화한 정보와 수치를 보여준다. 기존 DATA.GOV와 별도로 홈페이지소스코드 및 관련 데이터가 오픈소스 기술로 제공되는데 민간기업(딜로이트 등)과 학계(MIT미디어랩 등)가 함께 참여하고 있다.

또한 대통령 직속으로 빅 데이터 협의체(Big Data Senior Steering Group)를 운영 중이며 빅 데이터 핵심기술 확보, 사회 각 영역에서 빅 데이터를 분석·수시적용, 인력 양성 등의 세 가지 부문에 행정력을 집중하고 있다. 미국 행정부는 빅 데이터를 경제 과학부문은 물론 국방력 강화, 보건복지 증대, 부정부패 척결 등 국가 사회시스템의 증강에도 활용할 계획이다. 즉 빅 데이터가 미국의 부국강병 목표의 터닝 포인트 중 하나로 자리 잡고 있는데 미국의 빅 데이터 추진체계는 〈그림 8-1〉과 같다.

미국은 연방정부 외에 주정부에서도 지역에서 발생하는 각종 문제해결을 위해 빅 데이터를 활용하고 있다. 범죄방지와 치안 유지 등의 사회 안전, 금융사기를 비롯한 탈세 방지, 행정서비스 개선 등을 위해 데이터를 분석하여 활용하는 사례가 점차 증가하고 있다. 국세청(IRS)과 고용분야 빅 데이터를 이용한 환급신청서 검토 등으로 새로운 세원과 미납세금을 확인한 결과 오하이오, 오클라호마, 텍사스 등 7개 주에서 16억 달러의 세수 증가효과를 가져왔으며, 이러한 결과를 기반으로 국세청은 지속적으로 자금세탁과 금융사기 방지, 신용위험관리, 고객행동 분석 등에 활용하고 있다.

〈그림 8-1〉 미국의 빅 데이터 추진체계

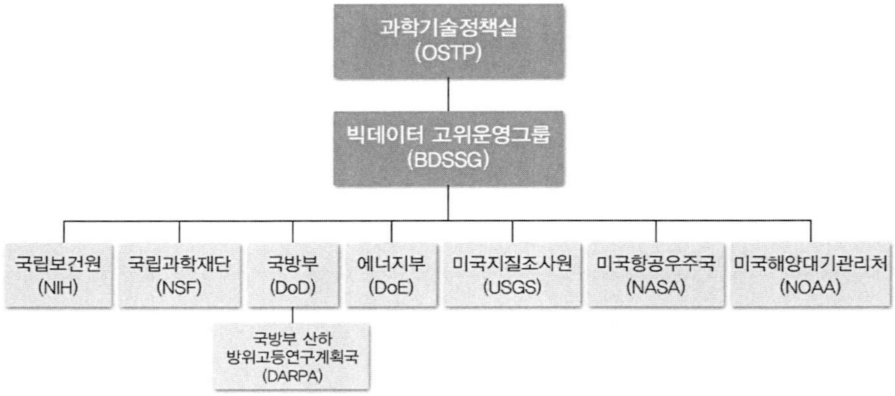

정부기관 내 데이터를 통합 공유하여 주민 서비스를 개선하고 예산의 효율적 배분 등 정책업무지원에 활용하는 경우도 있다. 미시간 주정부는 21개 기관의 데이터를 통합하고 의료보장 부정수급 탐지, 개인별 범죄관리 등 분석업무에 활용하여 1일 1백만 달러의 예산절감 효과를 발생시켰다. 이 외에도 샌프란시스코, 로스앤젤레스, 산타바버라 등 캘리포니아 주정부와 뉴욕시를 포함하는 뉴욕 주정부 등에서 가장 활발히 적용하는 분야는 화재 및 범죄예방, 치안유지 등 사회 안전 분야이다. 뉴욕시는 상습교통지역 교통량 통제 서비스(미드타운 교통통제 서비스), 데이터기반 첨단범죄정보시스템(DAS), 화재위험기반검사시스템(RBIS) 등을 제공하고 있으며, 로스앤젤레스에서는 미국 LA 범죄예측시스템(www.predpol.com)을 제공하고 있다. 이처럼 미국에서는 정보공유와 상황인지 등을 통해 정부와 민간의 정보 활용을 극대화하여 국가안보 및 국민생활을 위협하는 요인을 사전에 감지하고 대응할 수 있도록 노력 중이다.

미국의 공공데이터는 연방정부 데이터의 활용성과 접근성 향상, 데이터의 창조적 활용 확대를 통한 혁신적인 아이디어 창출, 투명한 정부, 데이터의 개방성 확대를 통해 국가 민주주의를 강화하고 효과적으로 효율적인 정부를 만드는 데 기여하는 것을 목적으로 2009년에 오바마정부에 의해 도입되었다. 미국의 공공데이터 개방 정책은 정보공개 이상의 의미를 담고 있다. 공공데이터를 개방하면서 추구한 투명한 공공서비스는 이 데이터를 민간에서 활용할 수 있도록 기술혁신도 주도하고 있다. 아울러

뉴욕시의 빅 데이터 활용사례

블룸버그 뉴욕시장은 역대 뉴욕 시장 가운데서 컴퓨터와 빅 데이터를 가장 잘 활용하였다. 당시 뉴욕시에 대형 화재가 많이 발생했는데 그는 시장에 취임하자마자 소방책임자를 소집해서 대책을 물었다. 그러자 한결같이 뉴욕시에 오래된 건물이 많고, 소방인력이 적어서 예방활동은 엄두도 못 낸다고 대답했다고 한다. 블룸버그 시장은 과거에 화재가 났던 건물의 데이터를 모두 수집해 빅 데이터 분석을 했다. 건물수명, 목조인지 콘크리트 건물인지, 소유주는 어떤 사람인지, 어느 지역인지, 누가 세 들어 사는지 등 데이터를 수집해 분석했다. 그리고 화재에 취약한 건물의 패턴을 발견했다. 시장은 화재 취약 건물로 판정이 난 건물에 소방대원을 집중적으로 보내서 안전진단과 예방활동을 했다. 그 결과 블룸버그 시장 재임 중 뉴욕시의 화재건수는 종전의 반 이하로 줄이는 성과를 올렸다. 지금은 기술적 상황이 블룸버그 시대보다 월등히 좋아졌다.

백악관은 2012년에 빅 데이터 연구개발(R&D) 추진계획을 발표하면서 기술 개발과 함께 전문인력 양성을 위한 청사진을 제시하였다. 데이터 기반 신서비스 정책은 공공서비스 혁신뿐만 아니라 민간의 분야별 경쟁력도 향상시킬 것으로 평가된다.

미국 정부는 시민의 참여와 협력을 확대하고 투명한 정부를 구현하기 위해 공공데이터 서비스(https://www.data.gov)를 시작하였다. 즉 정부의 공공데이터를 통합된 플랫폼을 통해 공개하고 누구나 이 데이터를 활용하여 부가적인 가치창출을 할 수 있도록 기반을 조성하였다. DATA.GOV 서비스가 개통되기 전에는 정부 부처별로 필요한 데이터를 얻기 위해 개별적인 질의와 조사를 했었기 때문에 공공데이터 개방 정책은 공공서비스의 혁신적인 사례로 꼽힐 만하다. 시민들은 연방정부의 현황을 투명하게 파악할 수 있을 뿐만 아니라 데이터를 활용하여 다양한 연구활동이 가능하게 되었다.

예를 들면 그동안 어려웠던 이질적인 데이터 세트를 조합하여 현상을 분석할 수 있는 이른바 빅 데이터 활용연구가 본격화된 계기가 마련되었다. 또한 공공 데이터를 공개한 이후 시민 참여로 오류가 있는 데이터가 조정되기도 하고 정책 제안이 이뤄지기도 한다. 정부 부처들도 데이터를 공유하면서 비용대비 정책 수행 효율이 높아졌다고 한다. DATA.GOV 서비스에서 제공하는 데이터는 교육, 의료, 소비, 재정, 에너지, 과학기술, 비즈니스 등 20개 분야이다. 또한 데이터 공개 외에도 이들 데이터를 활용할 수 있도록 관련 소프트웨어와 애플리케이션도 같이 제공하고 있다. 이러한 적극적인 데이터 활용 지원은 민간 부문에서 공공데이터를 다양한 방법으로 활용하여 데이터를 재생한 하는 데이터기반 신서비스 환경 조성에 큰 기여를 하고 있다. DATA.GOV 서비스를 통해 미국정부는 연방정부의 행정데이터를 공개하도록 하고 있으며 2015년 9월 기준 171개 기관에서 보유한 164,091건의 데이터 세트를 제공하고 있다. 또한 주 정부가 사용하는 민간 플랫폼을 활용한 공공데이터 포털 서비스를 제공하고 있다.

미국은 고품질 디지털 정보와 서비스를 언제 어디서나 디바이스에 상관없이 제공하고 새로운 디지털 세상을 구축하며 공공데이터 개방을 촉진함으로써 미국인을 위해 더 나은 21세기형 정부 구현을 추진하는 정부로 설정하였다. 핵심전략으로 정보/데이터 중심, 공유 플랫폼(Shared Platform), 고객 중심 서비스, 보안과 프라이버시 강화에 맞추고 있다(김경숙, 2016).

한편, 트럼프 행정부에서는 연방정부의 노후화된 IT 시스템을 현대화하고 시민들에게 제공하는 디지털 서비스 개선을 위해 연방정부 기관의 장들로 구성된 미국기술위원회(American Technology Council)를 설립하였다. 아울러 2003년 이후 15년 만에 연방 차원의 〈국가사이버보안전략〉을 발표하였다.

2 영 국

영국은 1990년대 초반부터 정보기반 구축, 공공정보화 구현, 정보산업 발전, 전자정부 구현 등 단계적인 국가정보화를 추진하였다. 2000년의 〈정부 현대화 백서〉에서 설정된 '정보시대의 정부'를 구현하기 위해 실행계획(E-government: A Strategic framework for Public Services in the Information Age)을 발표하였다. 이후 Connecting the UK(2005~2008), Digital Britain(2009~2012), Government Digital Strategy(2012~2017)를 발표하면서 정부의 디지털화 노력을 지속하였다(정충식, 2018).

영국통계청(ONS)에 따르면 2014년 기준 영국의 디지털산업 규모는 1,183억 파운드로 전년대비 약 7.2% 증가했다. 영국 전체 고용 인력의 4.4%에 해당하는 약 140만 개의 일자리를 창출하였다. EU집행위가 2016년2월에 발표한 영국 전자정부 보고서(eGovernment Fact sheet in United Kingdom)에 따르면 2015년 기준 영국가정과 기업의 인터넷 보급률은 각 91%, 96%로 EU 평균보다 높다. 전자정부 실현의 지표로 활용되는 개인의 대공공기관 업무 인터넷 활용률과 인터넷을 통한 대공공기관 서류제출률도 각 49%, 37%로 EU 평균보다 높아 영국의 전자정부 구축기반이 잘 갖추어져 있다.

2016년7월 영국은 UN 전자정부 평가에서 최초로 1위를 차지하였다. UN 전자정부 평가는 각국 정부의 정보통신기술(ICT)을 활용한 공공서비스 제공 능력과 수준을 측정하는 지표로, 2년마다 행해지는 평가를 통해 최신기술 동향과 ICT 활용방안에 대한 국가 간 정보 공유, 이를 통해 발전된 전자정부 전략을 수립하는 데 도움을 주는 것이 목적이다. 이 평가는 온라인 서비스지수, 정보통신 인프라지수, 인적자본지수 등의 3개의 하위 지수에 각각 가중치를 적용해 합산한 수치로 순위를 매겨 평가하며, 영국은 온라인 서비스 지수에서 1위를 차지하며 총점 0.92로 최종 1위를 차지하였다.

영국은 전자정부의 성공적인 추진을 위해 수상의 책임 아래 'e-Envoy'를 두어 전반적인 정보화 추진을 집행하고 있다. 또한 부처 내의 국과수준에서 체계적이며 더욱 적극적인 정보화 추진을 전담할 국과전담팀(Departmental Champions)을 설치운영하고 있다. 더불어 전반적인 정보화 추진과 관련한 주요 이슈 사이에 존재하는 갈등의 조정과 해결은 중앙정보통신반(Central IT Unit)에 의하여 가능하며, 이 기관은 'e-Envoy'에 직접적으로 보고하게 되어 있다. 그러므로 영국의 전자정부 추진은 'e-Envoy'와 중앙정보통신반이 국과전담팀과 협력자적 관계를 통하여 진행되고 있다.

또한 내각사무처(Cabinet Office)가 전자정부의 효율화와 개혁과제를 총괄하며, 2011년 내각사무처 산하에 정부디지털서비스(Government Digital Service) 기관이 설립되었다. 이 기관은 정부의 디지털화 추진을 전담하며 정부포털(gov.uk) 구축과 관리, 정부 디지털 서비스 기준 제시, 정부의 IT 조달 방법 혁신 등 세 가지 주요 업무를 수행하였다. 2011년3월에 발표된 정부 ICT 전략(Government ICT Strategy)은 ICT를 활용하고 공유함으로써 정부 행정의 생산성과 효율성을 증대시키는 것을 목표로 한다.

카메론정부는 ICT의 중요성을 강조했고, 같은 해 10월 정부 클라우딩 컴퓨팅 전략(Government Cloud), ICT 활용을 통한 친환경 정부 추구 전략(Greening Government: ICT), 정부의 ICT 활용 현황 및 능력 파악(Government ICT Capability), 일반 디지털 기기를 활용한 정부 서비스 접근성 증대 전략(Government End User Device)이라는 네 가지 중점 추진사항에 대한 구체적인 전략을 추가 발표하였다. 2013년12월에 내각사무처는 정부 디지털 전략(Government Digital Strategy)를 발표해 디지털 서비스 재편성을 통해 보다 편리한 온라인 서비스를 제공하고자 노력하였다.

영국의 전자정부 추진계획은 〈열린 정부 국가실행계획(Open Government Partnership National Action)〉에도 포함돼 있다. 이 계획은 2012년부터 3차까지 발표됐으며, 전자청원(ePetition) 시스템, 디지털 기록화(Digital Record), 건강정보 표준화 정보 공유 웹사이트 개발 등의 전자정부 관련 사항이 포함되었다.

영국 전자정부 인프라 현황은 다음과 같다.

첫째, 정부포털(gov.uk)은 2012년 10월에 오픈하였다. GOV.UK는 기존의 정부포털인 Directgov를 대체하고 영국 기업지원서비스인 Business Link의 온라인서비스를 통합한 것으로, 정부부처와 약 1,800개의 개별 공공기관 사이트를 하나로 통합한 혁신사례이다. 공공조달, 세금, 보건의료, 교육 등 모든 민원 업무를 하나의 채널을 통해 원스톱으로 해결할 수 있어 복잡한 민원 업무를 쉽게 처리할 수 있다.

둘째, 공공기관 디지털 조달사이트(digitalmarketplace.service.gov.uk)이다. 공공기관에서 디지털 프로젝트를 위한 기술이나 인력 조달 및 Cloud 기반서비스(웹 호스팅이나 웹사이트 구조 분석 등)를 구매할 수 있는 사이트로, 중소기업도 쉽게 접근이 가능해 개방적이고 경쟁적이라는 장점이 있다. 이를 통해 낮은 비용으로 고품질의 서비스 제공도 가능하다. 영국 재무부의 2015년 발표 자료(A better deal)에 따르면 이 사이트를 통해 2015년까지 3년간 총 약 8억3600만 파운드의 매출이 발생했다. 이 중 약 50%인 4억600만 파운드의 매출이 중소기업을 통해 이루어진 것으로 나타났다.

셋째, 공공데이터 검색사이트(data.gov.uk)이다. 정부와 공공기관 데이터를 검색할 수 있는 사이트로, 중앙정부의 1,357개 데이터를 포함 총 2만971개의 정부 및 공공기관의 데이터를 검색할 수 있다. 이 사이트에 공개되지 않은 정보의 경우 일반인이 직접 이 사이트의 'Date Request'란을 통해 정보공개를 요청할 수 있도록 되어 있다. 또한 EU INSPIRE 지침(Directive 2007/2/EC)에 따르면 토양, 광물자원, 토지 활용, 지질학 등 34개 분류에 해당하는 정보를 발행할 경우 반드시 대중에 공개하도록 하고 있는데, 영국 정부는 이를 위한 별도의 사이트를 운영하지 않고 해당 정보들이 발행되면 이 사이트에 공개하도록 하여 규정을 준수하고 있다.

넷째, 온라인 신원 확인시스템(gov.uk/verify)이다. 개인의 신원 확인을 위해 관련 자료의 우편 송부, 유선 확인, 기관 방문 등 오프라인상의 절차 없이 온라인으로 확인하는 시스템으로, 공인기관은 Barclays, CitizenSafe, Digidentity, Experian,, Post office, Royal Mail, SecureIdentity 7개 사가 있다. 사용자는 7개사 중 한 개를 정해 온라인상으로 신원 확인 절차를 마치면 이후 국세청 등 이용하고자 하는 기관에서 온라인으로 업무를 볼 수 있으며, 신원확인 시 사용된 개인정보는 중앙저장장치 등에 저장되지 않기 때문에 안심할 수 있다(행정자치부·한국정보화진흥원, 2016).

3 호 주

호주는 국토가 넓고 인구가 적어 기반시설 확충에 많은 비용이 소요돼 아직도 인터넷 사용은 주로 모뎀을 통해 이뤄진다. 게다가 10여 년의 짧은 기간이지만 호주는 상당한 수준의 정보화를 이룩했다. 1997년부터 2001년까지 조달, 지불, 정책 홍보 등 주요 정부 서비스의 온라인화를 달성하였다. 정보화를 호주 사회의 새로운 화두로 제시하는 데 성공하였다. 또한 2002년부터는 온라인 정부서비스를 통합하고, 부처 간 업무를 연계하는 전자정부 구현을 추진하였다.

호주의 정보화 전략은 미국에서부터 촉발된 전자정부 구축에 대한 포괄적 접근이 아니라 세부 정부서비스에 대한 정보화를 우선적으로 추진하고 이후 온라인 정부서비스의 통합 체계로서 전자정부를 구현했다는 점에서 미국과 기타 국가의 정보화 전략과 차이를 보인다. 결과적으로 이러한 전략은 단기간에 세계적 수준의 정보화를 달성한 호주 정부의 성공 원인으로 꼽힌다. 또한 호주는 정치, 경제, 사회, 문화 각 부문의 연계와 혁신에 IT를 활용함으로써 정보경제(information economy)를 달성하기 위한 전략적 수단으로 전자정부를 활용하고 있다. 〈온라인정부 2000〉 실현을 위하여 정부정보를 전략적인 자원으로 인식하고 정부 정보관리체계를 개혁함으로써 고객지향적인 정부를 구축하기 위하여 노력을 기울이고 있다.

호주정부는 업무 프로세스의 개선을 넘어 정부업무의 투명성을 높이고 시민의 참여를 촉진하기 위한 전자정부의 구현을 목표로 하고 있다. 즉 IT를 통해 정부 업무에 대한 시민의 참여 폭을 확대함으로써 개방적이며 투명하고 효율성 높은 미래 정부-거버먼트 2.0(Government 2.0) 체계 구축을 시행 중이다. 이를 위해 미래정부 태스크포스(T/F)를 구성하여 거버먼트 2.0 구현을 위한 구체적인 정책과 실행계획을 수립하였다. 〈표 8-1〉은 호주의 미래정부 T/F가 선정한 전자정부 비전으로 전자정부 추진목표와 행동계획을 담고 있다.

호주는 인터넷 이용자의 80% 이상이 전자정부 서비스를 이용하고 만족도 역시 50%선을 넘고 있다. 전자정부 편익분석 결과에 따르면 조사대상자의 85% 가량이 행정기관을 직접 방문하지 않고 24시간 온라인 서비스를 제공받는 등 전자정부를 통해 유무형의 편익을 제공 받고 있는 것으로 나타났다. 이로 인해 호주 국민의 45%가 전자정부 서비스를 통해 비용을 줄였고, 70% 이상이 행정처리 절차가 투명해졌다고 평가하였다.

열악한 기반시설에도 불구하고 호주정부가 전자정부 성과를 극대화할 수 있는 것은 장기적인 비전 아래 철저히 수요자 중심의 전자정부 서비스를 개발하고 제공해 왔기 때문이다. 실제로 호주 국가정보경제위원회(NOIE)는 새로운 전자정부 서비스를 개발하기에 앞서 서비스를 어떤 채널과 형태로 제공받기 원하는 지를 실제 수요자인 국민에게 직접 물어본다. 모든 전자정부 서비스의 개발은 수요분석(demand planning)에서부터 출발한다는 것이다. 전자정부 이용자의 대상영역을 조사한 결과 지역사회 서비스와 의료관련 영역을 제외한 나머지 부분에서 대부분 일반 접촉보다 인터넷 전자정부 접촉이 더 많게 나타났다. 특히 비즈니스 부문에서는 월등하게 전자정부 이용이 많은 것으로 조사되었다.

이처럼 호주정부가 세계 전자정부 수준평가에 계속해서 상위를 기록할 수 있는 것은 장기적인 비전 아래 철저히 수요자 중심의 전자정부 서비스를 개발하고 제공해 왔기 때문이다. 모든 전자정부 서비스의 개발은 수요분석에서부터 출발한다. 호주의 전자정부 전담기구인 NOIE(National Office for the Information Economy)[3]는 국가 차원에서 전자정부 마스터 플랜을 수립, 총괄하고 이의 실행을 정기적으로 모니터링 한다. 실제로 NOIE 산하에는 정부기관 간 조정 기능을 수행하는 OC(Online Council)와 MCIE

3 NOIE의 업무 중 하나는 중앙정부와 지방정부 간의 긴밀한 협조체제 아래 전자정부사업이 추진되도록 Coordinate하는 역할을 맡았음.

〈표 8-1〉 **호주의 Vision for 2010**

비 전	행동계획	비 고
사용자의 요구 충족	• 정부 서비스에 대한 전반적인 사용도와 만족도를 매년 지속적으로 측정 • 'australia.gov.au'를 호주 정부와의 제1의 접점(entry point)으로 개발 • 정부의 서비스 전달 옵션에 대한 홍보 강화 • 온라인 계약에 대한 원칙을 정립함과 더불어 실질적이며 바람직한 가이드라인 제공	
	• 서비스방식 개선	국민, 기업, 정부의 상호작용을 위한 표준네트워크 환경 제공
Information Interoperability	• 사생활 보호와 보안, 정부기관 정보를 공유할 수 있는 프레임워크 개발	
e-Government Future direction	• 국가 정보화를 포함해 광범위한 내용에 대한 미래 전자정부방향 탐색	
정부도메인 관리	• 자치주와 지방정부가 사용하는 국가 도메인 관리	
Demand & Value Methodology	• 온라인을 통한 정부서비스 평가와 국민의 수요 가치 파악	

(Ministerial Council for the Information Economy), 그리고 감독기구인 IMSC(Information Management Strategy Committee)가 있다. 전자정부 계획 수립 시 NOIE는 사전에 충분히 이해 당사자 간 자율적인 조정을 유도하되 합의가 원활하게 이뤄지지 않을 경우 정부가 직접 나서 조정을 강제하는 방식으로 해소하고 있다.

NOIE는 2004년 AGIMO(Australian Government Information Management Office, Department of Finance and Deregulation 소속)에 흡수돼 현재 AGIMO에서 전자정부 및 ICT 관련 모든 업무를 담당하고 있다. 호주의 전자정부 사업을 담당하는 정부정보관리실이 중심이 돼 서비스 수요조사, 사업기획, 시스템 운영 및 사후 평가가 일관성 있게 진행되며 정보관리전략위원회(IMSC: Information Management Strategy Committee)가 중심이 돼 기술적 부분의 지침 설정 등을 담당하고 있다. AGIMO는 〈표 8-1〉에서 보듯이 지난 2006년3월 〈2006 e-Government Strategy〉에서 〈Vision for 2010〉을 발표하고 구체적인 실행전략을 제시했고 현재까지 이행 중이다. 〈Vision for 2010〉의 내용은 ①사용자의 요구충족, ②서비스 전달체계와의 원활한 연계, ③정부효율성 제고를 통한 비용절감, ④공공부문의 IT 역량 강화에 맞추고 있다.

제2절
해외의 전자정부 동향 : 강소국

1 싱가포르

싱가포르의 발빠른 디지털 혁신은 정부 주도로 전개되어 왔다. 싱가포르 국민과 기업 또한 새로운 디지털 툴을 더욱 효과적으로 사용할 방법을 익히고 이에 대한 영향을 받을 수 있는 일자리 준비에 노력하고 있다. 정부 차원의 국가비전으로 선포된 〈스마트국가〉의 책임자(Vivian Balakrishnan 장관)는 정부 부처에서 근무하는 임직원 또한 새로운 디지털 툴 활용방안에 대한 대비와 함께 정부의 최고정보관리기관인 GovTech을 통해 싱가포르 국립대학과 연계하여 공공부문의 사이버안보를 확립시키는 방안을 추진하여 왔다. 해당 조치로 인해 공공부문에 대한 디지털 교육 프로그램이 제공되고 있다.

변화되어 가는 디지털 트렌드를 살펴보면 스마트폰 보급 확대로 페타바이트급의 방대한 정보가 유통되고 있을 뿐 아니라 인공지능을 탑재한 기기가 점차 지능화되어 장애물을 뛰어넘고 사람의 명령을 인식하는 등 다양한 산업적 파급효과가 사회적으로 영향을 미치고 있다. 디지털 혁신이 가속화되면 전 세계 어디에서나 중산층의 화이트칼라와 관련된 직업군이 영향을 받게 될 것이며, 종국에는 그 영향을 무시하게 될 수 없는 수준에 이를 것이다. 싱가포르는 이러한 변화를 감추거나 두려워하기보다는 비즈니스 업체와 임직원이 디지털 변화에 적응할 수 있도록 정부 차원의 노력을 기울여 오고 있다.

새로운 기술을 통해 인류가 직면할 다양한 도전과제가 발생될 것으로 예상되는 가운데, 기술력을 성공적으로 도입하거나 마스터할 수 있는 당사자만이 경쟁력을 유지할 수 있게 되고 이를 지원하기 위해 정부 차원에서 이러한 기술력을 보편화하여 더욱 많은 기회를 당사자들에게 제공할 수 있어야 한다는 것이 싱가포르 정부의 입장이다. 이에 싱가포르 정부는 효율성이나 서비스 제공 수준을 발전시키기 위해 정부 차원의 스마트 국가정책을 추진해 오고 있으며, 국가 주도형 사물인터넷 플랫폼의 개발뿐 아니라 센서 간의 통신을 지원하는 백본도 개발하고 있다. 이러한 네트워크를 구축하여 각 정부 기관에 의해 설치된 센서 간의 데이터 공유를 용이하게 만들 뿐 아니라 센서가 설치된 노드별 연결성 검증 및 비컨 전개와 같은 다양한 테스트도 병행해서 진행하고 있다. 또한 정부는 현금 없는 사회를 구현하기 위해 전자지불 사용을 적극 권장하고 있다. 그러나 현금이나 신용카드가 현재 활발하게 사용되기 때문에 현금 없는 환경으로 이동에 인센티브가 주어지지 않는 현 수준으로는 현실화되기 다소 어려울 수 있다는 주장도 대두되었다.

최근에는 더욱 실질적인 스마트국가를 구현하기 위해 조직개편을 시행하려는 움직임도 드러났다. 그 원인에는 더욱 통합된 방식으로 탄력적 대응이 가능한 체계를 갖추기 위해 재무부 산하의 디지털정부 추진부서, 정보통신부 산하의 정부기술정책부서 등과 같은 다양한 부서를 새롭게 구성할 것으로 예상된다.

싱가포르는 국제전기통신연합(ITU)의 사이버 보안지수에서 전 세계에서 1위를 차지할 정도로 사이버보안의 중요성을 인식함과 더불어 핵심성장 산업으로 간주하여 투자를 지속해 왔다. 싱가포르는 사이버보안 산업 육성 전략을 통해 자국 내뿐만 아니라 동남아시아 전체를 대상으로 하는 산업발전 전략을 추진하였다. BAE Systems, Microsoft, Palo Alto Networks 등 세계적 수준의 사이버보안 회사를 유치하였다. 또한 싱가포르 정부는 벤처캐피털과 함께 사이버보안 스타트업에게 펀딩을 보장하고, 지역 사이버보안 회사들이 세계적인 회사로 발전하기 위한 지원을 제공하였다. 발빠른 혁신을 지원하기 위한 R&D펀드(1억9,000만 싱가포르달러) 조성을 위해 National Security R&D 프로그램을 제공하였다. 아세안 구성국으로서 지역 내 사이버 보안 능력을 증강하는 데 협력하며 아세안을 넘어 전 세계적으로 사이버보안 정책의 동일성을 확보하기 위한 국제적 파트너십을 추진하였다.

싱가포르 정부는 스마트 국가(Smart Nation) 건설을 위해 2016년10월 리센룽 총리가 사이버보안의 중요성을 강조하고 네 가지 전략을 발표하였다. 여기서 사이버보안을

〈그림 8-2〉 **싱가포르의 스마트국가 추진체계**

– 원문: Singapore government warns digital revolution will impact jobs.

싱가포르의 핵심성장 산업으로 발전시킬 것이라 선언하였다. 통신정보부(MCI) 야쿱 이브라힘 장관은 2018년까지 디지털 경제의 성장에 따라 약 2,500여 개의 새로운 일자리가 만들어질 것이라고 발표하였다. 점증하는 사이버 공격과 싱가포르의 디지털 경제로 전화에서 사이버 보안은 새롭게 성장하는 부분으로 민간과 정부의 협력이 필수적이다.

2016년 〈싱가포르 사이버보안전략(National Cybersecurity Strategy)〉을 발표하여 스마트국가 건설에 근간이 되는 사이버보안을 산업화하는 전략을 추진하고 있다. 리센룽 총리가 직접 밝힌 것으로 이전의 '사이버보안 마스터 플랜(National Cyber Security Masterplan)'이 국내적 차원의 전략이었다면, 새로운 전략인 '사이버 보안전략'은 국제적 협력을 강조하면서도 산업으로서의 사이버 보안 전략을 강조하였다. 이 전략에는 네 가지 국가사이버 전략의 흐름을 선언하였다. ①탄력적인 인프라 건설, ②안전한 사이버공간의 창조, ③생동감 있는 사이버보안 생태계 발전, ④국제적인 협력관계 강화 등이다. 그리고 탄력적인 인프라 건설을 위해 국가의 핵심 서비스(위급서비스, 전자정부, 은행과 금융, 수송 및 보건 등)에 대한 보안을 강화하고 있다.

스마트국가 전략은 2025년까지 세계에서 첫 번째 스마트한 국가를 건설하는 것을 목표로 하고 있다. 스마트국가 전략의 추진체계는 〈그림 8-2〉와 같으며 스마트국가 전략의 다섯 영역은, ①운송 부문, ②가정 및 환경, ③경영생산성, ④건강과 노화, ⑤

공공부문 서비스 등이다. 스마트국가 달성을 위한 기회 요소로 제시한 것은 자율주행 자동차 기술, 스마트 그리드, 그린빌딩, 빅 데이터 분석 및 솔루션, 지형공간(geospatial) 애플리케이션, IT 보안, 센서 기술과 M2M(Machine-to-Machine) 기술 등이다.

스마트국가 건설 전략과 집행을 위해 2017년5월에 총리실 산하에 각 부처 인원을 망라한 스마트 국가 및 디지털 정부실(The Smart Nation and Digital Government Office: SNDGO)를 설립하여 전략 수립을 담당하게 하였다. SNDGO는 국가적인 디지털 정체성 체계를 발전시켜 디지털 전환을 가속화하고 정부기관들이 IoT을 이용하는 플랫폼을 발전시켜 나아갈 예정이다. 또한 전략실행을 담당할 기구로 총리실 산하에 정부기술청(Government Technology Agency: GovTech)을 설립하였다.

2 에스토니아

창조적인 실험국가가 있다. 바로 에스토니아다. 수도 탈린의 외곽에 있는 윌레미스테 지역. 대형쇼핑몰과 공원이 몰려 있는 루트사 거리를 지나다 보면 파란색 외관에 'enter e-Estonia(e-에스토니아로 들어오세요)'라고 크게 쓰인 건물을 쉽게 찾을 수 있다. 바로 에스토니아의 전자정부시스템을 한눈에 살펴볼 수 있는 'e-에스토니아 쇼룸'이다. 2009년 문을 연 이후 130여개 국에서 4만9,000여 명이 방문한 명소다.

한국에는 잘 알려지지 않았지만 에스토니아는 전자정부 시스템에서 선두를 달리는 국가다. 에스토니아 인구는 서울의 7분의 1 수준인 130만 명이고 국토 면적은 한국의 절반 크기인 4만5339㎢인데 그나마 절반은 숲이다. 1991년 옛 소련에서 독립했을 땐 성장률 -14%를 기록할 만큼 변변한 경제 인프라를 갖추지 못했고 마땅한 천연자원도 없는 나라였다. 이런 에스토니아가 발트해의 호랑이로 거듭날 수 있던 것은 1990년대 후반부터 추진한 전자정부 덕이다. 이를 통해 독립 당시 2,000달러였던 1인당 국내총생산(GDP)이 2016년 기준 2만 달러에 육박하는 등 북유럽 강소국으로 급부상했다.

관료제를 과거의 유물로 만들고 모든 수준에서 정부를 과거 어느 때보다 효율적으로 운영하고 있다. 이른바 'Zero Bureaucracy'를 구현하고 있다. 가령 자신의 전자신분증(e-ID)을 컴퓨터에 꽂고 정부 홈페이지에 접속해 비밀번호를 입력하면 주소부터 부동산 관련 내역, 차량 번호, 의료기록, 건강보험 기록 등이 속속 나타난다. 심지어 반려동물 정보까지 있다. 이어 토지위원회(Maa-Amet) 홈페이지에 접속해 전직 대통령의 이름을 검색하면 그가 소유한 에스토니아 남쪽 아바 팔루자 지방 땅의 위성 지도와 등록일, 구매 목적, 기타 소유지 등 각종 정보가 떠오른다. 기업등록 홈페이지에서는 에스토니아 최대 기업인 탈린크 그룹의 지배구조, 부채상황, 연간 재무제표와 함께 이사회 임원·감사 명단, 그들과 다른 기업의 연관성 등이 줄줄이 표시된다.

에스토니아는 결혼과 이혼, 주택구입만 빼고[4] 모든 행정처리가 온라인으로 가능한, 지구상에서 가장 발달한 전자정부국가다. 이처럼 탄탄한 전자정부 시스템을 갖춘 에스토니아가 블록체인에 관심을 가진 것은 2007년 러시아로부터 대규모 사이버공격을 받으면서부터다. 개인정보 등 보안에 대한 경각심이 더욱 높아지면서 에스토니아는 2008년부터 토종 보안기업 가드타임(Guardtime)과 함께 정부기록에 블록체인 도입을 검토하기 시작했다. 2012년부터는 의료정보관리시스템, 상속등록, 공공문서, 사업자등록 등 다양한 정부업무를 관리하는 국가정보교환플랫폼 엑스로드(X-raod)에 블록체인 기술을 도입했다. 전자정부시스템에 블록체인까지 도입함으로써 정보가 조작되거나 해킹되지 않는다는 믿음을 더한 것이다. 에스토니아의 블록체인 기술은 두바이, 싱가포르, 미국 등에 수출되고 있다.

현재 전자정부시스템에는 개인정보를 포함한 모든 사람의 정보가 공개돼 있어 투명한 사회를 만드는 데 도움이 된다. 특히 블록체인 기술을 도입한 엑스로드 기반의 전자정부 서비스 덕분에 사람이 손수 했다면 800년 걸릴 일을 1년 만에 처리할 만큼 업무 효율성이 높아졌다. 이처럼 전자신분증으로 정부서비스 99% 이용이 가능하다. 에스토니아에선 약 2,500가지 정부 서비스의 99%가 온라인으로 연중무휴 24시간 처리된다. 무려 국민의 98%가 디지털ID를 갖고 있다. 어느 나라도 선뜻 시행하지 못하는 전자투표도 세계 최초로 도입해 인구의 30% 정도가 활용했다.

1997년 도입된 전자정부의 중심에는 전자신분증을 이용한 디지털서명이 있다. 에

4 결혼과 이혼, 부동산거래는 온라인화하지 못해서가 아니다. 직접 대면해서 처리해야 할 업무로 분류했기 때문이다. 가령 하룻밤 인연에 혼인신고를 한다든지 부부싸움 후 홧김에 이혼하는 일 등을 막기 위함이다.

스토니아 국민은 태어나자마자 디지털 칩이 내장된 전자신분증을 발급 받는데, 신분증 카드를 컴퓨터에 꽂고 본인 인증만 하면 온라인상에서 납세, 투표, 교육 등 모든 행정서비스를 한 번에 이용할 수 있다. 디지털서명을 통해 약 2,600가지, 전체 정부서비스의 99%를 온라인에서 이용할 수 있다. 연말정산처럼 복잡한 절차도 3분이면 끝난다. 대기업에서조차 회계사 수십 명을 불러 복잡한 서류를 검토하는 풍경을 찾아보기 어렵다. 창업신고는 서류 구비나 담당기관 방문 없이 온라인에서 바로 할 수 있고 30분이면 허가를 받을 수 있다. 연금이나 정부 보조금도 디지털 서명을 통해 클릭 몇 번으로 받을 수 있다.

병원 처방전 발급 등도 디지털서명으로 이뤄진다. 약국에서 별도의 처방전을 제출할 필요 없이 전자신분증만 보여주면 된다는 의미다. 다니던 병원을 옮겨도 모든 병력과 치료 과정이 새로운 의사에게 공유돼 불필요한 검진을 다시 받을 확률이 낮아진다. 전자신분증을 내밀었을 때 안 되는 일은 신중한 사려가 요구되는 결혼과 이혼, 부동산거래 등 세 가지뿐이다. 디지털 서명을 통해 매년 GDP의 2%에 해당하는 행정비용을 절감하고 있다는 게 에스토니아 정부의 설명이다. 전자정부시스템에 블록체인까지 도입함으로써 정보가 조작되거나 해킹되지 않는다는 믿음을 더했다. 어떤 회사가 얼마를 벌어들이는지, 특정 기업인의 재산이 얼마이고 어디에 땅을 소유하고 있는지 등을 몇 번의 클릭으로 확인할 수 있을 만큼 개인정보의 투명성을 높이는 과정에서도 블록체인의 영향은 컸다. 비록 개인정보가 공개돼 있지만 조회기록이 남기 때문에 모든 사람은 자신의 정보를 누가 언제 검색해봤는지, 어떻게 사용했는지 알 수 있다. 예컨대 2008년 블록체인 의료정보관리체계 도입에 따라 주치의 아닌 의사가 내 의료정보를 들여다본 사실이 확인되면 정부에 조치를 요구할 수 있다. 블록체인 안에선 흔적이 남기 때문에 사후조치가 가능하다.[5]

에스토니아에서 설정된 전자정부 발전단계[6]에 따르면 에스토니아는 지금 5단계를 지나는 중이다.

5 실제 몇 년 전 에스토니아 전직 총리의 건강기록을 조회했던 의사가 당사자 항의로 의사 면허를 박탈당했다.

6 에스토니아의 전자영주권 사업을 맡은 카스파르 코르유스(Kaspar Korjus)가 제시하였다.

전자정부의 발전 10단계

- 1단계는 '가짜 디지털(Faking digital)' 단계다. 종이문서를 보내기 위해 스캔 등의 방법으로 디지털로 전환하는 것이다. 코리유스에 따르면 대부분 국가의 정부는 이 단계에 머물러 있다.
- 2단계는 디지털 전환(Swiching to digital)으로, 종이 없이 디지털로 정보를 처리하는 단계다. 예를 들면 '민원24' 사이트에 접속해서 디지털 서명(한국의 경우 공인인증서)을 하고 주민등록 등본을 내려 받는 것이 가능한 단계이다. 한국을 포함해 10여 개 국가가 이 단계에 있다.
- 3단계는 운영 효율성(Operating efficient)을 달성하는 단계다. 각각의 서비스를 연결해 통합 전자정부 시스템을 구축하는 것이다. 가령 운전면허증 갱신 프로세스 간소화, 자동화된 연말 정산 등이 가능해진다. 아직 3단계를 넘어선 국가는 에스토니아를 제외하고는 없다.
- 4단계는 국경을 넘는(Becoming borderless) 단계이다. 에스토니아가 이미 실행하는 전자영주권이 해당된다.
- 5단계는 클라우드로 이동(Moving to cloud)하는 것이다. 에스토니아는 5단계를 지나는 중이다. 현재 각국의 디지털 정보는 대부분 국가가 직접 운영하는 데이터 센터에 존재하는데, 에스토니아는 에스토니아의 행정 데이터를 과감하게 해외 클라우드 서비스에 백업해 놓았다.
- 6단계는 정부 서비스를 앱스토어처럼 제공(Building app store)함으로써 개인들이 필요한 서비스를 선택해서 사용할 수 있게 하겠다는 것이다. 에스토니아 시민뿐 아니라 전 세계 누구든지 접속해 이용할 수 있다. 예를 들어 보험서비스에 가입한 한국인이 한국에서 사고가 나서 보험금을 청구하면 에스토니아 정부가 한국 병원에 보험금을 지급하는 식이다. 이미 에스토니아는 e-Residency 프로그램을 통해 글로벌로 기업서비스를 제공하는 중이다.
- 7단계는 보이지 않는 정부(Becoming invisible) 구축이다. 현재의 행정 서비스는 연금을 받을 때가 되면 개인이 찾아가서 신청해야 한다. 그런데 이 단계에 이르면 개인이 별도로 신청하지 않아도 행정시스템이 자동으로 연금 지급 대상에 등록하고 서비스를 제공한다.
- 8단계는 토큰 이코노미(Tokenising ecosystem)로 진입하는 단계이다.
- 9단계는 AI 기반의 정부시스템이 구축(Empowering AI)되는 단계이다.
- 10단계는 궁극적으로 물리적인 국토와 국민에서 벗어나서 통합사회(Merging societies)로 이르는 단계다.

에스토니아 국민의 모든 정보가 블록체인에 올라 있는 것은 아니다. 정부는 해시값(디지털 지문 역할을 하는 자료의 원본 고유 코드)만 올리는 방식으로 효율성을 극대화했다. 정보의 무결성(의도적으로 변경되거나 파괴되지 않고 보존되는 특성)을 위해 2012년에 전자정부 시스템에 블록체인을 도입했다. 데이터베이스는 중앙화된 시스템에 있고, 해시값만 블록체인에 올려 정보가 위·변조되지 않았다는 것을 증명하고 있다. 이는 에스토니아 정부가 기술을 선택하는 기준은 신뢰성과 비용의 효율성이다.

에스토니아 정부가 발행하는 전자영주권(e-레지던시)도 전자정부와 블록체인이 만난 혁신의 산물이다. 에스토니아는 2014년 세계 최초로 블록체인 기반을 적용한 전자영주권, e-레지던시 서비스를 시작했다. 온라인을 통해 에스토니아 전자영주권을 신청하고 100유로(13만 원)를 낸 뒤 현지 정부승인을 받으면 세계 어디에 있더라도 에스토니아에서 창업할 수 있다. 온라인에서 가상영주권을 받아 국적과 국경에 관계없이 사업에 나설 수 있는 셈이다. 특히 에스토니아는 유럽연합(EU)에 가입돼 있어 이를 발급받으면 EU에서도 사업을 할 수 있다. 도입 4년 만에 전 세계 154개국에서 4만 명에 달하는 사람이 전자영주권을 발급 받았고, 한국에서도 1,124명이 취득했다. 이들이 창업한 회사만도 6,000개에 달한다. 회사 이익을 에스토니아에 재투자하면 세금을 내지 않아도 된다. 에스토니아 정부는 전자영주권 발급자들이 2021년까지 2만 개 기업을 설립할 것으로 예상하고 있다. 어디서 거주하든지 에스토니아에서 사업할 수 있고 유럽시장에도 진출할 수 있는 환경을 조성하고 있다.

현재 e-gov의 이름 아래 정부의 공공서비스뿐만 아니라 전자투표·교육·재판·의료·경찰·세금·비즈니스·은행대출까지 가장 광범위한 범위가 포함된다. 에스토니아의 e-거버넌스는 적은 인구로 나라를 유지하기 위한 수단이며 정부 주도로 이뤄졌다. 가장 획기적인 시스템은 ID카드다. 이 카드만 있으면 세금·은행·교육·투표·비즈니스 등록 등을 할 수 있다. 일종의 사이버 주민등록증으로 모든 로그인 서비스를 카드 하나로 가능하다. 에스토니아는 인구가 적어 모든 공공서비스를 일대일 민원으로 시민에게 제공하는 과정에서 인력 낭비를 방지하고 효율을 극대화하기 위해 전자민원서비스를 시작했다. 하지만 지금은 세금환급은 물론이고 투표나 비즈니스 등록도 집에서 바로 완료할 수 있다. 경찰시스템도 연결돼 있어 사고가 났을 때 부상자의 신원 조회가 바로 가능하고 간단한 의료 정보도 열람할 수 있어 병력이 있는 사람일수록 빠른 대처가 가능하다. 처방전은 병원에서 바로 자신이 지정한 약국으로 전송되며 약을 더 타기 위해 병원에 들를 필요도 없다.

에스토니아의 전자신분증 e-ID

에스토니아의 전자신분증 e-ID에는 주소, 부동산 관련 내역, 차량 번호, 의료기록, 건강보험 기록 등과 더불어 반려동물 정보까지 있다. 이렇게 한곳에 모인 개인 정보는 X-road라는 디지털망에 연결된 정부 서비스와 민간 서비스와 연동돼 행정 서비스 자동화가 가능하다. 운전면허증 갱신을 예로 들어 보자. 갱신 시점이 임박했음을 알리는 메일을 받으면 메일에 적힌 링크를 클릭해 운전면허 갱신 웹사이트에 들어간다. 거기서 몇 가지 정보만 입력하면 운전면허 갱신 작업이 끝난다. 5분이면 충분하다. 병원에서 약을 처방받은 경우에도 종이 처방전을 약국에 가져가지 않아도 된다. 약사가 처방전을 온라인으로 볼 수 있기 때문이다. 과거 진료기록도 모두 온라인에 저장돼 있다. 다른 병원에서 진료를 받기 위해 힘들게 이전 진료기록 사본을 받아서 들고 갈 필요도 없다. 에스토니아 금융거래의 99%, 세금 신고의 95%가 온라인으로 이뤄지고 있다. 이 모든 행정 자동화 과정에 에스토니아의 전자신분증 e-ID가 사용된다.

에스토니아에서 지난 2005년 실시된 전자투표(e-voting)를 가장 많이 이용하는 세대는 65세 이상의 고령층이라고 한다. 굳이 투표장까지 가지 않아도 되기 때문이다. 또한 선거 과정도 다른 나라와 많이 다르다. 투표는 11일 동안 이뤄지고 시작 후 7일 동안 마음이 바뀌어 이미 투표한 결과도 변경할 수 있다. 에스토니아는 국토가 작고 인구는 한정돼 있으며 자원이 풍부하지도 않고 관광지도 아니며 외세의 침략도 잦았다. 집집마다 통신망이 잘 구축돼 있고 스마트폰 이용률이 높은 디지털 강국이다. 옛 소련에서 독립한 이후 에스토니아는 기술적인 측면에 많은 관심을 가졌고 제한된 조건에서 나라를 효율적으로 돌아가게 하려는 노력이 있었다(허경주, 2018).

3 덴마크

2001년부터 전자정부 사업을 시작한 덴마크는 2014년 종이 사용 종식을 선언하는 등 공공부문 디지털화를 통한 행정혁신 성과를 거두었다. 최초의 전자정부 계획인 〈전자정부를 향해: 덴마크 공공부문을 위한 비전 및 전략(Towards eGovernmnet: Vision and Strategy for Public Secto in Denmark) 2001-2004〉은 중앙정부, 지방정부, 지자체가 모두 참여하여 덴마크식 전자정부에 대한 초석을 마련하였다. 이어 2차 계획인 〈잠재

가능성의 실현(Realising the Potental) 2004-2006〉은 공공부문의 내부적 디지털화를 추진하였다. 3차로 추진된 〈eGovernmnet Strategy 2007-2010〉은 공공부문의 디지털 서비스 개선, 효율성 향상을 위한 디지털화 추진, 공공부문 IT시스템의 상호연결성을 확보하고 디지털 결속을 위한 협력 강화를 목표로 하였다.

미래 복지를 위한 디지털 여정(The digital path to future welfare)이라는 제하의 〈전자정부 전략 2010-2015〉은 단순하고 효율적인 온라인 서비스에 중점을 두었다. 특히 행정서비스 온라인화, 디지털 복지서비스 강화, 공공부문 디지털화를 위한 협력 강화 등을 목표로 하며, 2014년 11월을 종이 사용 종식을 기록할 e-Day4로 지정하였다. 〈전자정부전략 2010-2015〉의 핵심 목표는 ①공공부문 디지털화를 통한 효율성 제고, ②자원 및 재원 절약, ③공공서비스 전달의 현대화이다. 2015년까지 정부·공공기관·기업·국민 간의 소통방식을 온라인 중심으로 전환하고, 일상생활에서 디지털복지를 체감하도록 하는 데 있었다. 이를 위해 기존의 서류제출 등 문자 의사소통(written communication)을 탈피하여 80% 이상을 온라인 방식으로 전환할 계획을 수립하여 추진하였다.

전자정부의 3대 추진전략을 살펴보면, ①출력자료 및 우편물 서비스이용 중지(No more printed forms or letters): 정부·공공기관·기업·국민 간 오고가는 지원서, 신청서, 고지서 등 각종 서류 및 우편물을 모두 디지털화할 것, ②신 디지털복지시스템 구축(New digital welfare): IT를 활용해 교육기관(특히, 초·중등 교육), 의료·보건기관, 노인의료시스템, 재활치료시스템 등에 디지털 솔루션을 제공할 것, ③공공기관 간 상호협력을 위한 디지털 솔루션 개발(Digital solutions for closer public sector collaboration): 모든 공공기관은 관련 공공 부문 솔루션을 이용해 기관마다 각기 다른 평행적 시스템을 개발하는 대신 기관 간 데이터를 공유함으로써 국민에게 더욱 효율적인 공공서비스를 제공할 것이다. 신 디지털복지시스템 구축을 위해 〈디지털복지전략(Strategy for Digital Welfare) 2013-2020〉을 별도로 마련하였다. 교육, 노인복지, 재활치료, 건강보건 분야에 초점을 맞추고 있으며, 원격의료 보급화, 건강복지 분야 디지털시스템 구축, 간호복지기술 개발, 정보 기록·전달기술 개발, 디지털학습 및 교육 개발, 디지털복지 인프라 구축 등을 골자로 하였다.

전자정부 전략의 추진성과로는,

〈그림 8-3〉 덴마크 국민의 전자정부 활용도

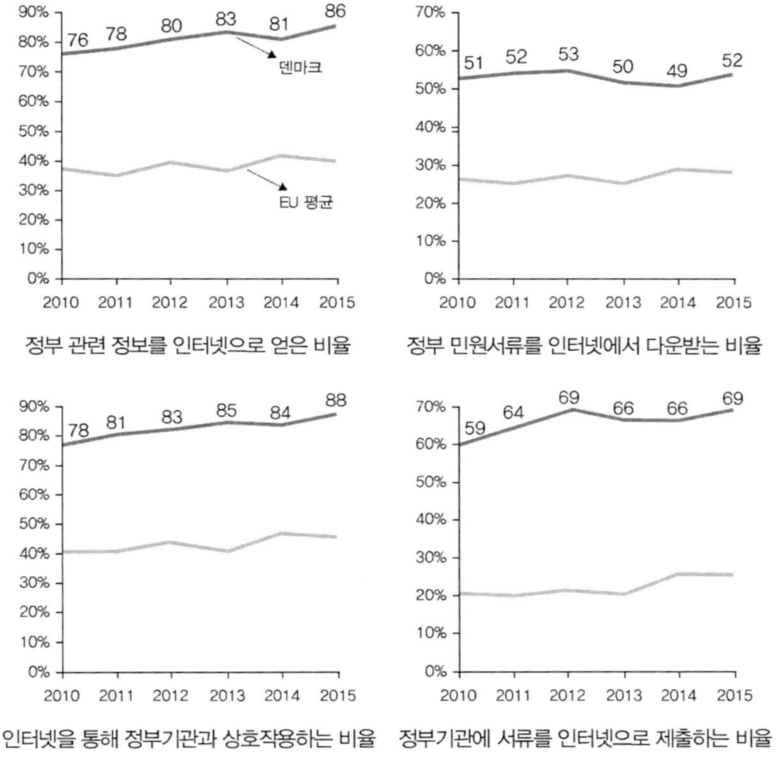

첫째, 전자정부 활용도가 월등하다. 유로스탯(Eurostat)의 정보사회지표(Information Society Indicators) 조사 결과 〈그림 8-3〉에서 보듯이 유럽연합 평균치와 비교해 덴마크의 전자정부 활용도는 월등히 높았다. 특히 정부의 민원서류를 온라인에서 제공받고(52%), 행정처리도 온라인에서 처리하는 비율(69%)이 높은 편이다.

이는 높은 국민 인터넷 이용률(100%)과 브로드밴드 보급률(84%)을 기반으로 온라인 행정처리를 위한 고강도 혁신 정책을 추진한 결과이기도 하다. 즉 덴마크의 공공부문의 디지털화 전략은 민원행정을 디지털 셀프서비스화하고, 대민커뮤니케이션을 온라인화(디지털포스트)하는 두 가지 방향으로 추진하였다.

둘째, 디지털셀프서비스 의무화(Mandatory digital self-service)이다. 덴마크 정부는 정

〈표 8-2〉 단계별 디지털 셀프서비스 의무화 추진 대상

구분	착수시기	대상규모	주요 대상
1단계 (WAVE 1)	2012.12부터	10종	주소변경, 헬스케어 카드 및 데이케어 가입신청, 초등학교 입학 신청, 방과후케어 신청 등
2단계 (WAVE 2)	2013.12부터	29종	방과후센터 등록, 장례비 지원신청, 보조기술지원신청, 재산세납부 관련 대출신청, 운전면허증 및 여권 신청, 개인 범죄기록증명서 발급, 자전거 도난신고 등
3단계 (WAVE 3)	2014.12부터	27종	자녀양육비 신청, 임차보증금 대출신청, 주차허가신청, 국가연금·연기연금·장애연금 신청, 육아·아동·어린이 및 청소년 수당신청, 난방수당, 주택혜택 신청 등
4단계 (WAVE 4)	2015.12부터	25종	질병급여신청, 각종 건강수당 신청, 의약품 보조금 신청, 외국인 체류신청, 외국인의 여권 신청, 인적공제 신청 등

– 출처: http://www.digst.dk/Servicemenu/English/Policy-and-Strategy/Mandatory-digital-self-service.

부 민원업무 중 의무적으로 국민 스스로 처리해야 하는 디지털 셀프서비스 업무를 지정하고, 이의 디지털화를 추진하였다. 단계별 디지털 셀프서비스 의무화 추진 대상은 〈표 8-2〉에서 보듯 2012~2015년까지 단계별로 추진한 결과 총 91종의 민원업무를 디지털 셀프서비스화하는 데 성공하였다.

덴마크는 세계 최초로 국가 차원의 디지털 우편서비스(Digital Post)를 의무화한 국가이다. 현재 정부, 공공기관, 기업, 국민 간의 우편서비스를 디지털로 제공하는 디지털 포스트 전달체계를 완성하였다. 지난 2013년11월부터 덴마크 공공기관은 복지서비스 강화의 일환으로 디지털 우편서비스를 도입하였다. 즉 2013년11월부터 공공기관-기업 간 디지털 우편서비스, 2014년11월부터는 공공기관-국민 간 디지털 우편서비스를 의무화하였다. 디지털우편은 기존 정부기관, 공공기관, 병원, 국세청, 보험회사 및 은행 등 사기업의 오프라인 우편물을 대체하며, 국민은 Borger.dk와 e-Boks를 통해 안전한 환경에서 전자우편 열람이 가능하다.

디지털우편 제공을 위해 덴마크 의회는 2012년6월 디지털 포스트를 의무화하는 법률(The Danish Public Digital Post Act)을 승인하였다. 법률에 따르면, 15세 이상 덴마크 국민은 2014년11월1일까지 공공기관의 디지털 포스트에 가입해야 하며, 미가입자는 2014년11월1일에 자동으로 등록된다. 단, 디지털 포스트를 수신하기 어려운 장애를

〈그림 8-4〉 **덴마크의 Nem-ID**

'Easy ID'라는 뜻, 인터넷뱅킹, 정부·유관기관 웹사이트, e-Boks, 세금납부 등 행정업무 시 신분증명 목적으로 사용되는 디지털서명 또는 공동 로그인 솔루션 만 15세 이상 CPR번호(한국의 주민등록번호와 같은 개인식별번호)가 있는 자에게 모두 부여되며, 개인이 정한 아이디, 비밀번호와 개인별로 제공된 Nem-ID카드에 적힌 코드를 입력해 사용하는 방식 Nem-ID카드에 적힌 코드는 1회 사용으로 제한돼 있으며, 코드를 모두 사용하면 새로운 카드를 발급받아야 함. Nem-ID는 개인정보보안 강화뿐만 아니라 하나의 통합 계정을 통해 국민에게 편리성과 효율성을 제공함.

갖고 있는 경우, 집에서 인터넷 접속이 어려운 경우, 덴마크를 영구적으로 떠나겠다고 등록한 경우, 노숙자, 언어소통의 어려움이 있는 경우 Nem-ID 가입에 실질적인 어려움이 있는 경우는 디지털 포스트 가입의 예외로 인정한다. 2014년11월1일 기준으로 65%인 3,115,000명이 디지털 포스트에 이미 가입하였으며, 자동 등록자는 24%인 1,134,770명, 예외자는 10.1%인 479,000명이다.

덴마크 정부는 기존 전자정부 전략이 2015년 종료되면서 〈e GOVERNMENT Strategy 2016-2020〉을 수립하여 2016년 말부터 시행하였다. 새로운 전자정부 전략은 기존 계획의 성과를 기반으로 공공부문의 디지털화를 강도 높게 추진하는 과감한 목표를 설정할 예정이다. 디지털 전략의 3대 테마는 ①생산적이며 효과적인 공공부문, ②시민과 기업을 위한 가치를 창조하는 공공서비스, ③비즈니스 성장에 도움이 되는 공공부문의 디지털화로 설정되었다. 3대 테마 기반의 디지털 전략 추진 정책대상은 행정 프로세스의 자동화, 시민과 기업을 위한 더 나은 사용자 경험, 디지털 복지, 데이터 공유, 일관된 공공행정 프레임워크, 개인정보보호, IT인프라 솔루션, IT프로젝트 관리, 공공부문 디지털화를 위한 공동협업 등이다. 본 계획 수립을 위해 정부는 2015년4월부터 정부부처, 지방정부, 지자체 등이 참여하여 새로운 디지털비전 수립을 위한 테마데이(theme day)를 진행하였다.

테마데이는 DI ITEK(Agency for Digitisation and Confederation of Danish Industry)[7]가

진행하며, 총 10회의 워크숍[8]으로 구성되었다. 주요 논의내용은 현재 공공 IT 인프라, 기관 간 데이터 공유, 데이터 주도의 성장, 복지기술 그리고 공공부문 디지털화 노력의 전략적 관리 등이다.

덴마크의 전자정부 조직은 프로젝트 관리를 강조하고 있다. 디지털청(Agency for Digitisation)[9]은 전자정부 업무를 전담하는 재무부(Ministry of Finance) 산하 기관이다. 국립 IT통신청(National IT and Telecom Agency)과 정부관리청(Agency for Government Management)의 합병으로 2011년11월 탄생하였다. 전자정부 관련 업무 추진과 함께 대규모 IT프로젝트와 범부처 프로젝트의 효율적인 추진·관리를 위한 조직 및 가이드라인을 운영하고 있다. 특히 대형 IT프로젝트 추진·관리, 리스크 감소를 위해 5대 전략적 원칙을 마련하여 프로젝트 추진주체에 가이드라인으로 제공하고 있다.

IT프로젝트의 5대 원칙

[원칙1] 정부기관은 야심찬 솔루션을 추구한다. 그러나 특별한 미래전망이 없다면 미성숙한 기술 적용에서 '퍼스트 무버(first mover)'가 될 필요는 없다.

[원칙2] 이미 구입했거나 개발한 솔루션은 가능한 모든 곳에서 반드시 재사용한다.

[원칙3] 예산이 분명하고, 혜택과 효과가 확실한 프로젝트만을 수행한다.

[원칙4] 프로젝트는 비즈니스 목표를 명확히 기술하고, 개발 범위와 복잡성을 최소화하고 상세하게 기술되어야 한다.

[원칙5] 모든 프로젝트는 정부기관과 공유된 방법으로 관리되어야 한다. 또한 자격을 갖춘 자원을 사용해 관리한다.

---

7 덴마크어 Digitaliseringsstyrelsen은 덴마크 재무부 산하기관으로 덴마크 복지사회의 현대화를 촉진하기 위해 2011년 설립되었으며 덴마크 기업들이 성공하기 위한 최선의 환경을 제공하기 위해 설립된 기관으로, 직원 컨설팅, 국제서비스, 생산성 및 역량 개발 등의 서비스를 제공한다.

8 워크숍의 상세 내용은 공식 동영상 http://fm.23video.com/video/12105895/tem 참고.

9 웹사이트: http://www.digst.dk

덴마크 전자정부가 주는 시사점은 다음과 같다.

첫째 이용자 중심의 전자정부 전략이다. 덴마크는 UN의 전자정부 평가 등 주요 정보화순위가 높은 것은 아니지만, 이용자 중심의 전자정부 전략 수립 및 시행에서는 큰 효과를 거두고 있다. 디지털포스트의 경우 15세 이상 국민의 90%가 가입하였으며, 91종의 민원업무에 대해 디지털 셀프서비스를 구현하는 등 행정업무에 대한 전면적 디지털화를 통해 행정업무의 혁신을 도모하는 데 주력하였다. 온·오프라인 대민서비스를 모두 제공하는 한국 역시 오프라인 서비스를 최소화하고 모든 대민서비스를 온라인 중심으로 이행하기 위한 전략 마련이 필요하다.

둘째, 정부 IT프로젝트에 대한 관리체계의 강화이다. 덴마크 정부는 대형 IT프로젝트의 효율적 구축과 관리업무를 위해 별도의 조직을 마련하는 등 IT프로젝트 및 프로그램 개발 성과를 극대화하기 위해 체계적으로 노력하고 있다. 정부 예산과 연계된 프로그램 관리모델을 도입하여 정책의 실효성을 강화하는 동시에 민간의 IT전문가를 활용한 프로젝트 평가와 진행상황 점검을 추진하여 프로젝트의 효과성을 제고하는 데 기여하고 있다. 대형 IT프로젝트의 성공적 개발과 운영을 위해 별도의 관리체계를 마련하고 있는 점은 한국의 대형 정보화 및 전자정부 프로젝트 추진 때 벤치마킹이 필요하다.

제3절 교훈과 시사점

1 교 훈

전자정부는 진공 상태에서 추진되는 것이 아니다. 각국의 행정부 기능, 입법부 및 사법부 간 관계의 차이, 행정과 국민 그리고 시민사회 간 관계에 드러나는 차별성 등에서 차이를 보여준다. 특히 전자정부 구축을 위한 추진체계는 행정조직, 문화, 법률, 제도 등의 차이로 인해 독특성을 드러낸다. 이에 따라 국가마다 처한 상황과 현실에 대한 고려가 필요하다. 근자에 이르러 제4차 산업혁명시대와 지능사회에 걸맞은 정부 영역의 변화와 개혁의 필요성이 그 어느 때보다 절실하다. 이러한 상황인식의 바탕에서 세계의 여러 국가들은 국민과 기업에게 양질의 행정서비스를 제공할 혁신적 수단이 전자정부라고 인식하고 이미 오래전부터 전자정부의 추진과 운영을 실행해 왔다.

현재 세계 국가 중 전자정부를 가장 잘 구축하고 운영하는 미국은 2001년 부시 대통령의 관리 의제 중 하나인 전자정부 확대를 구체적으로 실현하기 위해 OMB에 'Office of EGovernment and Information Technology'를 설치하고 전자정부 사업 전략을 수립하고 추진하고 있다. 전자정부 확대가 대통령의 관리 어젠다에 포함된 이유로는, 첫째 전자정부는 저렴한 비용으로 시민의 수요에 맞는 서비스가 가능한 점이다. 둘째, 민간부분과 달리 정부부문에서는 정보화 투자의 가시적 성과가 미흡하다는 점 등을 들 수 있다.

주지하듯 한국은 전자정부라면 세계에서 손꼽히는 국가이다. 그러나 에스토니아는 한국이 비교할 수 없는 수준에 올라 있다. 에스토니아가 e-거버넌스에 성공할 수 있었던 비결은,

첫째, 정부주도의 효율적인 시스템도입이 결정적이다. e-정부시스템은 도입부터 불필요한 과정을 없애고 간소화했다. ID카드의 도입으로 본인 증명 방식을 단일화했고 디지털 서명(e-signature)으로 접수와 확인 절차를 진행했다. 공공서비스 사무실에서 일일이 도장을 찍고 발급하는 문서를 모두 전자화했다.

둘째, 시민에게 경제적 이득을 체감시켰다. 정부가 처음 만든 전자서비스(e-service)는 세금환급이었다. 시민은 변호사 비용을 아끼고 환급까지 걸리는 시간도 절약해 3~4일이면 세금환급금액이 은행에 입금된다. 또한 2002년 ID카드가 처음 만들어졌을 때 발급을 활성화하기 위해 ID카드를 보여주고 버스표를 사면 30% 할인 프로모션을 진행하였다. 그러자 많은 사람이 버스표를 사기 위해 ID카드를 만들었고 현재는 할인된 대중교통을 이용하는 사람이 늘면서 개인자동차의 사용빈도가 줄어들 정도로 부수적 효과도 올렸다. ID카드에 따른 대중교통 이용 증가는 에스토니아의 수도인 탈린의 대중교통을 무료로 제공하는 대중교통 시대의 혁신을 이끌었다. 전자투표는 투표용지 인쇄나 개표에 드는 비용을 혁신적으로 줄였고, 디지털서명만으로도 국내총생산(GDP)의 2%를 절약할 수 있다.

셋째, 규제를 없앤 간소화된 시스템으로 이용자의 시간 낭비를 없애주었다. 세금환급은 신청과 환급이 빨라졌고 투표는 집에서 직접 하게 되며 회사를 새롭게 만들 때에도 30분이면 컴퓨터 앞에서 법적 절차가 끝난다. 이렇게 간소화된 시스템은 기업에서 환영받는 환경으로 비즈니스와 정부를 연결하는 빠른 통로가 되며 스타트업에는 더할 나위 없이 좋은 시스템이라고 볼 수 있다.

넷째, 가장 중요하면서도 e-거버넌스의 기반으로서 정부가 투명성과 개방성을 보장하겠다는 기조를 통해 사회혁신을 견인하였다. 즉 에스토니아 정부는 정부가 솔선수범하여 투명해질 테니 기업과 기관도 투명해지라고 말한다. 정부의 행정서비스나 대부분의 정보가 개방됐으니 기업 역시 이를 통해 사회적 투명성을 강화하자는 의미다. 그 결과 기업은 이익과 재무제표는 물론 얼마의 세금을 언제 냈는지까지 공개돼 있을 뿐만 아니라 기업 관련 통계를 공개하는 것이 자연스러울 정도로 투명성과 개방성의 문화가 자연스레 형성됐다. 이를 통해 파트너십을 맺고자 하는 기업의 내부 사정을 속속들이 알 수 있게 됨으로써 경제적인 면이나 속도 면에서 경쟁력을 높일 수 있는 환경이 제공되었다. 이 모든 변화가 단기간에 급격히 이뤄진 것은 아니다. 변화의 시작은 1990년대 후반부터 있었지만 종이서류를 이용한 전통적인 방법과 전자방식을 공존시키면서 사람들로 하여금 새로운 방식에 익숙해지도록 유지했고 전자방식 사용을 천천히 유도하였다.

현재 세계적인 전자정부의 경향은 정부와 국민, 정부와 기업, 정부와 정부 관계 등 여러 측면에서 좀더 효율적인 점과 민주적인 점을 동시에 조율하고 또한 강조하면서 여러 가지 사업이 추진 중이다. 앞서 살펴본 각국의 전자정부 추진 동향에서 최고 정책결정권자의 전자정부에 대한 확고한 신념, 정보기술을 활용한 전면적인 행정개혁의 추진, 강력한 추진체계에 의한 선도적 시범사업의 실시 등이 공통적으로 확인된 사실이다.

국가별로 전자정부 사업에서 차이를 보이는 부분이 어느 정도 존재하기는 하나 대체적으로 다음과 같은 점에서 공통적인 흐름이 있다. 첫째, 전자정부의 모든 서비스를 통합적으로 활용할 수 있게 해주는 포털사이트가 있다. 이러한 전자정부 포털사이트를 통해 국민 또는 기업은 비교적 용이하게 원하는 행정서비스를 제공받을 수 있다. 둘째, 개인정보보호에 관하여 철저하게 대비하여 개인정보 유출, 사생활 침해, 정보격차 등 정보화 역기능 문제가 발생하지 않도록 노력을 기울여 왔다. 셋째, 정부기관 간 정보공유 및 협력체제 구축을 위하여 데이터의 표준화에 노력하였다. 고객인 국민의 측면에서 통합적인 전자정부 행정서비스를 제공 받기 위해서 모든 정부 업무와 정보시스템의 표준화는 필수적인 사안이다. 마지막으로, 고객중심의 맞춤형 행정서비스를 제공하기 위해 전자정부의 개념을 G4C, G2B, G2G, IEE 등으로 확대하여 수요자중심의 행정서비스를 제공하기 위한 사업을 추진하고 있다(문정욱, 2005).

2 시사점

선진국들은 행정 부문에 정보기술을 활용하여 정부의 생산성을 제고하고 다른 한편으로 고객지향적인 대민행정서비스 체제를 구축하는 데 이미 상당한 효과를 거두고 있다. 흥미로운 점은 과거 산업시대의 경제발전이 늦었던 일부 국가 중에서도 정보화와 전자정부 구축이 성공적으로 진행되고 있다는 것이다. 이는 미래의 정보사회에서는 산업사회의 논리와 전략이 더이상 적용될 수 없다는 것을 의미한다. 실제로 성공적으로 전자정부를 추진하는 국가들의 공통점은 지도자의 전자정부에 대한 확고한 신념, 전면적인 행정개혁, 전문지식을 갖춘 관료의 능력, 선도적인 시범사업, 강력한 추진체제 등의 기본적인 요소를 갖추고 있다는 점이다. 단순히 정보기술을 도입하는 것에 의해서 전자정부가 구현될 수는 없고 정부의 업무처리 절차, 기능 및 조작에 대한 근본적인 재구성과 개혁이 선행될 때만이 구현될 수 있음을 인식한 것이다.

미국의 전자정부 추진전략의 핵심은 부처 간 협조 및 조정과 시민의 수요를 가장 중요시하였다. 그에 따라 첫째, 국민을 특성별로 그룹화하고 각 특성별 수요와 기대에 충족하는 통합 사이트를 구축하여 인터넷에서 3번의 클릭으로 원하는 정보와 서비스를 얻을 수 있도록 하고 있다. 둘째, 정부의 업무흐름을 재설계하고 정보기술의 중복투자를 제거한다. 연방 아키텍처를 통하여 부처 간 유사한 업무영역과 중복 IT 투자영역을 찾아내 통합하는 등 업무흐름을 재설계하고 있고, 통합 사이트 구축에 필수적인 다수 부처관련 사업을 중점적으로 지원하고, 이를 위해 최고위층의 리더십 아래 부처 간 협조 체계를 구축하고 예산관리처를 중심으로 조정체제를 가동하며, 각 부처는 철저하게 IT투자를 관리하고 예산관리처는 예산과정을 통하여 부처 간 정보통신의 중복투자를 제거하고 있다. 셋째, 전자정부의 신뢰성을 높여 이용을 확대할 수 있는 기술적·행정적 조치를 시행하는 전략을 추진하고 있다. 정보시스템에 대한 신뢰를 창출할 수 있도록 정보보호를 추진하고, 온라인으로 제출한 정보는 철저히 보호된다는 점을 시민이 이해할 수 있는 프라이버시 보호대책을 추진하고, 정부와 온라인 거래의 중요도에 따라 4단계 인증체계를 마련하고, 한 번의 인증으로 많은 거래를 할 수 있는 방안 등을 강구하고 있다.

호주는 중앙정부와 지방정부 간의 긴밀한 협조체제 아래 전자정부 사업이 추진되는 점도 또 다른 성공 요인이다. 호주 연방정부와 주정부는 정부서비스를 온라인으로 일관성 있고 체계적으로 전달하는 장기 목표(framework) 아래 개별 환경에 맞는 구체적인 온라인 액션 플랜(action plan)을 수립한다. 비록 속도는 느리지만 국민과 기업들이 진정으로 원하는 온라인 행정서비스가 무엇인지를 철저히 고민하고 충분히 협의함으로써 지역·부처 간 벽을 뛰어넘어 시민 중심적(citizen-centered) 온라인 행정서비스를 통합적으로 제공하는 것이 호주 전자정부의 성공 키워드인 셈이다.

덴마크는 일찌감치 전자정부의 발전 가치와 ICT의 필요성을 인식하였다. 〈2011-2015 전자정부 추진전략〉과 〈2013-2020 디지털복지 추진전략〉 등을 통해 공공부문에서의 정보품질 제고, 안전 및 보안 강화, 효율성 개선을 위해 지속적으로 투자하고 있다. 덴마크 정부는 정보개방, 보안시스템 등 각종 디지털화 사업에서 이용자 중심(user-friendly)의 시스템 설계에 중점을 두며, 국민 중심의 전자정부를 수립하였다.

또한 국민무상의료와 대학교육까지 무상교육 등 사회복지 혜택을 주고 있는 만큼 전 국민이 고품질의 사회혜택을 받을 수 있도록 차세대 복지기술 동향에 주목하고 있다. 덴마크 정부는 교육시스템의 발전을 위해 다양한 디지털 교육 콘텐츠에 관심이 높아지고 있다. 의료부문에서 제한된 인력으로 큰 수요를 충족시켜야 하기 때문에 공공의료 시스템의 질에 대한 만족도가 다소 떨어진다는 의견이 있는바, 의료기술 및 서비스의 질 향상과 효율성 개선이 시급한 상황이다.

에스토니아는 e-Governtment 를 구축하고 가장 정보기술 친화적인 정부다. 연말정산과 투표까지 전자화된 시스템을 통해 처리할 수 있는 건 웹사이트 몇 개 덕분이 아니라 개방, 프라이버시, 보안, 그리고 미래에도 경쟁력을 가질 수 있는 기반구조 시스템을 먼저 구축했기 때문이다. 에스토니아는 개인을 식별할 수 있는 시스템을 통합했다. 개인 식별코드(IK: isikukood)를 하나로 통합해서 처리할 수 있다. 가령 개인 식별코드 37501011234는 20세기(3) 75년(75) 1월 1일(0101) 123번째 태어났다는 정보를 포함한다. 마지막 번호(4)는 앞의 정보가 맞는지 확인한다. 이를 바탕으로 2000년 전자인증서를 도입했다. 표준화된 공개키 기반구조(PKI)의 암호화시스템을 활용해 인터넷상의 거래 비밀을 보장하면서도 거래당사자의 신분을 확인하는 보안 시스템을 국가표준으로 정립하였다. 정부가 주도하면서 정부기관이 먼저 새 시스템을 도입했고, 모든 업무를 디지털상으로 처리할 수 있게 혁신하였다.

아울러 미래의 기술진화 방향에서 뒤처지지 않기 위해 기술규격을 못 박지 않았다. 실제로 인증방식은 계속 변화해 나갔다. 도입 당시에는 전통적인 신분증에 마이크로칩을 삽입해 여행 때 신분 확인에 활용하고, 스마트카드 리더기와 함께 전자상거래의 인증방식으로 활용했다. 휴대폰 보급률이 144%에 달하면서 활용하는 기술도 진화했다. 리더기를 들고 다니는 대신 모바일ID가 들어간 SIM카드에 개인정보를 담아, 휴대폰 인증방식으로 비밀번호만 입력하면 되게 시스템을 개선했다.

2005년 세계 최초로 공인인증서 기반 전자투표를 도입한 이후로 2011년에는 전체 유권자 중 24%가 전자투표를 활용했다. 105개 국가에 거주하는 재외국민도 투표할 수 있다. 정부뿐 아니라 은행과 텔레콤 회사들과 연계하여 통합된 e-서비스를 제공하는데, 이는 연말정산 시스템을 간소화하는 데도 기여했다. 국민들은 이미 취합된 정보를 검토한 후에 승인만 누르면 연계된 은행계좌로 이틀 안에 환급액을 받을 수 있다. 물론 프라이버시 보호에도 각별한 주의를 기울였다. 모든 정보를 보유하는 주체는 국민 개개인이며 에스토니아 정부가 실시간 정보 공유 과정에서 이를 열람할 경우 누가 정보를 열람했는지 정보가 투명하게 공개된다. 모든 개인정보를 디지털로 옮기는 과정에서 문제가 없었던 것은 아니다. 지난 2007년 정치적 세력 간의 갈등이 사이버전쟁으로 번져 국가 전체의 기간전산망이 몇 시간 동안 마비되는 사건도 있었다. 그러나 사건을 계기로 보안시스템 기술개발이 활발해지고, 보안 분야의 세계적 강자가 되었다.

CHAPTER

09

제4차 산업혁명시대와 정부

"오늘날의 인공지능(AI)은 사람과 컴퓨터를 연결하고,
사람과 지식을 연결하고, 사람과 물리적 세계를 연결하고,
사람과 사람을 연결해주는 새로운 방법에 관한 것이다."
-패트릭 윈스턴-

문제의식과 초점

제4차 산업혁명은 단순히 기기와 시스템의 연결에 그치지 않고 훨씬 넓은 범주까지 아우른다. 가령 유전자 염기서열 분석에서 나노기술, 재생가능 에너지에서 퀀텀 컴퓨팅까지 다양한 분야에서 거대한 약진이 동시다발적으로 일어나고 있다. 이 모든 기술이 융합하여 다양한 학문 분야가 상호 교류하는 제4차 산업혁명은 기존 혁명과 근본적으로 궤를 달리한다. 또한 변화의 속도가 빠르고 광범위한 제4차 산업혁명의 터전은 인터넷이고, 엔진은 인공지능이며, 연료는 데이터이다. 디지털 기술의 발달로 생성된 데이터가 인공지능을 만나면서 새로운 가치를 창출한다. 실생활에 필요한 수많은 센서가 연결된 사물인터넷(IoT), 그 속에서 발생하는 빅 데이터(Big Data), 거대한 데이터를 다루는 로직인 인공지능(AI), 이러한 연결을 전 세계적으로 이어주는 통신과 모바일 등 모든 기술이 서로 융합되며 파괴적인 혁신을 일으키고 있다. 파괴적 혁신은 제4차 산업혁명의 바람과 함께 정부의 물리적 공간, 문서중심 행정, 행정 칸막이를 사라지게 할 것이다. 한국은 IT강국이었다. 하지만 제4차 산업시대의 중추영역인 IT기반 공유경제 및 서비스를 비롯한 혁신분야의 수준은 미흡하다. 이러한 상황에서 제4차 산업혁명에의 순응을 넘어 촉진을 위한 바람직한 정부 모습으로 이음새 없는 지능적 정부가 요구된다.

제1절

제4차 산업혁명에 부응하는 정부이념형

1 제4차 산업혁명의 전개와 정부 실상

과학시대의 시점(始點)에서 베이컨은 "지식은 힘(power)이다"라는 불변의 모토를 제시하였다. 지식화 길목에서 지식은 부를 결정하는 원천이자(Thurow, 1999), 권력 자체의 심층적 변화요인으로 투영된다(Toffler, 1990). 심지어 지식능력을 지닌 조직, 국가는 다른 것과의 상대적 관계에서 경제, 정치, 기술적 우위를 갖는다(Mahoney, 1989). 게다가 지식활용으로 삶의 질과 경쟁력을 개선할 수 있기에 지식혁명을 넘어 제4차 산업혁명에의 선제적 대응이 요구된다. 따라서 각국 정부는 제4차 산업혁명시대에 적응하는 지능적 정부로 탈바꿈하기 위한 노력을 가속화하고 있다.

우리의 경우는 어떤가? 총체적 국가위기로 인식된 IMF환란이 무지·무소신·무책임 행정의 산물로 드러났고 이어 국민연금, 한·일 어업협상, 다이옥신파동 등 행정현상에서 드리워진 부정적 단상[1]은 무지행정의 단면을 극명하게 보여준다. 늦었지만 지금부터라도 거듭나야 한다는 자성의 소리가 높다(행정자치부, 1999). 왜, 이렇게 행정은 미련하고 우둔할까? 아마도 지식빈곤으로 인한 문제 상황 인식, 문제점 진단 및 해결 능력의 미흡에서 비롯된 것으로 생각된다. 그동안 최대의 서비스산업으로 인식된 행

1 행정현상을 둘러싸고 드러난 "닫힌행정, 졸속행정, 늑장행정, 발뺌행정, 사오정행정, 뒷북행정, 이중행정, 구호행정, 눈치행정, 탁상행정, 민심모르는 행정, 586시스템 386공무원, 고질적 행정비리와 부패, 정책결정 손발따로, 정책따로 현장따로, 고비용 저효율 정부조직, 추락하는 정부경쟁력, 행정서비스 낙제, 해외투자 중복규제, 무역대책 오락가락, 겉도는 팔당호 대책, 한건주의 주택정책, 헛구호 정보통신정책, 중구난방 대북정책, 헛점투성이 실업대책, 고무줄 보건복지행정, 현실무시 의료행정, 자연파괴하는 환경정책, 문화정책 갈팡지팡…" 등 체념 섞인 묘사(1998.11-1999.6, 일간지 표제기사)들은 우매행정의 절망적 한계상황을 드러낸다.

정은 문제해결자이자 미래설계자로서 지능적 기능과 역할수행이 기대되었다(박천오, 1997:1-19).

하지만 실상은 기대에 어긋났다는 인상을 지울 수 없다. 문제해결능력의 경우 취약한 수준으로 평가된다(박재희, 1995; 박세정, 1996). 여기에 새로운 지식창조는 물론 개인이 보유한 지식마저 수직적 조직위계질서에 눌려 제대로 활용되지 못한 것으로 지적된다(문화일보, 1998년11월3일). 지식경제시스템의 근간인 정보부문의 경우 55개국 중 33위로 나타나 선진국의 절반에도 못 미치는 수준이었다. 이 사실은 현재 진행중인 제4차 산업혁명의 진전에 부합하여 행정이 달라져야 함을 의미한다. 그렇지 않으면 자기변화와 개선은커녕 지능적 기업 활동을 저해하여 3류 행정이라는 오명에서 벗어나기 어렵기 때문이다.

제4차 산업혁명의 가장 큰 특징은 변화의 속도가 빠르고 광범위하다. 디지털 기술의 발달로 많은 규모의 데이터가 생성되고 있다. 데이터가 과학적 의사결정을 가능하게 하고, 인공지능을 만나면 새로운 가치를 창출한다. 데이터 분석을 통한 의사결정의 자동화는 이 시대에 일하는 방법이 되었다. 기업은 데이터와 인공지능으로 새로운 가치와 이익을 창출한다. 따라서 앞서 가는 기업은 데이터 수집과 인공지능기술 확보에 크게 투자한다. 정부와 공공부문에서도 데이터와 인공지능의 활용에 눈을 뜨고 있다. 선진국의 정부는 데이터를 개방하여 국민 누구나 사용할 수 있게 배려하고, 또한 이를 인공지능과 결합하여 양질의 대국민 서비스를 제공한다. 이처럼 제4차 산업혁명시대에도 정부와 공무원은 국민을 위해 봉사해야 한다는 원칙에는 변함이 없다. 그러나 새로운 시대의 새로운 요구를 만족시키기 위해서는 더욱 스마트하게 일해야 한다. 재난·질병 등의 위협으로부터 국민의 생명과 재산을 지키기 위해서는 선제적 대응이 필요하고, 복지·교육 등은 정확한 미래예측을 기반으로 장기적인 정책을 수립해야 한다.

국민 개개인의 삶에 최적화된 세밀하고 세심(detail and precision)행정과 정책수요를 파악하고 먼저 움직이는 선견지명의 예측행정이 요구된다. 정부가 경험해 보지 못했던 새로운 정책으로 가치와 서비스를 국민에게 제공하기 위해 빅 데이터와 인공지능 능력을 갖추어야 한다. 다행히 한국의 전자정부 수준은 세계 일류급이다. 오랜 기간 정부 행정을 전자적으로 관리하면서 많은 데이터가 축적되었다. 그러나 아직 이를 잘 활용하지 못하고 있다. 부처별 칸막이로 데이터 통로는 막혀 있으며, 일관성이 부족하다. 데이터 관리방식의 개선이 범정부 차원에서 필요하다. 데이터를 표준화하고, 생성, 가공·분석, 공유·활용의 차원에서 통합적 데이터 관리가 요구된다.

이 장에서는 지식행정의 이해 및 가능성 탐색에 목적을 둔다. 지식사회[2]의 행정현상을 거시적 차원에서 접근, 현실적 행정개선에 시사점을 주면서 행정연구에 하나의 정향을 제시하고자 한다. 이를 위해, 첫째 지능적 행정의 의미와 성격을 개관하고, 둘째 지능적 행정 양식과 지식관리를 살펴보고, 셋째 지능적 정부의 가능성과 조건을 탐색하면서 그 한계를 적시하고자 한다.

2 이음새 없는 지능적 행정의 개관

행정은 정책과정에서 지식·정보를 활용한다. 투입된 지식·정보는 정책결정에 국한하지 않고, 집행 및 평가활동과 연관된다. 이에 지식·정보는 정부에 본질적 요소가 되며 심지어 행정과 등치된다(Cleveland, 1986). 그래서 정보취득·처리·전달방식에 따라 정부형태가 절대왕정, 관료제, 사이버관료제로 구분되기도 한다(Ronfeldt, 1992). 여기서 지식행정은 전자정부를 비롯 미래지향적 행정모형에 잇대어지면서 하나의 대안으로서 가능성을 시사한다.

1) 지식행정이란

행정에서 지식 또는 정보관리에 대한 이론적 관심에 비해 실천적 노력은 미약하다(Henry, 1974). 정보의 경우 행정과정의 부산물로 여겨졌던 까닭에 소관 조직이 정보를 독점하는 봉건주의적 형태를 띠며 조직능력 및 반응성 저하라는 어리석음을 초래

2 원래 지식사회라는 용어는 Robert Lane(1966)의 논문 "The Decline of Politics and Ideology in a Knowledgeable Society"에서 처음 사용되었다. 이후 지식사회는 '끊임없이 지식을 창출하여 지식을 해석하고 재조직하는 사회'로 규정되고, '지식을 발전시킴과 동시에 지식의 가치와 목적을 밝혀내는 지식을 선택하고 적용하는 사회'로 정의되었다. 이런 맥락에서 OECD는 지식의 재발견을 바탕으로 지속적인 경제성장을 위한 정책대안으로서 '지식기반경제연구프로젝트(Blue Sky Project)'를 추진하고 있다.

〈표 9-1〉 지식관련 행정에 관한 선행연구

구 분	연 구 자	내 용
정보/기술 정부	Schick(1964)/Katz(1964)/ Boulding(1964)	• 고도정보수준 정부: 정보처리기능을 갖춘 정부
	Bell(1968)	• 지식기술사회정부: 기술혁신 정부
지식관리와 정책	Sheldon and Moore(1968)/ Schooler(1971)/ Friedland(1971)/Henry(1974)/ Carroll(1972)	• 과학적 정부: 과학적 합리성과 전문지식 • 정보처리기술기반 정부 및 사이버네틱 (Cybernetic) 행정 • 자기지시적(Self-Guiding) 행정 • 지식관리(Knowledge Management) 행정
	Caldwell(1967)/Meynaud(1968)/ Gross(1969)/Etheridge(1981)	• 학습정부/정부학습: 역동적, 학습지향적 • 기술관료(Technocrat): 전문지식 및 기술
지식조직/ 정부	Quinn(1992)/Giofford and Pinchot(1994)/Nonaka and Takeuchi(1996)	• 지식기반조직: 지식자산 및 가치중시 조직 • 지능적 조직: 문제해결지향적 • 창조적 조직: 지식창출·가공·전파
	Drucker(1993)/OECD(1996) World Bank(1998)	• 지식정부: 지속적 학습, 행정의 정보화·외주화 • 지식기반국가: 혁신정부, 학습능력, 지식공유

* 필자 재구성.

하였다(Davenport, Eccles and Prusak, 1992:57-59). 이에 행정이 가치창출을 위해 지식·정보를 근간으로 하였거늘 정작 지식행정의 개념화와 실천적 탐색과는 거리감이 작지 않았던 것으로 판단된다.

지식사회의 행정모형으로서 지식행정은 기존 관료제 형질이 지식화 과정에서 새롭게 변화될 수 있음을 의미한다. 더구나 관료제가 권력보다는 지식에 기반한다(Weber, 1968)는 점에서 지식행정으로의 진화가능성을 내포한다. 그 까닭은 행정의 핵심자원으로서 지식·정보가 행정구조와 기능의 유동성을 제고할 수 있기 때문이다. 이는 근본적으로 행정이 정보처리 또는 지식관리로 이해될 수 있다는 주장(Caroll, 1975)으로부터 추정된다. 이러한 노력은 〈표 9-1〉에서 보듯 1960년대로 거슬러가며, 제4차 산업혁명시대에서 그 중요성이 한층 부각된다.

지식행정은 지식사회를 설계하고, 지식창출·형식화·전파·활용 등 지식관리를 통해 가치창출, 극대화하는 행정이다. 또한 예측할 수 없을 정도로 급변하는 환경에서 경쟁력을 갖춘 지능적 행정으로서 그 외연적 모습은 지식정부로 나타난다.[3] 지식행정은 장래의 기회와 위협요소에 대응하기 위해 행정활동의 프로세스를 끊임없이 개선하는 학습과정으로서 조직프로세스를 급격히 변화시키는 리엔지니어링과 구분된다(Hammer, 1990). 이에 따라 행정조직은 창조력을 지닌 유기체로 기능하도록 스스로 인도하는 자기지시적(self-guiding) 능력을 발휘한다. 여기서 자신의 행위과정을 결정하고 변화시키는 능력을 갖는다(Etzioni, 1968:99-134). 아울러 전문화된 행정으로서 지식 창출·전달·응용과정에서 반응적 양상을 보여준다(Cohen, 1974).

2) 지식행정의 성격과 준거

지식행정은 지식과 기술을 갖춘 행정으로서 새로운 정책과제와 정책방식 그리고 조직형태를 지니면서 형성된다. 지식행정을 이해하는 데는 그 성격의 파악이 중요하다. 지식행정은 〈그림 9-1〉에서 보듯 내외적 변수를 통해 엿볼 수 있다. 각 변수는 지식행정의 내부역량과 외부지향을 잘 드러낼 수 있으리란 점에서 일종의 구성요소가 되는데 이를 간단하게, 지식행정＝F(문제해결력, 미래예측력, 성찰능력, 성과능력/유연성, 투명성, 연계성, 혁신성)로 나타낼 수 있다. 여기서 지식행정과 변수들 간 함수관계는 단지 현상을 기술하기 위한 관계를 의미한다.

먼저 내부역량과 관련하여 지식행정은 사회문제 해결과 변화 유도를 위한 정책수립과 집행에 지식·정보를 필요로 한다(Lasswell, 1977). 즉 지식·정보관리와 그로부터 파생된 기술에 의존하여 문제해결 및 사회변화 예견능력을 보여준다. 마치 〈마이너리티 리포트〉에서 최첨단 치안시스템, 프리크라임처럼 범죄를 예측해 범죄자를 단죄함으로써 시민을 보호한다. 여기서 지식관리는 조직 및 행태상 조절능력을 함축하며, 이는 사이버네틱스체제에서의 지식취득, 관리능력으로 이해된다(Landau, 1973). 아울러 자기성찰적 평가를 바탕으로 잘못을 반성하고 시정하면서 지속적으로 환류(feedback)하는 프로세스를 갖는다(Wildavsky, 1972). 그리하여 주어진 자원의 범위 내

3 지식행정의 개념이 적용되는 실제영역으로서 지식정부는 '구체적인 지식활동 및 행위주체로서 지식을 활용하여 혁신을 주도·조장'하는데, OECD(1997)는 지식정부를 "국내자원과 능력을 최대한 활용하여 세계시장에서 기업경쟁력을 높이도록 지원하는 협력자"로 정의한다. 이에 지식정부는 지식행정과 표리관계에 있기에 질적으로 개념이 구분되기보다는 지식행정 모습 또는 이미지로서 상호 밀접하게 관련된다. 이를테면 지식경영을 통해 지식기업을 구현하듯 지식행정을 통해 지식정부가 발현되는 것으로 이해할 수 있다.

〈그림 9-1〉 지식행정의 성격과 준거

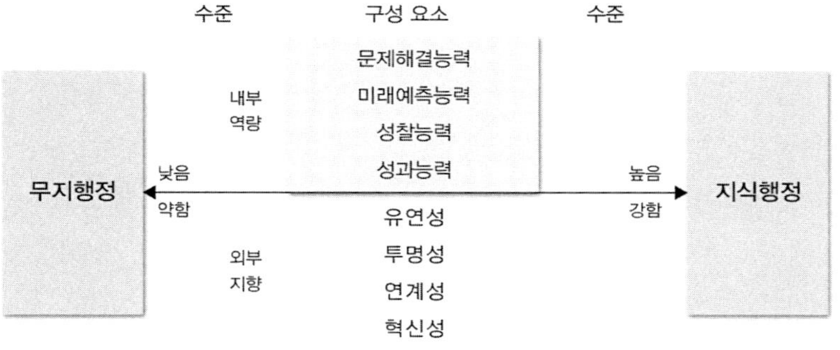

에서 의도된 성과를 낳는 책임과 자율성을 내포한다(Barzely, 1993; 박재완, 1997).

다른 한편 지식행정의 외현적 성격은 환경 및 상황변화에 반응적이며, 역동적(dynamic)인 연성체(軟性體)임을 드러낸다(Evans, 1991:69-89). 또한 고객인 시민에 열린 행정이면서, 비리와 부패가 줄어드는 투명하고 깨끗한 행정을 의미한다. 여기서 구조와 기능 간 연계와 통합에 의해 빈틈없고 이음새 없는 행정기능이 수행된다(염재호, 1997; 한세억, 1998). 아울러 정보화, 지식화의 기술혁신의 변화흐름에 부응하여 조직구조는 물론 법·제도를 적응적으로 변화·개선하는 행정모습이 드러난다.

정보기술의 행정적 활용과 확산이라는 행정정보화를 통해 구현되는 정부모습에 대해 Linden(1994)은 단절 없는 정부(Seamless Government)로, Tapscott(1995)는 네트워크화된 정부(Internetworked Government)로 그렸다. 이 같은 논의들은 저변에 행정서비스 전달과정에서 연계(link)의 중요성을 함축하고 있다. 나아가 연계는 행정조직이나 서비스산출과정에서 요구되는 네트워크를 구성함에 실질적인 해결책(solution)으로 인식되다시피 한다(Lipnack, 1994). 여기서 이음새 없는 행정이란 '행정활동에서 정책내용, 참여자, 정책조직 간 정보 또는 의사소통, 자원흐름이 단절이 없으며, 정책대상 및 정책환경과 상호 적응하는 반응적 행정'이다. 이음새 없는 행정에서는 기능, 절차가 유연하게 이어지면서 분절적 행정, 결정 따로 집행 따로 등 기존 행정현상에서 지적된 파편화된 양상의 극복이 가능하다(한세억, 1998).

3 스마트한 지능정부

어떠한 정부를 원하는가? 국민과 사회문제 해결과 유의미한 가치 창출을 위해 끊임없이 상상하고, 민감하게 반응하며, 능동적으로 움직이는 정부 아닐까. 일종의 스마트정부다. 여기서 스마트는 객관적으로 정의될 수 있거나 정형화된 형태를 지칭하지 않는다. 시민에게 최선을 제공하는 것이 스마트(Smart)라면 시민마다 원하는 스마트행정의 모습도 다를 수 있다. 가령 시민의 수준, 입장과 욕구, 취향에 따라 스마트행정에 대한 니즈가 달라질 수 있다. 스마트시대는 경쟁은 객관의 게임이 아니라 주관의 게임이다.

지금까지 정부가 기준과 원칙을 정해놓은 규칙에 시민을 끼워 넣고 통제하는 식이나 공통으로 정해진 객관적 목표 수준을 지향하는 것은 스마트시대에는 맞지 않다. 오히려 시민 각자가 그리는 이상적이고 직관적인 세계를 이해하려는 노력이 요구된다. 시민의 니즈나 희망에 따라 제공 형태도 다양해질 수 있다. 스마트화는 현재진행형이기에 스마트정부의 이상적인 모습은 명확하지 않다. 그 모습은 행정서비스 이용자인 시민에게 있다. 정부가 제시하는 것이 아니라 시민이 원하는 모습의 탐색과정에서 스마트정부서비스를 내놓은 것이다. 지능적 전자정부는 시민과 그를 지원하는 혁신자들이 만나는 공간에서 성공적인 정부 모습으로 구체화될 것이다.

스마트정부에서 시민은 서비스가 아닌 서비스 환경을 이용한다. 서비스 기반 스마트환경(혹은 플랫폼)의 창조성에 따라 서비스 만족도나 사용 편이성이 좌우될 것이다. 물론 혁신적 아이디어와 기술적 기반구조가 쉽게 전달될 수 있는 조직구조, 최적으로 구현된 기기와 같은 요소도 모두 포함한다. 스마트환경의 창조성은 참여자의 협력과 직결되므로 참여자 행동을 조율하고, 갈등을 조정하는 정치적 성격도 지닌다. 스마트환경 내 협력과 질서의 유지와 참여자 간 조정역할을 누가, 어떻게 수행할 것인가가 중요하다. 장차 스마트시대에서는 시민주권과 창조적 개성의 힘이 정부의 한계를 보완할 수 있다는 신념이 요구된다. 스마트정부는 행정시스템·과정·업무흐름의 개선, 행정조직 성과의 지속적 변화와 향상을 위한 동기부여 지속, 변화에 민감한 반응으로 이루어진 신뢰가 바탕이 되어야 한다(CIPD, 2008).

스마트정부는 시민과 협력자에게 개방되어야 한다. 시민과의 관계를 통해 새로운 서비스를 발굴하고 업그레이드 형태로 운영체계가 개선되어야 한다. 이러한 변화는 서비스를 만들어 내는 행정조직 내부 활동에도 영향을 미칠 것이다. 예컨대 스마트폰 OS의 업그레이드는 휴대전화 제조사의 몫이듯 스마트환경에서는 하드웨어를 만드는 업체도 서비스를 제공해야 한다. 컴퓨터나 휴대전화의 교체 기간은 비교적 짧아 큰 문제가 없을 수도 있지만 TV는 오랜 기간 사용하므로 스마트TV 고객에게 10년 동안 업그레이드 서비스 제공해야 할지도 모른다. 이렇듯 스마트정부는 시민에게 요람에서 무덤까지 업그레이드 서비스를 제공해야 한다. 이를 위해 표준화를 통해 시스템 간 상호작용이 가능한 표준 프로토콜이 개발되어야 한다. 시민모니터링을 통해 행정활동과 업무흐름을 분명히 알 수 있도록 하며, 모니터링 결과를 책임성과 연결시키고 의사결정에 반영해야 한다. 모든 행정 분야에 걸쳐 솔루션 실행, 국민의 동화와 수용이 이루어져야 한다. 이러한 스마트 프레임워크(Capgemini, 2009)의 적용을 통한 행정과 기술의 접목이 실현되어야 한다.

스마트정부에서 나아가 제4차 산업혁명의 중추기술인 인공지능(AI)이 정부에 활용되면서 정부형태를 스마트 지능정부로 변화시킬 것이다. 인공지능의 발전은 기존의 전자정부를 넘어 스마트한 지능정부(intelligent government)라는 새로운 정부형태를 구현할 것이다. 정보기술을 핵심요소로 활용하는 점에서는 전자정부와 지능정부가 비슷하지만, 현실의 물리공간과 컴퓨터상의 사이버공간을 연결하는 방식은 완전히 다르다. 첫째, 전자정부는 물리공간을 사이버공간으로 이동시키는 것을 핵심 전략으로 추진하였다. 즉 정부문서에서부터 서비스창구와 업무공간까지 정부운영에 필요한 거의 모든 요소를 사이버공간으로 옮기며 이런 점에서 전자정부를 디지털화(digitization) 과정으로 정의하기도 한다. 최근에는 사물인터넷(IoT)의 활용을 대폭 확대하여 각종 상황정보를 세세하게 기록하고 온라인에서 모니터링 및 통제하기 시작하였다. 반면 지능정부는 사이버공간에 축적된 엄청난 양의 지식과 지능을 현실공간에 적용하는 것을 핵심으로 한다. 사이버공간에 축적된 데이터를 가지고 각종 인공지능을 개발한 후 이를 현실공간으로 옮겨 시설물 관리, 콜센터 운용 등 많은 업무를 무인화하고 있다. 특히 인공지능을 통해 사이버공간에 존재하는 각종 데이터와 알고리즘이 현실세계의 모든 곳에 내재화한다. 둘째, 전자정부와 지능정부가 물리공간과 사이버공간을 완전히

〈표 9-2〉 **전자정부와 스마트 지능정부의 비교**

구 분	전자정부	스마트 지능정부
지향점	- 올바른 절차(do things right) - 절차적 합리성	- 올바른 결정(do the right thing) - 실질적 합리성
핵심변화	- 온라인화 - 디지털화 - 프로세스 혁신	- 과학화: 데이터기반 의사결정 - 정밀화: 맞춤형 실시간 정책 - 통합화: 하나의 정부 - 자동화: 반복적 업무는 AI 수행
핵심자원	- 컴퓨터, 애플리케이션, 인터넷	- 데이터, 알고리즘, 로봇

- 황종성(2018) 자료 인용.

반대방향으로 엮는 것은 서로의 지향점이 다르기 때문이다. 전자정부는 올바른 절차(do the thing right), 즉 빠르고, 정확하고, 효율적으로 업무를 처리하기 위해 물리공간에서 이루어지는 프로세스를 온라인화하는 데 주력하였다.

클린턴 정부가 전자정부를 주창할 때 내세웠던 모토가 기업 같은 정부(business-like government)였다. 정부 업무의 비효율성을 제거하는 것이 전자정부의 주목적이었다. 반면에 지능정부는 올바른 결정(do the right thing)을 내리기 위해 사이버공간에 축적된 방대한 양의 데이터를 인공지능에게 학습시켜 물리공간에서 활용한다. 이처럼 전자정부와 지능정부의 지향점 차이는 〈표 9-2〉와 같이 핵심변화와 수단에서도 큰 차이를 수반한다. 전자정부가 가져오는 핵심변화가 ①온라인화, ②디지털화, ③프로세스 혁신이었다면, 지능정부는 ①정책결정의 과학화, ②정책의 정밀화, ③정부의 통합화, ④업무의 자동화 등 네 가지 변화 수반한다. 핵심자원 측면에서 전자정부는 컴퓨터, 인터넷, 정보시스템이 근간을 이룬 반면, 지능정부는 이러한 기술적 요소 위에 데이터, 알고리즘, 로봇이 핵심 요소로 등장하고 있다.

제2절
제4차 산업혁명시대와 지능적 정부

1 패러다임 전이와 지능적 행정의 경로

지식사회에서는 지식을 새롭게 창조하지 않을 경우 조직이든 개인이든 정체될 수 있다. 그래서 기업조직은 지식경영에 의해 지식기업을 지향하고 있다. 조직구성원의 경우 지식노동자 또는 지식인으로의 변신을 도모한다. 이제 제4차 산업혁명을 맞이하면서 지식기업[4]은 이미 사회에서 일어나는 변화를 반영하고 있다. 반면에 행정을 비롯하여 공공부문은 민간부문에 비해 뒤처져 있다(Davis and Botkin, 1994). 그렇지만 행정은 지식사회의 중추로서 지식기업과 균형을 유지하고, 나아가 지식역량 강화를 통해 지식기업을 돕는 지식행정으로 거듭나야 할 필요성이 제기된다. 이처럼 정부의 지식화를 위해 기존 패러다임의 전면 수정이 고창된다(OECD, 1997).

지식행정은 지식에 의해 운영, 지배되는 행정이자 지식을 다루어야 하는 행정체제로서 베버가 예상하지 못했던 행정이지만 지식화 경험에 의해 구체화되고 있다. 〈표 9-3〉에서 보듯 지식행정은 기본원리, 조직구성원, 기술, 권력, 조직, 프로세스, 행정문화, 인프라의 측면에서 기존의 관료적 행정과 대조를 이룬다. 우선 과학적 합리성과 전문지식을 근간으로 불확실성과 문제해결능력이 강조된다. 이에 종전의 POSDCORB에 안주하지 않고 분석·해석·예측 등의 기능이 요구된다. 인간중심적 관리기술의 바

4 지식기업의 특징과 요소는 다음의 여섯 가지를 들 수 있다. ①지식상품은 사용할수록 스마트해진다. ②지식상품은 소비자는 사용할수록 더욱 지능적이다. ③지식상품과 지식서비스는 상황변화에 적응한다. ④지식기업은 기업의 상품과 서비스를 개인소비자의 욕구에 맞춘다. ⑤지식상품과 서비스의 라이프사이클은 짧다. ⑥지식기업은 소비자와 상호작용이 즉각적으로 일어난다(Davis and Botkin, 1994).

〈표 9-3〉 관료적 행정과 지식행정의 패러다임

구 분	관료적 행정	지식행정
기본원리	합법적 절차, 법적 평등 공평무사한 행정	과학적 합리성, 기능적 전문지식, 통찰력 있는 의사결정
조직구성원	법원리, 선례 및 관습의 탐색	변화의 불확실성에 대처하는 능력 과학적 증거, 분석 및 문제해결기법의 활용
기 술	통제중심적 기술	인간·관리중심적 기술
권 력	자원의존적	지식기반의존적
조 직	계층적 관료제	유기적 네트워크
프로세스	표준화된 규칙과 절차 수직적 및 기능적 분권화	수직적·수평적 협업화
행정문화	내부(관료)지향적인 행정편의 폐쇄적 독점의 닫힌 행정문화	외부(고객)지향적인 고객편의 개방적 경쟁의 열린 행정문화
인프라	법·제도적 기반	지식기반/교육훈련(인력자원)

탕에서 지식기반에 의존하는 지식행정은 권위적이고 통제지향적인 관료주의적 패러다임으로부터 벗어나 고객위주, 결과중심, 현장처리능력, 가치창출, 책임풍토, 서비스 등을 강조하는 새로운 패러다임이 자리잡아가고 있다(Barzely, 1993).

행정이 지식환경에서 성장, 발전을 지속함으로써 어떻게 일류행정을 실현할 것인가는 모든 국가의 과제이다. 장차 행정은 〈그림 9-2〉에서 보듯이 효율성과 지식경쟁력[5]을 동시에 추구해야 할 것이다. 이미 미국을 비롯한 선진국의 경우 기존 관료적 행정이 고객관점에서 효율적 행정으로 재구조화되고 다시 혁신적 정부로 재창조되는 과정에 있는 듯하다(Osborne and Gaebler, 1993). 이는 경직된 규제나 규칙의 바탕에서 문제를 해결하는 관료적 행정으로부터 벗어나 유연한 규칙과 창조적 지식을 바탕으로 한 지능적 정부로의 전환을 의미한다.

5 정부의 지식경쟁력은 행정의 부문별 상호작용을 확대하고 혁신적 지식활동을 지속시켜 정부의 지식역량과 정부지식을 배양하는 능력으로서 지식경쟁력은 지식의 유량(flow), 축적량(stock), 질(quality)의 통합에 의하여 평가될 수 있다. 이에 대한 세부내용은 OECD(1996) 자료 참조.

〈그림 9-2〉 **지식행정의 경로**

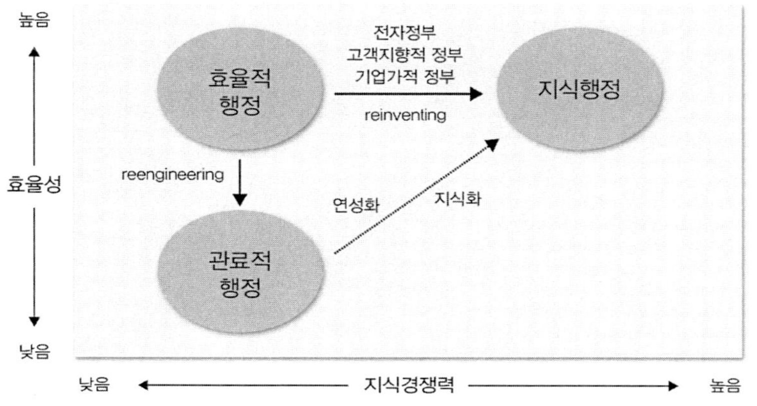

지식·정보에 대한 관심이 대학에서 기업, 정부로 이어지면서 기업에서 활용한 지식경영(knowledge management)[6]을 정부조직에 적용하려는 노력이 시도되어 왔다.[7] 이를테면 지식창고 구축, 지식접근의 용이성, 지식창조·이전·사용 촉진 등 지식환경의 제고 및 지식자산 관리라든가 조직 내외 노하우, 경험, 판단 등을 적극적으로 활용하여 가치를 더하거나 창조하기 위한 접근이 의미를 남겨준다(Davenport et.al., 1998: 43-53). 그렇지만 지식행정은 〈표 9-4〉에서 보듯 몇 가지 점에서 지식경영과 구분된다.[8]

지식경영은 조직 내 지적 자산[9]을 중시하고, 조직생산성을 극대화하는 구조로의 체질개선에 초점을 둔다. 달리 말해 기업의 지적자산뿐만 아니라 개인의 지식이나 노하

6 Knowledge Management는 지식관리 또는 지식경영으로 일컬어지는데 지식관리는 지식의 생명주기(life cycle)에 걸쳐 목적에 맞게 관리하는 것이다. 지식관리를 통해 ①적은 노력으로 더 많은 지식자산을 생성하고, ②보다 빠른 시간 내에 이용 가능하도록 저장하며, ③회람속도를 신속하게 하고, ④재사용 정도를 높이며, ⑤협업으로 시너지효과를 극대화하는 데 가치가 있다. 지식경영은 지적자산을 통한 조직생산성의 향상에 초점을 둔다.

7 중앙부처차원에서 시도된 민간컨설팅기관의 경영진단(1998.10-1999.2)에 이어 지방자치단체(서울시 등)에서도 지능적 조직의 구현을 위한 조직구조진단 및 재설계 움직임이 확산되었다.

8 기업경영과 국가경영이 상이하듯 국가지식은 기업의 지식과 구분된다. ①국가지식은 곧바로 국가의 성과로 나타나지 않기 때문에 평가가 곤란하며, ②국가경영은 기업경영에 비해 관료정치와 이익집단정치가 강하게 작용한다. 이에 국가는 기업이 아니라고 강조된다(Krugman, 1996)

9 노나카 교수는 지적자산을 조직의 핵심역량을 창출하기 위하여 조직차원의 지식 및 노하우를 가시화해 놓은 것으로 정의한다(Nonaka and Takeuchi, 1995).

〈표 9-4〉 지식경영과 지식행정

구 분	지식경영	지식행정
목 표	핵심역량 강화를 통한 이윤극대화 (기업경쟁력 강화)	가치창출을 통한 만족도 제고 (국가사회경쟁력 강화)
이 념	수익성	공공성
과 정	산출지향적 프로세스	기능중심적 프로세스
범 주	폐쇄적·제한적(조직 내)	개방적(조직간 및 전 사회부문)
주요 행위자	지식노동자	지식행정인
성 격	명확한 목표, 동질적	목표의 모호성, 이질혼합적

우를 체계적으로 발굴, 조직내부의 보편적 지식으로 공유·활용함으로써 조직 전체의 문제해결 능력과 기업가치를 향상시키는 경영방식으로 정의된다(포스코경영연구소, 1998:106). 여기서 지식경영은 이윤창출 극대화라는 수익성을 추구하며, 조직핵심 역량 및 경쟁력 강화에 목표를 둔다. 그리고 기업조직 내 및 조직성원에 국한되기에 폐쇄적이지만 동질적 성격을 갖는다. 반면 지식행정은 공공성의 바탕에서 모든 국민, 기업에 대한 행정서비스 향상을 도모한다.

아울러 국가사회 효율성과 대응성 향상에 초점을 두며, 정부 내외의 지식창조·가공·전파 등의 관리 및 정책과정에의 연동으로 국민이 원하는 서비스와 가치를 창출하는 데 있다. 그렇지만 지식행정이든 지식경영이든 추구하는 목표가 상이하지 않다. 즉 기업이 시장에서 고객에게 가치 있는 제품을 제공하는 것이라면, 정부는 국민에게 정책을 통한 가치창출에 있다는 점에서 동일하다. 뿐만 아니라 정보기술이 지식경영 및 행정의 바탕을 이룬다. 정보공유시스템인 인트라넷, 그룹웨어 등의 기반이 행정에서도 활용될 수 있다. 이처럼 정보기술은 조직 내 의사소통과 정보접근성을 증진시키고, 지식발굴과 결합을 통해 조직의 핵심지식으로 발전시키는데 기여한다(Martin, 1990:76-91).

2 제4차 산업혁명시대의 지능적 정부

제4차 산업혁명시대에서 정보기술을 활용한 행정서비스 혁신은 모든 사물이 하나로 연결된다는 초연결성(hyper-connected)과 이전보다 지능화된 사회로 변화된다는 초지능성(hyper-intelligent) 등을 특징으로 한다. 인공지능(AI), 빅 데이터(Big Data), 사물인터넷(IoT), 블록체인 등 고도로 발전한 최첨단 정보기술과 각 기술 간의 융합과 발전을 통하여 상품, 서비스, 시스템 등 사회 전반에 걸쳐 급격한 변화를 야기하는 시대다. 제4차 산업혁명시대를 맞이하여 사회를 둘러싼 다양한 환경이 급변하고 있다. 특히 인공지능, 빅 데이터, 사물인터넷, 블록체인 등 급속히 발전하는 정보기술을 활용한 행정서비스 혁신이 요구되고 있다.

국내의 현황을 살펴보면 제4차 산업혁명시대와 관련된 정부대응과 추진은 각 산업 및 사회 등 분야별로 각 부처가 정책과 세부계획을 수립하여 추진하는 방식이다. 기본 추진조직은 4차 산업혁명위원회로, 지난 2017년5월 신정부 출범과 함께 논의되어 2017년10월에 설치되었다. 기술, 산업, 사회 등 여러 융·복합적 문제에 대한 정책적 대응이 주요 기능이며 정보기술, 성장 동력, 지능화, 미래사회 등을 중심으로 정책방향을 설정하였다. 하지만 제4차 산업혁명과 관련된 다수의 심의 및 조정기구가 운영되고 있어 추진체계의 혼재라는 문제가 발생하고 있다. 제4차 산업혁명위원회는 총괄기관으로서 역할을 수행하고 있으나 국무총리실 산하의 신산업규제혁신위원회, 민관합동규제개선추진단, 기획재정부 산하의 민관합동혁신성장본부, 과학기술정보통신부 산하의 사필귀정TF 등이 혼재하고 있어 정책의 일관성과 통일성 확보, 중복사업 방지, 규제개선 등에 효율적이지 않은 구조이다.

제4차 산업혁명의 중추기술(IoT, Cloud, Big data, AI)과 관련된 보안위협에 취약하여 전자정부에 대한 불안과 불신이 고조되고 있다. 그리고 새로운 산업 육성, 규제 완화, 일자리 창출 등 전자정부를 통한 국가사회 현안문제 해결과의 연계성이 미흡하다. 이러한 반성의 토대에서 새로운 디지털정부의 혁신적 성과에 대한 체감으로 국민에게 즐거움을 제공하는 전자정부가 필요하다. 즉 갈수록 복잡하고 어려운 사회현안 증가, 지능정보기술의 발전 및 국민 맞춤형 통합서비스 강화 요구와 글로벌 전자정부 리더

〈그림 9-3〉 국민을 즐겁게 하는 전자정부

십 역할제고 요청 등 급변하는 전자정부 환경 변화에 대응하고 도전을 극복해야 한다. 그 일환으로 정부는 "국민을 즐겁게 하는 전자정부(Enjoy your e-Government!)"의 비전을 실현하기 위해 국민감성 서비스, 지능정보 기반 첨단행정, 지속가능 디지털 뉴딜을 목표로 설정했다(행정자치부, 2016).

3 지능적 행정의 조건과 한계

지식행정의 실현은 순탄하지 않다. 그렇지만 그 모습을 구체화하기 위해 〈그림 9-4〉에서 보듯 각각의 요소와 조건이 갖추어져야 한다. 즉 정부·민간부문 간 역할 설정이 이루어지고, 세부 실천방안으로서 조직, 환경, 인적 자원 그리고 기술적 측면에서 지식화 노력이 전개되어야 한다.[10]

〈그림 9-4〉 행정의 지식화 조건

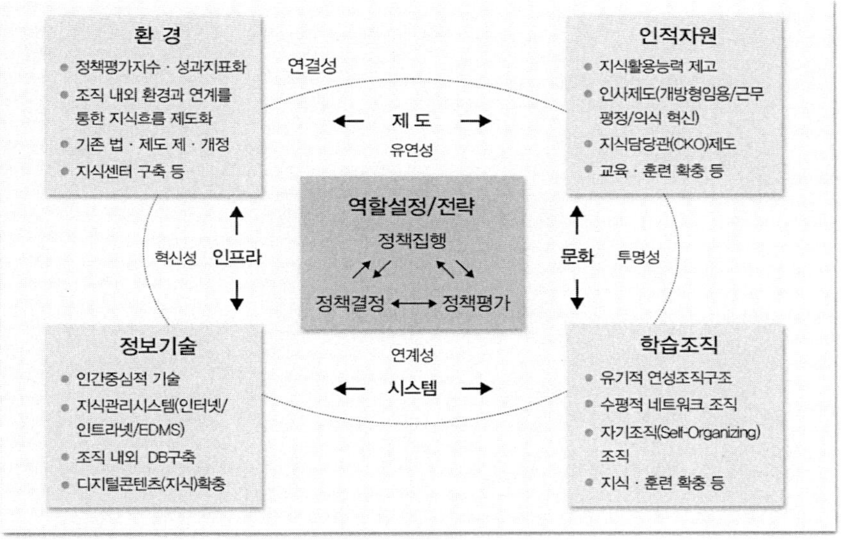

1) 지능적 학습조직

조직과 조직성원의 지식·정보·아이디어·의사결정 등이 조직 내 및 조직 간 신속히 확산·전달되기 위해서 연성적 경계와 구조가 요구된다. 즉 계층 간 수직적 경계, 기능과 규칙 간 수평적 경계, 조직과 고객 간 외부적 경계 그리고 지역, 문화, 시장

10 지식행정의 구현을 기존 행정이 새롭게 바뀌는 일종의 혁신활동으로 이해하면서 Leavitt(1964)의 조직혁신 대상변수 중 ①기술, ②인간, ③조직구조를 원용하였으며, 종합적인 차원에서 환경 변수를 추가하였다. 이는 물론 앞서 논의한 지식행정의 성격과 준거와 동일한 맥락에서 실천방안이 연계되도록 하였다.

간 지리적 경계에서 야기되는 경직성을 탈피해야 한다. 조직구조의 연성화 과정에 정보기술이 활용될 수 있다. 왜냐하면 정보기술은 집중화, 공식화와 마이너스(-)의 관계이며, 범경계적 소통과 플러스(+)의 관계이기 때문이다(Galbraith and Lawler, 1993). 이처럼 유연하고 소통적 조직의 바탕에서 열린 조직문화가 형성되어야 한다.

아울러 행정성과를 향상시키기 위해 조직 내 다양한 종류의 지식을 활용할 수 있는 지능적 학습조직이 요구된다. 여기서 지식활용은 문제해결과 예측, 현상개선에 실천적이어야 하며, 학습능력을 바탕으로 끝없는 개선노력이 경주되는 조직이어야 한다(김판석·박통희·유홍림, 1995:72-86). 즉 과거의 단순한 되풀이가 아니라 창조적 학습과정의 맥락에서 유연한 조직으로 탈바꿈되어야 한다(Marquardt and Reynolds, 1994:12). 나아가 새로운 지식과 영감을 행동으로 잘 반영하는 기술을 갖춘 조직의 이미지를 보여주어야 한다(Garvin, 1993:80).

2) 지식환경

지식행정은 환경과의 관련성을 중시한다. 조직구성원의 욕구를 반영하고, 외적 환경과의 연계도 필요하다. 또한 지식화 흐름에 맞게 행정제도와 절차를 변화시키고, 정부지식·정보의 디지털화와 활용 촉진을 도모해야 한다. 아울러 자원으로서 지식·정보에 대한 체계적, 객관적 평가의 바탕에서 마련된 지수 및 지표를 통해 행정환류기제가 작용하도록 해야한다(정익재, 1998; Gates, 1975). 또한 행정지식과 경험 등 지적 자산의 사장을 방지하고, 조직성원 간 지식공유와 창조력 제고를 위해 개인 및 부서단위별 지식베이스를 구축, 확장해야 한다. 이 과정에서 조직성원과 시스템 그리고 업무절차 간 연계를 중시하는 인간중심적 관점이 요구된다(Bensaou and Michael, 1998). 사람이 바뀌어도 축적된 지식이 조직 활동에 영속적으로 기여되도록 한다. 여기에는 지식관리, 공유체제 및 제도적 인센티브가 요구된다. 즉 지식저장·분류·활용·전달공간이자 지식관리구조로서 지식센터가 구축되어야 하며[11](Skyrme, 1998), 여기서 선별, 산출된 지식은 시민, 이해관계자에 접근될 수 있어야 한다.

11 지식센터는 범정부 차원의 지식관리와 활동을 지원하기 위한 지식네트워크이다. 즉 정부 내 분산된 지식을 한곳으로 집약, 체계적으로 활용하는 지식관리시스템으로서 관련 인력정보, 소재정보, 노하우 등을 유기적으로 연결하여 원활한 지식·축적·학습·확산이 가능한 지식창고(Knowledge Inventory)를 의미한다.

3) 인적 자원

지식행정의 주체인 공무원에게 사회공익에 부합된 전문성이 요구된다(Kearney and Sinha, 1988:571-579). 지식행정의 전문화가 긍정적 방향으로 진행되기 위해 과학적 지식, 기술, 정치적 의식 등이 고려된 교육과 훈련이 요구된다(Mosher, 1978:144-150). 학습능력을 갖추고 스스로의 두뇌를 활용하여 정보를 수집, 처리, 분석, 전파하는 지식근로자로 탈바꿈해야 한다(Drucker, 1993; Kelly, 1985). 즉 소관 행정분야의 전문지식인으로서 조직 및 자신의 지식·경험을 문제파악과 상황진단 및 처방에 실질적으로 적용할 수 있어야 한다. 이들의 지식학습과정에서 지식창출·축적·공유·활용이 선순환되면서 지식활용 및 흡수능력 제고를 위한 인력양성으로 확대되어야 한다. 왜냐하면 지식 파급과 활용에 조직성원의 지식흡수능력 부족이 걸림돌로 작용할 수 있기 때문이다. 이를 위해 지식관리의 전문성과 활용도를 제고하며, 지식활동 유인체계로서 개방적 임용체계의 도입이라든가(진재구, 1994), 행정지식화와 지식자원을 종합적으로 기획·조정·관리하는 지식담당관(Chief Knowledge Officer) 제도의 도입, 운영이 고려되어야 한다. 이 외에도 인사평정에 지식·활용능력을 평가요소로 도입한다거나 전문교육과정의 인정범위를 확대하고, 직무몰입을 위해 잦은 보직이동은 지양해야 한다(조경호, 1997).

4) 정보기술

지식·정보자원은 기업 및 행정조직 내 ①구성원, ②문제, ③조직, ④의사소통, ⑤해결책, ⑥집행 등의 요소들과 다차원적 상관관계를 맺는다(Rogers, 1982:83). 가령 거래비용 절감, 시간·공간적 제약 극복, 행정수요 변화에의 신속한 대응 등을 가능하게 한다. 정보기술은 행정인프라로서 행정활동 및 운영성과 개선에 적극 활용되어야 한다(Bensaou and Michael, 1998). 정보기술은 성숙도나 지식활동에 따라 적용수준이 상이하다(Engelbart and English, 1968:395-410). 예컨대 전자우편·결재, 화상회의, 분산형 DB, 근·원거리통신망 등을 들 수 있다.[12] 이처럼 다양한 정보기술과 행정조직·기

12 지식을 향상시켜주는 기술로서 Clinet/Server/Replication technology, Open systems & wireless intelligence, Multimedia communications, Internet, Intranet, Extranet, WWW, Groupware, Distributed knowledge/Web publishing, Global knowledge networks 등을 들 수 있다. 이는 각각의 조직상황에 적합하게 선택되어야 한다

능간 협력적 통합으로 시너지효과 창출을 도모해야 한다. 동시에 정보기술의 혁신적 활용 정도와 단계에 따라 행정조직 및 문화 그리고 조직성원 학습의 재개념화가 요구된다.

5) 지식행정의 한계

지식행정은 지식사회에서 기대되는 정부모습이기에 아직까지 추상적일 수밖에 없다. 다만 한국 행정현상이 지식행정의 실천과정에서 그 가능성을 제약할 것으로 예상된다. 그 이유로는,

첫째, 정부조직구조와 운영이 지식활용과 무관하다. 그동안 정부조직은 40여 차례 넘게 개편되었지만 조직폐쇄성, 팽창지향성, 집권성, 경직성 등으로 말미암아 대내외적 여건 변화에 부적절하다. 특히 혁신기제가 차단되어 지식재생산과 활용이 저조하다(김호섭, 1994; 박명수·박홍식·전종섭, 1997). 게다가 분절된 행정영역에서 형식화된 지식만 축적될 뿐 부서 내 및 부서 간은 물론 민간과의 지식공유 및 교환활동도 미흡하다.

둘째, 잦은 순환보직에 따라 조직구성원 경험 및 전문지식의 축적 기회가 제약되고 지식활용이 원활하지 못하여 행정의 전문성 확보에 장애요인이 되고 있다. 이에 조직구성원의 경험과 노하우 등 암묵지가 형식화되지 못하며, 형식화된 지식조차 축적, 공유되지 못한 현실이다.[13]

셋째, 지식·정보화에 역행하는 노동집약적 업무처리가 지속되고 있다. 대부분 공무원인력의 절대시간이 단순·반복적인 정형적 업무에 소모되고 있다. 지식집약의 두뇌노동보다는 단순노동과 집행 위주의 행정이 지속되고 있다.

넷째, 조직 내 정보기술 또는 지식기반활동이 미비하여 아직까지 행정활동이 형식적이며 문서에 의존하고 있다. 이를테면 정보지식프로세스의 활성화 노력이나 전자우편 및 결재활동이 미흡하다.[14]

(http://www.totalearning.com/).

13 이 같은 사실은 공무원, 정부조직진단, 재구조화 작업과정에 참여한 인사들과 공식 및 비공식 소통적 담론과정에서 확인되었다.

14 이러한 사실은 행정자치부, 정보통신부, 서울시공무원 면담 과정에서 드러났다.

다섯째, 지식경쟁력을 구성하는 지식환경과 문화가 취약하다. OECD기준에 준거한 지식경쟁력 평가와 지적재산권관련 지식지수를 통해 볼 때 지식기반구조가 열악하다.[15] 만일 이 같은 취약한 요인과 현상이 개선되지 못한다면, 지식행정은 한낱 이상향으로 그려질 수밖에 없을 것이다.

15 지식경쟁력과 관련하여 선진 5개국을 100으로 하였을 경우 한국의 지식투입지수는 94.8이지만 성과지수는 38.9, 과정지수는 43.1(현대경제연구원, 1998), 지적재산권의 보호도는 미국(7.44)과 캐나다(7.33) 등의 절반수준(3.95)으로 지식환경이 낙후된 실정이다(Chang Suk-in, 1998).

제3절
제4차 산업혁명시대에서 사라져야 할 정부 모습

1 사라져야 할 건물(Buildingless Government)

고층빌딩은 도시의 상징이다. 서울의 경우 20층이 넘는 고층빌딩으로 가득 차 있다. 광화문의 정부종합청사를 비롯하여 지방에서 관공서 건물은 가장 눈에 잘 띈다. 이처럼 도시에 고층빌딩이 들어서야 한다는 공식은 20세기에 들어서 시카고와 뉴욕을 중심으로 자리를 잡았다. 그 시기는 산업화가 어느 정도 진척되고 강철, 콘크리트, 유리 등 새로운 건축자재의 수급이 원활한 시기와 일치한다. 기술력과 경제적 조건, 사회적 요구 등이 합쳐져 탄생한 것이 고층빌딩이란 새로운 건축양식이었다.

지능화된 사회에서는 토지, 노동, 자본에 의해 생산능력과 가치가 결정되던 시대를 벗어나 지식 또는 정보가 새로운 생산요소로 자리매김하여 개인은 물론 조직과 국가 능력을 좌우한다. 제4차 산업혁명이 심화되면서 지식과 정보의 가치와 비중은 증가할 것이다. 자연스럽게 비트의 시대가 전개되면서 정부 모습에 변화 압력으로 작용할 것이다.

정부의 모습은 사라지지만 기능은 더욱 섬세해져야 한다. 이러한 방향으로 다가서는 나라가 있다. 작지만 강한 나라 에스토니아다. 에스토니아는 철저하게 디지털화해야만 새로운 기회가 열릴 수 있다고 생각하고 국가혁신을 추구하였다. 에스토니아는 행정, 금융 등 다양한 측면에서 디지털신뢰를 강하게 구축했기 때문에 훨씬 더 유리한 위치에 있다. 이제까지 블록체인은 아주 특정한 분야에만 사용해 왔지만 점차 더 다양하고 강도 높게 확산될 것이다. 보이지 않는 정부가 단지 이상이 아니라 현실 가능한 정부 모습이다.

모든 행정이 자동 처리되는 시스템을 구축하고 정부는 보이지 않아야 한다. 정부시스템은 사람 손을 거치지 않고 머신 투 머신(Machine to Machine)으로 작동하게 하는 것이 바람직하다. 가령 인공지능(AI)이 새로운 정부혁신의 계기가 될 것이다. 기존 플랫폼과 연계해 새로운 모습이 그려질 것이다. 가령 프런트 오피스(Front Office) 측면에서는 국민 개개인 및 개별 기업의 수요에 따른 서비스를 적시에 효과적으로 제공하기 위해 개인화된 MyGov를 구축해야 한다. 또한 언제 어디서나 개인화된 서비스를 중단 없이 제공할 수 있도록 사물인터넷(Internet of Things) 서비스 기반을 확충하고, 수요자의 니즈가 정부에 효과적으로 전달될 수 있도록 대국민 및 기업의 참여 채널을 확대해야 한다.

원래 유비쿼터스는 컴퓨팅과 네트워킹의 두 차원에서 새로운 혁신의 가능성을 개념적으로 내포하고 있다. 유비쿼터스 컴퓨팅에서 컴퓨터는 더이상 계산기 개념이 아니라, 인간을 대신하여 지적인 작업을 수행하는 다양한 종류의 기기로 발전한다. 즉 사물 자체의 지능화를 통해 가상세계와 현실이 연결된다. 또한 사물인터넷 기반은 사물과 사물, 사물과 인간의 연결을 가능하게 한다.

전자정부에서도 사물인터넷 개념의 도입으로 새로운 사회적 가능성을 모색하는 중이다. 사물인터넷이 창출하는 공간의 상상력은 현실공간과 사이버스공간의 이분법적 사고의 한계를 극복할 가능성을 제공한다. 사물인터넷 정보기술은 희소자원으로서 시간재에 대응하는 새로운 관리방식을 제공한다. 그동안 수동적인 관리대상물로서만 존재했던 물리공간이 스스로 행동하는 지능을 갖게 되고 자극(stimulus)과 반응(response)간 시간이 제로가 됨으로써 정보지체 또는 정보거래비용을 감소시켜 물리적 공간 관리의 효과성과 효율성이 증대될 것이다. 사물인터넷은 물리공간의 혁신을 가능하게 한다. 따라서 사물인터넷이 창출하는 전자정부는 정보기술 기반 아래 물리적 공간과 전자화된 공간 간의 기밀한 연계가 이루어지고 언제·어디서나·어떠한 단말기에도 접속이 제한 받지 않아야 한다. 이러한 바탕에서 정부업무가 더욱더 지능적·실시간적

〈그림 9-5〉 전자정부의 발전단계: 이음새 없는 통합적 행정

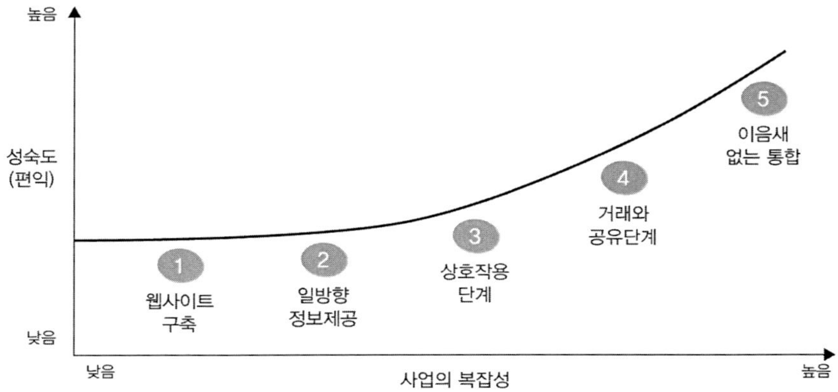

으로 이루어지며, 시민 개개인의 수요에 적합한 형평하고 맞춤적인 서비스를 제공하는 정부여야 한다.

인터넷 기반의 전자정부에서 사물인터넷 기반의 전자정부가 갖는 의미는 물리공간과 전자공간, 즉 현실공간과 사이버공간의 공진화(coevolution)를 지향한다. 디지털기술의 발전이 국가발전의 전략공간을 물리공간에서 전자공간으로 옮겨놓았다면, 사물인터넷 기술의 등장은 국가발전의 전략공간을 전자공간에서 물리공간과 전자공간이 연계, 융합된 제3의 공간(초공간)으로, 즉 사물인터넷 공간으로 재설정하고 있다. 이러한 논의의 진위를 떠나 제4차 산업혁명시대에서 전자정부는 현실공간과 사이버공간의 상호작용이라는 단계를 뛰어넘어 상호융합이라는 개념 속에서 새로운 발전 전망을 갖게 된다.

전자정부 궁극적인 상태의 모습은 어떨까? 〈그림 9-5〉에서 알 수 있듯이 협업 기반의 이음새 없는(Seamless) 정부가 아닐까? 이러한 정부의 실현을 위해서는 각 기관이 생성·유통·관리하는 행정정보와 콘텐츠의 연계 및 통합이 필수적이다. 전자정부 서비스의 궁극적 지향점으로 국민중심 서비스, 통합된 복수 미디어 서비스, 유연한 범부처 연계서비스, 능동적 의사소통과 교육 등이다.

〈표 9-5〉 기존 전자정부와 지능적 전자정부

기존 전자정부	지능적 전자정부
단절적이며 땜질식 서비스 - 부처와 관료 중심의 공급자서비스 - 단순 업무처리 - 정부업무 기계적·부분적 자동화	공유된 통합서비스 - 이용자인 시민 중심의 서비스 - 융합·복합기반 협업 - 시스템 간 유기적 연계와 통합
제약된 전자적 서비스 - 단일 또는 단편적 서비스 채널 - 제공자 중심의 일방적 서비스	시·공간적 제약 없는 서비스 - 다양하고 선택적 서비스 - 개인화·지능화 서비스 - 수요기반 온·오프라인 멀티채널
기능적 서비스 -행정(중앙정부) 중심의 서비스 -온라인+모바일 채널	범사회적이며 보편적 서비스 - 이용자가치 중심의 서비스 - 가치창출의 통합적 서비스

장차 국민에게 바람직한 정부를 만들기 위해 국민과 기업이 끊임없이 피드백을 해야만 경쟁력 있는 지능적 전자정부가 될 것이다. 이 단계에서는 국민이 좋은 지능정부를 만들어야 하는 부담을 집단적으로 갖게 될 가능성도 있다. 즉 지적이고 부지런한 국민의 활발한 참여를 통해서만 지능적으로 국민에게 서비스하는 지능정부를 유지할 수 있다.

또한 바람직한 지능적 전자정부는 국민의 손에 잡히는 가치실현을 도와주지만 보이지 않는 정부(Value in Hand, but Invisible Government)로서 기능을 수행한다. 여기서 '손에 잡힌다'는 의미는 국민 개개인의 선택에 기초한 가치 있는 지식 정보제공을 통하여 국민의 알 권리 보장뿐 아니라 국민에게 실질적인 혜택과 서비스를 제공한다는 것이다. 즉 '보이지 않는 정부'는 정부의 존재를 내세우지 않으면서 보이지 않는 곳에서 묵묵히 봉사하는 역할을 강조하며, 조정·방향제시의 역할을 수행하는 정부를 의미한다.

제4차 산업혁명시대는 연결이 심화되면서 개인, 조직, 국가 간 이해관계가 복잡·다양해질 것이므로 조정력이 한층 요구된다. 여기서 조정은 기본적으로 소프트웨어적으로 접근해야 한다. 전자정부에서는 기본적으로 부처 사이의 장벽이 제거된다. 이는 부처에 산재되어 있는 데이터베이스를 공유하는 것으로부터 시작하여 통합으로 마무리되어야 한다. 업무를 정의하거나 수행함에 있어서 부처간 경계를 넘어서는 네트워크를 구축해야 한다. 이를 위해 'horizontal governance' 구조의 설계가 요구된다. 부처의 경계선을 넘는 새로운 프로세스 리엔지니어링(process reengineering) 개념이 도입되어야 한다. 산출-성과(Output-outcome) 관계에서 정책부서의 정책이 제대로 반영될 평가지원 시스템을 구축하여 부처 장벽을 넘어 업무가 자동으로 이루어지는 시스템을 구축하여 네트워크 사회에 알맞은 네트워크 조직운영을 도모해야 한다. 특히 제4차 산업혁명의 시대적 변화를 적극적으로 수용할 수 있어야 한다. 전자정부는 'end' 개념이 아니고 'process' 개념이다. 전자정부는 기술진보, 사회의 변화에 따라 끊임없이 변화해야 한다.

정보기술 패러다임의 발전단계에서 볼 때 제4차 산업혁명시대의 정부가 전자정부의 연장선상에 있지만 정보의 성격과 정보화의 대상, 컴퓨팅 환경, 정보기반의 특성 등 여러 분야에서 많은 차이가 난다. 정보의 성격 측면을 보면 전자정부의 정보는 종이로 된 자료, 문서를 디지털화한 것인 반면에 제4차 산업혁명시대에서 정부의 정보는 공간 속의 환경, 사물, 사람과 이들 간의 연계에 관한 상황인식정보(위치변화, 동작, 정체성 식별, 물리적·화학적·생물학적 상태, 대화·표정)이다. 정보화의 대상도 다르다. 전자정부에서 정보화는 문서나 자료를 디지털화해 정부기관 간 또는 정부와 민간이 이를 공유하거나 전자민원을 통해 행정업무를 처리하는 수준이다. 그러나 제4차 산업혁명시대의 정부에서 정보화는 센서(sensor)나 태그(tag)를 통해 수집된 상황인식정보를 실시간으로 수집, 공유한다. 이에 따라 사람이 개입하지 않아도 사물이나 컴퓨터가 스스로 필요한 의사결정이나 행동조치를 취할 수 있도록 하는 작업을 의미한다. 지금까지의 전자정부 사업영역이 아니었던 사물과 기계의 지능화와 행동화도 정보화의 대상이 된다. 그만큼 정보화의 영향력과 정부 효율성이 높아진다.

컴퓨팅 환경도 크게 차이가 난다. 전자정부 시대의 컴퓨팅 환경이 PC와 웹 기술을 활용한 것이었다면 제4차 산업혁명시대의 컴퓨팅 환경은 내재된(imbeded) 컴퓨터나 증강 현실(augmented reality) 기술 등을 통해 사람이 인식할 수 없을 정도로 공간이나 사물(기계, 상품 등) 속으로 스며든다. 따라서 언제든지 가지고 다닐 수 있도록 입거나 착용할 수 있고 사용도 매우 간편하다. 특히 컴퓨팅 환경은 사람이 의식하거나 별도의 조작이 필요 없는 환경을 지향한다. 기존 전자정부의 정보기반이 유선네트워크 중심지만 제4차 산업혁명시대에서 정부는 유선·모바일·무선이동통신이 통합된 정보기반을 이룬다. 그리고 특정 공간서비스에 최적화된 지능적 시스템이나 센서 네트워크와 같은 기능적·지능적 네트워크를 토대로 한다. 그래서 확장성과 주소체계가 무한하다. 제4차 산업혁명시대에서 행정효율성은 물론 국민에게 제공되는 서비스 수준도 기존 전자정부 체제보다 훨씬 뛰어나다. 지금까지 기술과 인력 때문에 제한돼 왔던 공공관리의 영역이 크게 확대됨은 물론 수준도 높아질 것이다.

예를 들어 정부기관에서 구매한 모든 기계장비 등에 센서와 칩을 내장하고 네트워크로 연결하면 활용 정도와 고장 유무를 실시간으로 파악해 자산관리의 효율성을 높일 수 있다. 불필요한 구매를 줄임으로써 예산도 절감할 수 있다. 전국의 모든 교량과 교각에 안전진단 센서를 내장하고 이를 연결한다면 수만 명의 인력이 없어도 육안으로 관찰하는 것보다 정확하게 교량의 안전성을 진단하고 필요한 조치도 실시간으로 내릴 수 있다. 폐수와 대기오염 물질을 배출하는 전국의 모든 지점에 감시와 추적 센서를 부착해 이를 실시간으로 모니터링하고 국민에게 공개한다면 환경규제의 성과와 예산절감 효과를 크게 높일 수 있다.

노인에게 건강관리용 무선인식 센서·배지를 달아주고, 모바일 민원서비스 기반을 구축해 세금고지나 민원, 유아들의 예방접종 안내 등을 언제, 어디서, 어떤 단말기로든 제공할 수 있다. 교통유발부담금 부과대상 건물에는 차량 유출입 센서를 부착해 실시간으로 교통량을 파악하고 이에 따라 계산된 부담금을 부과함으로써 정확하고 신뢰성 있는 제도를 운영할 수 있다. 따라서 제4차 산업혁명시대의 정부 구현은 공공부문의 주요 문제점인 정부의 효율성, 공공안전, 개인적 요구에 맞춘 대민서비스 역량 제고, 정부의 신뢰성과 투명성을 획기적으로 향상시킬 수 있는 열쇠라고 할 수 있다. 하지만 지능형 정부를 구현하기 위해서는 많은 노력과 투자가 필요하다. 무엇보다 필요한 것이 지능형 정보기술의 등장과 가능성에 대한 인식의 전환이다. 인식과 목표 전환은 새로운 투자를 불러오고 투자는 성과로 연결되며 이는 다시 인식을 강화시킨다.

또한 지능형 정부의 보편적 정보기반을 확보하기 위해 국민과 기업의 다양한 수요공간에 맞는 광대역 유선망, 모바일, 무선 간 통합 네트워크(유비쿼터스 네트워크)의 고도화와 표준화가 요구된다. 다양한 정부 기능에 최적화된 센서나 칩의 개발과 유비쿼터스 컴퓨팅 기술과 접목된 새로운 차원의 업무프로세스 혁신, 관련 법·제도의 정비도 빼놓을 수 없는 과제다. 전 국민이 언제, 어디서나 이용할 수 있는 핸드헬드 단말기나 스마트카드의 개발과 보급, 관련 서비스 플랫폼의 구축도 필요하다.

더욱이 제4차 산업혁명시대에 부응하는 웹3.0으로의 전환은 이용자, 사업자, 정부 등 각각의 이해당사자에게 새로운 혜택을 제공할 수 있다. 이용자의 검색 및 콘텐츠 이용에서 정확도를 높이고 소요시간을 획기적으로 줄이는 한편, 사업자 입장에서는 시맨틱 웹(sementic web)에 기반한 다양한 애플리케이션 개발로 새로운 시장 개척과 비즈니스 모델의 적용이 가능하다. 시범서비스를 실시하고 기술 개발을 지원하는 정부 입장에서도 개인화된 검색이 다양한 공공정보 콘텐츠를 이용하기 쉽도록 제공할 수 있다는 점에서 공익적인 혜택을 증진시킬 수 있다.

웹3.0 시대로의 진전에 따라 새로운 정부운영 패러다임이 요구된다. 웹1.0 시대에 신문이나 방송처럼 콘텐츠를 일방적으로 제작·공급하였듯이, 정부1.0은 정부가 국민에게 일방적으로 서비스를 제공(일방향)하는 정부다. 정부와 국민 간 관계가 일방향이며 정부가 일방적으로 국민을 향해 정책을 제시되었다. 웹2.0 시대는 사용자들이 콘텐츠를 생산, 유통(UCC, 유튜브, 페이스북 등)하는 단계로, 정부2.0은 국민, 기업의 요구에 따라 정부가 서비스를 제공하고 국민도 정책과정에 적극 참여(쌍방향)하는 정부다. 정부와 국민이 서로 소통하면서 이른바 국민체감 정책이 추진되었다. 웹3.0 시대는 웹2.0 기반에서 생성된 다양한 정보를 개인별 상황에 맞도록 가공·제공하는 단계이다. 국민 개인별 맞춤형 서비스를 제공하는 정부다. 나아가 국민체감 극대화형 서비스를 지향한다. 특히 정부는 정보비대칭을 해소하려는 노력이 전개된다. 정보비대칭에 따른 일부 소수의 정보독점이 비리와 부패를 유발하기 때문에 정보독점에 따른 폐해예방을 지향한다.

웹3.0 시대는 모든 정부서비스가 온라인으로 처리·제공돼 공공기관을 방문하거나 담당자를 대면할 필요가 없다. 네트워크로 연결된 정보기기와 센서 등을 통해 개인의 생활기록(lifelog)을 저장·분석해 지능화된 개인별 맞춤서비스가 제공된다. 사회기반구조 등의 공간 환경, 사물, 사람을 인지해 상황 인식정보를 감지, 지능화된 업무처리와 서비스가 가능하다. 개인관심사, 선호도 등에 따른 실시간 맞춤정보 제공으로 시민참여도가 제고되면서 궁극적으로 정책결정과 행정처리가 투명하게 처리된다. 정보시스템과 디바이스 간, 애플리케이션 간의 링크 자동설정, 데이터 위치와 상관없이 통합 검색이 가능해 데이터와 서비스의 가상통합이 가능하다.[16]

미래지향의 전자정부는 원스톱 또는 제로스톱(Zero-stop)으로 서비스를 생산, 제공하는 가상정부(Virtual Government)로 발전해야 한다. 가상정부는 자체적 원칙과 질서에 의해 시스템적·자동적으로 작동하며, 한정된 범위의 공공기능과 대민서비스 처리와 전달 기능을 갖는 정부이며, 가상공간에 실재하는 또 하나의 정부로서 개인화된 정부웹사이트인 MyGov를 통해 구현이 가능하다. 국민 개인의 웹사이트가 국민과 정부의 접속창구로 기능해 정부는 개인화된 MyGov에 의해 대표 역할을 수행하게 된다. 또한 시민 개인의 서비스 수요를 미리 파악하여 해결하는 감응(Sense and Response)형의 지능화된 서비스를 제공한다.

2 사라져야 할 종이(Paperless Government)

정보기술이 발전하고 전자정부가 고도화될수록 정부업무 환경 역시 이에 맞춰 변화해야 한다. 다시 말해 쓸데없이 일만 많아지는 종이사용시스템을 탈피하고 종이를 쓰지 않는 효율적인 시스템을 도입해야 한다. 나아가 정부에서 문서가 사라져야 한다. 행정기관에서 종이가 퇴장하는 운명에 처하게 될 때 진정한 전자정부가 구현되는 것이다.

종이를 사용하는 어떤 시스템이 있든 간에 매우 높은 확률로 그 시스템을 대체할 수 있는 훨씬 경제적이고 효율적인 자동화 시스템이 존재할 것이라는 건 그 누구도 부인하기 힘들 것이다. 하지만 공·사조직에서의 시도는 실패로 끝났다. 즉 종이 없는 업무를 지향했지만 별로 성

종이문서의 디지털화

16 가상통합(Virtual Integration)은 기관 간 기능 연계와 정보공유가 언제 어디서나 어떠한 형태로든 가상공간에서 필요에 따라 완전하게 이루어지는 상태다.

국민권익위원회, '종이 없는 회의' 등 내부 군살빼기

국민권익위원회는 '종이 없는 사무실 문화조성'을 위해 복사용지를 각 과에 2009년의 40%만 제공하고, 보고문화를 개선해 과장급 위임 전결 비율을 현재 70%에서 80%로 상향조정하기로 했다. 결재단계도 원칙적으로 3단계를 지키도록 했으며, 전자결재가 가능한 사안은 부득이한 경우만 서면 결재로 하고, 간단한 보고는 이메일로 하도록 했다. 아울러 각 부서 업무 가운데 10% 가량의 불필요한 업무를 발굴해 해당 업무를 폐지하거나 축소하고 대신 새로운 업무에 투자하기로 했다. 이에 따라 감축된 업무만큼 정원 재조정 작업을 해 18명을 친서민 중도실용 등 새로운 사업에 배치하기로 했다. 권익위는 업무개선이 실제 추진되는지를 평가해 연말 표창, 부서평가 시 우대 등 각종 인센티브도 제공할 계획이다(연합뉴스, 2010년1월20일).

공적이지 못했다. 오히려 반대 상황이 더욱 판을 치기 시작했다. 이메일과 인터넷을 포함한 신기술은 조직구성원에게 오히려 더 많은 양의 종이를 인쇄하도록 유도하였다. 가령 1990년대 데스크톱·노트북 컴퓨터, 2000년대 웹의 보급과 함께 도래한 디지털시대에 문서를 종이에 출력해 읽는 풍경이 점차 희귀하게 될 것으로 예상되었다. 2000년대 초 이후엔 대다수 관공서와 민간 기업에서 전자결재가 확산하면서 종이 없는 사무실은 가속화하는 듯했다. 심지어 디지털시대를 맞이하여 종이가 사라질 것이라는 이른바 종이종말론이 대두된 적 있다.

인터넷과 디지털 기기(노트북, 스마트폰, 태블릿PC 등)의 보급이 빠르게 확산되어 종이 소비를 대체하면서 "종이 없는 사무실(paperless office)" 또는 "종이 없는 사회(paperless society)"의 도래가 예측되었다. 일상생활에서 인터넷이 종이 사용을 대체하는 사례를 실제로 목격하면서 그러한 예측이 더욱 현실적인 설득력을 갖게 되었다. 예컨대 온라인 신문과 잡지 구독, 이메일 요금 청구서 조회, 우편광고 대신 온라인광고 활용, 그리고 전자문서, 이메일과 전자책(e-book)의 사용 등은 모두 종이 소비를 대체하는 것이다.

지식의 체계적인 축적·공유를 통한 업무처리의 생산성을 높이고, 정보화·디지털시대에 부응하여 종이 없는 사무실을 조기에 구현해야 한다. 기존의 조직 관리는 퇴직·순환배치에 따른 경험지식의 상실, 부서 간 지식·경험의 공유 부족으로 인한 유사업무의 중복수행, 동일 실수의 반복 등 많은 문제점을 내포하고 있었다. 하지만 지식관리시스템이 원활하게 운영되고 직원 개개인이 지식수요자인 동시에 지식공급자로의 역할에 대한 인식을 가지고 유용한 자료를 충실히 입력해야 하며, 지속적인 시스템의 보완·발전을 통해 보다 편리한 사용자환경(User friendly Interface)을 구현해야 한다. 이렇게 함으로써 지식의 공동자산화, 협업을 통한 공유문화의 정착을 통해 개인의 업무수행능력과 정보화마인드를 제고하고, 궁극적으로 캐비닛 없는 사무실, 종이 없는 사무실 환경이 조기에 구현되어야 한다.

공공부문의 '프린트 · 복사용지' 납품실적 추이
자료: 조달청 ※상자: 10포(250매/포)

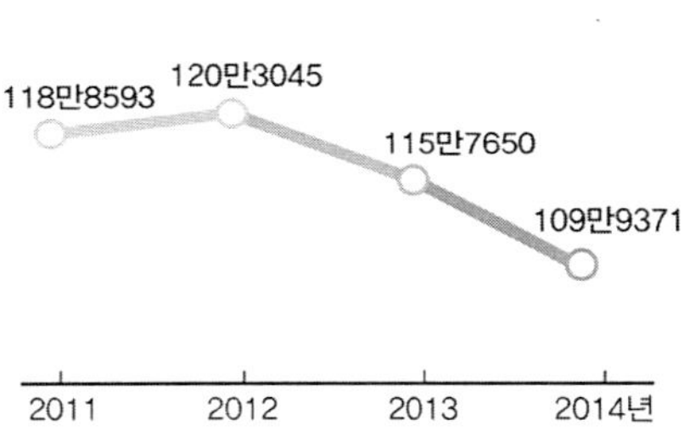

하지만 2000년대 초부터 전자정부를 대대적으로 구축한 관공서의 복사용지 소비량도 의미 있는 변화는 발견되지 않았다. 조달청에 따르면 공공부문(중앙부처·지방자치단체·공기업 등) 복사용지 납품수량은 2011년 118만8천 상자(10포·1포당 250매) 이후 2012년(120만3천), 2013년(115만7천), 2014년(109만9천)까지 미세한 변동만 있었다. 2015년 4월말까지 42만6천 상자에 이른다. 사무실 컴퓨터에 연결된 프린터기를 통해 출력해 읽는 익숙한 습관에서 아직 탈피하지 못하고 있기 때문으로 해석된다(한겨레, 2015년5월19일).

전자정부의 공간에서 종이를 사라지도록 하려면,

첫째, 종이 기반의 시스템을 처분해야 한다. 가령 팩스가 1순위에 해당한다. 현재 정부사무실에 많은 공간을 차지하고 있는 서류뭉치는 스캔하여 디지털파일로 관리하는 것이 훨씬 효율적일 것이다. 결국 소량의 서류를 관리하는 조직이 정돈되고 생산적인 직원을 양성할 수 있는 곳이라는 의미가 아닐까. 팩스머신, 서류서랍, 페이퍼 클립을 포함한 종이의 사용을 가능하게 하는 모든 물품의 수량을 줄여야 한다.

둘째, 행정업무 환경을 새롭게 정의해야 한다. 현재 많은 공·사조직에서 클라우드 업무환경을 도입하였고, 2020년도에 이르러서는 이 수치가 크게 증가할 것으로 예상된다. 클라우드 업무환경 도입은 종이기반의 시스템을 대체할 수 있을 뿐 만 아니라 구성원들이 언제, 어디서, 어떤 기기를 사용하든 업무관련 자료에 항상 접근할 수 있는 환경을 마련해 주기에 업무효율성 향상의 효과도 얻을 수 있다. 업무현장의 개념이 유연해지고, 재택근무 역시 증가하면서 사무실 밖에서 업무를 볼 수 있는 기능은 이제 더이상 부가가치가 아닌 필수요소가 되었다. 또한 클라우드의 사용은 업무시스템을 좀더 편리하게 연결해준다. 협업을 위해 파일을 주고받고, 위로는 승인요청 아래로는 업무지시를 할 필요가 없어진다. 예를 들어 구글 드라이브(Google Drive)를 활용하면, 팀원들은 자기 자리에서 일어날 필요 전혀 없이 협업을 손쉽게 할 수 있다.

셋째, 시간 소모적 행정프로세스의 자동화를 촉진해야 한다. 이는 종이 사용을 줄이고 직원 모두의 업무효율성에 긍정적인 영향을 미친다. 종이를 사용하지 않는 자동화시스템을 도입하면 구성원들이 수많은 종이서류, 안내서, 매뉴얼을 일일이 검토하는 불필요한 시간도 줄일 수 있고, 관리자 역시 손쉽게 조직구성원에게 필요한 업무를 지정하고, 관리하며, 보관할 수 있다. 꼭 자동화되어야 할 또 다른 절차는 등록 및 관리시스템이다. 쌓여 있는 서류와 관련정보를 검토하는 절차는 손쉽게 등록하고 관련 정보를 찾아 확인할 수 있는 자동화 시스템으로 대체되어야 할 것이다.

넷째, 앱(App)은 생활의 일부분이 되고 있다. 종이 없는 사무실을 지향한다면 모바일 앱 사용을 권장해야 한다. 모든 직원이 종이와 시간을 절약할 수 있도록 도와주는 앱이 도처에 널려 있기 때문이다. 업무용 앱에는 전자문서 파일에 서명할 수 있도록 해주는 사인나우(SignNow)부터 시작하여 시간관리 앱인 토글(Toggl) 그리고 해야 할 일 정리앱 워크플로이(WorkFlowy) 등 업무에 도움을 주는 앱이 많아졌다. 최신 업무용 앱을 적극적으로 활용한다면 모든 직원이 종이서류를 찾고, 관리하고 작성하는 시간을 줄이고 훨씬 중요한 업무를 보는 데 시간을 더 투자할 수 있도록 도와줄 것이다(Lavoie, 2015).

이 외에도 정부업무관리시스템(온-나라)이 정부 각 부처에 도입된 이후 정책계획 단계부터 업무추진, 회의, 보고 등 업무 전 과정을 온-나라시스템을 통한 업무처리가 가능하다. 온라인 보고체제가 갖춰졌는데도 아직도 많은 직원들이 습관적으로 종이문서를 중복 사용하는 것이 문제다. 전자정부 구축노력이 단순한 일회성 이벤트가 아니라 일상 업무에서 종이사용의 관행을 바꿔나간다면 비용절감 효과는 물론 행정의 효율성·투명성도 크게 높일 수 있을 것이다.

3 사라져야 할 경계(Borderless Government)

부처 및 부서간 경계
(칸막이)

독일 시인 릴케(Rainer Maria Rilke)의 「상상의 전기」 라는 시에 "처음에 아이는 한계도 모르고, 포기도 모르고, 목표도 없이, 그토록 생각 없이 즐거워한다. 그러다가 돌연 교실이라는 경계와 감금과 공포에 맞닥뜨리면서 유혹과 깊은 상실감에 빠진다."라는 구절이 있다.

연결과 창조의 시대를 거스르는 것이 있다면 바로 정부 내의 경계 아닐까. 정부 부처 간, 부처 내 조직 간, 영역 간 경계가 벽으로 작용하면서 단절과 한계를 야기하고 있다. 감방을 제외한다면 행정기관의 사무실 공간이야말로 가장 심한 경계와 감금의 장소가 아닐까? 이와 대조적으로 민간기업 구글 같은 기업은 창의적 사무공간을 만드는 등 새로운 시도를 하고 있다. 하지만 아직까지도 대부분의 사무공간은 근대 산업사회의 유물처럼 정형화되고 창의성보다는 생산성과 시간 관리를 강조하는 공간이다.

2011년12월초 서울 광화문 정부중앙청사에 새로운 형태의 사무공간이 생겼다. 중앙청사 스마트워크센터다. 정부부처들이 세종특별자치시로 이전하고, 업무담당자들이 이런저런 사정으로 정해진 곳에서 업무를 보지 못할 때 이곳에 와서 회의도 하고, 업무도 할 수 있도록 마련한 공간이다. 중앙청사 스마트워크를 살펴보면 먼저 클라우드 컴퓨팅(Cloud Computing) 환경을 조성해 굳이 자료를 들고 다니지 않아도 언제 어디서나 업무를 처리할 수 있도록 했다. 클라우드 컴퓨팅이란 중앙서버에 필요한 서류를 저장해 놓고 이용하게 함으로써, USB 등 별도의 휴대용 저장장치 없이 언제 어디서든 자료에 접근할 수 있다. 또한 사무실 자리는 개방형으로 만들어 누구든 책상과 의자, 컴퓨터 등을 이용할 수 있도록 했다. 화상회의 시스템이 갖춰져 언제든 필요한 사람과 연결해 얼굴을 보고 업무를 논의할 수도 있다.

경계 없는 사무실에서 다른 부서와 소통하고, 자유로운 분위기에서 업무를 수행한다. 올바른 스마트워크 프로그램은 일반적인 사무실의 한계를 무너뜨린다. 개방형 사

칸막이 없는 공간혁신, 정부가 앞장선다.

3개 부서가 사용하는 행정안전부 11층 정부혁신기획관 사무실에는 책상과 부서 사이에 칸막이가 없고 직급에 따른 과장, 팀장, 주무관 자리의 구분도 없다. 어떤 사람은 앉아서, 어떤 사람은 서서 일하며, 몇 달에 한 번씩 제비뽑기로 자리를 바꾸기도 한다. 과장이 궁금한 게 있으면 직원에게 가서 묻고 듣는다. 직원들은 업무자료나 개인 소지품을 책상 아래 서랍이 아니라 벽면 사물함에 두고 퇴근한다. 다양한 형태의 탁자와 의자로 구성된 휴게 공간도 있는데, 여러 부서가 공유한다. 복도 건너 부서들도 종종 와서 사용한다. 부서가 다른 직원들이 자연스럽게 마주치는 일이 잦다보니 업무가 돌아가는 상황을 쉽게 접한다. 행정안전부는 최근 공공부문에도 확산되고 있는 '협업과 소통이 잘되는 일터를 만드는 공간혁신'을 위해 지침을 마련했다.(대한민국 정책브리핑, 행정안전부, 2017년12월1일)

무실을 통해 서로 다른 영역에 근무하는 직원끼리 자유로운 대화가 이뤄지면서 다양한 정보공유가 가능하다. 물론 경계 없는 조직에 대한 반론도 없지 않다. 집중력 저하라든가 벽이나 칸막이 없는 이른바 개방식 배치(Open Plan) 사무실이 직원들에게 협력적인 환경을 만들어주는 것이 아니라 오히려 훼방을 놓을 수 있다는 연구결과[17]가 나왔다.

스마트워크가 열풍이다. 소통과 협업이 강조된다. 시스템이나 솔루션만으로 되지 않는다. 진짜 필요한 건 조직문화이며, 조직과 구성원 사이의 신뢰가 요구된다. 신뢰는 믿으라고 해서 믿어지는 게 아니라 더 많이 얼굴을 맞대고 서로에 대해 이야기하면서 아주 서서히, 그리고 단단해지는 것이다. 하루 종일 업무를 하면서 혼자 PC만 들여다보는 것보다 서로 이야기를 나누고, 함께 의사결정을 하고, 협업하는 환경에 맞춰져 있다. 그게 결과적으로 업무에 효율을 높여준다.

칸막이 없는 정부를 구현하는 방법으로 정책·통계 등 모든 정보를 공유하는 범정부 클라우드 구축, 인사·예산 등 핵심 자원을 함께 하는 공통 행정, 협업을 중시하는 성과관리체계로의 전환이 요구된다. 먼저 칸막이도 직급 구분도 없는 자리 배치를 통해 수평적인 조직문화를 조성하고 다양한 규모의 협업공간과 개인의 집중업무 공간 등을 만들어 소통과 협업, 업무 효율을 높이는 것이다. 또한 개인별 공간과 부서 간에

17 스웨덴 칼스타드대학 서비스연구센터 연구팀은 이런 사무실 환경에서 일하는 직원들은 산만하고 짜증이 나며 동료 직원들과 친근하게 대화하기 어려워하는 경향을 발견했다(서울신문, 2018년1월19일).

〈그림 9-6〉 기존 전자정부와 지능적 전자정부의 통합적 행정

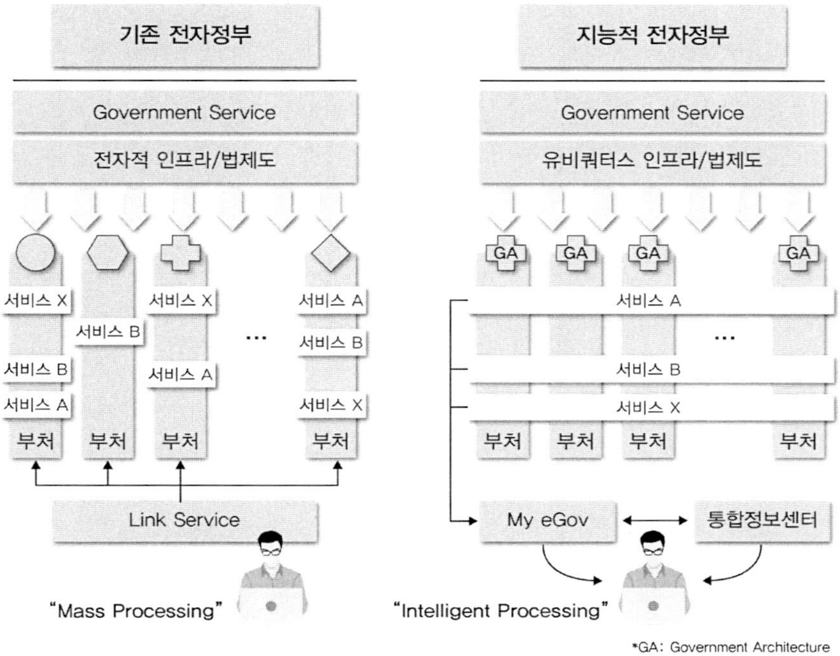

중복된 공간은 줄이고, 어린이 돌봄 시설과 다양한 휴게공간을 늘림으로써 직원들의 육아를 돕고 행복하게 일할 수 있게 하는 것이다.

이음새 없는 전자정부의 실현을 통해 부처 간 장벽 없는 협업이 이루어져 국민 중심의 서비스를 제공하며 서비스 생산과 제공을 원스톱 또는 논스톱으로 처리할 것이다. 〈그림 9-6〉처럼 지능적 전자정부는 정부업무프로세스의 연계, 시스템 아키텍처의 표준화, 이를 통한 연동성 보장, 이를 지원하는 지원체계와 법·제도 정비, 개인화된 정부웹사이트(MyGov) 등을 통해 국민 개개인의 서비스 수요를 미리 혹은 실시간으로 파악하여 즉시 해결하는 감지·대응형의 지능화된 개인별 서비스를 제공한다.

기존 네트워크 조직이 가졌던 부처 간 칸막이를 뛰어넘어 모든 부처가 공통의 플랫폼 위에서 마치 하나의 정부처럼 작동할 것이다. 전자정부에서 정부조직이 네트워크 구조로 바뀌었다면, 지능정부에서는 플랫폼 조직이 등장할 것이다. 가령 네트워크 조직은 수직적 위계조직을 수평적으로 바꾸고 필요에 따라 다양한 조직이 협업할 수 있

게 하는 장점이 있으나, 조직 간 칸막이는 여전히 존재하였다. 그 까닭은 정부조직이 인터넷으로 네트워크화되더라도 업무연계를 위해 별도의 시스템 구축이 필요했기 때문이다. 그런데 플랫폼 조직은 조직이 서로 연결될 뿐만 아니라 동일한 플랫폼을 공유해서 조직운영에 필요한 기본적인 제도, 규칙, 데이터 등을 공유함으로써 하나의 유기체처럼 기능할 것이다. 정부조직이 동일한 플랫폼을 사용하면 시스템 구축 같은 하드웨어적 조치 대신 알고리즘 개발 등 소프트웨어적 조치만으로 다양한 협업이 가능할 것이다. 특히 인공지능이 본격화되기 이전에는 플랫폼을 만드는 것이 매우 어렵다. 따라서 제한된 범위 내에서만 플랫폼을 적용하고 그 범위를 벗어나면 네트워크화하는 것에 만족해야 할 것이다.

지금까지 교통신호제어, 치안네트워크, 지하철운행 등 개별 기능별 플랫폼 구축이 가능했지만 이들 상호간 데이터표준, 제도표준 등의 생성이 어려워 통합플랫폼을 구축하지 못했다. 하지만 인공지능은 기술, 제도, 정책, 자원 등 다양한 플랫폼 구성요소를 자동적으로 연계할 수 있어 정부 내에서 플랫폼 적용범위를 점차 늘려갈 수 있다. 즉 인공지능의 상호연계와 집단학습 능력으로 인해 정부의 문제해결능력이 크게 강화될 것이다. 인공지능은 상호간에 학습결과를 거의 완벽하게 공유하는 특성이 있기 때문에 플랫폼만 갖춰지면 어느 하나가 새로운 문제해결능력을 습득하면 모두가 이를 공유할 수 있다. 반면 정부 내부에 칸막이가 존재한다면 인공지능의 집단학습능력을 최대한 활용하지 못하는 한계로 작용할 수 있다(정국환 외, 2007).

CHAPTER

10

지능적 전자정부의 가치와 이념

“새로운 것의 창조는 지능이 아니라
내적 필요에 의한 놀기 본능을 통해 달성된다.
창의적인 사람은 자신이 사랑하는 것을 가지고
놀기 좋아한다.”

-카를 융-

문제의식과 초점

지능적 전자정부가 지향해야 할 이념과 가치는 무엇일까? 갈수록 행정환경의 불확실성이 증폭되고 있다. 시민의 욕구가 까다로워지고 고도화되며, 기업 활동이 복잡다양해지면서 행정에 대한 요구와 기대수준이 높아지고 있다. 여기에 정보기술을 행정에 활용하는 행정 모습과 기능이 달라지고 있다. 이러한 일련의 행정환경 변화에 대응하여 모색된 정부모습이 전자정부로 그려지면서 각 국은 전자정부의 구현과 고도화를 위해 노력하고 있다. 전자정부의 존재는 행정수요자의 문제해결과 가치창출에서 의의를 찾을 수 있다. 하지만 행정현상에서 드러난 문제해결과 가치창출 능력은 미흡한 것으로 드러난다. 오히려 괴리감이 심화되지 않을까 하는 우려를 지울 수 없다. 그 까닭은 창조성 결여에서 기인된 것으로 판단된다. 이런 문제인식의 바탕에서 이 장에서는 전자정부의 형식과 구조에 조화로운 내용과 기능을 창조성으로 제시하면서 전자정부 이념을 새롭게 설정하고, 구체적 실천방안을 모색하기로 한다.

제1절

혁신을 거듭해야 하는 전자정부

1 지속가능한 혁신과 전자정부

전자정부가 더 한층 매력적일 순 없을까? 시장에서 매일 신상품이 쏟아지듯 정부에서 시민이 원하는 새로운 정책이나 서비스가 개발, 제공되어 감동을 느끼게 할 수 없을까? 정보기술을 활용한 스마트기업처럼 정부도 빨라지고 민감해질 수 없을까? 전자정부를 둘러싼 환경이 급변하고 있다. 정보기술이 혁신적으로 변하고 기업이나 시민의식, 욕구도 복잡다양하며 까다로워지고 있다. 이미 기업이나 시민 삶은 스마트를 지향하고 있다.

전자정부는 어떠한가? 그동안 전자정부 구현을 위해 막대한 자원과 노력이 투입되었다. 그 결과 UN의 2010~2016년 전자정부 평가에서 192개국 가운데 1위를 차지했다. 전자정부시스템 이용편의성과 민원처리 효율성에서 만점을 받았다. 전자정부에 관한 한 선진국임을 입증한 셈이다. 그만큼 전자정부가 세계를 앞서왔다. 그러나 시민의 기대를 앞서가지 못하고 있다. 이용자, 수요자인 시민과 기업에 느껴지는 실상은 아직도 행정은 분절적이며 균질적 서비스가 이루어지지 못하고 있다.

모든 시민의 전자정부서비스 접근이 어렵고 전자정부서비스를 통해 새로움이나 유용성도 느끼지 못하고 있다. 전자정부의 이용률의 경우 2007년 41.1%에서 2009년 60.2% 그리고 2011년 84.5%로 증가하였지만 체감수준은 아직까지 저조하다. 세계적 수준의 전자정부 기반구조를 갖추었음에도 왜, 전자정부의 수요자인 시민의 관심과 주의, 이용은 저조한 것일까? 그 까닭은 혁신적 창조성 결핍에서 비롯된 것으로 생각된다. 달리 지금까지 선진국 모방이나 따라잡기에서 벗어나 창도 수준에서 창조성의 확보가 절실하다.

사회를 지탱하는 지주로서 정부는 시장과 더불어 중요한 제도이다. 정부와 시장은 상호보완적 기능을 수행하며 사회발전에 기여해 왔다. 시장의 주요 행위자로서 기업은 불연속의 불확실한 환경변화에 대응하여 시장의 속도와 규모로 변화하고 있다. 그럼에도 시장보다 좋은 성과를 내는 기업은 결코 존재하지 않는 것으로 인식된다(리처드 포스터, 사라 캐플런, 2003). 심지어 최고의 기업조차 생존을 위한 경영만으로 주주에 대한 높은 투자수익이나 조직생존을 보장받지 못하고 있다. 시장은 과거에 아무리 훌륭했던 기업이라도 현재의 성과를 내지 못하면 시장에서 가차 없이 퇴출시킬 정도로 언제나 빠르고 과감하게 변화한다. 반면 기업은 연속성에 근거한 경영철학에 따라 과감한 변화보다는 안정적 운영에 초점을 맞추려 하다가 결국 시장에서 사라지게 된다. 그러므로 기업이 시장처럼 장기적 발전을 이루기 위해 생존에 급급하기보다는 과거와 현재의 모든 것을 포기할 수 있는 자세로 변화가 강조되면서 이른바 창조적 파괴와 혁신이 요구된다.

그동안 한국의 전자정부는 발달된 유·무선 통합망의 기반 위에서 스마트폰 등 이머징 디바이스(emerging device)를 활용하여 생산성 향상, 효율화, 국민소통 등을 목표로 하면서 스마트 전자정부를 지향하고 있다.[1] 시민이 능동적으로 참여하여 정부와 양방향 관계로 진화하면서 웹2.0을 거쳐 개인별 맞춤정보의 제공이 가능한 웹3.0으로의 가능성이 높아지고 있다(한국정보화진흥원, 2009). 전자정부 구현에 필요한 기술적 진보에 비할 때 정부조직, 행정절차와 제도, 관료의식과 행태는 과거에 머물러 있다.

전자정부 외양에 비할 때 행정 내실을 다지는 개혁의 성과도 미미하다. 행정이념과 철학도 산업사회의 틀에서 벗어나지 못하고 있다. 관료역할의 준거로 작용해 왔던 각종 규칙과 규정도 쉽게 변화되지 못하고 있다. IT 도입, 적용의 최고를 넘어 최선, 최상, 최초의 서비스를 갖춘 전자정부를 지향하려면 발상의 전환이 필요하다. 지금껏

1 2011년3월29일 행정안전부는 진화한 정보기술(IT)과 정부서비스의 융·복합 경향을 반영해 국민이 언제 어디서나 원하는 서비스를 맞춤형으로 이용할 수 있는 '스마트 전자정부(Smart Gov)' 계획을 발표했다. 기존 전자정부 서비스가 스마트폰과 태블릿 PC, 소셜네트워크 서비스(SNS) 등 모바일의 급속한 환경변화를 제대로 반영하지 못하고 있다고 판단, '국민과 하나 되는 세계 최고의 스마트 전자정부 구현'이라는 비전 아래 5대 과제 43개 세부과제를 제시했다. 우선 '세계 최고의 모바일 전자정부 구현'을 위해 민원24, 홈택스, 국가대표 포털 등 국민 생활과 밀접한 기존 정보시스템을 모바일 기기로 이용할 수 있도록 할 계획이다.

정부·관료의 역할수행을 한정지운 경제성, 합리성을 초월해야 한다. 이른바 창조적 문제해결과 공익가치 창출을 위하여 관료의 행동준칙인 조직규범과 가치, 표준운영절차를 비롯한 제반 법규 및 관행, 규칙이 재정비되고, 국민기대와 요구에 부응할 수 있는 수단과 장치가 전자정부 기반구축과 함께 마련되어야 한다.

2 행정문제의 복잡성과 가치의 불확실성

기업은 시장 선도를 위해 창조경영을 실천 중이다. 탁월한 명성과 확고한 입지가 영원하지 않다. 따라서 항상 위기의식을 갖고 변화흐름을 정확하게 파악해야 한다. 기업을 이끌어가려면 행정도 기존 관성이나 모방으로는 리더십을 행사할 수 없다. 더구나 한국의 전자정부는 벤치마킹이나 모방의 단계는 지났다. 세계 최고수준이라는 전자정부가 끊임없는 혁신을 통해 새로운 차원으로 도약하지 않으면 미래를 기대할 수 없다. 전자정부도 새롭고 유용한 것을 찾아내는 창조성이 요구된다.

디지털혁명으로 등장한 사이버공간에서 디지털 재화(digital goods)와 정보통신응용서비스, 전자상거래와 사이버쇼핑몰, 전자화폐, 전자정부와 사이버공동체(cyber community)라는 새로운 종류의 활동과 문화가 등장하고 있다. 이들은 기존의 물리적·현실적 공간을 상당 부분 대체하는 등 많은 변화를 초래하며 적응과 부적응 과정에서 사회적 이슈와 문제를 노정시키고 있다. 즉 사이버공간은 다양한 특성과 의미, 그리고 기능을 수행하면서 현실세계와 얽히면서 시민과 기업의 삶을 다양하게 변화시키면서 행정문제의 복잡성과 가치의 불확실성을 심화시키고 있다.

지능사회가 도래하면서 정신적 자원인 지식이 사회발전의 가능인자로 등장하고 있다. 이처럼 지식사회로 이동을 가속화하는 것은 지식의 의미와 적용의 변화에서 비롯된다. 정보기술의 급속한 발달로 산업화에서 정보화로 이행하면서 정보화가 행정과제로 규정되었으며, 다시금 지식패러다임으로 바뀌면서 자본, 노동력, 토지 등 산업사회의 핵심 요소와 정보가 지식으로 대체되면서 지식화가 주요과제로 제시되는 듯하다. 그래서 시간이 흐르면서 정보화에 대한 담론은 진부한 느낌을 준다. 그렇다고 정보가 중요하지 않다는 것은 아니다. 정보의 상위개념으로서 지식이 정보를 대체하기 시작했다는 의미로서 이미 21세기를 지식사회로 규정하려는 주장이 확산되고 있다(Drucker, 1993).

지능사회의 방향은 다음과 같이 설정될 수 있다(Lane, 1966).

첫째, 지능사회는 인간, 자연, 사회에 관한 인간의 신념적 기초를 탐구한다. 지금까지 지식개발이나 창출이 인간문제를 경시해 왔고, 신념이나 가치체제에 대한 관심이 부족했다. 특히 인간의 신념체제를 도외시했기에 책임 있는 기술공학 관리체제를 정착시키지 못하였다.

둘째, 지능사회는 새로운 지식탐구를 위해 가치 있는 자원개발에 인간노력을 집중시켜 거대한 지식저장고를 창출하는 사회이다. 지식사회에서는 데이터베이스를 중심으로 지식저장고를 창출해 한 국가나 사회를 지탱하는 기반을 구축해야 외형적으로 급변하는 사회현상 속에서 안정된 사회를 만들 수 있다.

셋째, 지능사회는 끊임없는 지식의 창출, 해석, 재조직하고 축적하는 사회이다. 학습사회를 기반으로 하므로 지속적인 재정보화와 지식창출 과정에서 지식이 재창출되어야 한다. 즉 지식순환을 위한 프로세스 과정이 역동적으로 작용하면서 행정문제 해결과 행정가치 창출로 이어져야 한다.

넷째, 지능사회는 지식의 발전과 함께 지식가치와 목적을 밝히는 지식을 선택, 적용하는 사회이다. 그러므로 새로운 지식창출뿐 아니라 지식가치와 목적을 구체적으로 밝혀, 어떤 지식이 사회에 유의미한가를 판단·선택하여 지식을 적용하는 데 지혜를 발휘해야 한다. 아무리 많은 지식이 창출되더라도 가치와 목적을 규명하지 않고 오직 적용에 몰두한다면 인간을 위한 유익한 사회를 기대하기 어렵기 때문이다. 이처럼 지능사회의 저변에는 정보·지식을 기반으로 새로운 가치를 만드는 일이 중시되며 지능사회의 구현과정에서 인간의 두뇌기능을 활용하여 새로운 역할과 지식의 창출이 한층 강조된다는 점에서 창조성의 전략과 관리가 강조된다(野村總合研究所, 1990).

3 문제해결과 공공가치창출 지향의 정부

지식사회를 맞이하여 기업조직은 'e-Company'를 넘어 지식기업을 지향하고 있다. 물론 정부도 'e-Government'를 지향하며 지식행정의 구현에 매진하고 있다. 전자정부 구축 과정에서 선도국가로 인식되는 우리의 행정 현상은 어떠한가? 행정업무의 상당한 비중이 조직 내부적 관리업무에 주어지고 있으며, 정보화는 기존 방식을 전자적 수단으로 대체하는 수준에 머물러 왔다. 이를테면 객관적이고 투명하지 못한 행정, 상호 불신하는 행정, 예측이 곤란한 행정, 아직까지 관공서를 방문하기에 앞서 아는 사람을 찾고, 업무를 처리하는 것이 선호되는 후진 행정의 잔상을 그대로 보여주고 있다. 게다가 업무와 관련된 규정과 문서를 찾느라 시간을 낭비하는 행정, 일의 결과에 대하여 분명하게 책임질 사람이 없는 행정, 안전관리에 철저하지 못한 행정, 임기응변적 관리방식으로 동일한 유형의 사고가 반복되는 행정, 소외계층의 입장이 충분히 고려되지 않는 행정체계를 드러내면서 시민과 기업의 불만과 불신을 고조시키고 있다.

1) 문제해결 능력

사회가 유토피아가 아닌 이상 문제없는 곳은 없다. 문제가 발생하거나 예상되는 경우 공공의 손이 개입되었다. 정책학이 사회문제의 해결에 기여할 목적으로 제창되었다는 주장(Lasswell, 1951)은 정부활동이 문제해결에 소용될 필요성을 강화한다. 실제로 행정은 문제 있는 곳에 존재하였다. 이를테면 범죄사건과 사고, 교통난, 주택난, 취업난, 의료대란, 인력난, 재난 등의 어려움을 해결하거나 원상회복을 위해 행정자원과 노력이 투입되었다. 뿐만 아니라 교육문제, 격차문제, 환경문제, 개발문제, 복지문제 등에서도 행정분야별 역할이 기대되면서 정부가 개입하였다. 물론 행정의 무능력, 무지, 무책임으로 인해 위기, 사건 등이 초래되기도 한다. 하지만 많은 경우 문제 상황과 현상에서 투영된 정부의 문제해결능력은 기대수준에 미치지 못해 불만을 자아내고 있다.

행정의 문제해결능력이 취약한 요인은 문제 상황과 행정(정책) 간 지식격차에서 비

〈그림 10-1〉 문제해결 능력 요소 및 과정

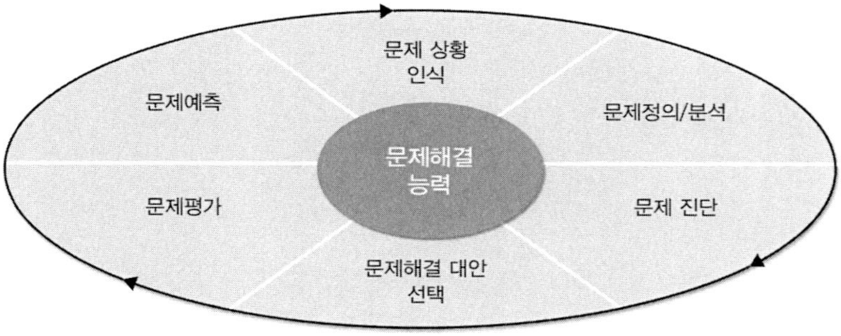

롯된 것으로 볼 수 있다. 행정이 현상의 자료, 정보, 지식과 관련하여 명시적·암묵적 자료가 부족하다거나 자료를 있는 그대로 관리하지 않고 왜곡하는 경우 그리고 시의성을 확보하지 못한 경우에 지식격차가 발생한다. 뿐만 아니라 문제 상황과 행정이 보유한 지식 간 인과성이 결여한 경우 행정의 문제해결 노력이 의도하는 성과를 얻을 수 없다. 따라서 문제해결 능력을 높이기 위해서는 분야별 문제 상황 및 현상과 행정 지식 간 이음새 없이 잇대어져야 한다. 행정기관에서 구축한 지표가 현상을 제대로 반영하지 못한다면 어떻게 될까? 또한 자료나 통계를 왜곡하거나 행정에 유리한 방향으로 조작하는 경우 어떠한 결과가 야기될 것인가? 아마도 행정활동이나 정책처방이 소기의 효과를 얻을 수 없는 헛된 것임이 분명하다.

문제해결능력은 〈그림 10-1〉에서 보듯 문제 상황의 정확한 인식과 문제정의/분석, 문제 진단, 문제해결 대안의 선택, 문제평가, 문제예측에 이르는 과정이 통합된 능력이다. 여기서 각각의 과정에서 생성된 자료, 정보, 지식, 경험 등 명시적·암묵적 지식은 정확성, 시의성, 인과성을 지녀야 한다.

또한 정책은 상황에 민감해야 한다. 상황이 시·공간에 따라 일정하지 않고 그에 따라 정책변수도 시간과 공간에 따라 달라질 수 있기 때문이다. 더구나 환경의 복잡성, 불확실성, 환류가능성 등의 증가로 인해 정책상황이 달라질 수 있다. 그러므로 문제상황 인식과 정책문제 정의는 정책목표와 현실 간 괴리를 좁히기 위한 규정이므로 문제해결의 중요한 과정이 된다. 주어진 목표와 현실 간 거리를 객관적으로 정의하는 것은 단순하지 않다. 더구나 정책문제는 현재의 상황을 전략적으로 해석하고 표현하는 행위이며, 현상과 문제 상황 이해는 정책과정에 참여하는 개인들의 경험과 해석구도에 의해 상이하게 착색되어 나타날 수 있다(Stone, 1988). 따라서 정부의 문제해결능력을 높이기 위해서는 문제해결능력을 구성하는 요소와 과정별 지식관리활동이 체계적으로 갖추어져야 할 것이다.

2) 가치창출능력

행정은 가치와 연관된 활동이다. 왜냐하면 정부활동이 바람직한 가치를 선택하거나 창안하여 구현하는 활동이기 때문이다. 행정은 사회의 기대와 가치가 인도하는 방향으로 정책을 형성하고 집행한다. 행정은 정책과정에서 가치지향의 활동을 수행한다. 정책결정은 다양한 가치의 영향을 받는 다가치적 선택행위이다. 가치는 바람직한 것에 대한 명시적 또는 묵시적 관념으로 행동의 양태, 수단과 목표를 선택하는 데 영향을 미친다(Kluckhohn, 1962). 달리 바람직한 것에 관한 관념으로서 가치는 동기유발의 힘을 갖는다. 즉 바람직한 것, 바람직한 상태 또는 있어야 할 상태에 관한 생각을 지칭하기에 가치를 갖는 사람의 마음 속에만 존재한다(Hodgkinson, 1978). 나아가 가치는 개인의 취향을 초월하는 공동체적이며 공적이기에 합리적 의견교환으로 논의, 분석, 정리, 정당화될 수 있다(McCullough, 1991).

행정은 단순히 문제점 해소나 애로사항을 해결하는 데 그쳐서는 안 된다. 더욱 능동적이고 적극적으로 비전과 가치를 창출해야 한다. 그래서 단순히 고객지향과 시민만족을 넘어 고객을 감동시키기에 충분한 가치를 창출해야 한다. 이를테면 공공정책문제에서 부각되는 가치로서 개인 간 평등, 개인적 자유, 사회질서, 정의, 정당한 의사결정절차, 정부운영의 능률(Sampson, 1983)로부터 사회변동과 발전, 환경보호와 생명존중 등의 거시적 차원의 가치를 구현해야 한다. 행정은 가치선택, 가치판단, 가치조정은 물론 가치창출능력을 지녀야 한다. 여기서 가치창출행정은 사후약방문식 행정으로부터 유비무환 행정으로 전환을 의미한다. 이를테면 경찰행정에서 예방경찰이나 보건의료행정에서 예방의료와 보건은 가치창출행정의 사례가 될 수 있다. 가치창출능력은 〈그림 10-2〉에서 보듯 가치분석, 가치통합, 가치활용, 평가 및 예측에 이르기까지 이음새 없는 연계를 통해 지속적 가치창출이 이루어져야 한다. 이처럼 행정은 기존의 가치판단, 분배에서 가치창출로 전환되어야 한다. 복잡한 사실과 다양한 가치

〈그림 10-2〉 가치창출능력과 과정

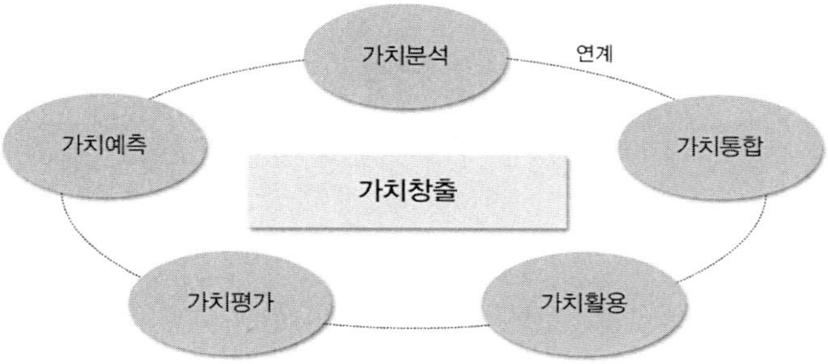

로 점증하는 미래의 불확실성을 감소시킨다든가 불안감으로부터 벗어나게 하는 역할을 담당해야 한다.

지능적 행정은 시민과 기업의 활동에 비전과 방향제시 및 방향타(steering) 구실을 한다. 정책이나 계획을 준거로 시민과 기업이 중요한 의사결정을 내리기 때문이다. 그렇기에 정책을 비롯한 정부활동은 신뢰성과 함께 미래지향성을 지녀야 한다. 행정에 의한 정책설계과정에서 바람직한 상태 또는 가치란 주어져 있기보다는 의도적으로 만들어 가는 것이다. 이 경우 가치창출은 정책담당자의 전유물이 될 수 없으며 정책수혜자와 공유에 의해 이루어져야 한다. 이처럼 정책수혜자의 주관적 욕구를 고려해야 하는 까닭은 정책가치가 정책대상자의 주관적 선호나 욕구와 구별되어 존재할 수 없기 때문이다. 더구나 정책문제에 대한 올바른 인식은 정책수혜자가 인식하는 의미의 탐색을 통하여 가능하며 그래야만 정책에 대한 수용성이 높아질 수 있다(Bobrow and Dryzek, 1987).

전자정부의 외피를 걸쳤다고 행정의 문제해결능력이나 가치창출능력이 저절로 갖추어지는 것이 아니다. 전자정부의 모습에 걸맞게 행정이념과 이념을 구체적으로 실천하려는 각고의 노력이 병행되지 않는다면 무능하며 무지하고 무책임한 전자정부라는 오명에서 벗어날 수 없을 것이다. 더구나 지금까지 정부를 괴롭히는 문제로 교육행정정보시스템 시행을 둘러싼 정책선택을 들 수 있다. 물론 환경, 노사, 남북, 통일, 외교 등 행정영역별로 정부가 해결해야 할 문제는 수를 헤아리기 어려울 정도이다. 더구나 갈수록 사회가 복잡해지고 전문화되며 다양해지면서 정책이 다루어야 할 문제

영역도 복잡한 양상을 띠고 있다.

각각의 문제들은 구체성의 정도에서 추상적 수준에 있는 경우가 대부분이며, 문제의 대부분이 정치·경제·문화적 이해관계가 고도로 복잡하고, 기술적 측면과 밀접한 관련이 있어 문제해결을 위한 해제로서 정책방안의 탐색이 용이하지 않다. 행정의 창에 노출된 기존의 문제뿐만 아니라 행정이 능동적으로 창출해야 할 새로운 가치와 방향 설정도 불확실한 상황이다. 이에 정부도 행정환경 변화에 신속하게 적응하고 지속적인 성장을 추구하기 위해 혁신전략을 적극적으로 활용해야 한다. 그 까닭은 새로운 지식과 기술개발, 시민의 생활패턴 및 수요변화, 기존 행정프로세스의 문제, 산업구조 변화에 대응하기 위함이다.

지금까지 행정은 정권변화나 패러다임 전환의 시기에 정부혁신을 모토로 노력을 하였다. 하지만 결과는 만족스럽지 못하고 좌절과 실패를 경험하였다. 시민은 정부의 정책에 순응하는 위치에 더이상 머무르지 않고, 정보기반을 이용하여 각 개인의 이해관계가 걸린 사안별로 능동적으로 반응하게 되었다. 뿐만 아니라 사회의 각 시민들이 이해관계나 관심사별로 조직화된 비정부기구(NGO)를 형성하기에 이르렀다. 이처럼 문제가 복잡해지고 미래가 불확실한 상황에서 창조적 혁신이 새로운 지도 원리로서 의미를 지닌다.

제2절

전자정부의 가치와 이념: 창조성

1 사이버공간 및 정부환경의 역동성

지식사회의 시민은 지역이나 국가 단위의 사고와 행위 그리고 문화 범주를 넘어서 지구적 삶과 생활이 가능하게 될 것이다. 즉 각 개인은 선택의 상황에서 국경을 넘어서는 전 지구적 차원에서 각종 대안을 다양하게 고려하여 결정할 것이다. 일상의 삶, 경제행위, 문화적 가치 추구, 물질적·정신적 가치 추구 등이 지구화되면서 선택의 폭이 이전 사회와는 비교할 수 없을 만큼 확대될 것이다. 물론 산업사회 이전의 농경사회는 사람과 사람의 소통에서 물리적 공간의 제약을 전제로 하는 사회였다. 그러나 물리적 공간의 제약으로부터 자유로운 사이버공간의 등장으로 인류의 정보와 지식의 흐름은 물론 국가와 기업 활동, 학술연구, 개인의 소통에 이르기까지 전통적 패러다임을 초월하여 다양한 현상이 나타날 것이다.

빠르게 확산되는 인터넷 기반의 사이버공간은 정보통신기술을 기반으로 형성된 새로운 전자적 공간으로서 복잡하게 연결되어 있다. 그러면서 파편과 같이 흩어져 있고, 새로운 형태의 커뮤니케이션, 비즈니스, 교육, 오락 등이 일어나는 역동적 활동의 장이며, 기존의 사회에서와는 차별화된 가치관과 문화를 추구하는 사람들이 활동하는 동태적 영역이다. 이러한 역동적 공간이 확장되면서 모든 조직은 차별적 경쟁우위를 확보하기 위한 창조적 혁신이 요구된다. 왜냐하면 경쟁과 환경변화가 심화될수록 끊임없는 혁신을 통해서만 생존할 수 있기 때문이다. 이에 창조성의 바탕에서 고유의 핵심역량을 개발하고 지속시키기 위한 전략이 요구되며 공·사조직을 막론하고 당면 과제가 되고 있다.

실제로 지식사회에서 개인, 기업, 국가수준에서 부의 창출을 위한 새로운 규칙이 지배하면서 부의 원천이 땅과 금, 원유가 아니라 지식으로 바뀌고 마침내 지식이 부의 창출이 가능할 것으로 인식된다(Thurrow, 1999). 따라서 개인뿐만 아니라 크고 작은 집단 및 조직체들은 지적 우위성(intelligence advantage)에 따라 생존이 결정될 것으로 전망된다(McMaster, 1995). 실제로 지식사회를 선도하는 개인과 기업이 지식으로부터 부를 창출해내고 있으며, 여기서 물론 정부도 예외가 될 수 없다. 오히려 국가와 공공기관이야말로 국가 차원의 방대한 지식에서 국민과 기업을 위한 국부 창출에 기여해야 하기 때문이다. 이에 지식혁명의 주도권을 둘러싼 국가 간 경쟁이 전개되고 있으며, 국가전략은 지식혁명과 창조적 역량 강화에 초점을 맞추어 왔다. 따라서 각국 정부는 지식정부로 탈바꿈하기 위한 노력과 함께 창조역량 확충을 가속화하고 있으며, 이러한 바탕에서 정부의 창조적 혁신, 지능화 노력과 함께 정책내용(콘텐트) 수준 향상을 위한 움직임이 거세다.[2]

영리조직이 창조성을 바탕으로 이윤을 창출하듯 공공조직은 공공재 창출에서 창조성을 발휘해야 한다. 오프라인은 물론 온라인상 공공부문의 문제해결이나 가치창출을 위해 전자정부 기반구조에 관료지식, 경험 등이 접목되어 새롭고 유용한 정책, 정보가 창출되어야 한다. 창조성이 발현되는 전자정부는 인체의 신경망처럼 운영되어야 한다. 신경망이 몸 구석구석의 모든 상태를 두뇌에 전달하고 두뇌는 정보를 받아 어떻게 할 것인가를 판단, 지시한다. 행정도 마찬가지다. 각종 정보를 빠르게 입수하여 적절하게 이용해야 한다. 두뇌와 신경망과의 관계처럼 정부가 행정조직 내외부의 정보흐름을 원활하게 만들어 보다 신속하고 효율적으로 국민과 시장의 요구사항에 적응해야 한다. 스마트는 언제, 어디서나 연결이 가능해야 한다는 의미를 포함하기에 단순히 새로운 서비스 출시라는 단편적 이벤트에 그치지 않는다. 전자정부는 기존 정보 및 지식DB, 서비스, 시스템 등의 연계와 통합 및 최적 활용을 통한 가치창출의 바탕에서 시민생활 향상과 수많은 사업기회들과 연결을 촉진해야 한다. 〈그림 10-3〉에서 보듯 지능화 진전에 따라 정부환경이 달라지고 있다.

2 미국의 국가디지털도서관프로그램(NDLP: National Digital Library Project)와 디지털도서관 프로젝트(DLI: Digital Library Initiative), 프랑스의 Tobiac프로젝트, 영국의 IOA(Initiative of Access) 및 박물관 계획 등과 같이 사회 전반에 산재해 있는 지식정보의 체계적 관리 및 활용촉진을 위한 국가지식정보자원관리 프로젝트가 추진되고 있다.

〈그림 10-3〉 지능화에 따른 전자정부 환경의 변화

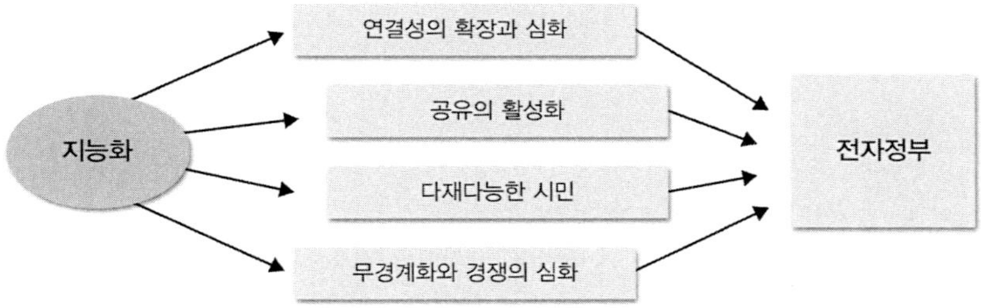

다양한 스마트기기 간 연결성이 강화됨에 따라 개별 기기의 고유기능에서 구분과 경계가 모호해지고 있다. 특정 기기가 다양한 기능을 수행하면서 데이터처리량도 증가하고 있다. 시민 입장에서 행정서비스나 행정기관에 종속될 필요가 없이 언제 어디서든 접속만으로 편리하게 사용할 수 있어야 한다. 스마트 열풍은 TV, 가전 등으로 이어지면서 단순히 제품 혹은 서비스 차원에 머무르지 않고, 자동차, 결제수단, 도시, 경영 등 다방면으로 확산되고 있다.

행정에서도 스마트오피스가 모색되면서 스마트정부가 제시되었다. 과거에 없었던 강력한 기능을 가진 스마트폰이나 스마트TV는 다기능 및 고기능의 측면에서 지능적 수준을 넘어 인공지능이나 자동제어능력을 의미한다. 스마트폰이나 스마트TV의 스마트는 기능성이나 자동성과는 또 다른 의미가 담겨 있다. 소비자가 생각대로 할 권리, 즉 선택권을 준다는 점이 스마트폰과 스마트TV에서 중요하다.

다양한 개성이 발휘되는 시대에 시민의 취향도 다양해질 것이다. 무작정 많은 기능을 주는 것보다 원하는 것을 찾아, 그것만 쓸 수 있는 환경을 주는 것이 스마트다. 그런데 시민이 원하는 것을 가장 정확히 아는 사람은 일선 관료가 아닌 시민 자신이다. 결국 가장 스마트한 것은 사용자이다. 가령 스마트TV의 경우, 방송사나 케이블업체에 없는 외국 드라마나 독립영화를 검색하거나 집에 있는 아이가 TV를 통해 회사에 있는 엄마의 휴대전화에 전화를 거는 화상전화프로그램, 온 집안 식구가 함께 즐기는 가정용 게임 프로그램을 살 수 있다. 또한 의료용 센서를 연결하여 가정 내에서 건강검진을 받거나 집안에 설치된 센서와 TV를 연결하여 집 안의 청결상태나 화재발생 가능성을 점검해 보는 프로그램도 가능하다. 이처럼 스마트환경의 운영원리는 개방성과 자유다. 따라서 정책개발이나 집행을 담당하는 관료는 시민을 위해 지성을 마음껏 발휘하여 시민들의 선택권을 확대, 강화해야 한다.

2 창조성 기반 전자정부의 차원과 요소

지식사회에서 행정서비스의 관건은 얼마나 신속하게 고객의 다양한 수요를 만족시키느냐에 달려 있다. 이를 위해 공급자 입장이 아닌 이용자 입장에서 새로운 서비스를 개발해야 한다. 중요한 서비스는 산업화시대와 같은 재화, 용역이 아니라 정보이다. 이처럼 기존의 행정개혁 이념은 새로운 행정환경에 적응하기 위한 행정프로그램의 개발에 별로 도움을 주지 못했던 것이 사실이다. 지식사회에서 행정개혁이념은 앞에서 제기된 문제점을 해결할 수 있는 정책수단의 산파역이어야 함은 물론이고, 아울러 기존의 이념을 대체할 수 있는 설득력이 있는 것이어야 한다.

전자정부는 신(新)공공관리를 향한 추동인자의 하나로 인식될 수 있다. 그동안 전자정부 추진과정에서 여러 차례에 걸쳐 이뤄진 행정개혁 방향은 이론과 지향과 달리 초점은 국민가치나 효율성 중심적이기보다는 정부 또는 관료 중심적이었다. 전자정부 구축 과정도 기술 중심적이며 시스템 위주의 공급자 지향적이었다. 물론 전자정부는 첨단 정보통신기술을 활용하여 정부업무와 대민서비스를 전자적으로 처리하는 데 있다. 다양한 행정서비스를 온라인화함으로써 언제 어디서나 고객의 접근과 이용이 가능해야 한다. 정부의 행정서비스체계를 일원화하고 행정정보와 지식을 공개함으로써 정부의 생산성과 투명성을 향상시켜야 한다. 지금까지 행정은 기존 이념과 원리를 바탕으로 능률성과 효율성을 추구하였다. 하지만 달라지는 전자정부 기술과 서비스 환경에 대응해야 한다.

전자정부의 차원과 수준을 업그레이드하려면 창조성을 발휘해야 한다. 창조성을 발현하는 전자정부에 담겨야 할 가치를 제시하면 〈그림 10-4〉와 같다.

〈그림 10-4〉 창조적 전자정부가 담아야 할 가치

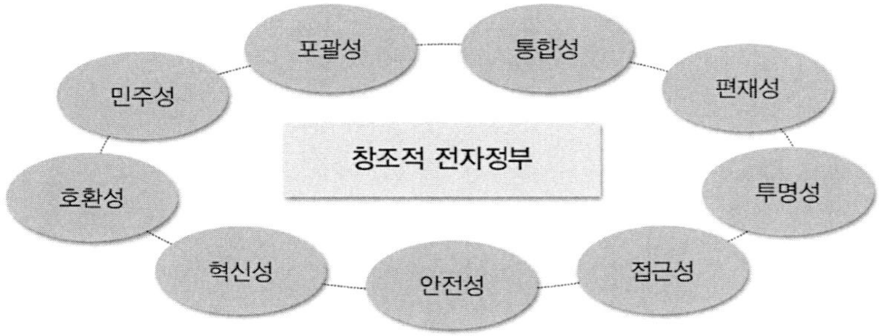

① 포괄성: 가능한 한 모든 시민이 원하는 집이나 장소에서 지방 및 중앙에 접할 수 있어야 한다. 단일의 정부포털을 통해 필요한 정보와 공공서비스에 접근이 가능해야 한다. 관공서를 방문해야 하는 업무의 경우 일회방문으로 처리가 완료되어야 한다.

② 통합성: 모든 전자정부 활용은 시민이 동일한 정보를 반복해서 제출하지 않도록 통합된 시스템으로 형성되어야 한다. 즉 동일한 서류를 여러 장 발급받아 여러 기관에 제출해야 하는 번거로움이 사라져야 한다.

③ 편재성: 전자정부시스템은 지속적인 발전과 진전이 필요하다. 전자정부 포털과 관련 사이트 그리고 응용서비스는 모든 이용자와 시민에게 24시간 활용 가능해야 한다.

④ 투명성: 전자정부서비스는 IT관련 경험이나 전문지식이 없어도 시민이 원하는 정보를 쉽게 얻을 수 있도록 설계, 운영되면서 정부에 필요한 모든 정보도 실시간 제공될 수 있어야 한다. 이러한 상호작용과 모든 전자적 거래는 투명하게 처리되어야 한다. 가령 정부의 지원금은 부정수급이 없도록 내부 시스템을 강화하고 수혜자에게는 정부가 미리 안내하고 확인하여 적시에 누락 없이 지급될 수 있어야 한다.

⑤ 접근성: 스마트폰, 스마트패드, 스마트TV 등 다양한 정보통신 기기를 국민과 정부 간 접점으로 활용되어야 한다. 아울러 전자정부시스템은 장애인, 소외계층에 대한 고려를 통해 모든 이용자와 이해관계자에게 동등한 기회를 제공해야 한다.

⑥ 안전성: 정부의 전자적 시스템은 시민에 의해 제공된 모든 자료나 인터넷기반 정부와 시민 간 이루어진 콘텐츠와 운영과 관련하여 창출되고 저장된 등록자료에 대해 비밀성이 보호, 유지되어야 한다.

⑦ 혁신성: 전자행정에서 기존의 반복적인 절차나 과정은 제거되어야 한다. 전자정부의 목표와 지향에 대한 심층적 재평가와 행정조직은 단순·신속한 정부-시민 간 인터페이스기반에서 디지털조직구조로 재설계되어야 한다.

⑧ 호환성: 전자행정에서 탁월성은 정부사이트에 대한 적절한 연결이 최신의 상태로 제공되어야 한다. 전자정부는 예외 없이 정부 간, 정부-기업 간, 정부-시민 간 협업을 이루어야 한다.

⑨ 민주성: 전자정부는 민주적 절차와 과정, 정치적 의사결정, 전자공동체의 형성 등에 쉽게 적용될 수 있도록 설계되어야 한다. 전자정부는 행정수단으로 작용될 뿐만 아니라 집단, 민주적 의사결정, 참여지향적 사회를 위한 수단으로서 기여해야 한다.

3 창조적 전자정부의 기준과 요소

창조성 기반 전자정부의 내실은 〈그림 10-5〉에서 보듯이 사용자중심의 공유된 서비스로서 다양한 서비스채널을 통하여 선택적 서비스가 가능하며 사용자 위주의 가치중심적 사회서비스를 제공하는 정부다. 가령 시민 개인(수요자)에 의한 행정서비스와 행정정보의 구조가 결정되고 서비스가 이루어지는 행정으로의 전환이 이루어진다.

창조적 전자정부의 외양으로서 웹사이트를 중심으로 살펴볼 수 있다. 인터넷과 웹기반 기술이 발전하면서 현실로 투영되고 있다. 정보기술이 행정에 도입됨에 따라 공공정보에 대한 접근성을 높여주고 공직자와 상호작용을 가능하게 함으로써 즉시적이며 감응적인 행정서비스 제공을 가능하게 하였다(La Porte et. al., 2000:3). 정부기관의 웹사이트는 활용뿐만 아니라 발전가능성 측면에서도 행정정보화와 전자정부 구현의 중요한 도구다(문신용, 2001:202). 그동안 국가행정기관의 웹사이트 수는 급증하고 각종

〈그림 10-5〉 창조성 기반 전자정부의 내실

정보중심 전자정부	창조성 기반 전자정부
분절적(파편화된) 서비스 - 관료중심의 공급자 서비스 - 정부업무 자동화	이음새 없는 통합서비스 - 이용자인 시민 중심의 서비스 - 정부·공공·민간 간 Co-Creation - 시스템 간 연계 및 통합
전자적 서비스 - 단편적 서비스 채널 - 제공자중심의 서비스	창조적 서비스 - 새롭고 정연하며 가치 있는 서비스 - 개인화·지능화서비스
기능적 서비스 - 행정(중앙정부)중심의 서비스	수요자지향 서비스 - 사용자가치 중심의 서비스

정보와 서비스를 국민들에게 제공하고 여론을 수렴하는 수단이 되고 있다.

웹사이트에 기반을 둔 전자정부는 내부적으로 행정업무 처리의 효율성을 제고하고 외부적으로 국민의 알 권리를 충족시켜 민주주의를 효과적으로 달성시킬 수 있는 중요한 수단이 된다(Hart-Teeter, 2000). 전자정부 구현의 핵심인 웹사이트는 각 정부단위(부·처·청)에서 지속적으로 관심과 노력을 기울여야 한다. 하지만 웹사이트에서 제공되는 정보가 고객중심의 관점이 아닌 정보제공자 위주로 운영되고 있다. 기존 정부기관 웹사이트에 대한 평가는 평가목적과 취지가 불분명하고 흥미 위주의 순위매기기 수준에서 벗어나지 못하였다. 또한 기존 웹사이트 평가연구는 국민이나 이용자 입장보다는 정보제공자 및 전문가 관점에서 평가되는 모순이 드러났다. 장차 전자정부의 창조성을 웹사이트에 구현하기 위해 요구되는 기준과 특성을 제시하면 〈표 10-1〉과 같이 독창성, 형식, 기능, 콘텐츠 등의 측면에서 구성요소를 나타낼 수 있다.[3]

3 이러한 요소는 기존의 창조성에 관한 귀인을 다룬 문헌을 바탕으로 하였다.

〈표 10-1〉 **전자정부 웹사이트 창조성의 기준과 요소**

구 분	특 성	주 요 내 용		
독창성	• 새로움	• 이전에 볼 수 없었던 새로운 것 • 최신성		
	• 독특성	• 기존의 서비스, 내용과 구분되면서 원천적이고 드믄 것		
형 식	• 디자인	• 사양 • 인터페이스 • 구성의 적절성		
	• 심미성	• 즐거움과 관련된 예술성과 아름다움의 소구성		
기 능	• 유용성	• 유의미성	• 만족감	
	• 활용가능성	• 사용의 편리성	• 명료성	• 심층성
	• 재 미	• 즐거움	• 신선함	• 편안함
	• 관 심	• 호기심	• 주의	
	• 목 적	• 필요성	• 적합성	
	• 적시성	• 시기적절성	• 이용자의 요구 반영 정도	
콘텐츠 (정책 및 공공서비스)	• 동기부여	• 관심수준	• 열정(열성)	
	• 전문성	• 지식과 경험의 산출물	• 정보의 충실성	
	• 신뢰성	• 소스의 신뢰성	• 정보보호에 대한 노력	
	• 창조적 스킬	• 상상력	• 숙련	• 국풍(전통문화)
	• 쌍방향성	• 공무원과 주민 간 커뮤니티 활성화 정도 • 주민 간 커뮤니티 활성화 정도		

또한 웹사이트 운영관리 측면에서 웹사이트에 대한 유용성과 사용자 만족도를 제고하기 위해서는 웹 시스템의 질적 개선이 무엇보다 요구된다. 웹시스템의 질적 개선을 이루기 위해서는 최고관리층의 관심과 예산·인력의 지원이 뒷받침되어야 한다. 무엇보다 인터넷 웹사이트와 인트라넷의 유기적 연동체계를 구축하여 사용자의 만족도를 높이고 운영관리자의 업무 부담을 줄여야 한다. 또한 웹사이트를 통한 양질의 정보·서비스를 제공하여 기존고객을 관리하는 것도 중요하지만, 해당 시민들에게 적극적인 홍보를 통해 새로운 고객확보를 위한 노력도 요구된다(김종무, 2003).

제3절

창조적 전자정부의 단계와 실천

1 전자정부의 단계와 차원

창조적 전자정부는 매일 새로워야 한다. 새로운 서비스나 기존의 문제를 개선한 성과물을 통해 시민에게 감동을 준다. 창조적 전자정부의 개념을 한마디로 정의하기는 어렵지만 전자정부가 추구하는 궁극적인 모습은 문제해결 중심적이면서 가치창출지향적인 정부다. 끊임없는 정부 재창조 작업을 통하여 국민에 대한 서비스, 책임성 등을 향상시키는 정부다.

전자정부는 일종의 유기체로서 시간과 환경변화 대응하여 진화하면서 단계와 차원을 달리한다. 이처럼 일신(日新)하는 전자정부를 위해서 지속적인 혁신노력이 필요하다. 국민이나 기업의 니즈와 기대를 반영한 전자정부로 변신해야 한다. 그동안 전자정부 구축은 정보접근성 제고, 정보공개, 국민의 참여 증대 등 정보화 확산 관점에 초점을 두었다. 이제는 국가의 수준도 향상되고, 국민의 정보 활용능력과 의식수준도 높아졌다. 따라서 전자정부 구축의 초점을 국민생활에 스며드는 전자정부의 일상화와 효율화를 넘어 새롭고 유용성이 가시적으로 드러나는 창조성에 두어야 한다. 국민생활패턴이나 기업의 비즈니스 패턴에 맞추고, 부처 간 장벽이 없는 전자정부를 지향해야 한다.

흔히 가치가 변하면 차원도 달라져야 한다. 전자정부의 문제해결능력과 가치창출은 단계에 따라 달리한다. 전자정부 발전단계 모형은 전자정부 발전수준의 측정뿐만 아니라 향후 추진방향과 목표 설정을 제시한다. 지금까지 가트너(Gartner), 유엔, 액센츄어(Accenture), 딜로이트(Deloitte) 등 다양한 기관에서 다양한 발전모형을 제시하였다. 이 가운데 〈표 10-2〉에서 보듯 UN이 제시했던 착수, 발전, 전자거래, 통합처리 단계

〈표 10-2〉 전자정부의 단계와 창조성 차원

단 계	착수 (Emerging)	발전 (Enhanced)	전자거래 (Transactional)	통합처리 (Connected)
서비스	온라인을 통한 일방향 서비스	발전된 일방향 및 단순 쌍방향 서비스	쌍방향 서비스	맞춤형 서비스
내 용	- 정책 · 법령 · 문서 등 정보 제공 - 타 부처, 산하기관 등과 연결	- 민원신청 양식, 다국어 서비스 제공 - 부분적으로 온라인으로 신청	- 전자인증 양식 제공 - 전자투표, 민원양식 다운로드 및 업로드 - 온라인 세금 납부 등 정부와 금융 거래 가능	- 시민과 적극적인 커뮤니케이션 수행 - 다부처 통합서비스, 생애주기별 맞춤형 서비스 제공
창조성 차원	문제해결지향, 미분화	문제해결, 분화	가치지향적, 분절적	가치 창출, 균질적
정부형태	관료제정부	온라인정부	네트워크정부	창조적 정부

를 참고로 살펴볼 수 있다. 착수단계는 기존에 제기된 문제해결을 지향하면서 창조적 역량이 미분화된 단계다. 즉 부문별, 활동별 창조적 특성이나 성과물의 기준과 요소가 드러나지 못한 상태다. 궁극적으로 통합처리단계가 정부의 모든 시스템의 연계와 통합을 통해 가치창출이 구현되는 단계이다. 이러한 단계를 구현하기 위해 행정혁신의 실천과 정보통신기술의 활용이 접목되어야 한다.

2 지능적 전자정부의 실천: 창조성의 발현

한국은 전자정부 선도국가로 평가됨에도 불구하고 행정 각 분야에서 과거의 실패가 반복되는 학습 불감증이 심각한 것으로 드러났다. 물론 제4차 산업혁명에 대한 국가적 대응도 미흡한 실정이다. 지식사회에서는 국민 개개인은 물론 국가사회 전체의 학습능력 향상이 중요한 요소로 인식된다. 즉 개인, 기업, 정부의 개별적 지식도 중요하지만, 국가 전체적 차원에서 지식창출, 유통, 축적하는 지식순환 메커니즘이 중시된다. 동시에 정책실패나 위기에 대응하여 신속하게 문제점을 해결하고 예측기능을 강화시키기 위해 창조성이 요구된다.

1) 지능적 전자정부의 창조성 발현 조건

지식사회의 시민과 기업은 행정서비스 과정에서 복잡성, 경직성, 접근 곤란성, 지체, 불친절, 비효율성 등 부정적 증상을 더는 용납하지 않을 것이다. 그래서 정부는 투명한 행정, 예측 가능하고 신뢰성 있는 행정, 책임소재가 분명한 행정의 구현과 양질의 서비스를 제공하기 위해 정보네트워크 기반에서 기존 행정체계를 재설계하고, 각종 정보를 디지털화하기 위해 노력하고 있다. 그러면 행정이 전자화되면 가능할 것인가? 물론 디지털로 가공된 정보는 분석과 예측에 즉시 활용할 수 있고, 신속한 유통이 가능하며, 분류와 검색 및 보관과 재활용이 용이하다. 하지만 이러한 노력은 필요조건일 뿐 충분하지 못하다.

이제 행정은 싫든 좋든 불연속성과 불확실성의 시대에 맞이했다. 이미 우수한 기업의 확고한 입지와 명성이 빠르게 사라졌듯 철밥통의 명성(?)을 지녀왔던 행정의 입지도 위협받을 수 있다. 이에 행정도 창조적 파괴라는 상황의 필요성을 인식하여 능동적으로 대응해야 한다. 이러한 능력이 없는 조직은 공·사를 막론하고 불가피하게 대체될 것이다. 따라서 행정이든 기업이든 운영상의 이점과 효율성을 유지하려 하거나 무작정 변화의 시류에 쉽게 휩쓸려서는 안 된다. 문제상황과 시류 변화를 주도하고 새롭게 만들 수 있도록 창조적 파괴와 혁신에 능숙해야 한다. 현재의 정책과 기능을 잘 관리하면서 창조적 파괴의 속도를 시민과 기업의 변화 속도에 맞추어야 한다. 그러기 위해서 과감한 변화보다 안정적 운영에 초점을 맞추려는 행정 특유의 연속성 개념에서 벗어나야 한다. 행정은 시민과 기업의 발전 속도와 균형을 유지하기 위해 끊임없이 창조와 파괴기술을 습득해야 하며 불연속성을 바탕으로 행정조직과 기능을 재구성해야 한다. 이를 위해 기존의 능률성 그리고 효율성에서 더욱 능동적이며 적극적인 이념으로서 창의성이 행정의 바람직한 가치이자 지도원리로 작용해야 한다. 전자정부의 외형에 걸맞은 질실(質實)한 행정으로서 창조성이 발현되는 지능적 전자정부를 실천하기 위한 조건을 제도와 문화적 측면, 인적자원, 지식관리기술과 지식조직의 측면에서 설정할 수 있다. 〈그림 10-6〉과 같이 정리할 수 있다(한세억, 2000).

〈그림 10-6〉 **지능적 전자정부의 창조성 발현조건**

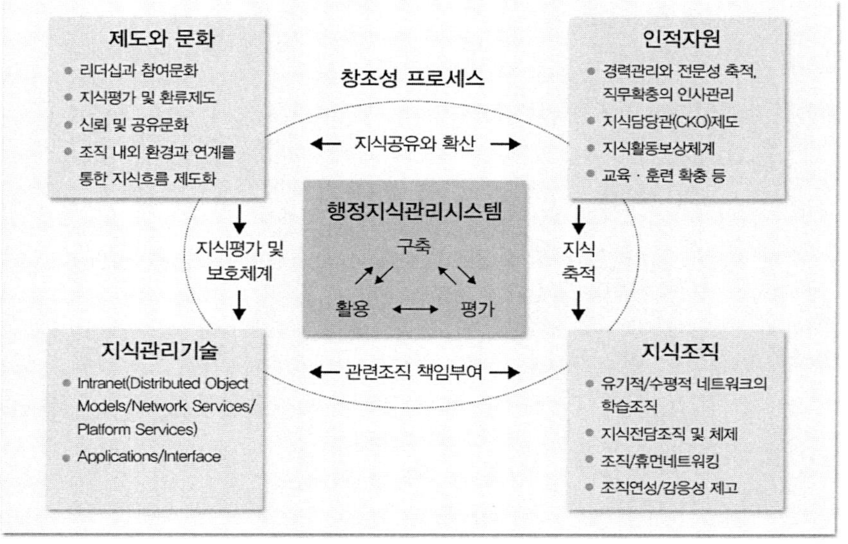

2) 창조성 구현을 위한 실천과 방안

행정은 기업과 마찬가지로 하나의 유기체이다. 여기서 기업의 경우 경영활동은 생명체처럼 '창조'와 '운영' 및 '선택'을 통해 지속적인 생존과 혁신을 이루어내고 있다. 다른 한편으로는 유연하고 다양한 사고를 통해 문화적 폐쇄성을 극복한 후에 비로소 시장의 속도와 규모에 맞추어 필연적 변화를 유지하고 있다. 하지만 행정은 그동안 혁신의 방법을 배우지 못한 채 기업을 모방하는 데만 급급하였으며 스스로의 혁신노력도 장기적인 성공을 거두지 못했다. 특히 행정은 '문화적 폐쇄성'이라는 함정에 빠져 도약을 위한 새로운 창조를 시도조차 못하고 있는 듯하다. 행정이 닮으려는 대상으로서 기업의 경우 창조성에 대한 관심이 일시적으로 존재하다 사라지거나 감소되는 성격의 것이 아니었다. 오히려 그 반대로 증대하였다. 이를테면 창조성 연구 초기의 산업사회의 기업에서 창조성의 가치는 제품(産業財, industrial goods)에 국한되었지만 작금의 정보사회의 기업에서 가치는 제품뿐만 아니라 지식과 정보 자체에까지(情報財, information goods) 확대되었다. 산업재의 경우 기계와 설비 같은 하드웨어가 관건이었지만 정보재화에서는 사람의 생각과 사고와 같은 소프트웨어가 관건이 된다(강충렬,

〈그림 10-7〉 창조성 구현을 위한 실천방안

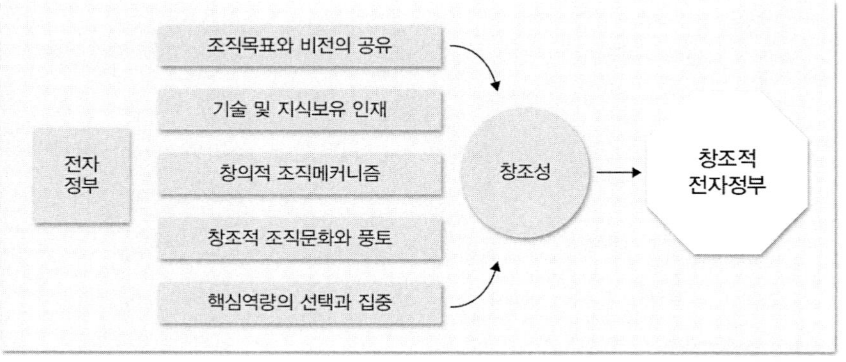

2001).

행정은 어떠한가? 행정과 공무원은 성과보다는 투입중심으로 목표달성에 열심을 냈다. 이제 공무원들은 더욱 열심히 일하도록 하는데서 탈피하여, 과거와는 다르게 일하는 방법을 배워야 한다. 산업사회에서 행정이 국가발전에 기여하였지만 산업사회에 소용되었던 원칙과 기술과 방법론 가운데 많은 부분은 더는 의미를 갖지 못하고 있다. 시대와 문제상황에 부합하지 못한 규정과 절차를 고집하고, 이를 시민과 기업에 무조건 강요하기보다는 그 일이 시민과 기업의 삶과 발전에 어떤 의미가 있는지 고민해야 한다. '말로만 하는 전자정부'를 탈피하여 실천하는 새로운 차원에서의 전자정부가 되어야 한다. 이를 위해 창의성을 바탕으로 조직과 업무를 혁신하려는 분위기를 조성해야 한다. 〈그림 10-7〉에서 보듯이 현재의 전자정부에 창조성을 불어넣어 전자정부의 지능과 활력을 제고하는 노력이 이루어져야 한다.

(1) 명확한 비전 설정과 조직구성원의 공유

행정조직관리자(단위부서의 장)는 명확한 비전을 설정하고 조직목표와 전략을 조직구성원과 공유함으로써 구성원들이 자신의 역할과 책임을 분명히 인식할 수 있게 해야 한다. 명확한 비전 설정과 공유는 조직성원들에게 의욕제고와 동기부여의 촉매제로 작용할 수 있다. 또한 개인의 독창적 지식을 자유롭게 공유하며, 이를 구성원 서로 간에 융합시켜 새로운 다른 차원의 지식으로 승화시켜 일련의 문제해결 및 가치창출

과정에서 적용되도록 한다. 창의적 조직은 공유가치, 조직목표, 수행목표를 사용하여 자율행정과 관리를 지원하고 향상시키는 조직이다. 여기서 자율행정과 관리란, 모든 형태의 권한 위임을 의미하며 이는 자율행정의 핵심이 된다. 이것을 통해 불확실하고 급속한 환경변화에 신속하게 반응할 수 있는 접근방법을 취할 수 있다. 뿐만 아니라 자율행정은 유연한 행정프레임의 근간이 된다. 왜냐하면 조직의 프레임은 자신감 있고 권한을 부여받은 조직성원 간 상호작용에 의해 쉽게 변화될 수 있기 때문이다. 또한 창의적 조직은 모든 성원이 숨김없이 있는 그대로 말하며, 그 상황을 알기 위해 필요한 의사소통이 이루어진다. 여기서 물론 조직관리자는 조직의 전반적 상황에 대해 누구에게나 투명하고 정직해야 하며, 조직구성원도 일상적 운영에서 실제로 일어나는 일에 대해 투명하고 정직해야 한다. 그래서 조직이 고정적 프레임에 갇히지 않게 그리고 프레임 체증에 걸리지 않도록 예방해야 한다.

(2) 조직성원의 전문화

행정영역이 갈수록 다양해지고 복잡해지면서 전문화되고 있다. 또한 정보통신, 통상, 금융, 디자인, 법률, 환경, 복지 등 각 행정영역에서 전문성은 시민이나 기업의 경쟁력은 물론 국가경쟁력과 직결되므로 각 분야에서 체계적이고 집중적인 전문인력 양성시스템의 구축이 요구된다. 뿐만 아니라 국가기관, 지자체별로 다양한 국내외 전문기관 연수나 창의적 기업조직의 근무경험을 제공하여 전문성과 폭넓은 시야를 얻을 수 있어야 한다. 창의적 조직을 만들기 위해 전문인재의 확보와 함께 전문인재가 역량을 발휘할 수 있도록 업무흐름과 제도운영이 요구된다. 행정에 유능한 인재가 모였지만 시간이 흐를수록 창조성과 전문성이 취약한 양상을 보여주었다. 먼저, 유능한 인력이 끊임없이 자기개발과 도전의식을 갖도록 분야별 전문행정가로 양성하기 위해 의욕과 동기부여를 고취하는 인센티브 장치가 필요하다. 이를테면 연공서열식이 아니라 성과와 업적에 근거한 더욱 명확한 인센티브 제도가 실시되어 우수한 인재의 재능이 극대화되도록 해야 한다. 여기에 공정한 평가시스템 구축도 병행되어야 한다. 이런 관점에서 행정조직의 관리자(3급 이상)는 제너럴리스트가 아니라 전문가로 육성되어야 한다. 그리고 창조성이 미흡한 근본 원인은 관료 개개인이 아닌 시스템에 있듯이 고위공무원단 운영이나 전문성 향상을 위한 최소 보직기간 설정, 장기적으로 고시

제도 개선 및 인턴제 도입, 민간전문가 경쟁채용 확대 등이 내실 있게 활용되어야 한다.[4]

(3) 조직의 창조화

지식사회에서 창조력은 조직 및 국가경쟁력의 원천이다. 조직이 창조적이어야만 거기서 창조력이 발생할 수 있다. 창조력은 창조적 조직에서 비롯되는 것으로 조직 자체가 갖고 있는 능력과 역량을 재발견하고 이를 바탕으로 창조력이 배양되도록 해야 한다. 먼저 조직성원 개인이 개발한 성과를 조직이 인정하고, 성과를 낳은 본인에게 이익이 정직하게 귀속될 수 있는 메커니즘이 암묵적으로 조직 내에 제도화되어야 한다. 또한 창조적 조직은 조직구성원에게 이타주의가 깃들여야 한다. 마치 자기중심의 이기적 소유욕에 의해 사고, 행동하는 구성원으로는 창조적 조직의 구성원으로 적합하지 않으며 창조력이 나타날 수도 없다. 구성원 상호간 아이디어, 경험, 지식 등의 의사소통을 허용할 뿐만 아니라 적극 권장한다. 공유된 비전의 바탕에서 신뢰감이 높고 정직성이 기대되는 조직이라면 자유로운 커뮤니케이션이 가능할 것이다. 이런 방식에서 새로운 아이디어, 지식과 경험이 조직 내에서 신속하게 전파되고 이러한 아이디어와 지식으로 인해 조직의 창조성 프레임은 확장될 수 있을 것이다. 정보흐름이 자유로워짐에 따른 정보과다 등의 역기능도 발생할 수 있지만 창조적 조직의 구성원은 유용한 정보와 가치 없는 정보를 가려낼 수 있는 정보분별능력과 지식관리시스템 등의 여과장치가 작용할 것이다. 이 외에도 지식 네트워크화를 위해 행정조직의 종형구조가 횡형구조로 전환될 필요가 있다. 이를테면 정책지식 허브(HUB)실을 만들어 정보수집, 지식DB 구축 및 부가가치화의 중핵으로서 위치를 부여할 수 있다.

(4) 창조적 행정조직 문화

창조적 조직은 신뢰성을 토대로 구축된다. 마치 아이디어가 창조적 조직의 연료라고 한다면 신뢰는 조직구성원과 팀 그리고 기타 부서들이 상호 원활한 작용을 돕는 윤활유와 같다. 물론 신뢰 없이도 행정이 작동하지만 신뢰는 조직성원으로 하여금 안정감을 바탕으로 상황에 적응하는 새로운 방법을 실험할 수 있는 환경을 제공한다.

4 신동아, 2003년5월1일(통권 524호), 150-158.

뿐만 아니라 신뢰가 형성되지 않는 상황에서 조직에 충성하려 하지 않기에 인재관리가 어려워질 수 있기 때문이다. 창조성은 제도나 법에 의해 인위적으로 고양될 수 있는 것이 아니며 오랜 기간의 인내력이 요구된다. 또한 창조적 조직에는 이질의 사람이 공존하며 이단자도 허용하는 풍토를 인정하고 상식을 넘어 다른 각도에서 사물을 보는 사람이 용납되어야 한다. 아울러 자유로운 시도와 가진 것을 공유할 수 있는 문화적 여건이 시스템화될 필요가 있다. 새로운 아이디어는 새로운 가치를 창조하는 시발점이 되며 이는 신선하고 창조적인 조직문화에서만 움튼다. 그래서 창조적이고 진취적인 조직문화 구축이 요구된다. 특히 행정조직과 같은 관료적 조직에서는 최고관리자의의 진솔하고 적극적인 참여 유도와 솔선수범이 전제되어야 한다. 지위고하를 막론하여 상호간의 비평이 가능한 개방적 조직문화와 함께 조직성원의 아이디어가 의사결정에 중요한 역할을 하는 느낌을 갖도록 하면서 가족적 분위기를 조성하는 것이 창조적 조직을 실천하는 데 필요하다.

(5) 핵심역량의 선택과 정책역량의 집중

행정조직은 핵심역량을 중심으로 시너지효과를 창출할 수 있어야 한다. 무차별적 다각화나 영역 확장이 아니라 관련부문, 그것도 경쟁력 있는 핵심역량을 중심으로 다각화를 추진해야 한다. 그래야만 해당 분야 간 시너지 효과를 극대화하고 전략적 사업 확장이 가능하다. 창조적 조직은 항상 멀리 내다보며 예견되는 변화에 대비한다. 그래서 미래를 창조하는 데 능숙하다. 이른바 학습하는 조직으로서 미래를 창조하기 위한 능력을 지속적으로 확장해 나아가야 한다. 이는 행정조직이 그것을 둘러싸고 있는 환경의 변화를 따라가기 위해 의식적으로 현재의 프레임을 점검하고 조정하며, 때로는 심지어 전혀 다른 프레임으로 이동할 수 있다는 유연성을 포함한다. 창조적 파괴에 능숙한 기업조직의 경우 통제보다는 창의성 제고에 초점을 두고 신규 사업을 발굴, 육성해 왔다. 이와 마찬가지로 행정조직도 부처별 핵심역량을 선택하여 정책역량이 집중되도록 해야 한다. 아울러 조직성원의 전문지식과 경험이 핵심역량 강화로 이어지도록 장치의 마련이 요구된다. 가령 어드벤처정책 및 프로그램과 같은 정책경연을 통해 신규 사업을 발굴하는 것이 필요하다.

3 창조성 기반 전자정부의 한계: 관료주의

정부 외양은 정보기술의 성취에 힘입어 전자정부로 탈바꿈 중이다. 하지만 전자정부는 기술만으로 불충분하다. 행정 본질이 바뀌어야 한다. 아직까지 일하는 방식이나 공무원 의식은 관료적 모습을 벗어나지 못하고 있다. 전례답습, 관행, 규칙, 상식, 무사안일 등으로 관료주의가 팽배하여 전자정부의 창조성은 기업에 미치지 못한 상태다. 문제 상황의 절박성에 아랑곳하지 않고 자신들의 세계 속에서 편의대로 펼치거나 심지어 현실을 무시한 채 결과에 대한 예상이나 고심도 하지 않은 채 소신과 이론만으로 밀어붙이기 일쑤다. 게다가 행정수요자의 창의적 니즈가 탁상의 정책관료에 의해 무시되기도 한다. 창조성이 결여된 탁상행정은 실효성이 없으며 국민과 기업에 부담이나 스트레스로 작용한다.

탁상행정은 현장과 동떨어지거나 현실을 무시한 행정으로 공무원이 머리와 서류만으로 정책을 만드는 과정에서 발생한다. 행정과 현장 사이에 괴리를 극복하려면, 첫째 행정과 수요자 간 시간차를 줄여야 한다. 정책의제 성립 이전에 문제인지와 문제해결의 필요성에 대한 사회적 합의가 선행되어야 한다. 이 과정에서 정책소요시간을 최소화하며 이해관계자를 사전에 설득, 조정해야 한다. 둘째, 인지범위의 차이를 줄여야 한다. 현장인은 자신이 직면한 문제가 전부라고 생각한다. 관료는 문제와 관련된 다른 이해관계인의 존재, 선례와 미래에 대한 영향 등을 현장의 상황과 필요에 맞게 고려해야 한다. 셋째, 행정문화의 관점에서 정부가 지나치게 실적을 중시할 때 탁상행정이 나올 위험성이 크다. 공무원이 성과를 위해 조급해하거나 흥분하면서 조성된 '높은 열정의 행정문화'에서 한건주의나 지나친 의욕에 빠질 수 있음을 경계해야 한다. 이 외에도 공무원의 무사안일주의, 고위정책결정권자의 전시적 욕구, 경직된 정부제도 등은 전자정부의 창조성 진작을 위해 사라져야 할 행정 구습이다.

전자정부 구축 노력이 시작된 지 30여 년이 흘렀다. 세계 1위 전자정부이지만 국민생활이나 기업 활동에 새롭거나 유용하지 못하다. 개인, 기업, 사회는 스마트사회를 지향하지만 정부는 여전히 국민과 기업에 스트레스로 작용하는 것은 아닌지 성찰해야 한다. 여전히 중간 수준의 정부경쟁력, 낮은 투명성과 청렴성이 정부 불신의 주요인이다. 그럼에도 불구하고 창조적 전자정부의 가능인자로서 정보기술의 가능성은 크다.

전자정부 인프라가 국민생활과 기업비즈니스의 플랫폼이 되어야 한다는 기대가 높다. 하지만 관료(의식·행태·스킬), 행정조직, 절차적 혁신은 부족하다. 매일 새로워지는 전자정부 인프라와 기술혁신에 걸맞게 행정조직, 의식, 절차, 제도적 혁신의 실천이 정부경쟁력, 투명성 향상, 신뢰성 제고로 가시화되어야 전자정부의 매력이 체감될 수 있다. 전자정부에서 발굴, 제공되는 새롭고 유용한 서비스로 국민 불만과 기업 고충을 해결하고 유의미한 가치를 창출해야 창조적 전자정부다. 전자정부서비스의 유용성과 독창성이 모든 국민에게 체감되어야 전자정부 이용률도 한층 높아질 수 있다. 전자정부가 국민의 시간, 노력, 비용 부담을 줄여주고 미래의 불확실성이나 불안정성, 위험성에서 자유롭게 할 때 비로소 전자정부가 창조적 공공재로서 존재의의와 가치를 지닐 것이다.

에필로그

정부가 사라졌다. 침몰한 선박, 무너지는 민생, 숨막히는 미세먼지 등으로 국민이 고통받는 상황에서 의당 존재해야 할 정부가 보이지 않는다. 정부는 어디에 있을까? 베이컨(Francis Bacon)의 말처럼 우리는 사회현상에 대해 확신을 갖고 접근할 때 의문 속에서 결론에 도달한 경우를 가끔 보았다. 거꾸로 의문 속에서 출발하였지만 확신을 갖고 결론 내린 경우를 아주 가끔 경험했다. 이 책*에서도 제4차 산업혁명시대의 도래를 확신하고 접근하기보다는 미래사회가 새롭게 전개될 것이라는 개연성을 가지고 보려 했다. 다만 보다 나은 미래를 위하여 환골탈태와 분골쇄신의 노력을 한다면 바람직한 지능적 전자정부 구현이라는 결론에 도달할 수 있으리라.

지능적 전자정부, 장밋빛 이야기가 아니다. 앞서 살펴보았듯이 에스토니아에서는 현재진행형이다. 뿐만 아니라, 소개되지 않았지만, 북유럽의 강소국 핀란드에서도 생활 속에 체감되고 있다. 실례로 헬싱키 시민은 집을 살 때 구청에 가지 않는다. 은행에 가서 집을 파는 사람과 계약서에 서명만 하면 은행직원이 원스톱으로 모든 절차를 대행해 준다. 집을 사고팔려고 관청을 들락거릴 필요가 없다. 이 역시 핀란드의 전자정부 추진 노력이 거둔 성과다. 다른 유럽 국가들에 비해 전자정부에서 앞서 있는 핀란드는 모든 국민에게 개인의 각종 신상정보를 담은 스마트카드를 발급, 가정에서 이 카드로 세금납부는 물론 전출입 신고와 은행업무도 볼 수 있게 했다. 또한 전국 1백 50곳에 설치된 복합서비스센터에서 각종 정부 민원을 원스톱으로 상담, 처리해 주고 있다. 이 같은 원스톱 민원처리가 가능해진 것은 정부 각 부처는 물론 병원, 보험사 등 민간기관의 정보까지 한 곳으로 모아 공동으로 활용하는 시스템을 구축했다. 이들 통합정보는 내무부 산하 특별기관에서 개인사생활이 침해되지 않도록 철저히 관리하고 있다. 1980년대 중반부터 중앙행정 업무의 민영화 등 강력한 공공개혁을 추진해 왔다. 2000년대 초부터 모든 정부 서비스를 인터넷으로 할 수 있도록 개선하였다. 이

* 이 저서는 동아대학교 저서 과제로 선정되어 출판총서 제156호로 출간되었음.

렇듯 장차 바람직한 정부 모습은 보이지 않지만 실재하는 정부가 아닐까.

제4차 산업혁명으로 구체화하는 사회는 모든 것이 모든 것에 연결되어 마치 거미줄처럼 엮인 초연결사회(hyper-connected society)다. 이메일과 휴대전화, 전자상거래와 사물인터넷 등으로 촘촘하게 엮여가고 있다. 경제도 단순한 제품생산을 넘어 연결과 관계에서 가치를 창출하는 연결경제(connection economy) 시스템으로 바뀌고 있다. 그런데 연결고리가 끊어지면 상상을 초월하는 엄청난 피해가 따른다. 아직까지 인터넷은 전력에 의해 유지되기에 전력설비 고장으로 대규모 정전사태가 벌어지면 행정은 물론 통신·금융·유통·상하수도가 일시에 마비된다. 2003년 미국 오하이오 주 정전으로 중서부부터 북동부까지 5,000만 명이 공포에 떤 사례가 대표적이다. 의료장비와 첨단시설, 관제탑, 국가치안네트워크까지 멈춘다면 디지털 암흑세상이 된다.

남의 나라 이야기가 아니다. 전자정부 강국 한국에선 어떠한가? 모든 사고는 예고 없이 터졌다. 지난 2018년11월24일 서울 서대문구 KT 지사 지하통신구 화재로 국가기간통신망이 끊겼다. 유무선 전화와 인터넷은 물론 카드결제 단말기, 경찰통신망까지 마비되는 초유의 사태가 벌어졌다. 전력 단절로 자칫 전자정부가 암흑 속으로 사라질 수 있다는 위험성을 드러냈다. 이는 전자정부가 전기에너지로부터 자유로워야 함을 역설한다. 전자정부를 둘러싼 불확실성, 불안정성, 불연속성에 대응해야 한다. 이미 세상은 아톰(물질)이 지배하던 시대에서 비트(정보의 최소단위)의 세계로 변화하고 있다. 이러한 변화의 가속화에 의해 미래엔 시멘트 건물, 벽돌, 서류뭉치 등과 같은 물리적 존재와 형상은 큰 의미가 없어질 것이다. 특히 제4차 산업혁명에 의한 변화흐름에 정부 스스로가 적극적이며 창조적으로 대응해야 한다. 그래서 정부가 거대하고 무능한 공룡처럼 도태되는 것이 아니라 작지만 유능한 존재, 눈에 보이지 않지만 실재하는 믿음직한 정부로 거듭나길 소망한다. 그러기 위해서는 정부에 온존해 온 비리, 부패, 비효율, 무책임, 무사안일 등 관료주의 병폐도 사라져야만 할 것이다.

덧붙여, 이승에서 저승으로 옮겨 가신 부모님, 가끔씩 괴롭고 외로울 때 내 뺨에 바람처럼 스치며 깨우고 흔들어 주신다. 영으로 살아계신 그분들과 존경하는 장모님, 그리고 동고동락해 온 가족에게 감사드린다.

참고문헌

제1장

김광웅(1995), 정보화정부론, 서울대행정대학원 정보통신정책과정교재.

김경섭(1997), 주요 각국의 전자정부정책과 현상, 정보산업, 한국정보산업연합회.

김경섭(1996), 효율적인 정보자원관리를 위한 행정DB공동활용, 국가기간전산망저널, 제3권 제2호, 한국전산원.

김동욱(1996), 전자정부와 행정정보화, 행정논총, 제34권 제2호, 서울대행정대학원.

문신용(1997), 전자정부 구현을 위한 행정정보서비스 발전방안, 한국행정연구원.

박은아(1997), 미국의 전자정부추진정책과 동향, 정보통신정책, 제9권 제8호 통권185호, 통신개발연구원.

송희준(1995), 정보통신기술을 이용한 행정조직개혁전략, 국가기간전산망저널, 제2권 제4호, 한국전산원, 1995.12.

오연천(1997), 정부개혁의 기조변화와 고객지향적 전자정부론, 행정논총, 제35권 제1호, 서울대행정대학원.

앨빈 토플러 저, 이규행 역(1989), 권력이동, 한국경제신문사.

정정길(1989), 정책학원론, 대명출판사.

최종원(1996), 행정정보 공동활용-정책집행 사례분석, 행정논총, 제34권 제2호, 서울대행정대학원.

최종원(1995), 중앙정부의 행정정보화추진체제 정비에 관한 연구, 통신개발연구원.

피터 드러커 저, 고병국 역(1993), 자본주의 이후의 사회, 한국경제신문사.

한세억(1996), 정보정책의 효율적 추진방안에 관한 연구, 한국정보문화센터.

한세억(1996), 정보시대에 부합하는 정부의 역할, 행정과전산, Vol. 18 No. 3, 총무처.

국가경쟁력강화기획단(1995), 대국민 정보제공 및 대화창구 활성화계획.

정보화추진위원회(1997), 정보화촉진시행계획(1997-2000).

초고속정보통신망구축기획단(1995), 초고속정보통신기반구축종합추진계획해설서.
총무처(1994), 제2차 행정전산망 기본계획(수정).
총무처(1997), 행정정보화촉진시행계획(1996-2000).
총무처(1995), 개인정보보호제도, 1995.10.
총무처(1997), 정보공개제도 운영요령.
통신정책연구소(1985), 고도 정보화사회 사전.
통신개발연구원(1995), 초고속 정보통신 국가전략.
한국전산원(1996), 1995년도 국가기간전산망사업 추진실적 평가.
한국전산원(1996), 1996국가정보화백서.
한국전산원(1996), 1997국가정보화백서.
한국전산원(1994), 국가정보기반과 행정서비스.
한국전산원(1996), 일본정부의 행정정보화추진계획.
한국정보문화센터·한국전산원·한국정보통신진흥협회(1994), 정보화우수사례집.
Davis, Gorden B.(1974), Management Information System: Conceptual Foundation, Structure and Development, New York: McGraw-hill Co.
Garvin, D.(1993), Building a Learning Organization, Harvard Business Review.
Hirschman, O.(1970), Exit, Voice and Loyalty: Response to Decline in Firms, Organizations and state, Oxford University Process, Oxford.
Hirsch, Walter(1976), Knowledge, Power and Social Change, G. Zollschan and W. Hirsch(eds), Social Change, London: John Wiley & Sons.
Marquardt, M & Reynolds, A.(1994), The Global Learning Organization, Chicago Richard Irwin.
Mechling, J.(1993), Barriers to Customer Service in Government, Harvard University Seminar Report.
Naisbitt, J.(1984), Megatrends, New York: Warner Books, Inc.
Nolan, R.L.(1979), Managing the Crisis in the Data Processing, Harvard Business Review, March-April.
Noria & Eccles ed.(1994), Networks and Organizations: Structure, Form & Action.

Scharf, F. W.(1978), Interorganizational Policy Studies, Beverly Hills, California: Sage Publications.

Snellen, T.M.(1990), Information Strategy for Public Policy, Information Strategies in public policy, NY: Elsvier Science Publisher.

Tapscott, Don.(1995), The Digital Economy, McGraw-Hill.

國務廳行政管理廳, 行政情報化推進計劃の改正について, 平成9年7月.

http://www.open.gov.uk/govoline/golintro.htm

http://wwwnpr.gov/libr...ers/bkgrd/kamensky.html

GAO, http://www.gao.gov/

http://www.wings.usps.gov

http://policworks.gov/org/main/mg/gy2010.htm

제2장

강금만(1999), 지적 자본의 평가, 전략에서 출발해야 한다, 주간경제, 제502호, LG경제연구원.

기획예산위원회(1998), 1998 공공부문 정보자원 현황분석.

기획예산처(1999), 공기업민영화 및 경영혁신추진실적.

김경섭·한세억(1998), 전자정부의 논의와 실천적 함의, 한국행정연구, 제6권 제4호, 한국행정연구원.

김동욱(1996), 전자정부와 행정정보화, 행정논총, 제34권 제2호, 서울대행정대학원.

김신복(1996), 인력관리의 효율성 제고방안, 한국행정연구, 제5권 제2호, 한국행정연구원.

김정길(1998), 공무원은 상전이 아니다, 베스트셀러.

류상영 외(2000), 지식정부를 위한 인식전환, 디지털 심포지움, 삼성경제연구소.

방석현(1998), 전자정부유형론과 한국 전자정부 구상에 대한 평가, 행정논총, 제36권 제2호. 서울대행정대학원.

문신용(1997), 전자정부 구현을 위한 행정정보서비스 발전방안, 한국행정연구원,

민 진(2000), 행정학개설, 고시연구사.

박연호(2000), 행정학개론, 박영사.

변양호(1998), 실력없는 나라의 불가피한 고통, 월간조선, 1998년1월호 별책부록.

신동춘(1994), 한국에서의 전문관료제에 관한 연구, 건국대학교 대학원 박사학위논문.

정충식(1997), 전자정부론, 녹두.

진 념(2000), 디지털정부, 아날로그정부, 고려대정책대학원 강의자료.

안해균(1989), 현대행정학, 다산출판사.

오세덕 · 여윤환(2000), 현대행정관리론, 동림사.

윤순봉(1999), 통합적 관점으로 보는 지식경영, 지식경영과 한국의 미래, 삼성경제연구소.

정정길(2000), 행정학의 새로운 이해, 대명출판사.

최동석(1998), 똑똑한 자들의 멍청한 짓, 비봉출판사.

황주성 · 권헌영 · 전수아 · 최선희(1997), 전자정부구현을 위한 관계법령 정비, 정보통신정책연구원 97-08.

행정자치부(1998), 전자정부의 비전과 전략21세기 전자정부로 가는 길.

행정자치부(1999), 행정기관의 문서업무 재설계(BPR) 제안요청서.

행정자치부(2000), 정부지식관리시스템구축 기본계획.

한국전산원(1996), 전자정부의 개념정립 및 구현방안에 관한 연구.

한국전산원(1999), 공공기관 지식관리의 전략과 성공요인에 대한 연구.

Argyris, C.(1982), Reasoning, Learning and Action: Individual and Organizational, Jossey-Bass, San Francisco.

Argyris, C. and Schon, D.(1978), Organisational Learning: A Theory of Action Perspective, Addison-Wesley, Reading. MA.

Barabba, V. and Zaltman G.(1990), Hearing the Voice of the Market, Harvard Business School Press.

Barclay, R. O.(1999), Leading the knowledge enterprise-CIOs, CLOs, CKOs and beyond.

Barzely, M.(1993), Breaking Through Bureaucracy: A New Vision for Managing in Government, Berkeley: University of California Press.

Bensaou, M. and Earl, M.(1998), The right mind-set for managing information technology, Harvard Business Review. September-October.

Burke, K.(1935), Permanence and Change, New Republic.

Choo Chun Ewi(1998), The Knowing Organization, Oxford University Press.

Cleveland, H.(1985), The Knowledge Executive, New York: Dutton.

Coleman, J.(1986), Social Theory, Social Research and a Theory of Action, American Journal of Society, 91.

Comstock, D.E. and Scott, W. R.(1977), Technology and the Structure of Subunits: Distinguishing Individual and Work Group Effects, Administrative Science Quarterly, 22(2).

Delmas, B.(1975), Archives, Planning National Infrastructures for Documentation, Libraries and Archives; New York.

Davenport, T. and L. Prusak(1997), Information Ecology: Mastering the Information and Knowledge Environment.

Davenport, T. H.(1998), Working Knowledge. Boston, MA: Harvard Business Review.

Dimock, M. E.(1937), Modern Politics and Administration, New York: American Book Company.

Drucker, P.(1993), Post-Capitalist Society, New York: Harper Business.

Dunn, W. N., Holzner, B. and Zaltman, G.(1985), Knowledge Utilization, in International Encyclopedia of Evaluation, London: Pergman Press.

Fayol, H.(1930), General and Industrial Management, London: Pitman.

Frederickson, H. G.(1980), New Public Administration, Alabama: The University of Alabama Press.

Gates, B. L.(1975), Knowledge Management in the Technological Society: Government by Indicators, Public Administration Review.

Glazer, R.(1991), Marketing in an Information-Intensive Environment: Strategic Implications of Knowledge as an Asset, Journal of Marketing, 55.

Hodgetts, R. H., Luthans F., Lee, Sang M.(1994), New Paradigm Organization: From total Quality to Learning to world-class, Organizational Dynamics, 22(3).

Hodgkinson, C.(1978), Towards a philosophy of Administration, ST: Martin's Press.

Korac-Boisvert, N. and Kouzmin, A.(1995), Transcending Soft-core IT Disasters in Public Organizations, Information Infrastructure and Policy, 4(2).

Landau, M. and Stout, Russell(1979), To Management is not to Control: Or the Folly Type Ⅱ Errors, Public Administration Review.

Landau, M.(1969), Redundancy, Rationality and the Problem of Duplication and Overlap, Public Administration Review.

Lasswell, H. D.(1971), A Preview of Policy Sciences, New York: American Elsevier.

Lasswell, H. D.(1975), Research in Policy Analysis; The Intelligence and Appraisal Function, in Handbook of Political Science, Vol. 6, ed. Fred I. Greenstein and Nelson W. Posby, California: Addison-Wesley.

Leavitt, H. J.(1964), Applied Organization Change in Industry: Structural Technological and Humanistic Approaches, in J. G. March, ed., Handbook of Organizations, Chicago: RandMcNally.

Lloyd, B.(1996), Knowledge Management: the Key to Long-term Organizational Sucess, Long Range Planning, Vol 29. No.4, Pergamon Press.

Maor, M.(1999), The Paradox of Managerialism, Public Administration Review, Jan.

Nonaka, I. and H. Takeuchi(1995), The Knowledge-Creating Company, Oxford University Press, New York.

North, D. C.(1990), Institutions, Institutional Change and Economic Performance, Cambridge University Press

OECD(1997), Industrial Competitiveness in the Knowledge-based Economy, OECD Proceedings.

Office of Personal Management(1998), Guide to Senior Executive Service Qualifications.

Overman, E. S.(1984), Public Management: What's New and Different?, Public Administration Review, May-June.

Peters, Guy B.(1996), The future of Governing: Four Emerging Models, Lawrence,

University Press of Kansas.

Perrow, C. B.(1991), Small Firm Networks. Keynote speech. IAREP/SASE Conference, Interdisciplinary Approaches to the Study of Economics Problems, Stockholm School of Economics, 18 June.

Peter, L. J. and R. Hull(1969), The Peter Principle, Bantham Books.

Reich, R.(1991), The Work of Nations, Alfres a. Knopf Inc.

Savage, C. M.(1992), Fifth Generation Management, 고병국 역, 한국경제신문사.

Stevens, H. C.(1978), The Network Notebook, Washington, DC: National Science Foundation.

Thurow, L. C.(1999), Building Wealth, 한기찬 역, 지식의 지배, 생각의나무.

White, L. D.(1955), Introduction to the Study of Public Administration, NY: Macmillan.

World Bank(1998), Knowledge for Development, New York: Oxford University Press.

제3장

기획예산처(1999), 정부가 달라지고 있습니다.

기획예산위원회(1998), 1998 공공부문 정보자원 현황분석.

김영수·김성수·노재범(1999), 한국기업의 지식경영모델, 지식경영과 한국의 미래, 삼성경제연구소.

이장균(1999), 국내 기업의 지식경영도입 현황 및 평가, 지식경제리포트 제21호, 현대경제연구원.

21세기 지식경영연구소(2000), 지식경영정착을 위한 비전 및 방안.

행정자치부(1999), 2000년도 행정정보화촉진시행계획.

행정자치부(2000), 정부지식관리시스템구축기본계획.

문신용(1997), 전자정부 구현을 위한 행정정보서비스 발전방안, 한국행정연구원,

한세억(1999), 지식행정에 대한 탐색적 연구, 한국행정학보, 제33권 제3호, 한국행정학회.

한세억(2000), 지식사회의 행정조직관리패러다임, 한국행정연구, 제9권 제3호, 한국행정연구원.

한국전산원(1999), 정보화통계집.

한국전산원(2001), 국가정보화백서.

Alavi, M.(1997), Knowledge Management and Knowledge Management System, [WWW Document]. URL http://www.rhsmith.umd.edu/is/malavi

APQC(1997), Knowledge Management in Practice, August/September.

Barabba, V. and Zaltman G.(1990), Hearing the Voice of the Market, Harvard Business School Press.

Bensaou, M. and Earl, M.(1998), The right mind-set for managing information technology, Harvard Business Review, September-October.

Braman, S.(1989), Defining Information: An approach for policymakers, Telecommunication Policy, September.

Bretschneider, S.(1990), Management Information System in Public and Private Organizations: An Empirical Test, Public Administration Review, 31(2).

Caiden, G.(1978), Administrative Reform: A Prospectus, International Review of Administrative Sciences, No.1-2.

Cleveland, H.(1985), The Knowledge Executive, New York: Dutton.

Collingridge, D. and Reeve, C.(1986), Science Speaks to Power: The Role of Experts in Policy Making, London: France Pinter.

Collins, H. M.(1997), Humans, Machines, and the Structure of Knowledge, in Ruggles Ⅲ, R.L. (ed.), Knowledge Management Tools. Newton, MA: Butterworth-Heinemann.

David, G. B. and Olson, M. H.(1985), Management Information System, N.Y.: McGraw-Hill Co.

Drucker, P.(1969), The Age of Discontinuity, Harperand Row.

Dunn, W. N., Holzner, B. and Zaltman, G.(1985), Knowledge Utilization. in International Encyclopedia of Evaluation, London: Pergman Press.

Galbraith, K.(1967), The New Industrial State, Boston: Houghton Mifflin.

Gates, B. L.(1975), Knowledge Management in the Technological Society:

Government by Indicators, Public Administration Review, Nov-Dec.

Hamilton, S. and Chervany, N. L.(1981), Evaluating Information Systems Effectiveness Part Ⅰ: Comparing Evaluation Approach, MIS Quarterly, Sep.

Harris, David B.(1996), Creating knowledge Centric information Technology Environment.

Heeks, R. and Bhantnager, S.(1999), Understanding Success and Failure in Information Age Reform, R. Heeks(ed.) Reinventing Government in the Information Age: International practice in IT-enabled Public Sector Reform, N.Y.: Routledge.

Heibeler, R. J.(1996), Benchmarking Knowledge Management, Strategy and Leadership, March/April.

Huse, E. F. and Bowditch, J. L.(1977), Behavior in Organizations: A Systems Approach to Managing, 2nd ed, Addison-Wesley.

Hussain D. S. and Hussain, K. M.(1992), Information Management: Organization, Management and Control of Computer Processing, New York: Prentice Hall.

Infante, D.(1989), The Last Word: A Good Place to Work... Works for Everyone. Manufacturing Engineering, July.

Kearney, R. C. and Sinha, C.(1988), Professionalism and Bureaucratic Responsiveness: Conflict or Compatibility?, Public Administration Review, 48(1).

Korac-Boisvert, N. and Kouzmin, A.(1995), Transcending Soft-core IT Disasters in Public Organizations, Information Infrastructure and Policy, 4(2).

Lane, R. E.(1966), The Decline of Politics and Ideology in a Knowledgeable Society, William B. Strom(ed), Toward Tomorrow's Organization. L.A.: University of Siuthern California.

Leonard, B. D. and Sensiper, S.(1998), The Role of Tacit Knowledge in Group Innovation, California Management Review, Vol. 40, No.3.

LG-EDS.(2000), LG-EDS시스템의 지식관리추진현황(내부자료).

Lyytien K. and Hirschheim, R.(1987), Information System Failures-A Survey and

Classification of the Empirical Literature, Oxford Surveys in Information Technology, 4.

Moore, P.(1985), Public Personnel Management: A Contingency Approach, M.A.: Lexington Books.

Nonaka, I. and H. Takeuchi(1995), The Knowledge-Creating Company, Oxford University Press, New York.

Nosek, John T.(1998), Issues for Knowledge Management ... in Ill defined, Emerging situation.

O'Leary, D. E.(1998), Knowledge Management Systems: Converting and Connecting, IEEE Intelligent Systems, May-June.

Olson, M. H. and Bly, S.A.(1991), The Portland experience: A report on a distributed research group, International Journal of Man-Machine Studies, 34.

Perrow, C. B.(1991), Small Firm Networks. Keynote speech, IAREP/SASE Conference, Interdisciplinary Approaches to the Study of Economics Problems, Stockholm School of Economics, 18 June.

Perry, J. L., Kraemer, K. L., King, J. L. and Dunkle, D.(1992), The institutionalization of computing in complex organizations, Informatization and Public Sector 2, Elsevier Science Publishers.

Rocheleaur. B.(1998), Governmental Information System Problems and Failures: A Preliminary Review, The Pennsylvania State University.

Robbins, S. P.(1983), Organization Theory, Prentice-Hall.

Rost, B.(2000). The Knowledge Organization.[WWW Document]. URL http://www.brint.com.

Skyrme, D.(1998), The Knowledge asset.[WWW Document]. URL http://www.skyrme.com/insights/11kasset.htm.

Sugarman, B.(1997), Notes Towards a Collaboration Between Organization Theory, Learning Organizations and Organizational Learning in the Search for a New Paradigm.[WWW Document].

URL http://learning.mit.edu.res/kr/Sugarman.htm.
Sveiby, K. E.(1998), What is Information.[WWW Document].
URL http://www2.eis.net.au/~karlerik/Information.html
Wilensky, H.(1967), Organizational Intelligence, in The International Encyclopedia of the Social, Sciences. David L. Sills(ed.), Vol.11, Macmillan & the Free Press.
Wigg, K. M.(1995), Knowledge Management Methods, Arlington, TX: Scheme Press.
Welch, J.(1989), The Mind of Jack Welch. Fortune, March 27.
Winograd, T. and Flores, F.(1987), Understanding Computers and Cognition: A New Foundation for Design Reading, MA: Addision-Wesley.
Zuboff, S.(1988), In the Age of the Smart Machine: The Future of Work and Power, New York: Basic Books.

제4장

권기성·최진석(1997), 가상조직에 대한 정체성 고찰, 한국행정학보, 31(4), 한국행정학회.
기획예산위원회(1998), 1998 공공부문 정보자원 현황분석.
김난도(1997), 가상조직의 등장과 조직연구에의 이론적·실천적 함의, 한국행정학보, 31(1), 한국행정학회.
매일경제 지식프로젝트팀 편(1998), 지식혁명보고서, 매일경제신문사.
박재창(1993), 정보사회와 정치과정, 비봉출판사.
안병영(1994), 행정전산화가 관리자의 행태변화에 미치는 영향에 관한 연구, 1993 통신학술연구과제.
이수성·김진(1991), 국가기간전산망이 사회 제 분야에 미친 효과분석, 통신개발연구원 연구보고 91.
포스코경영연구소(1998), 한국경제를 위한 제안 지식경영, 더난출판사.
피터드러커 외 지음, 이재규·서재현 옮김(1998), 미래의 조직, 한국경제신문사.
행정자치부(1999), 늦었지만 이제부터라도.
Aldrich, Howard(1979), Organization and Environments, Englewood Cliff, N.J.:

Prentice Hall.

Baker, W. E.(1992), The network organization in theory and practice, In N. Nohria, N. & R.E. Eccles(Eds.), Networks and Organization: Structure, Form and Action, Harvard Business School Press, Boston Massachusetts.

Bennis, W. G.(1966), Organizational Development and the Fate of Bureaucracy, Industrial Management Review, Vol. 7.

Bressand, Albert ed.(1990), Networld, Promethee, 會津泉 譯, 21世紀の世界 ビジョン ネットワ-ルド, 東洋經濟新報社, 1991.

Brynjoolfsson, E., Malone, T. W., Gurbayani, V., Kambil, A.(1993), An Empirical Analysis of the Relationship Between Information Technology and Firm Size, [WWW Document]. URL http://ccs.mit.edu/CCSWP123/CCSWP123.htm, 1993.

Byrne, J. A.(1993), The Virtual Corporation, Businessweek, Feb 8.

Burkhardt, M. E., & Brass, D. J.(1990), Changing patterns or patterns of change: The effects of a change in technology on social network structure and power, Administrative Science Quarterly, 35.

Child, J.(1987), Organization Structure, Environment and Performance; The role of Strategic Choice, Sociology. 6.

Davis, S. and Botkin, J.(1994), The Coming of Knowledge-Based Business, Harvard Business Review, September-October.

Davis, Stanley M. and Paul R. Lawrence(1977), Matrix, Reading, MA.: Addison-Wesley.

Dhar, V., & Olson, M. H.(1989), Assumptions underlying systems that support work group collaboration, In M. Olson(ED), Technological support for work group collaboration. Hillsdale, NJ: Erlbaum.

Drucker, P.(1988), The Coming of the New Organization, Harvard Business Review, January-February.

Drucker, P.(1992), The New Society of Organization, Harvard Business Review, September-October.

Evans, P & Wurster, T.(1997), Strategy and the new economics of information, Harvard Business Review, September-October.

Fukuyama, F. & A. Shulsky(1997), The Virtual Corporation and Army Organizationl, Rand Publication.

Galbraith J. R. & E. E. Lawler(1993), Organizing For the Future: The New Logic for Managing Complex Organizations, San Francisco: Jossy Bass Inc., Publishers.

Goldman, S. L., R. N. Nagel, and K. Preiss(1995), Agile Competitors and Virtual Organizations: Strategies for Enriching the Customer, New York: Van Nostrand Reinhold.

Haeckel, S. H. and R. L. Nolan(1993), Managing by wire, Havard Business Review, September-October.

Hammer, M(1990), Reengineering Work: Don't Automate, obliterate, Harvard Business Review, July-August.

Hodgetts, R. H., Luthans F., Lee, Sang M.(1994), New Paradigm Organization: From total Quality to Learning to world-class, Organizational Dynamics, 22(3).

Handy, Charles(1989), The Age of Unreason, Harvard Business School Press.

Horton, F.(1979), Information Resource Management, Cleveland: Association for Systems Management.

Kast, F. E. and Rosenzweig, J. E.(1976), Experimental Exercises and Cases in Management, MacGraw-Hill Book Company.

Kerr, E. B., & Hiltz, S. R.(1982), Computer-mediated communication systems: Status and evaluation, New York: Wiley.

Kilmann, R. H. and Kilmann(1995), The Transformation Towards Global Network Organizations: Radically Restructuring Systems, Process, and Schemas. [WWW Document]. URL http://www.tgsa.edu/online/cybrary/unit3c6.htm.

Kirkhart, L(1971), Toward a Theory of Public Administration, Frank Marini, ed., Toward a Theory of New Public Administration: The Minnobrook Perspective.

Leavitt, H. J. & Whisler, T. L.(1958), Management in the 1980's. Harvard Business Review, September-October.

Leifer, R.(1989), Understanding Organizational Transformation Using a Dissipative Structure Model, Human Relations. 42(10).

Leonard-Barton, D.(1995), Wellsprings of Knowledge: Building and Sustaining the Source of Innovation, Harvard Business School Press, Boston, MA.

Ligomenides, P.(1985), Notions and Dynamics of Information, Journal of Information Science, Vol. 10.

Lipnack, J.(1995), The Organization of the Future: The Network, http://www.netage.com/TNIPublications/articles_solutions_sum95.html

Lipnack, J. & J. Stamps(1986), The Networking Book, New York: Routledge & Kegan Paul.

Miles, R. E. and C. C. Snow(1986), Network Organizations: New Concept for New Forms, California Management Review, 28.

Mintzberg, H.(1979), The Structuring of Organizations: A Synthesis of the research, Englewood Cliffs, N.J.: Prentice-Hall.

Mitchell, J. C.(1969), Social Networks in Urbarn Situations, Manchester University Press.

Morgan, G.(1993), Imaginization: The Art of Creative management, Newbury Part, CA: Sage.

Nadel, S. F.(1957), The Theory of Social Structure, London: Cohen & West.

Naisbitt, J.(1984), Megatrends. London: Macdonald & Co.

Nonaka Ikujiro(1998), 지식경영, 나상억 옮김, 21세기북스.

Nonaka, I. & H. Takeuchi(1995), The Knowledge-Creating Company, Oxford University Press, New York.

Nohria, N. & Eccles, R. E.(1992), Networks and Organization: Structure, Form and Action, Harvard Business School Press, Boston Massachusetts.

Nohria, N. & J. D. Berkley(1994), The Virtual Organization: Bureaucracy, Technology and the Implosion of Control, In edited by Heckscher C and Donnellon, The Post-Bureaucratic Organization: New Perspectives on Organizational Change, Sage Publications. Inc.

OECD(1997), Industrial Competitiveness in the Knowledge-based Economy, OECD Proceedings.

Olson, M. H., & Bly, S. A.(1991), The Portland experience: A report on a distributed research group, International Journal of Man-Machine Studies, 34.

Perrow, C.(1967), A Framework for the Comparative Analysis of Organizations, American Socialogical Review, 32.

Pinchot, G. and Pinchot, E.(1993), The end of Bureaucracy and the rise of the intelligent organization, Sanfrancisco, CA: Berret-Koehler Publishers.

Pool, de Sola, I.(1983), Forecasting the telephone: A retrospective technology assessment, Norwood, NJ: Ablex.

Quinn, J. B.(1992), Intelligent Enterprise; A knowledge and service based paradigm for industry, New York: The Free Press.

Read, C. M.(1987), Information Technology, Information Technology and Public Policy, Vol. 5.

Rada, J.(1984), Trends and Effects of Information Technology, J. Rada and G. Pipe(eds). Communication Regulation and International Business, Oxford: North-Holland.

Robins, S. P.(1993), Organizational Behavior, Prentice-Hall, Inc.

Rockart, J. F. and Short, J. E.(1991), The networked organization and the management of interdependence, In. S. S. Morton ed., The corporation of the 1990s: Information Technology and Organizational Transformation, Oxford: Oxford University Press.

Rogers, S.(1982), The Use of Information in Policy and Management System, S. Leach and J. Stewart eds, Approach in Public Policy, London: George Allen & Uniwin.

Scott, J. E.(1997), Interorganizational Learning and Information Technology in Global Manufacturing [WWW Document]. URL http://www .bus.utexas.edu/jarvenpaa/scott.htm.

Simon, H. A.(1982), Models of Bounded Rationality: Behavioral Economics and Business Organization, The MIT Press, Cambridge MA.

Skyrme, D.(1998), The Knowledge asset, [WWW Document]. URL http://www.skyrme.com/insights/11kasset.htm.

Smilowitz, M., Compton, D. C., & Flint, L.(1988), The effects of computer mediated communication on an individual's judgement: A study based on the methods of Asch's social influence experiment, Computers in Human Behavior, 4.

Smith, A.(1776), An Inquiry into the Nature and Cause of the Wealth of Nations, The Modern Library, New York.

Sugarman, B.(1997), Notes Towards a Collaboration Between Organization Theory, Learning Organizations and Organizational Learning in the Search for a New Paradigm. [WWW Document]. URL http://learning.mit.edu'res/kr/Sugarman.htm.

Tapscott, D.(1995), Internetworked Government, The Digital Economy, McGraw-Hill.

Tapscott, D. and Caston, A.(1996), 패러다임 시프트, 이석주 옮김, 창현출판사.

Toffler, A.(1990), Powershift, New York: Bantham Books.

Weick, Karl E.(1976), Educations as Loosely Coupled Systems, Administrative Science Quarterly, Vol. 21. No. 1. March.

Wheatley, M.(1992), Leadership and the New Science, Sanfrancisco, CA.: Berret-Koehler.

Whisler, T. L.(1970), The impact of computers on organizations, New York: Praeger.

White, O.(1969), The Dialectical Organization: An Alternative to Bureaucracy, Public Administration Review, Vol.29. No.1.

Williamson, O.(1975), Markets and Hierarchies: Analysis and Antitrust Implications, New York: Free Press.

World Bank(1998), Knowledge for Development.

Zuboff, S.(1991), Informate the Enterprise: An Agenda for the Twenty-First Century, National Forum 71(3).

Zuurmond, A.(1994), From bereaucracy to infocracy: A tale of two cities, Informatization and Public Sector 3.

제5장

강세호(1999), 시·군·구종합행정정보화 사업추진 현황 및 발전방향, 한국지역정보화학회 21세기 지식중심의 지역정보화 전략 세미나, 79-84.

고경민·김혁(2005), 시민중심적 전자정부 구현을 위한 정책방향: 서울시 전자정부 서비스에 대한 시민평가를 중심으로, 한국정책과학학회보, 제9권 제2호.

김상욱·오명륜(2007), 기초자치단체 행정정보시스템의 사용자만족도 영향요인 도출을 위한 실증 연구, 한국지역정보화학회지, 제10권 제4호.

김성태(2000), 광역자치단체의 전자정부추진실태분석,한국행정학보, 34(4): 235-255.

김영미(2000), 중앙행정기관의 정보화수준에 관한 함의, 한국정책분석학회 춘계학술대회.

달성군(2006), 지역정보화기본계획(2007-2011), 대구, 달성군.

류호상(2002), 인터넷을 통한 종합국세서비스 사업의 효과성 평가, 2002년 한국정책학회 하계학술대회 발표논문집, 189-208.

명승환·최영훈·허철준(2007), 정보통신기술이 정책결정과정에 미치는 영향, 한국행정학보, 41(4):153-175.

문정욱·김혜정(2008), 정보화성과 평가모델과 적용사례 연구, KISDI 이슈리포트, 정보통신정책연구원. 08-04.

박영미(2000), 전라남도 정보화사업 평가, 2000년 정책분석평가학회 추계학술대회 발표논문집, 1-15.

오철호·정용관(2002), 정보화를 통한 공공부문 생산성 증대효과 추정모형 개발, 한국전산원 연구보고서.

유홍림·김행기(2005), 행정정보시스템 구축이 조직성과에 미치는 영향요인에 관한 연구, 한국행정연구, 14(4):183-214.

임준형(2010), 범정부 행정정보시스템의 활용성과에 관한 연구: 온나라시스템을 중심으로, 정부학연구, 제16권 제1호.

이윤식(1998), 행정정보화와 중앙정부 경쟁력의 관계에 관한 연구, 한국정책분석학회보, 8(2):163-184.

정재동(2010), 정부업무평가제도 도입 이후 국가정보화사업평가 사례분석, 한국전산원.

최근열·정우열(2007), 기초자치단체 행정정보화의 평가와 함의: 대구광역시 달성군을 중심으로, 한국지방자치연구, 제9권 제3호(통권 20호), 145-162.

한대호·김영성(2013), 산업폐수 배출정보의 생산·수집·활용체계 개선방안 연구, 한국환경정책·평가연구원.

한세억(2006), 전자정부의 성과와 문제점, 한국지역정보화학회·한국전자정부포럼·한국행정학회 학술정보위원회 추계학술대회 발표논문집.

한세억·이연우(2010), 시군구 행정정보화 사업의 성과분석, 지방행정연구, 제24권 제3호 통권 82호, 한국지방행정연구원.

한국행정학회(2009), 시·군·구행정정보고도화 사업성과 분석 및 향후 발전방안.

현창희·김인환(1997), 지방자치단체의 정보화추진모형에 관한 연구: 광역자치단체를 중심으로, 한국지방자치학회보, 21: 207-230.

황병천 외(2006), 지방자치정보화 성과분석, 경제·인문사회연구회 협동연구총서, 06-10-08, 정보통신정책연구원.

황성돈(2009), 전자정부사업에 대한 목표지향적 성과측정 모형, 한국국정연구, 27(2), 67-81.

행정자치부(2005), 시군구행정종합정보 발전 및 고도화를 위한 BRP/ISP 완료보고서.

행정자치부(2007), 변화와 혁신의 출발－시·군·구 행정정보 고도화.

행정안전부(2008), 2007 지방자치단체 전자정부 추진 평가.

DeLone, W. and E. McLean(1992), Information Systems Success: The Quest for the Dependent Variable, Information System Research, 3(1). 65-95.

DeLone, W. and E. McLean(2003), The Delone and McLean Model of Information Systems Success: A Ten-Year Update, Journal of Management Information.

Devaraj, S., & Kohli, R.(2002), The IT Payoff: Measuring the Business Value of Information Technology Investment, Financial Times, Prentice-Hall.

Northrop, A.(2006), Evaluation of Public Information Systems, In G. David. Garson (Ed.), Public Information Technology and E-governance: Managing the Virtual State. London, United Kingdom: Jones and Bartlett Publishers.

Pitt, L, R. Watson and C. Kavan(1995), Service Quality: A Measure of Information Systems Effectiveness, MIS Quarterly, 19, 173-187.

Saunders, C. S. and J. W. Jones(1992), Measuring Performance of the Information Systems Function, Journal of Management Information Systems, 8. 63-82.

Specht, Pamela(2001), The Impact of IT on Organization Performance in the Public Sector, in Garson(ed), Information Technology and Computer Applications in Public.

Welch, E. W., & Pandey, S. K.(2007), E-government and bureaucracy: Toward a better understanding of intranet implementation and its effect on red tape, Journal of Public Administration Research and Theory, 17, 379-404.

제6장

감사원(2003), 전자정부 구현사업 추진실태 감사결과.

국무조정실(2002), 국가기관 전산자원관리실태.

권기헌(1997), 전자정부와 행정개혁의 연계방안, 한국행정학회 동계학술대회발표논문집.

김성태·오철호(2003), 효율적 전자정부 구현을 위한 기반기술 도입 정책분석, 한국행정학회 하계학술대회발표논문.

김영미(2004), 전자정부의 효과성을 높이기 위한 BPR: 수준과 가능성, 한국행정학회 동계학술대회.

김현성(2000), 전자정부 추진에 있어 전자문서관리시스템(EDMS) 도입의 쟁점과 관점, 한국행정학회 하계학술대회발표논문.

양태종·서보람·장원석·홍초운·이미화·김영신(2004). 민원업무혁신(G4C) 사례분석을 통한 전자정부 추진방안 연구, 한국행정학회 추계학술대회.

오철호(2001), 전자정부비판, 한국사회과학연구협의회·한국언론정보학회세미나발표논문집.

윤영민(1996), 전자정부의 구상과 실천에 관한 비판적 접근, 국가기간전산망저널, 제3권 제3호. 한국전산원.

정충식(1997), 전자정부론, 녹두.

정충식(1998), 전자정부의 개념정립 및 구현방안, 정보사회와 정보화정책, 최성모 편, 도서출판 나남.

유인출(2000), e-Government와 Government Portal, working paper no 10, (주)이비즈그룹.

이윤식(1998), 공공부문 경쟁력강화를 위한 전자정부의 추진방향에 관한 연구, 사회과학논총, 숭실대학교논문집, 87-111.

조덕호·권윤희(2002), 웹에서의 전자정부발전단계의 모형에 관한 연구, 한국행정학회 춘계학술대회 발표논문.

최영훈·명승환(2004), 전자정부 추진과정과 비판: 주요 이슈별 문제점 진단과 개선 방안, 한국행정학회 춘계학술대회.

한국전산원(1996), 전자정부의 개념정립 및 구현방안에 관한 연구.

한국전산원(1997), 정보화시대의 행정서비스와 행정체제 개선방안에 관한 연구.

한국전산원(2004) u-Korea전략 연구.

한세억·김경섭(1998), 전자정부의 논의와 실천적 합의, 한국행정연구, 제6권 제4호, 한국행정연구원.

한세억(2003), 사이버상의 역기능방지를 위한 전자정부정책 평가, 한국정책학회 추계학술대회 발표논문.

함께하는 시민행동(2002), 중앙 및 지방공공기관 168곳 홈페이지모니터보고서.

행정자치부(2000), 2001년도 행정정보화시행계획.

행정자치부(1998), 전자정부의 비전과 전략, 행정자치부 행정관리국.

행정자치부(2005), 2006년도 행정정보화촉진시행계획.

황성돈(2000), 지식정부의 미래모습과 정책과제, 한국행정연구, 제9권 제1호.
Basil O'Raghaillaigh(2001), 정부, e비즈니스로 변화해야 산다, 2001년7월호, 시사컴퓨터.
Harmon, M.(1981), Action Theory for Public Administration, Longman.
Hendrick, Rebecca(1994), An Information Infrastructure for Innovative Management of Government, Public Administration Review, Vol. 54, No. 6, December, 543-550.
Kamensky, John, M.(1996), Role of the Reinventing Government Movement in Federal Management Reform, Public Administration Review, 56(3).
Taylor, John, Christine Bellamy, Charles Raab, William H. Dutton, and Malcolm Peltu(1996), Innovation in Public Service Delivery, in William H. Dutton, ed., Information and Communication Technologies: Vision and Realities, Oxford: Oxford University Press.
Twenty Things You Can Do and Learn On U. S. Government Web Sites, http://www.firstgov.gov, 2000.6.24.
Warren Solcum(2001), High Performance Government, http://www.govnetwoks.com/ high.htm.

제7장

강홍렬·윤준수·황경식(1997), 고도정보사회의 정보윤리 확립을 위한 정책방안, 정보통신정책연구원.
과학기술정보통신부·한국인터넷진흥원(2018), 인터넷이용실태조사.
김철완 외(2001), 건전한 정보통신 윤리확립과 개인정보 보호대책 방안 연구, 정보통신정책연구원.
로라 J. 구락 지음/강수아 옮김(2003), 거미줄에 걸린 웹, Cyberliteracy-Navigating the Internet with Awareness)
배규한(2000), 미래사회학, 나남출판.
서동일, 손승원, 이상호(2003), 미래 정보전 대비 차세대 정보보호기술 전망, 사이버테러 사이버코리아.
성전제(2003), 사이버스페이스를 어떻게 평가할 것인가?, CLIS Monthly, 정보통신정책연구원
손연기·강대기·한세억 외(2001), 지식정보사회의 역기능 해소 및 실천방안 연구, 한국정보문화센터.
손연기·한세억(1998), 정보사회와 정보문화, 금왕출판사.
윤현식(2002), 전자정부의 시행과 개인정보유통의 문제점, 시민의 손으로 만드는 전자정부, 함께하는 시민행동.
이윤희(1998), 정보통신윤리의 확립방안- 정보통신윤리강령을 중심으로, 사이버커뮤니케이션학보, 제3호, 사이버커뮤니케이션학회.
전상인(2002), 과학기술 문명의 인간적 비극, 디지털행정, 제89호.
전윤산(2002), 정부고속망 중심의 정부기관간 정보공동이용과 정보보호, 디지털행정, 제86호.
전흥위(2000), 지식정보사회에 있어서 정부의 역할, 시민공청회(2000.9.5) 발제문, http://Free Online.or.kr.
정경수(1995), 바람직한 정보사회구현을 위한 정보윤리관의 정립연구, '94 통신학술연구과제.
정 완(2003). 더이상 방치할 수 없는 사이버범죄, 월간 지구촌, 2003년6월.
정보통신부(1999), 정보화역기능방지 종합대책(안).
정부혁신지방분권위원회(2003), 참여정부의 전자정부로드맵.
조동기·김병준·조희경(2001), 사이버문화의 특성과 사회적 영향, 정보통신정책연구원.
한세억(1995), 정보사회의 윤리 및 규범정착방안에 관한 연구, 한국정보문화센터.
한세억(2003), 사이버상의 역기능과 새로운 정책과제, 한국정책학회 하계학술대회 발표논문.
함께하는 시민행동(2003), 지방자치단체 홈페이지 개인정보보호실태 보고서, http://www.privacy.or.kr/content/info_board/downadd.asp.attach=8654 &code=pri_pds.
허만형(1999), 정보화 역기능과 정부의 역할, 정보화역기능방지대책 공청회.
허일태(2000), 사이버범죄의 현황과 대책.

홍준형(2003), 전자정부와 정보프라이버시의 보호, 한국정책지식센터 전자정부 제5회 포럼.

한국사이버감시단(2001), 정보화 역기능 어떻게 줄일까? 2001년7월21일.

황주성·김성우(2003), 인간중심의 지식정보사회 전면화를 위한 제언, KISDI 이슈리포트 03-16.

Johnson, Deborah G. and Helen Nissenbaum(eds.)(1995), Computers, Ethics and Social Values, Englewood Cliffs, NJ: Prentice-Hall.

Kingdon, John W.(1984), Agenda, Alternatives and Public Policies, Little, Brown and Company.

Moor, James H.(1985), What is Computer Ethics?, Metaphilospshy, Vol. 16.

Ogburn,William F.(1950), Social Change with Respect to Culture and Original Nature, N.Y.: Viking.

Steven E. Miller(1996). Civilizing cyberspace: policy, power, and the information superhighway, New York, N.Y.: ACM press; Reading, Mass.: Addison-wesley.

제8장

김경숙(2016), 서울시와 미국 전자정부 정책 및 사례 비교연구, 서울특별시 국외훈련보고서.

문정욱(2005), 세계 주요국가의 전자정부 동향 분석, 정보통신정책, 제17권 제15호 통권 376호, 정보통신정책연구원.

엄석진(2008), 전자정부 추진결과의 제도적 결정요인- 한국과 미국의 정부기능연계모델 사업을 중심으로.

정충식(2018), 전자정부론- 정보기술을 활용한 정부혁신론, 서울경제경영.

한국전산원(2002), 미국의 전자정부 입법동향 분석- 2002년 전자정부법안(S. 803)-(E-Government Act of 2002).

행정자치부·한국정보화진흥원(2016), D. gov Edge(디지털 정부 최신 해외 정책·기술 동향)

허경주(2018), 블록체인 입은 전자정부 e-에스토니아, 한국일보, 2018년7월11일.

「eGOVERNMENT strategy2011-2015」 available at
http://www.digst.dk/Servicemenu/English/Policy-andStrategy/eGOV-strategy
「New eGOVERNMENT strategy 2016-2020」 available at
http://www.digst.dk/Servicemenu/English/Policyand-Strategy/New-Digital-Strategy
「Strategy for Digital Welfare 2013-2020」 available at
http://www.digst.dk/Servicemenu/English/Policy-and-Strategy/Strategy-for-Digital-Welfare.
「egovernment in Denmark」available at
https://joinup.ec.europa.eu/sites/default/files/ckeditor_files/files/eGovernment%20in%20Denmark%20-%20February%202016%20-%2018_00%20-%20v3_00(1).pdf.

제9장

강근복(1994), 정책분석론, 대영문화사.
김판석·박통희·유홍림(1995), 자동차민원행정종합개선방안에 관한 연구, 국가기간전산망저널, 제2권 제4호, 한국전산원.
김호섭(1994), 세계화와 정부관료제의 재정립, 한국행정연구, 제3권 제2호, 한국행정연구원.
매일경제 지식프로젝트팀 편(1998), 지식혁명보고서, 매일경제신문사.
박재희(1995), 중앙행정부처의 정책결정역량 제고방안, 한국행정연구원.
박세정(1996), 정부조직관리의 개혁, 한국행정연구, 한국행정연구원.
박재완(1997), 선진국의 정부감사동향과 성과측정, 감사교육원 감사지휘자과정직무교육교재.
박천오(1997), 고객지향적 행정: 실천상의 의문점과 한국관료의 시각에 관한 탐색적 연구, 한국행정학보, 제31권 제2호.
방석현(1988), 행정정보체계론, 법문사.

박명수·박흥식·전종섭(1997), 국가행정의 혁신 및 확산메커니즘의 한·미간 비교, 한국행정학보, 제31권 제2호, 한국행정학회.

빌 게이츠 저, 안진환 역(1999), 빌 게이츠@생각의 속도, 청림출판.

삼성경제연구소(1999), 지식경영과 한국의 미래.

안문석(1988), 행정정보체제의 특징, 행정과 전산, Vol. 10. No.1, 총무처.

염재호(1997), 정보행정론, 나남출판.

이윤식(1998), 행정정보체제론, 법영사.

정국환 외(2007), 가상정부로의 진화, 21세기 한국 메가트렌즈 시리즈Ⅴ07-07, 정보통신정책연구원.

정익재(1998), 정보의 가치와 평가방법: 환경정책사례분석, 한국행정학보, 제31권 제2호, 한국행정학회.

조경호(1997), 공직몰입을 위한 공무원 인력관리방안, 한국행정학보, 제31권 제1호, 한국행정학회.

진재구(1994), 행정의 전문성 제고를 위한 공무원임용체계 개선, 한국행정연구원.

포스코경영연구소(1998), 한국경제를 위한 제안 지식경영, 더난출판사.

한세억(1998), 이음새 없는 행정, 한국행정학보, 제32권 제3호, 한국행정학회.

행정자치부(1999), 늦었지만 이제부터라도.

현대경제연구원(1998), 국내경제의 지적기반현황과 과제, VIP Report 219호.

황종성(2018), 인공지능시대의 정부, 4차 산업혁명, 대한민국의 미래를 찾다, 한국정보화진흥원.

Andre Lavoie(2015), Boost Productivity With These 4 Tips for a Paperless Workplace, In https://www.entrepreneur.com/article/247802.

Barzely, M.(1993), Breaking Through Bureaucracy: A New Vision for Managing in Government, Berkeley: University of California Press.

Bensaou, M. and Michael, E.(1998), The right mind-set for managing information technology, Harvard Business Review, September-October.

Caldwell, L. K.(1975), Managing the Transition to Post-Modern Society, Public Administration Review.

Caroll, J. D.(1975), Service, Knowledge, and Choice: The Future as Post-Industrial Administration, Public Administration Review, Nov-Dec.

Chang Suk-in(1998), The Emerging Knowledge-based Economy: An Assessment of the knowledge Infrastructure in Korea, 매일경제신문사, OECD-세계은행 지식경제세미나.

Cleveland, H.(1986), Government is Information, Administration, Public Administration Review, Nov-Dec.

Cohen, A.(1974), Two Dimensional Man, Berkeley: University of California Press.

Davenport, Thomas, H., Robert G. Eccles, and Laurence Prusak(1992), Information Politics, Sloan Management Review, Fall.

Davenport Thomas, H., David W. D. L. and M. C. Beers(1998), Successful Knowledge Management, Sloan Management Review, Summer.

Davis, S. and Botkin, J.(1994), The Coming of Knowledge-Based Business, Harvard Business Review, September-October.

Dizard, W.(1998), Meganet(이인규 역, 메가넷), 민음사.

Drucker, P.(1988), The Coming of the New Organization, Harvard Business Review, January-February.

Drucker, P.(1993), Post-Capitalist Society, New York: Harper Business.

Dunn, E. S.(1974), Social Information Processing and Statistical Systems, New York: John Wiley & Jones.

Engelbart, D. C. and W. K. English(1968), Proceedings of the AFIPS 1968 Fall Joint Computer Conference, 33, A Research Center for Augmenting Human Intellect.

Etzioni, A.(1968), The Active Society, New York: Free Press.

Evans, J. S.(1991), Strategic flexibility for high technology maneuvers: A conceptual framework, Journal of Management Studies, 28.

Galbraith J. R. and E. E. Lawler(1993), Organizing For the Future: The New Logic for Managing Complex Organizations, San Francisco: Jossy Bass Inc., Publishers.

Gates, B. L.(1975), Knowledge Management in the Technological Society: Government by Indicators, Public Administration Review.

Garvin, D.(1993), Building a Learning Organization, Harvard Business Review.

Hammer, M.(1990), Reengineering Work: Don't Automate, obliterate, Harvard Business Review, July-August.

Henry, N. L.(1974), Knowledge Management: A New Concern for Public Administration, Public Administration Review.

Kearney, R. C. and Sinha, C.(1988), Professionalism and Bureaucratic Responsiveness: Conflict or Compatibility?, Public Administration Review, 48(1).

Kelly, R. E.(1985), The gold collar worker, Mass, Addison-Wesley Publishing Company Inc.

Krugman, P.(1996), A Country is not a Company, Harvard Business Review, January-February.

Landau, M.(1973), The Concept of a Self-Correcting Organization, Public Administration Review, 33(4).

Lane, R. E.(1966), The Decline of Politics and Ideology in a Knowledgeable Society, William B. Strom(ed), Toward Tomorrow's Organization, L.A.: University of Siuthern California.

Leavitt, H. J.(1964), Applied Organization Change in Industry: Structural Technological and Humanistic Approaches, in J. G. March, ed., Handbook of Organizations, Chicago, RandMcNally.

Lipnack, Jessica(1994), The Organization of the Future: The Network, In http://www.netage.com/TNI/Publications/Articles/article-solutions-sum95.html

Marquardt, M. and Reynolds, A.(1994), The Global Learning Organization, Chicago: Richard Irwin.

Martin, N. P.(1990), A Theoretical Assessment of the User Satisfaction Construct in Information System Research, Management Science 36(1).

Mahoney, E.(1989), American Empire and Global Communication, in Angus, Ian. and Sut Jhally(eds), Cultural Politics in Contemporary America, New York: Routledge.

Mosher, F. C.(1978), Professions in Public Service, Public Administration Review, 38(1).

Naisbitt, J.(1984), Megatrends, New York: Warner Books, Inc.

Nonaka, I. and H. Takeuchi(1995), The Knowledge-Creating Company, Oxford University Press, New York.

OECD(1997), Industrial Competitiveness in the Knowledge-based Economy, OECD Proceedings.

OECD(1998), Technology, Productivity and Job Creation.

Osborne, D. and T. Gaebler(1993), Reinventing Government: How the Entrepreneural Sprit is Transforming the Public Sector, Reading, M.A.: Addison-Wesely.

Rogers, S.(1982), The Use of Information in Policy and Management System, S. Leach and J. Stewart eds, Approach in Public Policy, London: George Allen & Uniwin.

Saunders, C. and Jones, J. W.(1990), Temporal Sequences in Information Acquisition for Decision Making, Academy of Management Review, 15(1).

Skyrme, D.(1998), The Knowledge asset. [WWW Document]. URL http://www.skyrme.com/insights/11kasset.htm.

Tapscott, Don(1995), The Digital Economy, McGraw-Hill.

Toffler, A.(1990), Powershift, New York: Bantham Books.

Thurrow, L. C.(1999). Building Wealth(한기찬 역, 지식의 지배), 생각의나무.

Weber, M.(1968), On Charisma and Institution Building, University of Chicago Press, Chicago IL.

Wildavsky, A.(1972), The Self-Evlauating Organization, Public Administration Review, 32(4).

World Bank(1998), Knowledge for Development, New York: Oxford University Press.

기타 국내 일간지.

제10장

강충렬(2001), 창의성 계발을 위한 학교교육 정책 탐색, 창의성 계발을 위한 교육 전략 연구 세미나 2001년9월, 연구자료RM 2001-32.

김종무(2003), 전자정부 웹사이트(Website)의 운영성과에 영향을 미치는 요인: 서울시 자치구를 중심으로, 한국행정학회 춘계학술대회 발표논문.

문신용(2001), 전자행정서비스 활성화를 위한 인터넷의 활용과 과제, 한국행정연구, 제10권 제2호, 한국행정연구원.

삼성경제연구소(2010), 가치창출의 새로운 원천, 집단지성.

한국정보화진흥원(2009), 3대 IT 신기술에 기반한 정부서비스 선진화방향, IT정책연구시리즈 제12호.

한세억(1999), 지식행정에 대한 탐색적 연구, 한국행정학보, 제33권 제3호, 한국행정학회.

한세억(2001), 행정지식관리시스템의 이해와 접근, 한국행정연구, 제10권 제2호, 한국행정연구원.

Bobrow, D. B. and Dryzek, J. S.(1987), Policy Analysis by Design, University of Pittsburg.

Capgemin(2009), Smart Working Cap Gemini Smart Working in the Public Sector, Report of Edinburgh Event 18 June 2009.

CIPD(2006), Smart working: how smart is UK Place Findings from organizational practice [online] Guide, London: Chartered Institute of Personnel and Development, Available at: http://www.cipd.co.uk/guides[Accessed 16 September 2009].

Drucker, P.(1993), Post-Capitalist Society, New York: Harper Business.

Hart-Teeter(2000), E-Government: The Next American Revolution, The Council for Excellence in Government.

Hodgkinson, C.(1978), Towards a Philosophy of Administration, St. Martin's Press.

Kluckhohn, C.(1962), Values and Value Orientations in the Theory of Action, in T. Parsons and E. A. Shils, eds., Toward a General Theory of Action, Harper.

La Porte, Todd M., Chris C. Demchak, Martin de Jong & Christian Friis(2000), Democracy and Bureaucracy in the Age of the Web: Empirical Findings and Theoretical Speculations, http://www.cyprg. arizona.edu/.

Lasswell, H. D.(1951), The Policy Orientation in The Policy Sciences, Daniel Lerner and Harold Lasswell(ed.), Stanford: Stanford University Press.

Lane, R. E.(1966), The Decline of Politics and Ideology in a Knowledgeable Society, William B. Strom(ed). Toward Tomorrow's Organization. L.A.: University of Southern California.

McCullough, T. E.(1991), The Moral Imagination and Public Life: Raising the Ethical Question, Chatham House.

Sampson, C.(1983), Values, Bureaucracy and Public Policy, University Press of America.

Stone, D. A.(1988), Policy Paradox and Political Reason, Glenview, Il.: Scott, Foresman and Company.

Thurrow, L. C.(1999), Building Wealth(한기찬 역, 지식의 지배), 생각의나무.

野村總合研究所(1990), 創造の戰略.

찾아보기

〈저자 소개〉

한세억(韓世億)

서울대학교 행정학박사를 취득하였으며, 현재 동아대학교 행정학과 교수로 재직 중이다. 그동안 삼성전자, 한국정보문화진흥원, 대통령소속 국가전산망조정위원회 사무국, 한국능률협회매니지먼트 등 공·사조직을 경험하였다. 행정·입법고시 출제 및 채점위원, 중앙정부(국무조정실/과학기술부/정보통신부/행정안전부/국민권익위원회 등) 및 지방정부(부산시/제주도/자치구 등), 공공기관(한국정보화진흥원, 한국자산관리공사, 한국남부발전 등)과 기업에서 자문 및 특강(창조성/혁신/정부3.0/규제개혁/청렴) 강사로 활동 중이다.

주요 연구업적

– 학술지논문, "지방 전자정부서비스의 창조성: 가능성과 한계(2018)" 외 74편
– 학술대회 발표논문, "국민의 삶을 바꾸는 정부의 지향과 이념: 창조성(2019)" 외 127편
–『정보정책의 이해와 실천(2018)』 외 공저 20권
– 연구보고서, 〈그린 IT와 사회발전 간 조화로운 혁신 메커니즘 구축〉 외 37권
– 정보화컨설팅보고서, 〈울산광역시 남구 지역정보화계획〉 외 7권

정보화 관련 수상

2002, 정보화촉진 국무총리 표창
2018, 정보화역기능예방 국무총리 표창

학내 봉사활동

– 법무감사실장(2013~2016)
– 사회복지대학원장(2016~2019)
– 사회과학대학장(2018~현재)

학회활동(2003~2016)

한국행정학회 이사(연구 · 총무 · 편집위원), 한국정책학회·한국지식경영학회 운영이사, 한국반부패정책학회 교육위원장, 한국지방정부학회(감사·학술정보위원장·편집부위원장), 한국지역정보화학회 부회장, 한국정책학회·한국조직학회 · 한국공공관리학회·한국거버넌스학회 편집위원, 한국지역정보화학회(편집위원장), 한국정책분석평가학회 부회장(2014), 한국정책학회 부회장(2014), 한국지역정보화학회장(2015~2016) 등

지능적 전자정부의 이론과 실제

사라지는 정부

—제4차 산업혁명시대의 정부 모습과 기능—

초판 발행 2019년 3월 20일

지은이 한세억
펴낸이 안종만 · 안상준

편 집 이면희
기획/마케팅 박세기
표지디자인 벤 스토리
제 작 우인도 · 고철민

펴낸곳 (주) 박영사
서울특별시 종로구 새문안로3길 36, 1601
등록 1959. 3. 11. 제300-1959-1호(倫)
전 화 02)733-6771
f a x 02)736-4818
e-mail pys@pybook.co.kr
homepage www.pybook.co.kr
ISBN 979-11-303-0748-0 93350

정 가 21,000원